基本憲法 I
基本的人権

木下智史＝伊藤建［著］

日本評論社

はしがき ——「憲法がわかる」ということ

　本書は、法学部や法科大学院において、これから憲法を学び始めようとする人々、ひととおり憲法について勉強したものの、どうも馴染めない、「苦手」だという人々に向けられている。

　高校までの憲法についての教育のほとんどが「条文暗記教育」であったためか、憲法の勉強とは、条文やお決まりの一節を覚えることであると思い込んでいる者も多い。しかし、「憲法を学び、憲法がわかる」ということは、条文や判決文を覚えることでも、パターン化された答案構成を覚えてむやみに「審査基準」を操作することでもない。基本的な概念の定義とそこから導き出される命題を身につけて、論理的な結論を導き出せるということである。

　なぜ、憲法について、このような作業ができるようになることが求められるのだろうか。それは、憲法も「法」であり、紛争解決のための手段として用いられるからである。紛争といっても、訴訟事件に限られない。憲法は、しばしば国会などにおける政治上の争いの場でも言及される。また、政府の政策をめぐって、市民の間で「〇〇は憲法に違反しないか」が論じられることもある。

　このような議論において、各々の価値観だけを対立させたところで、それは対立していることだけを確認する不毛な結果に終わる。憲法を学ぶことが嫌いな人の中には、憲法をめぐる対立が即、価値観の対立に終わってしまうことがいやな人も多い。

　しかし、法的議論とは、激しく利害関係が対立する当事者が、その対立を、共通に認める法規範をめぐる対立に組み替えることを通じて、裁定の結果を受け入れやすくするための知恵である。価値観をめぐる対立が露骨に出やすい憲法をめぐる論争においても、ひとまず論争当事者が法的議論の作法に則った主張を構成し、それぞれの主張の説得力を競うようになれば、市民の間での憲法についての理解は確実に深まり、生産的な議論が行われる可能性も高まるであろう。

　法的議論として憲法を論ずるためには、自らの主張を憲法に基づいて構成

し、できるだけ説得力をもつようにしっかりとした理由づけを考えなくてはならない。憲法に基づく、自らの主張・判断を説得力をもって語ることができるようになること、すなわち憲法に基づく主張ができることが「憲法がわかる」ということである。

　本書は、憲法上の各権利・自由について、原則として、①**権利・自由の意義**、②**権利・自由の内容**、③**権利・自由の判断枠組み**、そして④**権利・自由をめぐる具体的問題**という構成で解説し、各講ごとに**演習問題**も収めてある。①②③で得た基礎知識を使って、④の具体的問題を考察し、さらに演習問題にも取り組むなかで、「憲法がわかる」というプロセスを体験してほしい。

　以上述べたように、本書は、読者が最高裁の判例や有力な学説をできるだけうまく使って説得力ある自分なりの憲法上の主張を作り上げるための一種の「学習参考書」であり、著者の見解を体系的に示すものではない。したがって、その基本的スタンスは、最高裁の判例または支配的な学説に従って論じたつもりである。ただし、司法試験では、対立する見解に基づく立論も求められるので、有力な最高裁の反対意見や有力な学説についても採り上げるように努めている。

　本書は、司法試験受験者の間で大きな信頼を得ている伊藤建氏との出会いから生まれた。2年間以上にわたり毎月1度、長時間の会合をもち、その後も何度にもわたるメールの交換を通じて、全体の構成、判例の採否、個々の記述・文章表現に至るまで細かく検討した。おかげで、必要な情報を十分盛り込みながら、初学者にもわかりやすい解説となったと自負している。本書の内容は2人の間のやり取りの結果ではあるが、序章と第14講までの最終的な文責は木下に、第15講の文責は伊藤氏にある。

　日本評論社の田中早苗さんの熱心な勧めとサポートなしには本書は生まれなかった。田中さんは、木下と伊藤氏との間をとりもち、いつ果てるともしれない2人の話に付き合ったうえで、少しでもわかりやすい文章となるよう数多くの提案もしてくださった、本書の第3の著者というべき存在である。心からの感謝を捧げたい。

2017年1月

木下　智史

●基本憲法Ⅰ──基本的人権　目次

はしがき

序章──判決文に学ぶ …………………………………………… 2
 1 判決文を読んでみる　2
 2 「よど号事件」記事抹消事件判決とは　3
 3 なぜ自由が制限されるのか──①自由の制限根拠　3
 4 どのような自由が制限されているのか
  ──②自由の憲法上の位置づけ　5
 5 自由はどのような場合に制限されるのか
  ──③合憲性審査の判断枠組みの定立　7
 6 自由を制限している法律は憲法に違反しないか
  ──④法令の合憲性審査　10
 7 自由を制限する処分は憲法に違反しないか
  ──⑤処分の合憲性審査　11
 8 憲法について学ぶべきこと　13

第1講　基本的人権総論(1)──基本的人権の守備範囲 ……… 14
 Ⅰ 「基本的人権」の概念　14
 Ⅱ 基本的人権の分類　16
  1 分類の意義と限界　16
  2 分類のあり方　16
 Ⅲ 憲法上の権利の享有主体──国民・外国人・法人・天皇　18
  1 国　民　18
  2 外国人　19
  3 団体（法人）　25
  4 天皇・皇族　27

Ⅳ　憲法上の権利の妥当範囲　28
　　　1　刑事施設被収容者や公務員との関係　28
　　　2　私人間の関係　29
　　Ⅴ　演習問題　33
　　　1　本問の趣旨　33
　　　2　違憲主張の組立て　33
　コラム　外国人と特別永住者　23
　コラム　答案を読んで　35

第2講　基本的人権総論(2)——憲法上の権利の限界　…………　36

　　Ⅰ　「公共の福祉」による憲法上の権利の制約　36
　　　1　憲法上の権利の制限根拠としての
　　　　「公共の福祉」　36
　　　2　「公共の福祉」の意味　37
　　Ⅱ　特別の公法上の関係に基づく憲法上の権利の制約　42
　　　1　刑事施設被収容者との関係　42
　　　2　公務員関係　44
　　Ⅲ　国民の義務に基づく憲法上の権利の制約　51
　　　1　保護する子女に教育を受けさせる義務　51
　　　2　勤労の義務　52
　　　3　納税の義務　52
　　Ⅳ　憲法上の権利に対する制約の合憲性判断手法　52
　　　1　「公共の福祉」論　52
　　　2　利益衡量　52
　　　3　目的・手段審査の導入　53
　　　4　利益衡量基準の確立　53
　　　5　違憲審査基準論　53
　　　6　三段階審査　54
　　Ⅴ　演習問題　55
　　　1　本問の趣旨　55
　　　2　違憲主張の組立て　55
　コラム　パターナリズムに基づく規制　41
　コラム　答案を読んで　57

第3講　幸福追求権　……………………………………………　59

　　Ⅰ　幸福追求権の意義　59
　　Ⅱ　幸福追求権の内容　61

1　幸福追求権の内容をめぐる学説の対立　61
           2　幸福追求権の判定基準　62
       Ⅲ　幸福追求権の具体的内容1──プライバシーの権利　63
           1　プライバシーの権利の意義　63
           2　プライバシーの権利の内容　63
           3　プライバシーの権利の判断枠組み　64
           4　プライバシーの権利をめぐる具体的問題　65
       Ⅳ　幸福追求権の具体的内容2──その他の権利　69
           1　人格権　69
           2　名誉権　69
           3　生命・健康　69
           4　自己決定権　69
           5　適正手続を受ける権利　70
           6　環境権　70
       Ⅴ　演習問題　71
           1　本問の趣旨　71
           2　違憲主張の組立て　71
     コラム　比例原則とは　62
     コラム　答案を読んで　73

第4講　法の下の平等　75

       Ⅰ　法の下の平等の意義　75
       Ⅱ　法の下の平等の内容　76
           1　法の下の平等とは　76
           2　「人種、信条、性別、社会的身分又は門地」による
              差別の禁止　78
       Ⅲ　法の下の平等の判断枠組み──検討順序　82
           1　区別の対象の確定　82
           2　区別をする立法目的の合理的根拠の審査　83
           3　立法目的と区別との合理的関連性の審査　83
       Ⅳ　法の下の平等をめぐる具体的問題　85
           1　尊属に対する罪の加重　85
           2　家族関係における平等　86
           3　税制と法の下の平等──サラリーマン税金訴訟　89
           4　国籍と法の下の平等　89
           5　条例による地域的格差──東京都売春防止条例事件　92
       Ⅴ　演習問題　93

1　本問の趣旨　93
　　　2　違憲主張の組立て　94
　　コラム　平等違反に対する救済　84
　　コラム　答案を読んで　95

第5講　精神活動の自由総論・思想及び良心の自由　96

　Ⅰ　精神的自由総論　96
　　　1　精神的自由の優越的地位　96
　　　2　「二重の基準」　97
　Ⅱ　思想及び良心の自由　97
　　　1　思想及び良心の自由保障の意義　97
　　　2　思想及び良心の自由の内容　98
　　　3　思想及び良心の自由の判断枠組み　102
　　　4　思想及び良心の自由をめぐる具体的問題　104
　Ⅲ　演習問題　108
　　　1　本問の趣旨　108
　　　2　違憲主張の組立て　109
　　コラム　「思想と不可分に結び付く行為」の範囲　102
　　コラム　答案を読んで　110

第6講　信教の自由・政教分離　111

　Ⅰ　信教の自由　111
　　　1　信教の自由保障の意義　111
　　　2　信教の自由の内容　112
　　　3　信教の自由の判断枠組み　113
　　　4　信教の自由をめぐる具体的問題　115
　Ⅱ　政教分離原則　118
　　　1　政教分離原則の意義　118
　　　2　政教分離原則の内容　119
　　　3　政教分離原則の判断枠組み　123
　　　4　政教分離原則をめぐる具体的問題　128
　Ⅲ　演習問題　133
　　　1　本問の趣旨　133
　　　2　憲法判断の進め方　134
　　コラム　政教分離違反を訴訟で争う方法　119
　　コラム　政教分離違反と信教の自由の衝突　127
　　コラム　答案を読んで　136

第 7 講　学問の自由 ……………………………………………………… 137
　　Ⅰ　学問の自由　137
　　　1　学問の自由保障の意義　137
　　　2　学問の自由の内容　138
　　　3　学問の自由の判断枠組み　139
　　Ⅱ　大学の自治　141
　　　1　大学の自治の意義　141
　　　2　大学の自治の内容　141
　　　3　大学の自治をめぐる具体的問題　143
　　Ⅲ　演習問題　145
　　　1　本問の趣旨　146
　　　2　違憲主張の組立て　146
　コラム　大学における「部分社会の法理」　143
　コラム　答案を読んで　148

第 8 講　表現の自由 ……………………………………………………… 149
　　Ⅰ　表現の自由　149
　　　1　表現の自由保障の意義　149
　　　2　表現の自由の内容　150
　　　3　表現の自由規制の判断枠組み　152
　　　4　表現に対する事前抑制禁止の原則　153
　　　5　明確性の原則　159
　　　6　表現内容規制　163
　　　7　表現内容中立規制　172
　　Ⅱ　取材・報道の自由　177
　　　1　取材・報道の自由保障の意義　177
　　　2　取材・報道の自由の内容　177
　　　3　取材・報道の自由の判断枠組み　177
　　　4　取材・報道の自由をめぐる具体的問題　178
　　Ⅲ　集会の自由　183
　　　1　集会の自由の意義　183
　　　2　集会の自由の内容　183
　　　3　集会の自由の判断枠組み　184
　　　4　集会の自由をめぐる具体的問題　186
　　Ⅳ　結社の自由　189
　　　1　結社の自由の意義　189

        2　結社の自由の内容　189
        3　結社の自由の判断枠組み　189
        4　結社の自由をめぐる具体的問題　190
　　Ⅴ　通信の秘密　191
        1　通信の秘密の意義　191
        2　通信の秘密の内容　191
        3　通信の秘密の判断枠組み　192
        4　通信の秘密をめぐる具体的問題　192
　　Ⅵ　演習問題　193
        1　本問の趣旨　194
        2　違憲主張の組立て　194
　　コラム　「意見表明そのものの制約」と「表現の間接的・付随的制約」　164
　　コラム　「有害図書」規制をめぐる憲法上の問題点　171
　　コラム　放送の自由の特殊性　177
　　コラム　答案を読んで　195

第9講　経済活動の自由(1)――職業の自由　197

　　Ⅰ　経済活動の自由総論　197
        1　経済活動の自由保障の意義　197
        2　経済活動の自由の内容　198
        3　経済活動の自由の判断枠組み　198
　　Ⅱ　職業選択（職業）の自由　199
        1　職業選択（職業）の自由の意義　199
        2　職業選択の自由の内容　200
        3　職業の自由の判断枠組み　201
        4　職業の自由をめぐる具体的問題　207
　　Ⅲ　演習問題　213
        1　本問の趣旨　214
        2　違憲主張の組立て　215
　　コラム　許可と特許　202
　　コラム　答案を読んで　216

第10講　経済活動の自由(2)――財産権　217

　　Ⅰ　財産権の保障　217
        1　財産権保障の意義　217
        2　財産権の内容　218
        3　財産権の判断枠組み　221

4　財産権をめぐる具体的問題　223
　Ⅱ　損失補償　226
　　　1　損失補償の意義・内容　226
　　　2　損失補償の判断枠組み　226
　　　3　損失補償をめぐる具体的問題　228
　Ⅲ　演習問題　230
　　　1　本問の趣旨　232
　　　2　設問1──違憲主張の組立て　232
　　　3　設問2──損失補償の可否　234
　コラム　いわゆる「国家補償の谷間」　230
　コラム　答案を読んで　235

第11講　人身の自由　236

　Ⅰ　人身の自由総論　236
　Ⅱ　奴隷的拘束・意に反する苦役からの自由　237
　　　1　奴隷的拘束・意に反する苦役からの自由の意義　237
　　　2　奴隷的拘束・意に反する苦役からの自由の内容　237
　　　3　奴隷的拘束・意に反する苦役からの自由をめぐる
　　　　具体的問題　238
　Ⅲ　居住・移転の自由、海外移住・国籍離脱の自由　239
　　　1　居住・移転の自由保障の意義　239
　　　2　居住・移転の自由の内容　240
　　　3　居住・移転の自由の判断枠組み　241
　　　4　居住・移転の自由をめぐる具体的問題　241
　Ⅳ　適正手続の保障　242
　　　1　適正手続保障の意義　242
　　　2　適正手続保障の内容　242
　　　3　適正手続保障をめぐる具体的問題　244
　Ⅴ　刑事手続における権利保障の具体的内容　245
　　　1　逮捕・勾留に関わる権利　245
　　　2　捜査における令状主義　247
　　　3　拷問の禁止　249
　　　4　不利益供述を強要されない権利　249
　　　5　刑事被告人の権利　252
　　　6　刑罰に関わる原則　254
　Ⅵ　行政手続における適正手続の保障　256
　　　1　行政手続における適正手続の保障の有無　256

2　行政手続における適正手続をめぐる具体的問題　257
　Ⅶ　演習問題　258
　　　1　本問の趣旨　260
　　　2　設問1——要綱第1〜第7に関する憲法上の問題点　260
　　　3　設問2——要綱第8の憲法上の問題点とその違憲の
　　　　疑いの軽減方策　264
　コラム　答案を読んで　264

第12講　社会権 … 265

　Ⅰ　社会権総論　265
　　　1　社会権保障の意義　266
　　　2　社会権の特性　266
　Ⅱ　生存権　267
　　　1　生存権保障の意義　267
　　　2　生存権の内容　267
　　　3　生存権の判断枠組み　269
　　　4　生存権をめぐる具体的問題　272
　Ⅲ　教育を受ける権利　274
　　　1　教育を受ける権利保障の意義　274
　　　2　教育を受ける権利の内容　275
　　　3　教育を受ける権利の判断枠組み　277
　　　4　教育を受ける権利をめぐる具体的問題　277
　Ⅳ　勤労権　279
　　　1　勤労権保障の意義　279
　　　2　勤労権の内容　280
　Ⅴ　労働基本権　280
　　　1　労働基本権保障の意義　280
　　　2　労働基本権の内容　281
　　　3　労働基本権をめぐる具体的問題
　　　　——労働組合による政治活動　282
　Ⅵ　演習問題　283
　　　1　本問の趣旨　285
　　　2　違憲主張の組立て　285
　コラム　教育権の所在　276
　コラム　労働組合の統制権の特質と限界　281
　コラム　答案を読んで　289

第13講　参政権 　290

 Ⅰ　参政権総論　290
 Ⅱ　選挙権　291
  1　選挙権の意義　291
  2　選挙権の内容　292
  3　選挙権の判断枠組み　295
  4　選挙権をめぐる具体的問題　296
 Ⅲ　投票価値の平等　298
  1　投票価値の平等の意義と内容　298
  2　投票価値の平等についての判例の変遷　299
  3　投票価値の平等の判断枠組み　303
 Ⅳ　被選挙権　305
  1　被選挙権の意義　305
  2　被選挙権の内容　305
  3　被選挙権の判断枠組み　305
  4　被選挙権をめぐる具体的問題　306
 Ⅴ　選挙運動の自由　307
  1　選挙運動の自由の意義　307
  2　選挙運動規制の正当化の試み　307
 Ⅵ　演習問題　308
  1　本問の趣旨　310
  2　違憲主張の組立て　310
 コラム　国会議員の解職制（リコール）　292
 コラム　答案を読んで　313

第14講　国務請求権 　314

 Ⅰ　国務請求権総論　314
 Ⅱ　請願権　315
  1　請願権保障の意義　315
  2　請願権の内容　315
  3　請願権の判断枠組み　316
 Ⅲ　国家賠償請求権　316
  1　国家賠償請求権保障の意義　316
  2　国家賠償請求権の内容　317
  3　国家賠償請求権の判断枠組み　318
  4　国家賠償請求権をめぐる具体的問題　319

- IV 刑事補償請求権　322
  - 1 刑事補償請求権保障の意義　322
  - 2 刑事補償請求権の内容　322
  - 3 刑事補償請求権をめぐる具体的問題　323
- V 裁判を受ける権利　324
  - 1 裁判を受ける権利保障の意義　324
  - 2 裁判を受ける権利の内容　325
  - 3 裁判を受ける権利の判断枠組み　326
  - 4 裁判を受ける権利をめぐる具体的問題——上告制限　326
- VI 演習問題　327
  - 1 本問の趣旨　328
  - 2 違憲主張の組立て　328

コラム　立法行為（不作為）に対する国家賠償請求　318
コラム　憲法32条の「裁判」と82条の「裁判」　326
コラム　答案を読んで　329

第15講　憲法事例問題の解法　330

- I 憲法論を組み立てる　330
  - 1 違憲主張の対象　331
  - 2 憲法上の権利に対する制約・客観法との抵触　332
  - 3 判断枠組みの設定——判例や学説を活用する　332
  - 4 個別的・具体的検討——合憲性審査　333
- II 答案作成の注意点　336
  - 1 問いに答える　336
  - 2 当事者の不満を把握する　337
  - 3 法的三段論法を守る　337
  - 4 読みやすい文章を書く　338
  - 5 適度に項目分けをする　338
- III 本書を読み終えた方へ　338
  - 1 体系書を読む　338
  - 2 最高裁判例を知る　338
  - 3 演習問題を解く　339
  - 4 副読本や法律雑誌を読む　339
  - 5 判例の時代背景を学ぶ　340

事項索引　341
判例索引　348

凡　例

▽判例集・判例解説
民（刑）集＝最高裁判所民事（刑事）判例集
高民（刑）集＝高等裁判所民事（刑事）判例集
行集＝行政事件裁判例集
下民集＝下級裁判所民事裁判例集
判時＝判例時報
判タ＝判例タイムズ
判例自治＝判例地方自治
労判＝労働判例
訟月＝訟務月報
集民（刑）＝最高裁判所裁判集民事（刑事）
裁時＝裁判所時報
憲法百選＝憲法判例百選Ⅰ～Ⅱ（第6版）

▽文献
・単行本は著者名の後に書名に『　』を付して入れ、論文は著者名の後に論文名を「　」を付して入れた。共著＝＝で結んだ。
・本書の基本的な参考文献については、以下の略語を用いた。

芦部・憲法学ⅡⅢ	芦部信喜『憲法学ⅡⅢ（Ⅲは増補版）』（有斐閣、1994～2000年）
芦部・憲法	芦部信喜／高橋和之補訂『憲法（第6版）』（岩波書店、2015年）
浦部	浦部法穂『憲法学教室（第3版）』（日本評論社、2016年）
憲法Ⅲ人権(2)	芦部信喜『憲法Ⅲ　人権(2)』（有斐閣、1981年）
小山・作法	小山剛『「憲法上の権利」の作法（第3版）』（尚学社、2016年）
佐藤・憲法論	佐藤幸治『日本国憲法論』（成文堂、2011年）
高橋・立憲主義	高橋和之『立憲主義と日本国憲法（第3版）』（有斐閣、2013年）
長谷部	長谷部恭男『憲法（第6版）』（新世社、2014年）
松井	松井茂記『日本国憲法（第3版）』（有斐閣、2007年）
宮沢・憲法Ⅱ	宮沢俊義『憲法Ⅱ　基本的人権（新版）』（有斐閣、1971年）
渡辺ほか・憲法Ⅰ	渡辺康行＝宍戸常寿＝松本和彦＝工藤達朗『憲法Ⅰ　基本権』（日本評論社、2016年）

▽その他
・引用においては、学習上の便宜を図るため、旧字を新字にし、漢数字をアラビア数字にし、促音便は現代仮名遣いで表記している。また、引用中に著者の注記を入れる場合は、〔　〕を付している。

基本憲法 I
基本的人権

序章──判決文に学ぶ

> ◆学習のポイント◆
> 1　判決文を読むと、権利・自由の制限根拠、権利・自由の性格・憲法上の位置づけ、権利・自由の制限態様・程度に基づいて合憲性審査の判断枠組みを定立したうえで、法令と処分の合憲性をそれぞれ検討していることがわかる。
> 2　法令の合憲性審査では立法事実を、具体的適用・処分の合憲性審査では司法事実を用いるのが原則である。
> 3　合憲性審査においても、法的推論（規範の定立とあてはめによる法的三段論法）が重要である。

1　判決文を読んでみる

　具体的な問題解決のための法的主張のモデルは判決文である。判決文には、一つの具体的な紛争を解決するための法的結論に関する「理由づけ」が示されている。「理由づけ」とは、一定の結論を導き出すために行われる、法的推論の過程のことである。**法的推論**は、前提たる定義や規範を提示し、そこへの具体的事実のあてはめを行うことで結論を導くものであり、**法的三段論法**ともいわれる。判決文のなかでは、随所でこの法的推論が行われていることを確認することができる。慣れないとなかなか読みにくいかもしれないが、まずは判決文を読んで、その構造を理解し、法的推論の実際をつかむことが自分で憲法に基づく主張を組み立てる第一歩となる。

　　＊　一般に、三段論法とは、大前提（AならばBである）に小前提（CはAである）をあてはめ、結論（ゆえにCならばBである）を導く論理的記述の方法である。法的推論においては、大前提として法令の要件と効果が与えられ、小前提としての具体的事実を法令の要件にあてはめ、結論として具体的な法的効果が導かれるか否かを決することになる。

2 「よど号事件」記事抹消事件判決とは

　ここで取り上げるのは、「『よど号事件』記事抹消事件」に関する最高裁大法廷判決（最大判1983〔昭和58〕・6・22民集37巻5号793頁　百選16）である。

　この事件は、未決勾留者が拘置所内で新聞を自費で購読していたところ、1970年3月に発生した「よど号ハイジャック事件」に関する新聞記事すべてが墨で抹消されており読むことができなかったため、これを不服として国家賠償請求をしたというものである。この最高裁判決は、以下にみるように、①自由の制限根拠、②自由の憲法上の位置づけ、③合憲性の判断枠組みの定立、④法令の合憲性判断、⑤処分の合憲性判断という、憲法に基づく主張を行うにあたって論ずべき主要な論点が述べられており、憲法上の主張の組み立て方を学ぶうえで格好の素材である。

3　なぜ自由が制限されるのか——①自由の制限根拠

　「㋐未決勾留は、刑事訴訟法の規定に基づき、逃亡又は罪証隠滅の防止を目的として、被疑者又は被告人の居住を監獄内に限定するものであって、㋑右の勾留により拘禁された者は、その限度で身体的行動の自由を制限されるのみならず、前記逃亡又は罪証隠滅の防止の目的のために必要かつ合理的な範囲において、それ以外の行為の自由をも制限されることを免れないのであり、このことは、未決勾留そのものの予定するところでもある。また、㋒監獄は、多数の被拘禁者を外部から隔離して収容する施設であり、右施設内でこれらの者を集団として管理するにあたっては、内部における規律及び秩序を維持し、その正常な状態を保持する必要があるから、この目的のために必要がある場合には、㋓未決勾留によって拘禁された者についても、この面からその者の身体的自由及びその他の行為の自由に一定の制限が加えられることは、やむをえないところというべきである（その制限が防禦権との関係で制約されることもありうるのは、もとより別論である。）。そして、この場合において、㋔これらの自由に対する制限が必要かつ合理的なものとして是認されるかどうかは、右の目的のために制限が必要とされる程度と、制限される自由の内容及び性質、これに加えられる具体的制限の態様及び程度等を較量して決せられるべきものである」。

(1) 段落の構造

ここでは、未決勾留の定義（下線部㋐）に基づいて、未決勾留者が「逃亡又は罪証隠滅のおそれ」を理由として身体的自由のみならずその他の自由も制限されること（下線部㋑）、また、未決勾留者の自由が拘置所内部における規律および秩序の維持のためにも制限されること（下線部㋓）とその理由（下線部㋒）、そして、自由に対する制限が是認されるかどうか（合憲となるかどうかと読み替えてもいいだろう）についての原則的な判断枠組み（下線部㋔）が語られている。

制度（未決勾留や監獄）の定義・説明（下線部㋐㋒）が、自由を規制する目的（下線部㋑㋓）の理由づけになっていることがみてとれる。

(2) 定義を確認する意義

未決勾留とは、刑事裁判確定までの間、拘置所に勾留することである（刑事収容施設法2条8号は、「未決拘禁者」という）。本件処分の憲法上の問題点を論ずるためには、未決勾留の意義を踏まえたうえで、未決勾留者は無罪の推定を受けることを押さえている必要がある。

(3) 利益衡量基準の提示

下線部㋔で述べられている、自由に対する制限の必要性の程度、制限される自由の内容および性質、自由に対する具体的制限の態様および程度を総合考慮して、制限の必要性と合理性を判断するという枠組みは、**利益衡量基準**と呼ばれる、最高裁の基本的な判断枠組みである。利益衡量基準は、最高裁が多用する判断枠組みというだけでなく、憲法に違反する自由の規制か否かを判断するうえで考慮すべき要素を抽出しているという点で、普遍的な意義を有する。

> ＊ 最高裁の利益衡量基準は、**比例原則**という言葉で説明されることもある（小山・作法69頁以下）。比例原則とは、一般的には、規制により得られる利益と失われる利益の均衡ということであり、法的判断の様々な局面で現れる。本書では、比例原則という言葉を憲法13条の内容の一つとして用いるので（第3講コラム「比例原則とは」参照）、権利・自由の性質、制約の程度、制約の必要性を総合考慮する合憲性判断の手法については利益衡量基準という言葉を用いる。

(4) 自由の制限根拠を論ずる意義

たとえ憲法上の権利として保障される自由であっても、「公共の福祉」に基づく制約に服すると解されている（第2講参照）。事案の特質に応じた適切な合憲性判断をするうえでは、「公共の福祉」という言葉の中に込められ

た具体的な規制の理由・目的を明らかにする必要がある。

　ところが、未決勾留者の書籍等の閲覧が制限される場合について、事件当時の監獄法（1908年制定）や監獄法施行規則は、下記＊のとおり「拘禁ノ目的」や「監獄ノ紀律」といった不明確な要件で規定しているにすぎなかった。最高裁は、第1段落において、権利・自由の内容に先立って、自由の制限の根拠である未決勾留について説明を加えることで、**権利・自由の制限根拠**を明らかにするというねらいがあったと思われる。

　　＊　旧監獄法31条は、1項で「在監者文書、図画ノ閲読ヲ請フトキハ之ヲ許ス」と定め、2項で「文書、図画ノ閲読ニ関スル制限ハ法務省令ヲ以テ之ヲ定ム」として、監獄法施行規則に委任をしていた。しかし、これを受けた同規則第86条1項は「文書図画ノ閲読ハ拘禁ノ目的ニ反セス且ツ監獄ノ紀律ニ害ナキモノニ限リ之ヲ許ス」、2項は「文書図画多数其他ノ事由ニ因リ監獄ノ取扱ニ著シク困難ヲ来タス虞アルトキハ其種類又ハ箇数ヲ制限スルコトヲ得」と規定しているにすぎなかった。

　　　現在の刑事収容施設法は、その70条1項において、「刑事施設の規律及び秩序を害する結果を生ずるおそれがあるとき」（1号）、「罪証の隠滅の結果を生ずるおそれがあるとき」（3号）として、閲覧禁止の要件を明らかにしている。

　このように、権利・自由を主張しようとする者（**権利主体**）とそれが置かれた状況に応じて、その制約根拠や権利主張の強さも変わってくる（たとえば、外国人、刑事施設被収容者など。詳しくは第1講・2講参照）。そのため、具体的事例における憲法に基づく主張を組み立てる際には、誰がどういう状況において権利・自由の主張をしようとしているのかを常に意識していなければならない。

4　どのような自由が制限されているのか──②自由の憲法上の位置づけ

　　「本件において問題とされているのは、東京拘置所長のした本件新聞記事抹消処分による上告人らの新聞紙閲読の自由の制限が憲法に違反するかどうか、ということである。そこで検討するのに、㋕およそ各人が、自由に、さまざまな意見、知識、情報に接し、これを摂取する機会をもつことは、その者が個人として自己の思想及び人格を形成・発展させ、社会生活の中にこれを反映させていくうえにおいて欠くことのできないものであり、また、㋖民主主義社会における思想及び情報の自由な伝達、交流の確保という基本的原理を真に実効あるものたらしめるため

にも、必要なところである。それゆえ、㋐これらの意見、知識、情報の伝達の媒体である新聞紙、図書等の閲読の自由が憲法上保障されるべきことは、思想及び良心の自由の不可侵を定めた憲法19条の規定や、表現の自由を保障した憲法21条の規定の趣旨、目的から、いわばその派生原理として当然に導かれるところであり、また、すべて国民は個人として尊重される旨を定めた憲法13条の規定の趣旨に沿うゆえんでもあると考えられる」。

(1) 段落の構造

ここでは、新聞を読む自由が憲法上保護された自由といえるのかを説明している。もし、憲法上保護された自由の侵害といえなければ、憲法違反の主張自体が成り立たない。

最高裁が、ここにかなりの字数を費やしているのは、そこに挙げられた思想及び良心の自由、表現の自由、個人の尊重から「新聞紙、図書等の閲読の自由」を導くことが簡単でないからである。「新聞を読む自由」に最も近いと思われる表現の自由にしても、その第一義的な内容は、思想、意見の発表を典型として、情報を提供する作用を念頭に置いたものであり、情報を受け取ることを、その内容に含めることには困難が伴う。

そのため、最高裁は、情報を摂取する自由を有することが、個人の思想、人格の形成・発展に役立つという個人的側面（下線部㋕）と、民主主義社会における思想および情報の自由な伝達・交流の確保にとって必要であるという社会的側面（下線部㋖）の両面から、その重要性を強調している。

なお、最高裁が「派生原理として」という言葉を使ったのは（下線部㋗）、直接的な内容とはいえないが、表現の自由等の憲法上の権利の保障のために必要なものとして当然に認められるべきであるとの認識を示したものである。

(2) 憲法の教科書で学ぶべきこと――新聞を読む自由の根拠をめぐって

「新聞を読む自由」の重要性は誰しも否定しないだろう。せっかく表現が自由であっても、それが受け手に届かなければ意味がない。

ただ、「必要だから認められるべきだ」という最高裁の理由づけは少し苦しい。「情報を摂取する自由」を表現の自由の内容に含めるような、判決よりももっとスマートな説明はないだろうか。

たとえば、表現の自由の内容を、「情報の流通にかかわる国民の諸活動が公権力により妨げられないこと」ととらえる学説がある（佐藤・憲法論250

頁)。この見解によれば、「新聞を読む自由」のみならず、報道関係者が**取材する自由**も表現の自由の保障する対象に含めることが可能になる。

　もちろん、権利の内容の定義は、広ければそれでいいというものでもない。なぜそのような定義をとることが妥当なのかという理由づけが説得力ある形で示されなければならない。そのためには、それぞれの権利・自由が憲法に規定されるようになった歴史的経緯や憲法の構造のなかで当該条文がどのような守備範囲をもっているかについて理解しておく必要がある。こうした説明は、当然のことながら判決の中に見出すことはできない。憲法の教科書で学ぶべきことの中心はここにある。

5　自由はどのような場合に制限されるのか──③合憲性審査の判断枠組みの定立

　「しかしながら、㋕このような閲読の自由は、生活のさまざまな場面にわたり、極めて広い範囲に及ぶものであって、もとより上告人らの主張するようにその制限が絶対に許されないものとすることはできず、それぞれの場面において、これに優越する公共の利益のための必要から、一定の合理的制限を受けることがあることもやむをえないものといわなければならない。そしてこのことは、閲読の対象が新聞紙である場合でも例外ではない。この見地に立って考えると、本件におけるように、㋖未決勾留により監獄に拘禁されている者の新聞紙、図書等の閲読の自由についても、逃亡及び罪証隠滅の防止という勾留の目的のためのほか、前記のような監獄内の規律及び秩序の維持のために必要とされる場合にも、一定の制限を加えられることはやむをえないものとして承認しなければならない。しかしながら、㋗未決勾留は、前記刑事司法上の目的のために必要やむをえない措置として一定の範囲で個人の自由を拘束するものであり、他方、これにより拘禁される者は、当該拘禁関係に伴う制約の範囲外においては、原則として一般市民としての自由を保障されるべき者であるから、㋘監獄内の規律及び秩序の維持のためにこれら被拘禁者の新聞紙、図書等の閲読の自由を制限する場合においても、それは、右の目的を達するために真に必要と認められる限度にとどめられるべきものである。したがって、右の制限が許されるためには、当該閲読を許すことにより右の規律及び秩序が害される一般的、抽象的なおそれがあるというだけでは足りず、被拘禁者の性向、行状、監獄内の管理、保安の状況、当該新聞紙、図書等の内容その他の具体的事情のもとにおいて、㋙その閲読を許すことにより監獄内の規律及び秩序の維持上

放置することのできない程度の障害が生ずる相当の蓋然性があると認められることが必要であり、かつ、㊂その場合においても、右の制限の程度は、右の障害発生の防止のために必要かつ合理的な範囲にとどまるべきものと解するのが相当である」。

(1) 段落の構造

ここでは、先に憲法上の権利の「派生原理」として認められた「新聞を読む自由」の制約がどのような場合に許されるのかについて、利益衡量基準をより具体化させた判断枠組みが示されている。

順を追ってみていくと、まず「閲読の自由」が「公共の利益」のために合理的制限を受けることが提示されている（下線部㋘）。何が「公共の利益」かを示しているのが、次の文章（下線部㋙）であり、「逃亡及び罪証隠滅の防止」という勾留目的のほか、「監獄内の規律及び秩序の維持」も「閲読の自由」を制限しうる理由（規制目的）として認められることが明らかにされている。ここで、第1段落で、在監者の自由を制限しうる2つの規制目的が提示されていた理由が明らかになる（下線部㋑㋒）。

次に、最高裁は、自由の制約の限界設定にとりかかる。限界設定を行うのは、自由と規制により得られる利益との調整が必要となるからである（3(3)参照）。ここで最高裁が注意を喚起するのが（下線部㋚）、本件が未決勾留者の自由に関わるケースであるという点である。すなわち、未決勾留者は有罪が確定しておらず無罪の推定を受ける者であることが自由の制限を最小限にすべきことを強く要請している。この点は、単なる「必要な限度の規制」ではなく、「真に必要と認められる限度にとどめられるべき」という表現に現れている（下線部㋛）。

そして、「したがって」以下（下線部㋜㊂）が、この判決の中で最も重要な具体的な合憲性審査のための判断枠組みの提示である。最高裁の示した判断枠組みをよく読むと、3つの方向から新聞閲読禁止ができる場合を限定していることがわかる。

まず、①新聞閲読の禁止が許されるのは、「その閲読を許すことにより監獄内の規律及び秩序の維持上放置することのできない程度の障害が生ずる」おそれのある場合でなくてはならない。また、②その「おそれ」は、一般的、抽象的なおそれではなく、「相当の蓋然性」がある場合でなくてはならない。そして、③新聞閲読の制限の程度は、障害発生を防止するために「必要かつ合理的な範囲」にとどまらなければならない。

(2) 合憲性審査の判断枠組み

最高裁が示した合憲性審査の判断枠組みをまとめると以下のようになる。

①害悪の大きさ まず、新聞の閲読を許すことがもたらす障害が「放置することのできない程度」でなくてはならないとするのは、自由の制限を正当化しうるほど大きな害悪が生ずること、すなわち**自由の制限と害悪との均衡**がとれていることを求めるものである。

②害悪発生の可能性 次に、判決は、害悪発生の可能性の大きさを問題としている。これは、本件の規制が、新聞の閲読が実際に発生させた害悪を理由とするものではなく、新聞の閲読が将来、害悪を発生させるかもしれないという危険性を理由としているからである。こうした将来の危険性を理由とした規制は（法文上、しばしば「おそれ」という文言が使われる。刑事施設法70条1項など）、大きな害悪の発生を避けるためには必要かつ有効ではあるが、予測に基づく規制となるため、行きすぎた規制となりやすい。判決が「一般的、抽象的なおそれ（……）では足りず」と断っているのは、独断的な判断に基づく行きすぎた規制にしないための歯止めをかけようとしたものである。

③自由の制限の程度 ①と②が、自由を制限する必要性に関わる基準であったのに対し、③は制限の程度に関する基準である。いくら自由を制限する必要性が高くても、制限の程度が必要以上に強くなってはならない。そして、①②において判定された規制の必要性は、常に、③において判定される制限の程度と均衡が保たれていなければならない（害悪の大きさを H、害悪発生の可能性を P、自由の制限の程度を L とした場合、$H \times P \geqq L$）。

自由の規制が憲法違反となるのは、この均衡が崩れたとき、すなわち $H \times P < L$ という場合である。ここから憲法違反の主張とは何をすることかがみえてくる。まず、規制の必要性と規制の程度との均衡点（$H \times P = L$）を探り、実際の規制がその均衡点よりも行きすぎていることを証明すればよいのである。

* 実際には、自由の制限の程度（L）には、当該自由の内容・価値（v）と制限の程度（d）を加味して考える必要がある（$L = v \times d$）。こうしてみると、ここで述べている判断枠組みは、3(3)で述べた判例上の利益衡量基準（下線部㋺）と同じ要素を考慮していることがわかるだろう。

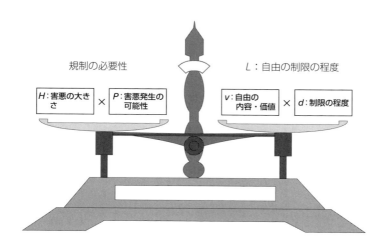

　一般に、1人の未決勾留者が新聞を読んだだけで、拘置所の秩序が保てなくなるほど大きな障害が発生する可能性が高いとはいえない。そのため、この判決の判断枠組みは、満たすことが困難な、厳格度の比較的高い基準ということができる。最高裁が、この基準によって判断すべきとしたのは、閲読の自由が表現の自由等の「派生原理」として憲法上尊重される自由であることと、閲読を禁止されたのが無罪の推定を受ける未決勾留者であることが大きい。

　このように、合憲性審査のための判断枠組みは、しばしば権利・自由の性質とその制限の程度により厳格度が変わる。

6　自由を制限している法律は憲法に違反しないか──④法令の合憲性審査

　「ところで、監獄法31条2項は、在監者に対する文書、図画の閲読の自由を制限することができる旨を定めるとともに、制限の具体的内容を命令に委任し、これに基づき監獄法施行規則86条1項はその制限の要件を定め、更に所論の法務大臣訓令及び法務省矯正局長依命通達は、制限の範囲、方法を定めている。これらの規定を通覧すると、その文言上はかなりゆるやかな要件のもとで制限を可能としているようにみられるけれども、㋐上に述べた要件及び範囲内でのみ閲読の制限を許す旨を定めたものと解するのが相当であり、かつ、そう解することも可能であるか

ら、右法令等は、憲法に違反するものではないとしてその効力を承認することができるというべきである」。

(1) 段落の構造

この段落は、先の段落で示された判断枠組みを監獄法・同法施行規則にあてはめて合憲判断（法令違憲の主張についての判断）を示したものである。しかし、判決は法令をまるごと憲法に違反しないとしたのではなく、この段落（文章）の後段（下線部⑨）において、「上に述べた要件及び範囲内」、すなわち先の段落で示した判断枠組み（下線部⑧⑦）に合致するように限定して解釈している。

(2) 限定解釈の使い方

日本の最高裁は、しばしば法令を限定する解釈によってその適用範囲を合憲的な範囲にとどめ、法令の違憲判断を避けている。この手法は、**合憲限定解釈**といわれるものであり、法文を文字どおり解釈すると憲法に違反する適用がなされてしまう広範な法令について、その意味を憲法に適合するように限定する。

もっとも、下線部⑨の表現を見るかぎり、最高裁は、本判決を「合憲限定解釈」のケースではなく、法律の「正しい解釈」をしただけだと考えているように思われる。そこには法令に憲法上の欠陥があるとの指摘（合憲限定解釈は、限定しなければ法令が違憲となることを含意している）を避けたがる最高裁の姿勢が現れている。

「合憲限定解釈」と呼ぶかどうかはともかく、限定解釈が法令の違憲的適用を避けるための有用なテクニックでもあることを押さえておこう。

7　自由を制限する処分は憲法に違反しないか——⑤処分の合憲性審査

「そして、具体的場合における前記法令等の適用にあたり、⑦当該新聞紙、図書等の閲読を許すことによって監獄内における規律及び秩序の維持に放置することができない程度の障害が生ずる相当の蓋然性が存するかどうか、及びこれを防止するためにどのような内容、程度の制限措置が必要と認められるかについては、監獄内の実情に通暁し、直接その衝にあたる監獄の長による個個の場合の具体的状況のもとにおける裁量的判断にまつべき点が少なくないから、障害発生の相当の蓋然性があるとした長の認定に合理的な根拠があり、その防止のために当該制限措置が必要であるとした判断に合理性が認められる限り、長の右措置は適法

として是認すべきものと解するのが相当である。これを本件についてみると、前記事実関係、㋔殊に本件新聞記事抹消処分当時までの間においていわゆる公安事件関係の被拘禁者らによる東京拘置所内の規律及び秩序に対するかなり激しい侵害行為が相当頻繁に行われていた状況に加えて、本件抹消処分に係る各新聞記事がいずれもいわゆる赤軍派学生によって敢行された航空機乗っ取り事件に関するものであること等の事情に照らすと、東京拘置所長において、㋕公安事件関係の被告人として拘禁されていた上告人らに対し本件各新聞記事の閲読を許した場合には、拘置所内の静穏が攪乱され、所内の規律及び秩序の維持に放置することのできない程度の障害が生ずる相当の蓋然性があるものとしたことには合理的な根拠があり、また、右の障害発生を防止するために必要であるとして右乗っ取り事件に関する各新聞記事の全部を原認定の期間抹消する措置をとったことについても、㋖当時の状況のもとにおいては、必要とされる制限の内容及び程度についての同所長の判断に裁量権の逸脱又は濫用の違法があったとすることはできないものというべきである」。

(1) 段落の構造

最後の段落では、本件の新聞閲読禁止処分が具体的な事実関係の下で正当化されるかを検討したうえで、本件処分が有効かどうかについての結論が出されている。

閲読が禁止された新聞記事がどのようなものであり、また、当時の拘置所の状況はいかなるものであったかという事情（下線部㋔）（裁判上問題となる事実という意味で**司法事実**と呼ばれる）は、ここで初めて登場している。法令の合憲性を論じる場合には、**立法事実**と呼ばれる法令の制定根拠や一般的効果が取り上げられ、あくまでも具体的事実関係から離れて一般的に検討されていることとの違いがみてとれる（第15講 I 4(2)参照）。

処分が憲法に違反しないかの検討では、それほど特別なことが行われているわけではない。下線部㋕が示すように、第3段落で示された判断基準（下線部㋒㋓）に本件の具体的事実関係をあてはめて、本件閲読禁止処分が正当なものといえるかどうかを判断するだけである。

(2) 施設の長の裁量権

ただし、ここで最高裁は、「監獄内における規律及び秩序の維持」に対する障害をもたらすかどうかの判断にあたっては、監獄の状況についてよく知っている（「実情に通暁」した）刑事施設の長の判断が尊重されるため、裁判所が審査できる対象は「障害発生の相当の蓋然性があるとした長の認定」

に合理的な根拠があり、閲読制限という措置が必要とする判断に合理性があるかどうかであると限定してしまった（下線部②）。判決文がいう「合理性」とは、「一応、そのように長が判断（認定）することももっともだ」ということを意味する。第2文④で判決が挙げている事情が、「合理性」判断を支える根拠ということになるが、これが十分かどうかは異論のあるところである。

(3) 行政処分の合憲性審査の方法

判決文の最後の部分、すなわち最終的な結論部分（下線部⑦）で「裁量権の逸脱又は濫用の違法」という表現があるのは、本件が行政機関（拘置所長）による裁量処分の違法性を問題とする訴訟だからである。行政事件訴訟法によれば、行政機関の裁量処分が違法となるのは、「裁量権の範囲をこえ又はその濫用があった場合」に限られるとされている（30条参照）。

日本には、憲法訴訟という訴訟類型があるわけではないので、すべては民事訴訟（行政訴訟を含む）・刑事訴訟のなかで憲法問題が語られることになる。したがって、憲法がわかるようになるためには、他の法分野についての基礎知識も必要である。

8 憲法について学ぶべきこと

判決文をひととおり読んでみると、そこでは、法的三段論法に基づき、**権利概念や制度の定義**から一定の**判断枠組み**を導き出して、そこに**具体的な事実のあてはめ**を行うことを通じて結論を出していることがわかる。

それでは、いよいよ具体的な権利概念や制度の内容、そして、それらに応じた憲法判断の枠組みを学んでいくことにしよう。

第1講　基本的人権総論(1)
——基本的人権の守備範囲

◆学習のポイント◆

1　日本国憲法が保障する「基本的人権」は、人が人であるがゆえに有する人権を淵源とするが、参政権や社会権など憲法上保障された権利すべてを含む（【設問1】【設問2】）。

2　憲法上の権利の主体は「国民」にとどまらない（【設問3】）。外国人は、「人である以上、人権を淵源とする憲法上の権利」の享有は認められ、権利の性質上その保障が及ばないとされる権利についても、外国人の具体的事情を考慮して保障を及ぼすべきである（【設問4】）。

3　団体は、結成の目的に資するかぎりで、憲法上の権利主張が認められる（【設問5】）。

4　憲法上の権利は国家に対する権利であるが、法律の規定や裁判所の判決を通じて、憲法上の権利保障の効力が私人間の関係にも間接的に及ぶ（【設問6】）。

I　「基本的人権」の概念

　国家の基本的な決定システムを定める法という意味での憲法（**固有の意味での憲法**）は、国家の成立とともに存在してきた。

　他方、国家（国王）の権力を臣民の権利保障という形で拘束するという慣行は、イギリスにおける長い歴史的過程のなかで形成された。たとえば、代表者の同意によらないで課税されないことの保障、陪審による裁判などは、1215年のマグナカルタに始まり、1689年の権利章典に至る過程のなかで徐々に確立していったものである。

　近代市民革命を通じて、国家の統治権は人民の同意に由来し、人民の自然権の保障を目的に行使されなければならないとの社会契約論に基づく統治権の正当化が広まると、憲法は一定の質と形式をもつものに転化する。たとえ

ば、憲法には「権利の保障と権力の分立」が規定されねばならないとされ（フランス人権宣言16条）、成文の憲法典において、憲法上保障される権利が具体的に規定されることとなった（**近代的意味の憲法**）。こうして、国家権力を拘束する権利の保障が憲法のなかに組み入れられることとなった。

> 【設問1】 憲法が権利や自由を保障することには、どのような意義があるのか。

　一般に、憲法は国家機関に権限を授権し（**授権規範**）、それとともに国家機関の権限を制限する（**制限規範**）。議会に立法権を授権する憲法は、法律に優位する形式的効力をもつため国内法体系のなかで**最高法規**となる。また、成文憲法は、通常の法律よりも改正手続に厳重な要件が課せられ、単純多数決では改正できないのが通例である（**硬性憲法**）。したがって、国民の権利が憲法に定められることは、議会が定める法律によっても侵すことのできない権利、すなわち**多数決**でも奪うことのできない**権利**が承認されることを意味する。

> **第97条**　この憲法が日本国民に保障する基本的人権は、人類の多年にわたる自由獲得の努力の成果であって、これらの権利は、過去幾多の試錬に堪へ、現在及び将来の国民に対し、侵すことのできない永久の権利として信託されたものである。

　社会契約説の影響の下で制定された憲法が保障する権利の中核は、自然権に淵源をもつ、**人が人として生来もっている権利**（**人権**）であった。憲法97条は、日本国憲法が保障する「基本的人権」が、上記のような人類の歴史のなかで確立してきた「人権」を継承する内容のものであることを明らかにしている。

　　＊　1776年に採択されたヴァージニア権利宣言はその第1条において、「全ての人は生まれながらにして等しく自由で独立しており、一定の生来の権利を有している」と述べる。すべての人が「生来の権利」を有するという思想は、同年のアメリカ独立宣言に採り入れられ（「われわれは、自明の真理として、すべての人は平等に造られ、造物主によって、一定の奪い難い天賦の権利を付与され、そのなかに生命、自由および幸福の追求の含まれることを信じる」）、1789年のフランス人権宣言にも引き継がれた（「人は、自由かつ権利において平等なものとして出生し、かつ生存する」〔1条〕）。

　日本国憲法の保障する「基本的人権」（11条・97条）について、自然権に淵源をもつ自由権のみを指すものに限定したり、国家賠償請求権（17条）や

刑事補償請求権（40条）はこれに含まれないとする見解もある。

しかし、日本国憲法の保障する権利・自由は、社会契約論の基点となった自然権の保障を中核としてはいるが、そこにとどまってはいない。日本国憲法は、その基本的目的である「個人の尊重」のために必要な権利・自由のうちで「基本的」なものを条文のなかで明記したと考えるべきであり、日本国憲法の保障する「基本的人権」には、**憲法の保障する権利のすべてが含まれる**と解するべきである。

Ⅱ　基本的人権の分類

1　分類の意義と限界

憲法が保障する権利・自由を分類することは、大まかな性格の違いを理解する助けになる。ただし、権利には複合的な性格をもつものが少なくなく、過度の単純化には注意も必要である。

2　分類のあり方

(1)　国民の地位による分類

多くの論者によって参照されるのは、G.イェリネック（1851-1911）の分類である。この見解は、国家に対する国民の地位を、国家から義務づけられる受動的地位、国家からの干渉を受けない消極的地位、国家に作為を請求する積極的地位、国家に参加する能動的地位に分け、受動的地位から**国民の義務**、消極的地位から**自由権**、積極的地位から**国務請求権**（**受益権**）、能動的地位から**参政権**が導かれるとした。

(2)　前国家的権利と後国家的権利

Ⅰでみたように、憲法が保障する権利のなかには、国家に先行して想定される、人が人であるがゆえに認められる自然権を淵源とする権利（**前国家的権利**）と国家を構成する国民として認められる権利（**後国家的権利**）が存在する。

(3)　自由権と請求権

自由権（**防御権**）とは、国家に対して不作為を請求する権利であり、表現の自由や職業選択の自由などがこれに当たる。**請求権**とは、国家に対して一定の作為を請求するものであり、国務請求権や生存権などがこれに当たる。

憲法の保障する権利の内容の歴史的変化を象徴的に表すとき、「自由権から社会権へ」というように、自由権は社会権と対比されることが多い。**社会権は、20世紀の憲法において登場した、福祉国家的理念の下に国家に一定の給付などの作為を請求する権利**であり、権利の性質の区分としては、請求権の一種といえる。

(4) 具体的権利と抽象的権利

憲法の保障する権利の内容が、憲法から直接導かれる権利を**具体的権利**といい、法律によって権利の内容が形成される権利を**抽象的権利**という。請求権は、原則として抽象的権利にとどまるが、法律による具体化が必要なことは立法への白紙委任を意味せず、生存権（25条）や国家賠償請求権（17条）に関しても、請求内容を具体化する法律が権利の核心部分を害する場合には違憲とされることもある（第12講・14講参照）。

(5) 違憲審査のあり方と基本的人権の分類

憲法上の権利の制約が許されるかどうかを判断する違憲審査においては、その権利の性格が重要な意味をもつ。**二重の基準論は、精神的自由権に関する違憲審査が、経済的自由権に関する違憲審査よりも厳格に行われるべき**とする考え方である（第5講I参照）。

　　* 学説のなかには、二重の基準論の考え方を徹底して、市民の政治参加のプロセスを構成する権利を**プロセス的権利**、それ以外の権利・自由を**非プロセス的権利**として区別し、厳格な違憲審査は前者に対してのみ行われると論ずる見解もある（松井311頁）。また、個人の自律に基づく「**切り札**」**としての権利**については、多数者の意思に反しても保障されるが、メディアの自由のように、社会の利益を増大させる公共財としての性格を有する**公共の福祉のための権利**は社会的利益の効果的実現または重要な社会利益のために制限されうると説く見解もある（長谷部111頁）。

(6) 憲法上の権利保障と制度保障・客観法

憲法上の権利保障は、国家の権限行使に対する制約を国民の主観的な権利として構成したものということもできる。ただし、国家の権限行使に対する制約は、国民の主観的な権利保障以外の形態でも課されうる。そもそも国家機関は、憲法により授権された権限を超えて活動することはできず、検閲の禁止（21条2項）などの憲法が定めた原則（**客観法**）に反して活動することも許されない。

> 【設問2】　制度保障（制度的保障）とは何か。

客観法のうち、憲法上の権利保障に資するため、憲法が一定の制度の維持を求めるものを**制度保障**（制度的保障）という。
　最高裁も、憲法20条・89条の定める政教分離が、信教の自由の保障から区別された「制度的保障」であるとし（**津地鎮祭事件判決**　最大判1977〔昭和52〕・7・13民集31巻4号533頁　百選46）、憲法29条の財産権の保障に「私有財産制度の保障」が含まれていると解している（**共有林分割制限事件判決**　最大判1987〔昭和62〕・4・22民集41巻3号408頁　百選101）。

> ＊　制度保障については、ドイツの公法学者 C. シュミット（1888-1985）の「制度保障論」を参照しつつ、立法によっても制度の核心または本質的部分に当たるものを変更することはできないなどと説かれる。しかし、シュミットが「制度保障論」においてその存続を図ろうとした「制度体」には、近代憲法と相容れない中間団体も含まれており、日本国憲法において論じられる「制度」とはその性格を異にする。さらに、憲法が規定する「制度」のなかには、私有財産制や婚姻制度など立法による具体化が予定されているものばかりでなく、政教分離原則、貴族制度の禁止（14条2項）のように特定の制度を禁止する趣旨のものがあり、一概に論ずることは適当でない。日本国憲法の制度保障を理解するうえで、シュミット流の「制度保障論」に依拠する必要はない。

Ⅲ　憲法上の権利の享有主体
　　　——国民・外国人・法人・天皇

1　国　民

　憲法という法は、国家権力の限界・発動要件を定め、他方で、国民の権利を保障しているものであるから、憲法の保障する権利を国民が享有することは当然である。

> 第10条　日本国民たる要件は、法律でこれを定める。

> 【設問3】「日本国民たる要件」を法律で自由に決めることができるか。

　「国民」とは、日本国籍を有する者である。憲法10条の条文からは、一見、国籍付与のあり方は、法律という形式をとればどのようにでも定めることが

できるようにも読める。最高裁は、「国籍の得喪に関する要件を定めるに当たってはそれぞれの国の歴史的事情、伝統、政治的、社会的及び経済的環境等、種々の要因を考慮する必要があることから、これをどのように定めるかについて、立法府の裁量判断にゆだねる趣旨のもの」と述べて、憲法10条を立法裁量の根拠としている（**国籍法3条1項違憲判決**　最大判2008〔平成20〕・6・4民集62巻6号1367頁　百選35）。

しかし、憲法前文が「日本国民は、……憲法を確定する」と述べるように、「国民」は憲法を制定した主体＝主権者である。国会が「国民」の範囲をどのようにでも定めることができるとすると、憲法によって創設された一国家機関が主権者の範囲を定めることができるという矛盾したことが起きる。

憲法制定時において国民であった者とその子孫は、原則として国民の地位を保持しうることが予定されている。そうでなければ、「日本国民」が「われらとわれらの子孫のために」憲法を制定した理由がなくなってしまう。国会の立法裁量は、上記の原則を踏まえたうえで、国籍の重複や形骸化を防ぐ調整のために認められていると考えるべきである（国籍法の定めと法の下の平等との関係については第4講Ⅳ4参照）。

　　＊　国籍付与の方式は父母の血統を基準とする血統主義と出生地を基準とする出生地主義があるが、現行国籍法は血統主義に立っている。

2　外国人

(1)　外国人は憲法上の権利を享有するか

外国人とは日本国籍を有しない人々のことである。憲法は国家と国民との関係を規律する法であり、憲法上の権利保障は国民に向けられたものであるとの原則からは、外国人には憲法上の権利保障は及ばないことになる（**保障否定説**）。

しかし、憲法上保障される権利の多くは、人であるがゆえに認められる「人権」を淵源とするものであり、外国人も、当然、そうした権利を享有するはずである。ここから、外国人にも一定の範囲では憲法上の権利保障が及ぶとする**保障肯定説**が支配的となった。

最高裁も「いやしくも人たることにより当然享有する人権は不法入国者と雖もこれを有するものと認むべきである」と述べている（最2小判1950〔昭和25〕・12・28民集4巻12号683頁）。

(2) 外国人の憲法上の権利享有の範囲と判断枠組み

> 【設問4】 外国人に対する憲法上の権利保障の範囲は何によって画定すべきか。

　外国人が享有する権利の範囲について、かつては、条文上の主体が「何人も」となっているか「国民は」となっているかによって、外国人への保障の可否を定める**文言説**も唱えられた。しかし、この説は、憲法22条2項が「何人も、……国籍を離脱する自由を侵されない」と規定するところと矛盾するという困難に逢着する。

　(1)で述べたように、外国人が人権を淵源とする憲法上の権利を享有することは当然であるから、外国人が享有する憲法上の権利の範囲は、その権利が人権を淵源とするものかどうかという**権利の性質**によって画定される（**権利性質説**）。最高裁も、**マクリーン事件判決**（最大判1978〔昭和53〕・10・4民集32巻7号1223頁　百選1）において、「憲法第3章の諸規定による基本的人権の保障は、権利の性質上日本国民のみをその対象としていると解されるものを除き、わが国に在留する外国人に対しても等しく及ぶものと解すべき」と、権利性質説の立場を確認している。

　ただし、外国人の憲法上の権利の保障のあり方については、権利の性質だけでなく、その外国人の具体的状況を考慮する必要がある。日本に生活の本拠を有する「定住外国人」は、単なる旅行者と異なり日本の統治権との関わりの程度が高く、憲法上の権利保障の必要性も高くなる。

　　＊　定住性は、生活の本拠の有無という不明確な基準であるため、永住権の有無によって判断すべきとの見解もある（辻村みよ子『憲法〔第4版〕』〔日本評論社、2012年〕133頁）。

　もっとも、最高裁は、「外国人に対する憲法の基本的人権の保障」について、「外国人在留制度のわく内で与えられているにすぎない」との前提に立ち、外国人の行った政治活動が「憲法の保障を受ける」ものであっても、法務大臣が在留期間更新にあたって、それを不利な事情として考慮することも許されるとしている（マクリーン事件判決）。外国人が憲法上の権利を行使したことで在留資格を失うとすれば、憲法上の権利保障は「砂上の楼閣」となってしまう。在留する外国人に対し国外退去を迫ることは、本人にとって重大な不利益処分であり、そこには当然、国家権力を拘束する憲法上の制約がかかるはずである。国家機関である法務大臣は、憲法上保障された権利を行使したことを理由に、在留資格を失わせるような処分を行うことはできな

いというべきである。

(3) 外国人の憲法上の権利保障をめぐる具体的問題

ア　入国の自由・在留する権利

　外国人の入国が国の広い裁量に服することから、外国人は入国の自由を享有しないと説かれる。最高裁も、マクリーン事件判決において、「憲法22条1項は、……外国人がわが国に入国することについてはなんら規定していない」と述べている。そして、最高裁は、「入国の自由」の否定の延長線上に、外国人の「在留する権利」も否定する。

　たしかに、入国前の外国人は、日本の国家権力に服していないのであるから、そもそも憲法の保障の対象外である。しかし、いったん日本で生活を始めた外国人に在留を否定することは重大な不利益処分であって、新規に入国する場合とは状況が大きく異なる。両者を同視して、外国人の在留についても国の広い裁量の下に置くことは妥当でない。

　　＊　出国の自由は外国人にも認められると解されている。ただし、最高裁は、旅券に出国の認印を受けることを求めることにつき、「出国それ自体を法律上制限するものではなく、単に、出国の手続に関する措置を定めたもの」とし、無断出国を処罰することも憲法に反しないとしている（最大判1957〔昭和32〕・12・25刑集11巻14号3377頁）。

イ　再入国の自由

　最高裁は、**森川キャサリーン事件判決**（最1小判1992〔平成4〕・11・16集民166号575頁　百選2）において、「我が国に在留する外国人は、憲法上、外国へ一時旅行する自由を保障されているものでない」として、旧外国人登録法に基づく指紋押なつ（判決当時には廃止されていた）を拒否した外国人の再入国許可を認めなかった。これは、再入国についても、入国と同様、国の広い裁量に服するとの理由に基づくものである。

　しかし、再入国の自由は、日本に生活の本拠を置く定住外国人にとっては、一時的な海外旅行に出かけ、「帰国」するための自由である。アについて述べたように、そもそも権利性が問題とならない入国と、既に日本に在留する外国人の外国旅行の自由とを同様に扱うことは、在留外国人の生活実態を無視し、恣意的な出入国管理の横行を許すものとなる。

　　＊　2012年出入国管理法改正により在留外国人が1年以内の海外旅行をする場合には再入国許可が不要となった（同法26条の2）。

ウ　政治活動の自由

　最高裁は、外国人の政治活動の自由について、「わが国の政治的意思決定

又はその実施に影響を及ぼす活動」は、「外国人の地位にかんがみこれを認めることが相当でない」と解している（マクリーン事件判決）。これは、「国の政治的意思決定及びその実施が日本国民によってなされなければならない」とする国民主権観を前提とするものである。

しかし、国民主権については、「一国の政治のあり方はそれに関心をもたざるをえないすべての人の意思に基づいて決定されるべきだとする考え方」と理解したうえで、国家による統治権に服し、その権力行使に対して関心を抱く者は外国人であっても参政権を享有すべきであるとの見解も唱えられている（浦部66頁）。国民主権概念は多義的であり、少なくともそれだけでは外国人の参政権行使を妨げる理由として十分ではない。まして、政治活動の自由は、参政権行使そのものではなく、人であるがゆえに有する自然権的権利である表現の自由の一環とみるべきであり、国民主権による制約を認めるべきではない。

エ　参政権

参政権は、国家というコミュニティの政治的意思決定に参画する権利であって、人であるがゆえに認められる人権を淵源とする権利ではなく、一定の資格を有する「市民」の権利である。外国人が参政権を享有しないことは、国民主権原理から当然に導かれる帰結と考えられてきた。

最高裁も、「主権が『日本国民』に存するものとする憲法前文及び1条の規定に照らせば、憲法の国民主権の原理における国民とは、日本国民すなわち我が国の国籍を有する者を意味することは明らか」であり、「公務員を選定罷免する権利を保障した憲法15条1項の規定は、権利の性質上日本国民のみをその対象とし、右規定による権利の保障は、我が国に在留する外国人には及ばない」と解している（最3小判1995〔平成7〕・2・28民集49巻2号639頁　百選4）。

しかし、仮に国民主権が外国人の参政権の保障を否定する論拠になりうるとしても、国民が自らの国の運営をより広い範囲の人々の参加によって行うべきと考え、一定の外国人に参政権を拡大することも憲法上許容されていると考えられる。先の最高裁判決も、外国人のうち永住者のように、その居住する地方公共団体と特段に密接な関係をもつに至った者に地方公共団体における選挙権を法律で付与することは禁止されていないとする。

> *　ただし、最高裁は、憲法93条2項にいう「住民」について、「地方公共団体の区域内に住所を有する日本国民」を意味すると解して、同項によっては、地方公共団体における在留外国人の参政権は保障されないと解した。

オ　公務就任権——東京都管理職選考試験事件判決

　外国人が参政権を享有しないとの前提から、公務員に就任する権利についても制限が説かれる。しかし、参政権行使と直結した被選挙権はともかく、一般職の公務員に就任する権利は職業選択の自由としてとらえるべきであり、外国人の公務就任を認めない合理的な理由が示されるべきである。ところが、これまで、日本政府は、「法の明文の規定が存在するわけではないが、公務員に関する**当然の法理**として、公権力の行使または国家意思の形成への参画にたずさわる公務員となるためには、日本国籍を必要とするものと解すべきである」との不明確な理由で一定の公務員について外国人の就任を拒んできた。

　最高裁も、**東京都管理職選考試験事件判決**（最大判2005〔平成17〕・1・26民集59巻1号128頁　百選5）において、「国民主権の原理に基づき、国及び普通地方公共団体による統治の在り方については日本国の統治者としての国民が最終的な責任を負うべきもの」という理由で、「住民の権利義務を直接形成し、その範囲を確定するなどの公権力の行使に当たる行為を行い、若しくは普通地方公共団体の重要な施策に関する決定を行い、又はこれらに参画することを職務とする」公務員（公権力行使等地方公務員）については、日本国籍を有する者が就任することが想定されているとした。

　もっとも、東京都の管理職のなかには公権力行使等地方公務員に該当しない職もあった。東京高裁は、この点をとらえて、外国人の一律排除を憲法22条1項・14条1項違反とした（東京高判1997〔平成9〕・11・26判時1639号30頁）。しかし、最高裁は、公権力行使等地方公務員の職とこれに昇任するのに必要な職務経験を積むために経るべき職とを包含する「一体的な管理職の任用制度」を構築して人事の適正な運用を図ることにも合理性があるとして、14条1項違反の主張を斥けた（同判決は、22条1項違反については判断しなかった）。

●コラム●　外国人と特別永住者

　東京都管理職選考試験事件においては、1952年の平和条約発効により日本国籍を失った旧植民地出身者とその子孫である特別永住者について、公務就任権の判断を別異に考えるべきかも争点となった。最高裁の多数意見は、外国人の管理職受験資格を認めないことの合理性は、「特別永住者についても異なるものではない」とした。これに対し、滝井裁判官と泉裁判官は、特別永住者が「永らく我が国社会の構成員であり、これからもそのような生活を続けようとしている」こと（滝井）、「その住所を有する地方公共団体の自治の担い手の1人」であること（泉）を指摘して、国籍による受験制限が、人事の適正な運用と

> の合理的関連性を欠くとする反対意見を述べている。特別永住者は、典型的な「定住外国人」であり、原則として、国民と同様の権利保障を受けるべきである。

カ　社会権──塩見訴訟

社会権については、かつては「国籍国において保障されるべき」との理由で、外国人に対する保障が否定されてきた。しかし、すべての外国人が国籍国による社会保障を受給できる状況にあるわけではない。

社会権は、貧富の拡大によって人間らしい生存が脅かされる状況が顕在化してきたことを受け、国家が様々な給付をすることを憲法上の権利として裏づけたものであり、その起源には社会集団による相互扶助というアイディアがある。国民健康保険や国民年金などの拠出制の保険はもちろん、国庫負担の生活扶助制度にあっても、国家というコミュニティに所属する者が、保険料や税金といった形で資金を出し合って相互に扶助するという性格をもっている。先に述べたように、外国人であっても日本の国家権力の下で暮らさざるをえない者は、日本というコミュニティの構成員とみることができ、社会権についても頭から享有しないと決めつけるのは不当である。

こうしてみると、拠出制による社会保障制度について国籍によって加入を排除する必要性は乏しいし、国庫負担の生活保護についても、納税者である外国人を一律に支給対象から排除することには合理性がない。実際、国民健康保険、国民年金等の社会保障制度については、日本が難民条約に加盟した結果、国籍条項が撤廃され、外国人も加入できるようになった。生活保護については、外国人に適用されないとの原則が維持されているものの（最2小判2014〔平成26〕・7・18判例自治386号78頁）、永住者等には、行政措置として支給が認められている。

もちろん、社会権が国家による給付を求めるものであり資源に限りがあることから、外国人という地位に基づいて一定の制約を課すことも許される。最高裁は、**塩見訴訟判決**（最1小判1989〔平成元〕・3・2訟月35巻9号1754頁　百選6）において、「国は、……その限られた財源の下で福祉的給付を行うに当たり、自国民を在留外国人より優先的に扱うことも、許される」と述べるが、その制限はあくまでも合理性の認められる範囲でなければならない。

3　団体（法人）

(1)　団体による憲法上の権利享有の可否

　最高裁は、八幡製鉄政治献金事件判決において、「憲法第3章に定める国民の権利および義務の各条項は、性質上可能なかぎり、内国の法人にも適用されるものと解すべき」として、法人の憲法上の権利享有について肯定する立場を明らかにした。学説上も、法人が「社会的実在」であることを根拠に、「法人の人権享有主体性」を肯定する見解が通説とされてきた。

　もっとも、私法上の取引主体として「社会的実在性」をもつことと憲法上の権利の享有主体であることとは、本来、別問題である。また、憲法上の権利享有と私法上の主体としての法人格の有無も直結するものではなく、憲法上の権利享有の可否は、法人ではなく、団体一般について検討されるべきである。

　そもそも団体は、自然人ではないので、人権を当然に享有するものではない。また、団体は国民でもないので、憲法上の権利も享有しないはずである。しかし、団体を結成して活動することは国民の結社の自由の行使として認められるのであるから、国家は、国民が団体を結成することによってその活動に不利な扱いをすることは許されない。こうしてみると、団体による憲法上の権利の享有は、その団体を設立し運営している個人の目的（＝団体の目的）に資するかぎりで認められるべきである。

(2)　団体の活動をめぐる具体的問題

　団体の憲法上の権利が国によって侵害されたという事例は、これまでほとんど顕在化しなかった。団体をめぐる紛争の多くは、団体の行動が構成員の思想・信条に反するなどとして、団体の活動と構成員の自由との衝突が問題となったケースである。これらは、私人間の紛争ではあるが、構成員の権利・自由との関係で団体の活動範囲が画定されることを通じて、間接的に、団体が享有する権利の範囲が明らかにされている。

> 【設問5】　団体の行動と構成員の自由とはどのように調整されるべきか。

　法人などの団体の権利能力は、「目的の範囲内」において認められる（民法34条）ため、団体の活動範囲は、「目的の範囲」の解釈として争われる。そこでは、団体の設立目的・性質のほか、団体の活動によって構成員に課せられる負担の程度が重要な考慮要素となる。

ア　八幡製鉄政治献金事件

最高裁は、会社による政党への政治献金の適法性が争われた**八幡製鉄政治献金事件判決**（最大判1970〔昭和45〕・6・24民集24巻6号625頁　百選9）において、政治献金について、「社会の一構成単位たる立場にある会社に対し期待ないし要請されるかぎり」において、会社の目的の範囲内であるとした。そのうえで、最高裁は、会社が「自然人たる国民と同様、国や政党の特定の政策を支持、推進しまたは反対するなどの政治的行為をなす自由」を有することを認め、「政治資金の寄附もまさにその自由の一環」として認められると解した。また、会社による政治資金の寄附が国民の政治意思の形成に作用することがあっても、「選挙権の自由なる行使を直接に侵害するものとはなしがたい」として、公序良俗違反（民法90条）にも当たらないと判断した。

イ　国鉄労働組合広島地方本部事件

労働組合による組合員に対する寄附の強制が問題となった、**国鉄労働組合広島地方本部事件判決**（最3小判1975〔昭和50〕・11・28民集29巻10号1698頁　百選150）において、最高裁は、労働組合の活動範囲について、狭い意味での労働条件の改善にとどまらず、政治的、文化的活動にまで及ぶことを認める一方で、「労働組合がその目的の範囲内においてするすべての活動につき当然かつ一様に組合員に対して統制力を及ぼし、組合員の協力を強制することができるものと速断することはできない」と述べて、組合の活動範囲と組合員の協力義務の範囲とを区別して考察した。そのうえで、最高裁は、組合員の協力義務の範囲について、「具体的な組合**活動の内容・性質**、これについて組合員に求められる**協力の内容・程度・態様等を比較考量**」することによって判断するとのアプローチを示した。最高裁は、このアプローチに基づき、ⅰ）他の組合の闘争に対する支援資金やⅱ）政治的活動に参加して処分を受けた組合員への救援資金の拠出の強制は適法であるが、ⅲ）政党・政治家への寄附については「投票の自由と表裏をなす」ものであるから、これを組合員に強制することは違法となると判断している。

ウ　南九州税理士会事件

弁護士会、税理士会など、一部の公益法人のなかには、加入が法律で強制されているものがある。こうした加入強制により、構成員は、「結社に加わらない自由（消極的結社の自由）」を制約されているといえる（ただし、第8講Ⅳ1参照）。そのため、加入強制は、職業倫理の維持等の公益の実現に必要なかぎりで正当化され、加入強制団体の活動範囲は、一般の団体よりも

厳しく制限されると解される。

　税理士会による政治献金の適法性が争われた**南九州税理士会事件判決**（最3小判1996〔平成8〕・3・19民集50巻3号615頁　百選39）において、最高裁は、会の目的が法律により定められ加入が強制される税理士会については、「目的の範囲」による会の活動範囲の限定を厳しく解釈すべきであるとし、政治資金規正法上の「政治団体」に対して献金するために特別会費の納入を義務づけることを、会の目的の範囲外の行為として無効と判断した。

4　天皇・皇族

　天皇が憲法上の権利を享有するかどうかについては、**享有主体性を認めたうえで、地位の特殊性に基づいて制約が加えられるとみるアプローチ**と、**享有主体性を否定したうえで、一定の範囲で憲法上の権利の準用を認めるアプローチ**がある。どちらのアプローチをとっても、自然権的な憲法上の権利の保障が天皇に及ぶという点では一致している。

　憲法第1章が規定する「天皇」という制度が、大日本帝国憲法の「天皇」と連続性をもつものか、日本国憲法によって創設された新しい内容をもつものかをめぐっては争いがある。後者の立場をとったとしても、世襲によりその地位を獲得する天皇を、他の国家機関と同視することはできず、天皇とその地位を継承する皇族を国民に含めることは困難である。したがって、天皇は「国民の権利」たる憲法上の権利を享有しないとするアプローチの方が、筋が通っている。

　日本国憲法における天皇は「象徴」（1条）として「国政に関する権能を有しない」（4条）存在であるから、天皇は選挙権をもたない。皇位継承者とその親族である皇族についても「国民」とはいえ、「国民固有の権利」としての選挙権を認めないとする見解が一般的であるが、皇位継承の可能性のない者まで選挙権を剥奪するのは過剰な制限であるとみる見解もある。

　なお、最高裁は、天皇について、「象徴」としての地位に基づき、民事裁判権が及ばないと解している（最2小判1989〔平成元〕・11・20民集43巻10号1160頁　百選168）。これは、実質的な統治権を失ったという意味の「象徴」という地位に実体的な効果をもたせるものと批判されている。また、刑事裁判権については、天皇の国事行為を委任された摂政や臨時代行は訴追されない（皇室典範21条）ことから、天皇に対しても及ばないと解されている。

Ⅳ　憲法上の権利の妥当範囲

1　刑事施設被収容者や公務員との関係

　かつては、刑事施設に収容されている者（刑事施設被収容者）や公務員等の国家との関係は、国民と国家との「一般権力関係」とは区別される「特別権力関係」に当たるとされてきた。特別権力関係とは、法律上の根拠または同意に基づいて、国家の特別の包括的支配権に服する関係をいい、その関係の下では、法治主義が排除され、法律の個別的根拠なく権利を制限することが可能であり、その制限について裁判所による救済を受けることができないと解されていた（**特別権力関係論**）。

　しかし、日本国憲法の基本的人権の保障は、「個人の尊重」原理に基づいて（13条）、すべての国民に及ぶものであり（11条）、国家と国民との関係でありながらその効力が及ばない領域というものを認めることはできない。また、日本国憲法が国会を「唯一の立法機関」とし（41条）、すべての司法権を裁判所に委ねている（76条1項）ことからも、特別権力関係論をそのまま認めることはできない。刑事施設への収容関係と公務員関係では、その関係に置かれた者の権利を制限する根拠や制限の内容も全く異なり、それらを一括りに説明しようとするところにも無理がある。

　刑事施設への収容関係や、公務員関係は、それぞれ固有の基本的人権の制約原理が認められるという意味で、「**特別の公法上の関係**」と言い換えて論ぜられる。ただし、「特別の公法上の関係」であっても、私人間の関係のように憲法の基本的人権保障の効力が及ばないのではなく（2参照）、それぞれの関係に内在する権利の制約原理があるということであり、「公共の福祉」と並ぶ、基本的人権の制約原理の一つとして論ずるべきである（第2講Ⅱ参照）。

　　＊　大日本帝国憲法下では、上記の関係以外にも、国公立学校の在学関係や国公立病院と患者との関係も、特別権力関係として論じられたが、これらについて、私立学校や私立病院との関係との違いはほとんどなく、現在では、その多くが独立行政法人化されていることから、別異に扱う実質的根拠を欠いている。

　　　ただし、大学の内部紛争の司法審査に関して、「部分社会の法理」が問題とされることがある（第7講コラム「大学における『部分社会の法理』」参照）。

2 私人間の関係

【設問6】 私人と私人との間の関係において、憲法上の権利保障は、どのように効力を及ぼすと考えられるか。

(1) 私人間効力論

憲法は、国家と国民との関係を規律する法であり、私人と私人との関係を直接、規律するものではない。ここから私人間の関係は、憲法の基本的人権の保障の範囲外であるとされてきた（**無効力説**）。

しかし、人が人であるがゆえに有する人権の侵害が問題となるのは、対国家関係に限られるわけではなく、私人間における人権侵害を放置したままでは、憲法で基本的人権の保障をうたった意味がなくなってしまう。こうした問題意識から、憲法学説は、憲法上の権利保障を私人関係にも及ぼすために様々な理論構成を試みてきた。

ア 直接効力説

憲法が国家と国民との関係を規律するとの憲法観自体を転換して、憲法上の権利が直接、私人間の関係も規律するという考え方である。しかし、私人間の関係を、国家対国民との関係と同じ基準で律することは、憲法上の権利として保障された自由を国民が守るべき義務に転化させる矛盾を生じさせ、私的自治の原則に基づいて自由に形成されるべき私人間関係の特質を失わせるおそれがある。

そこで、憲法上の権利の効力が直接及ぶ対象を、私人が国家と密接な結びつきをもつ場合や私人が国家類似の大きな権力をもち、その私人の行為を国家権力によるそれと同視しうる場合に限定する見解も唱えられた（いわゆる「**ステート・アクションの理論**」）。

イ 間接効力説

憲法は国家と国民との関係を規律する法であり、私人間関係は私法により規律されるとの原則を維持しつつ、憲法による基本的人権の保障の効果が民法90条や709条のような私法の解釈・適用に「間接的に」及ぶとする考え方である。

間接効力説は、憲法と私法についての原則的な立場を維持したうえで、基本的人権保障の趣旨を法解釈に活かして、現実に妥当な解決策を探ることができる。しかし、なぜ裁判所が基本的人権保障の趣旨を私法上の関係に読み

込むことができるのか（あるいは、読み込むべきなのか）について明確な説明を欠いており、「読み込む程度」のブレが大きくなりすぎるという問題点を抱えていた。

ウ　憲法上の権利保障の趣旨の読み込み

憲法による基本的人権の保障は、国家に国民の権利・自由を保護する**基本権保護義務**を負わせたととらえ、国家（裁判所）は、私人Aの自由を私人Bによる侵害から保護する義務を負うとともに、私人Bの自由を過剰に侵害しないようにしなければならない義務を負うため、私人間紛争において両方の義務の均衡点を探ることになると構成する見解がある。

また、裁判所が紛争を解決するにあたっては、裁判所の判決が当事者の憲法上の権利・自由を過剰に侵害することのないよう配慮する必要が生じ、これを、私人間紛争の解決にあたって裁判所が憲法上の権利保障に配慮すべき根拠とする見解もある。

エ　新無効力説

他方、憲法が国家と国民との関係というタテの関係を規律するものであるとの原則を維持するかぎり、私人間というヨコの関係を規律することにはならないとの認識から、憲法上の基本的人権の保障は私人間の関係には効力を有しないとの立場に回帰する見解もある。

ただし、この見解も、私人間においても尊重されるべき自然権があることを認め、自然権の保障の内容は法律によって定められ、裁判所の解釈・適用を通じて私人間の自然権保障が具体化されるとする。

こうしてみると、人権（自然権）を起源とする憲法上の権利が、何らかの形で私人間の関係にも効力が及ぶことについては、学説上の一致があるといえる。

オ　最高裁の立場

最高裁は、**三菱樹脂事件判決**において、「憲法の右各規定は、同法第3章のその他の自由権的基本権の保障規定と同じく、国または公共団体の統治行動に対して個人の基本的な自由と平等を保障する目的に出たもので、もっぱら国または公共団体と個人との関係を規律するものであり、私人相互の関係を直接規律することを予定するものではない」と述べて、直接効力説を否定した（最大判1973〔昭和48〕・12・12民集27巻11号1536頁　百選10）。

> ＊　同判決は、「一方が他方に優越し、事実上後者が前者の意思に服従せざるをえない場合」に限定して憲法上の人権の直接適用を認める見解も否定している。

ただし、最高裁も、私人間において、「個人の基本的な自由や平等」に対する重大な侵害があるときに、国家が救済をする必要があることは承認している。最高裁は、個人の基本的な自由や平等に対する具体的な侵害の態様、程度が社会的に許容しうる限度を超えるときは、「これに対する立法措置によってその是正を図ること」、「私的自治に対する一般的制限規定である民法1条、90条や不法行為に関する諸規定等の適切な運用」による救済の可能性を承認しており、これらによって、「一面で私的自治の原則を尊重しながら、他面で社会的許容性の限度を超える侵害に対し基本的な自由や平等の利益を保護し、その間の適切な調整を図る」ことができると述べている。

　三菱樹脂事件判決以降、裁判所は、**社会的許容性の限度を超える権利・自由の侵害**かどうかという基準によって、私人間における（広義の）人権侵害に対する救済の可否を判断している。「社会的許容性」の判断においては、両当事者の主張する利益の性質、双方の利益の侵害の程度、当該私人関係の性格などが考慮される。

(2)　私人間効力をめぐる具体的問題
ア　三菱樹脂事件

　大学卒業後、三菱樹脂株式会社に採用され試用期間中であった労働者が、入社試験にあたって自らの学生運動歴について問われた際に虚偽の回答をしたとして、本採用を拒否された。

　最高裁は、憲法14条1項・19条が私人相互の関係を直接規律するものではないとしたうえで、「企業者が特定の思想、信条を有する者をそのゆえをもって雇い入れることを拒んでも、それを当然に違法とすることはできない」との前提に基づき、「企業者が、労働者の採否決定にあたり、労働者の思想、信条を調査し、そのためその者からこれに関連する事項についての申告を求めること」も違法行為とすべき理由はないと判示した。ただし、最高裁は、本件の本採用拒否は、留保解約権の行使に当たるから、企業者は雇い入れ拒否の場合のように広い範囲の自由を有するわけではなく、「解約権留保の趣旨、目的に照らして、客観的に合理的な理由が存し社会通念上相当として是認されうる場合」に当たるかどうかについて審理する必要があるとして、事件を原審に差し戻した（前掲・最大判1973〔昭和48〕・12・12）。

イ　昭和女子大事件

　私立女子大学の学生が学内において署名活動をし、学外の政治団体に加入していたとして、自宅謹慎を命じられた。この処分に反発した学生が、週刊誌やラジオで大学側の対応を批判したことから、大学は学生を退学処分とし

た。

　最高裁は、三菱樹脂事件判決を参照し、憲法19条・21条・23条が「私人相互間の関係について当然に適用ないし類推適用されるものでない」ことを確認した。そのうえで、判決は、大学は国公立であると私立であるとを問わず在学する学生に対する包括的権能を有することに加え、特に私立学校においては建学の精神が尊重されることから、学生の政治的活動を広範に規律したとしても、「これをもって直ちに社会通念上学生の自由に対する不合理な制限」とはいえないとした（最3小判1974〔昭和49〕・7・19民集28巻5号790頁　百選11）。

　ウ　日産自動車事件

　日産自動車は、就業規則において、定年年齢を「男子満55歳、女子満50歳」と定めていた。

　最高裁は、少なくとも60歳前後までは、男女とも通常の職務であれば、企業経営上要求される職務遂行能力に欠けるところはないなどとした原審の認定を是認したうえで、「会社の就業規則中女子の定年年齢を男子より低く定めた部分は、専ら女子であることのみを理由として差別したことに帰着するものであり、性別のみによる不合理な差別を定めたもの」として、民法90条により無効とした（最3小判1981〔昭和56〕・3・24民集35巻2号300頁　百選12）。

　エ　百里基地訴訟

　航空自衛隊百里基地の設置にあたって、基地建設のための用地の所有者が、基地建設反対派の住民にいったん同土地を売却したが、その後、債務不履行を理由にこれを解除して、国に売却した。これに対し、反対派住民たる買い主が、自衛隊の違憲性に基づいて、用地の所有者と国との間の売買契約は無効であると主張した。

　最高裁は、「当該契約がその成立の経緯及び内容において実質的にみて公権力の発動たる行為となんら変わりがないといえるような特段の事情」がない限り、憲法9条は私法上の行為に対しては直接適用されるものではないと判断して、土地所有者と国との契約無効の主張を斥けた（最3小判1989〔平成元〕・6・20民集43巻6号385頁　百選172）。最高裁は、私法的な価値秩序においては、私的自治の原則、契約における信義則等の私法上の規範によって、「国家の統治活動に対する規範」が「相対化」される結果、「社会的に許容されない反社会的な行為であるとの認識が、社会の一般的な観念として確立している」場合に限って、私法上の行為の効力を失わせると述べた。

Ⅴ　演習問題

　アメリカ合衆国国籍をもつXは、A市の市立中学校で英語教育補助員として働くために来日し、在留期間を3年とする上陸許可を得て入国した。Xは、熱心な指導により生徒からも信頼されるようになり、ずっと日本で英語教育にあたりたいと考えるようになった。他方、Xは、アメリカの中東アジアにおける軍事介入に批判的で、毎週、アメリカ大使館前でパネルを掲げるなどの抗議行動を続けていた。Xの抗議活動は平和的なもので、法令に違反する行為を行ったことはなかった。Xは在留期間が残り半年となったため、在留期間の更新を申請したところ、法務大臣（Y）は出入国管理法21条3項（「法務大臣は、当該外国人が提出した文書により在留期間の更新を適当と認めるに足りる相当の理由があるときに限り、これを許可することができる」）に基づき、「相当の理由」がないと判断し、在留期間の更新を不許可とした。Xはこの処分を不服としてその取消しを求めて出訴した。

〔設問〕　Xの憲法上の主張を、Y側の反論を想定しつつ、具体的に述べなさい。

1　本問の趣旨

　本問は、マクリーン事件判決（Ⅲ 2 (2)・(3)）判決で用いられた憲法判断の枠組み（Ⅲ 2 (2)）を批判的に検討することを求めている。

2　違憲主張の組立て

(1)　違憲主張の対象

　本問で問題となるのは、法の定める外国人在留制度それ自体ではなく、Xの抗議活動を理由に「相当の理由」がないと判断した法務大臣による不許可処分であるから、Xとしては、本件不許可処分は違憲であると主張することになる。

(2)　憲法上の権利に対する制約

　マクリーン事件判決によれば、権利の性質上日本国民のみをその対象としていると解されるものを除き、外国人にも憲法上の権利が保障される。政治活動の自由は憲法21条1項により保障される自然権的権利であるから外国人にも保障され、Xによるアメリカ大使館前での抗議活動も、平和的であるかぎり憲法21条1項の保障を受ける。

　なお、同判決は、政治活動のうち「わが国の政治的意思決定又はその実施に影響を及ぼす活動」は「外国人の地位にかんがみこれを認めることが相当

でない」との原則を示しているが、Xの活動は自国政府に向けられた抗議行動であり、上記の基準によっても、その享有は認められるであろう。

難しいのは、本問ではXらの政治活動は直接的には制限されておらず、在留期間更新にあたって不利な事情として考慮したにとどまることである。そこで、表現の自由の保障には「その行使によって不利益処分を受けないことの保障も含む」というところまで踏み込んでおきたい。

(3) 権利に対する制約の正当性判断
ア 判断枠組みの設定

出入国管理法21条3項が、在留期間の更新にあたって「適当と認めるに足りる相当の理由」があるときに限り「許可することができる」と定めているところからみて、法務大臣に裁量を認めていることは否定できない。そのため、本件処分の違憲性は「裁量権の範囲をこえ又はその濫用があった場合」（行訴法30条）といえるかといった判断枠組みのなかで主張されることになる。しかし、この判断枠組みはいかなる場合に違憲（ないし違法）とすべきかを示していないことから、法や憲法の趣旨に照らして、より具体的な判断枠組みを具体化しなければならない。

こうした具体的な判断基準の設定にあたっては、どのような条件を満たした場合であれば処分は合憲となるのかを考えるのが近道である。たとえば、在留許可は外国人が在留目的を達成するためになされたものであるから、在留の必要性が存在するかぎり、在留期間更新は許可されるのが原則であり、不許可とされるのは、**在留状況が特に好ましくない等の特段の事情が認められる場合に限られる**などの基準が考えられる。そして、憲法上の権利を行使することは、ここにいう「特段の事情」に当たらないと論じていくことになる。

これに対しては、マクリーン事件判決に従い、外国人には入国の自由や在留する権利が保障されておらず（Ⅲ2(3)ア）、外国人に対する憲法上の権利の保障は「外国人在留制度のわく内で与えられているにすぎない」から、法務大臣が在留期間更新にあたって「憲法の保障を受ける」政治的活動であっても不利な事情として考慮することが許されるとの反論が想定される（Ⅲ2(2)）。

しかし、いったん日本で生活を始めた外国人に在留を否定することは重大な不利益処分であるから、外国人の在留について、入国と同程度の広い裁量を認めるべきではない。また、外国人が憲法上の権利を行使することで在留資格を失うとすれば、憲法上の権利保障は、事実上無意味なものとなってし

まう。したがって、**憲法上の権利を行使することで在留資格を失わせるような処分をすることはできない**というべきである。

イ　個別的・具体的検討

(2)で述べたとおり、Xの活動は憲法21条1項により保障されるのであるから、これを不利益に考慮することはできず、Xに在留の必要性があり、その在留状況が好ましくない等の特段の事情もうかがわれないことから、「相当の理由」がないと判断してなされた本件不許可処分は裁量権の濫用に当たる。

●コラム●　答案を読んで

　この問題で迷うのは、「外国人の人権享有主体性」の議論にどの程度付き合うかという点である。マクリーン事件判決の解説（Ⅲ2(2)）でも触れたように、外国人の在留資格に関わる事例では、仮に外国人による憲法上の権利の享有が認められても、判例上、そうした権利・自由の行使を在留資格に関する法務大臣の裁量判断において不利益な事情として考慮されないことまでの保障はないとされている。したがって、本問でも外国人の権利享有ばかりを論じても実質的な解決に結びつかない。

　最高裁は、「わが国の政治的意思決定又はその実施に影響を及ぼす活動等外国人の地位にかんがみこれを認めることが相当でない」活動について憲法上の保障が及ばないと解しているので、Xの具体的な活動が「外国人の地位にかんがみ……相当でない」政治活動に当たるかどうかについても論じたくなるが、そこには明確な判断基準もなく、水掛け論となる可能性が強い。外国人が憲法上の権利を享有するか否かについては、真の争点である法務大臣の裁量の限界を論ずるうえでの前提として、簡単に指摘しておく程度にとどめるべきである。

　法務大臣の裁量権行使に関する具体的な判断枠組みの設定にあたっては、「合憲的な処分の限界は何か」を考察することが大切である。本問では、既にいったんは入国を許され、退去強制に該当することもなく在留期間を過ごした者であることを考慮に入れて、それでも更新を認めないことができる事情はどのような場合か（たとえば、「在留資格の必要性を喪失した場合」など）を考えるとよいだろう。

第2講　基本的人権総論(2)
——憲法上の権利の限界

> ◆学習のポイント◆
> 1　憲法上の権利を制約する形式的根拠は、「公共の福祉」（憲法12条・13条後段）であるが、実質的根拠は、憲法の予定する国家の機能、権利の性質、国民の義務などに求められる（【設問1】）。
> 2　かつて「特別権力関係」とされた刑事施設被収容者（【設問2】）や公務員（【設問3】）に対する憲法上の権利の制約は、「特別な公法上の関係」に内在する具体的な制約原理と権利の性質に基づき、規制目的や規制手段の合憲性を検討するべきである。

I　「公共の福祉」による憲法上の権利の制約

【設問1】　国家が、憲法上の権利を制限することができる根拠は何か。

1　憲法上の権利の制限根拠としての「公共の福祉」

　大日本帝国憲法は、「日本臣民ハ法律ノ範囲内ニ於テ言論著作印行集会及結社ノ自由ヲ有ス」（29条）という規定のとおり、「臣民ノ権利」は「法律ノ範囲内」の保障にとどまることを明示していた（**法律の留保**）。法律の留保は、帝国議会の協賛により制定される**法律という形式をとらなければ憲法上の権利を制限できない**という積極的側面と、**法律という形式をとれば憲法上の権利をいかようにも制約しうる**という消極的側面とをもっていた。
　これに対し、日本国憲法は、基本的人権を「侵すことのできない永久の権利」（11条）として保障し、「生命、自由及び幸福追求に対する国民の権利」を、「立法その他の国政の上で、最大の尊重を必要とする」（13条）ものと規定している。このように、日本国憲法は、人には人として生来もっている人

権があるとの発想に基づいており、その権利保障を法律の留保原則にとどまるものと解することはできない。国家機関である国会も憲法の制約を受け、国会が制定した法律といえども、憲法上の権利を不当に制限するものであれば憲法違反とされる。

> **第12条** この憲法が国民に保障する自由及び権利は、国民の不断の努力によって、これを保持しなければならない。又、国民は、これを濫用してはならないのであって、常に公共の福祉のためにこれを利用する責任を負ふ。
> **第13条後段** 生命、自由及び幸福追求に対する国民の権利については、公共の福祉に反しない限り、立法その他の国政の上で、最大の尊重を必要とする。

「侵すことのできない」基本的人権といえども無制約というわけではない。基本的人権は「個人の尊重」という憲法の目的を実現するために保障されているのであり、その保障は各人に平等に及ぼされなければならず、権利主張の衝突があった場合には、権利主張の調整に伴い、一定の制限を課すことが必要となる。また、憲法は、国家という一つの共同体を運営するためのルールであり、共同体全体の利益を実現するため、憲法上の権利に対して一定の制約を行わなければならない場合もある。

日本国憲法も、12条で「この憲法が国民に保障する自由及び権利」について「濫用してはなら」ず、「常に公共の福祉のためにこれを利用する責任を負」うことを求め、13条で「生命、自由及び幸福追求に対する国民の権利」について「公共の福祉に反しない限り」で最大の尊重を必要とすると規定している。これは、「公共の福祉」が基本的人権の制約根拠となることを認めるものと解される。そのため、基本的人権の制限が許される場合かどうかの判断は、主に「公共の福祉」という概念の解釈をめぐって行われてきた。

2 「公共の福祉」の意味

日本国憲法は、先に挙げた12条・13条のほかに、22条1項・29条2項においても「公共の福祉」という言葉を用いており、これらの規定の意味をめぐって見解の対立がある。

> **第22条1項** 何人も、公共の福祉に反しない限り、居住、移転及び職業選択の自由を有する。
> **第29条2項** 財産権の内容は、公共の福祉に適合するやうに、法律でこれを定める。

(1) 一元説／二元説と、内在的制約／外在的制約

　学説の対立点は、大きく分けて2つある。第1は、これら4ヶ所の「公共の福祉」がすべて同じ意味をもっていると解するか（一元説）、12条・13条における「公共の福祉」と22条1項・29条2項の「公共の福祉」は異なる内容をもっていると解するか（二元説）という点の対立である。

　第2は、「公共の福祉」の内容が、他人の権利・自由を侵害してはならないという**内在的制約**のみを意味するのか、内在的制約に限られない政策的制約（**外在的制約**）も含むと解するのかという点の対立である。

　ア　初期の「公共の福祉」論

　初期の最高裁は、「新憲法下における言論の自由といえども、国民の無制約な恣意のまゝに許されるものではなく、常に公共の福祉によって調整されなければならぬ」（最大判1949〔昭和24〕・5・18刑集3巻6号839頁）という判示に代表されるように、「公共の福祉」の内容に特に限定を加えず（**一元的外在制約説**）、憲法上の権利・自由に対するあらゆる制約を「公共の福祉」の名の下に正当化する傾向があった。

　イ　内在・外在二元説

　そこで、「公共の福祉」の内容を限定しようとする**内在・外在二元説**が唱えられた。この見解は、他者の権利・利益を侵害してはならないという内在的制約は明文規定を必要としない当然の制約であり、12条と13条はそれを訓示的に示した規定にすぎないと解する。他方で、経済的自由に関する22条1項・29条2項に規定された「公共の福祉」については、経済的弱者保護のための政策的制約を意味すると論ずる。

　しかし、すべての権利が内在的制約に服することが当然のこととしても、「個人の尊重」という日本国憲法の基本原理を示し、包括的基本権の根拠規定である憲法13条全体を、訓示的な規定として空文化する解釈は妥当でない。そこで、近年の二元説は、12条・13条について法的効力をもつ規定ととらえつつ、そこにいう「公共の福祉」は人権相互間の調整原理としての内在的制約を意味すると解し、他方、22条1項・29条2項の「公共の福祉」は、経済的弱者保護のための政策的制約という内容をもつものとしてとらえている。ただし、この学説には、同じ「公共の福祉」という言葉を条文によって異なる意味のものとして解さなければならないという不自然さがつきまとう。

　ウ　一元的内在的制約説

　長く通説的地位を占めたのは、憲法上の人権の制約は他人の人権との関係

でしか許されないとの前提に立ち、「公共の福祉」について、「人権相互のあいだの矛盾・衝突を調整する原理としての実質的公平の原理を意味する」（宮沢・憲法Ⅱ235頁）と解する**一元的内在制約説**である。そこにいう「実質的公平の原理」には、各人の人権相互の衝突の調整という「自由国家的公共の福祉」と、社会権の保障のために財産権等の制約を要請する「社会国家的公共の福祉」も含むとされている。

(2) 内在的制約説への批判

一元的内在的制約説に対しては、美観維持を目的とする屋外広告物規制、性道徳の維持のために行われるわいせつ規制など、対抗する権利が明らかでない多くの規制が説明できないと批判されている。また、青少年の健全な発達を目的に行われる種々の規制のように、「本人のためにならない」という理由で本人の自由を制限するパターナリズムに基づく規制も正当化することができなくなる（コラム「パターナリズムに基づく規制」参照）。

(3) 「公共の福祉」の再構成

憲法12条・13条の条文内容からみて、「公共の福祉」が憲法上の権利の一般的な制約根拠として憲法に規定されたことは動かしがたい。ただし、「公共の福祉」という言葉だけからは、その内容を確定することはできず、実質的な制約根拠は、憲法全体の構造から明らかにされる必要がある。

日本国憲法全体を眺めると、憲法が予定する、憲法上の権利の制約は、「人権間の対立の調整」に尽きるものでないことがわかる。たとえば、憲法は、公務員制度の構築や刑事施設の維持管理を予定しており、そうした制度が適切に機能するために、一定の権利の制限が必要とされる。二元説が説いた経済的自由権に対する政策的制約も、自由な経済活動がもたらす経済的格差への対応として憲法上承認されるに至った福祉国家の理念から導かれるものである。また、国民の義務に関する憲法の規定も、国家による租税の徴収作用などの国家活動の授権規定であると同時に、憲法上の権利の制約可能性を示すものととらえることができる。

＊　**薬局開設距離制限事件判決**（最大判1975〔昭和50〕・4・30民集29巻4号572頁　百選97）が、職業の自由について、「本質的に社会的な、しかも主として経済的な活動であって、その性質上、社会的相互関連性が大きいものである」とし、職業の自由について、「殊にいわゆる精神的自由に比較して、公権力による規制の要請がつよ」いと述べるのは、権利の性質から導かれる規制を示す例といえる。

他方、**小売市場事件判決**（最大判1972〔昭和47〕・11・22刑集26巻9号

586頁　百選96）における、日本国憲法が、「全体として、福祉国家的理想のもとに、社会経済の均衡のとれた調和的発展を企図しており」、経済活動の自由に関して、「社会経済政策の実施の一手段として、これに一定の合理的規制措置を講ずることは、もともと、憲法が予定し、かつ、許容するところ」との一節は、福祉国家の理念から導かれる制約を示すものである。

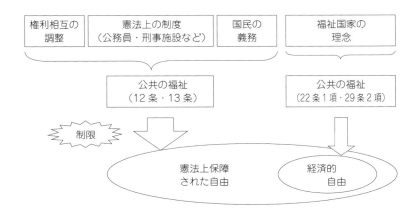

(4)　「公共の福祉」と規制目的

「公共の福祉」は、憲法上の権利制限を根拠づけるものであり、その具体的内容は、違憲審査において「規制目的」とされるものと重なる。規制目的の重要性は、その内容の憲法上の必要性に応じて異なる。たとえば、内在的制約としての「公共の福祉」とされてきた人権侵害の防止、人権衝突の調整（狭義の「公共の福祉」）は、国家が防止・調整に乗り出さなければ国民の権利が守られないから、その必要性・重要性は高い。従来、違憲審査基準論（Ⅳ 5 参照）において、「やむにやまれぬ利益」・「必要不可欠な利益」に分類されてきた規制目的がこれに当たり、憲法上の権利に対する強度の制限をも正当化しうる。

　　＊　たとえば、泉佐野市民会館事件判決（最３小判1995〔平成７〕・３・７民集49巻３号687頁　百選86）は、集会のための施設利用の制限が許される場合を「人の生命、身体又は財産が侵害され、公共の安全が損なわれる」場合に限定した（第８講Ⅲ 4 (3)イ参照）。

また、憲法上の権利や原則を実現・充実させるために行われる基本的人権の制約（たとえば、男女平等を実現するためのアファーマティブ・アクションなど）もある。これらにおいて、規制しないことが直ちに権利侵害と直結

するわけではないが、規制目的としては強い正当性をもち、「重要な利益」に分類される。

　国家の施策は、もちろん上記のものに限定されるわけではない。しかし、上記以外の施策であっても、少なくとも規制目的が憲法上許容されたものであることが必要である。規制目的として「正当な利益」といえるかどうかの審査のなかで、この点が問われる。日本国憲法の立脚する「個人の尊重」理念に反する立法目的は、憲法上正当なものとはみなされず、そうした目的のために制定された法令は手段の必要性・合理性を問うまでもなく違憲とみなされることになる。

　　＊　たとえば、刑法200条の尊属殺重罰規定について、田中二郎裁判官ほかの意見は、同条の立法目的自体が、「一種の身分制道徳」にほかならず、「憲法を貫く民主主義の根本理念に牴触」すると論ずる（最大判1973〔昭和48〕・4・4刑集27巻3号265頁　百選28）（第4講Ⅳ1(1)参照）。

●コラム●　パターナリズムに基づく規制

　独立した人格をもつ成人に対して「本人の利益のために」その自由を制約するパターナリズムに基づく規制は、個人の自己決定に対し国家が干渉するものであり、個人の私的領域への介入を最小限にとどめ、個人の自律性の尊重を基本原理とする近代立憲主義の見地から、原則として正当化されえない。

　しかし、自律した個人となるための発達途上にある未成年者については、その発達を保障し、取り返しのつかない害を被る前に、その自由を制限することも認められると考えられている。たとえば、未成年者との性行為を処罰対象とする、青少年保護条例の「淫行」禁止規定の規制目的について、最高裁は、「一般に青少年が、その心身の未成熟や発育程度の不均衡から、精神的に未だ十分に安定していないため、性行為等によって精神的な痛手を受け易く、また、その痛手からの回復が困難となりがちである等の事情にかんがみ、青少年の健全な育成を図る」ことにあると述べる。これは、パターナリズムに基づく規制目的の例である（福岡県青少年保護育成条例事件判決　最大判1985〔昭和60〕・10・23刑集39巻6号413頁　百選113）。

　パターナリズムに基づく規制は、あくまでも判断能力の不十分な未成年者等に対する例外的な措置として認められるものであるから、**限定的なパターナリスティックな介入**と呼ばれる。そして、限定的なパターナリスティックな介入も、憲法上の権利の制限である以上、憲法上の根拠が必要であり、たとえば、「青少年保護」は、憲法26条が保障する子どもの発達を実現するための施策として認められる。

---

(5)　「公共の福祉」と法治主義

　「公共の福祉」を根拠とする憲法上の権利の制限は、2(3)で述べたように、何らかの形で、国家による憲法上の権限行使と結びつけられなければならない。様々な政策課題のなかで、何を「公共の福祉」の具体化として実行するかの判断は、国民代表機関である国会によって行われる。また、国民の権利

を制限し義務を課す一般的規範（＝法規）を国会の制定した法律によって定めることは、国会を「唯一の立法機関」と定めた憲法41条の要請でもある（**国会中心立法の原則**）。

　国会は、法案審議の過程で、その規制が「公共の福祉」として十分な必要性と正当性をもつものかどうか、規制目的の重要性と基本的人権の制約との間の均衡がとれているかを審査することになる。何を規制対象として選択し、それにどのような態様の規制を行うかについては、一次的には国会の判断に委ねられる（**立法裁量**）。

Ⅱ　特別の公法上の関係に基づく憲法上の権利の制約

1　刑事施設被収容者との関係

(1)　被収容者の自由制限の根拠

　被疑者、被告人、受刑者らの刑事施設被収容者（在監者）は、刑事手続に伴い刑事施設に勾留・拘禁され身体の自由が拘束される。憲法は、31条以下に刑事手続に関する諸権利を保障しており、これは、刑事司法制度の存在を予定するものと解される。そのため、刑事司法制度の運営に必要なかぎりで、憲法上の権利の制限も許されると考えられる。

　刑事施設被収容者には、未決拘禁者と受刑者が含まれるが、**それぞれの拘禁目的に応じて**、居住移転の自由ほかの身体の自由およびその他の自由が制限される。

　また、被収容者は、拘禁目的に加え、**刑事施設の管理・秩序維持のためにも**、身体の自由およびその他の自由が制約される。最高裁も、「監獄内においては、多数の被拘禁者を収容し、これを集団として管理するにあたり、その秩序を維持し、正常な状態を保持するよう配慮する必要がある」と述べ、刑事施設の管理・秩序維持の目的によっても、身体の自由以外の自由について合理的制限を加えうることを認めた（最大判1970〔昭和45〕・9・16民集24巻10号1410頁　百選15）。

　　＊　未決拘禁者は、無罪であることが推定されるから、受刑者と異なり、原則として一般市民と同様に取り扱われるべきである。刑事施設法も、受刑者の処遇は「改善更生の意欲の喚起及び社会生活に適応する能力の育成」（30条）を目的とするが、未決拘禁者の処遇は「逃走及び罪証の隠滅の防

止」(31条) という目的に限定している。なお、死刑囚に対しては「心情の安定」(32条1項) を処遇の原則とする。

上記の違いは、被収容者の書籍閲覧の自由についても反映されている。受刑者は「矯正処遇の適切な実施に支障を生ずるおそれがあるとき」に閲覧が制限されるが、未決拘禁者は「罪証の隠滅の結果を生ずるおそれがあるとき」に制限されるにすぎない (70条1項2号・3号)。

また、特別の公法上の関係であるからといって、法治主義の要請が排除されるわけではなく、刑事施設被収容者に対する規制についても、法律上の根拠がなければならない。

(2) 被収容者の権利制限の判断枠組み

> **【設問2】** 刑事施設被収容者の憲法上の権利は、どのような場合に特別の制限に服するか。

最高裁は、被収容者の自由の制限の合憲性について、「制限が必要性とされる程度と、制限される自由の内容及び性質、これに加えられる具体的制限の態様及び程度等を較量して決せられるべき」という利益衡量基準 (「よど号事件」記事抹消事件判決。序章参照) に基づいて判断をしている。そして、最高裁は、(3)ア・イの事例にあるように、権利の重要性等の事情によって、違憲審査の厳密度を使い分ける傾向にある。

(3) 被収容者の権利をめぐる具体的問題

ア 喫煙の制限

旧監獄法施行規則96条 (「在監者ニハ酒類又ハ煙草ヲ用ウルコトヲ許サス」) に基づく被収容者に対する喫煙禁止について、最高裁は、喫煙を許すことによる「罪証隠滅」、「火災発生」のおそれを理由に、規制の態様を問うことなく、簡単に合理性を認めた (前掲・最大判1970 〔昭和45〕・9・16)。

* なお、判決には、「喫煙の自由は、憲法13条の保障する基本的人権の一に含まれるとしても」との一節があるが、喫煙の自由が憲法13条により保障されると判断したものとは解されていない。

イ 文書・図書の閲読制限——「よど号事件」記事抹消事件

最高裁は、被収容者に対して文書等の閲読を制限する旧監獄法31条2項 (「文書、図画ノ閲覧ニ関スル制限ハ命令ヲ以テ之ヲ定ム」) および同施行規則86条1項 (「文書、図画ノ閲読ハ拘禁ノ目的ニ反セズ且ツ監獄ノ紀律ニ害ナキモノニ限リ之ヲ許ス」) の合憲性について、喫煙制限に関する判決 (ア) を先例として参照し、利益衡量基準に基づいて合憲と判断した。ただし、最

高裁は、「監獄内の規律及び秩序の維持」を理由に未決勾留者に対し、新聞閲読を制限する具体的処分については、「抽象的な〔害悪発生の〕おそれ」では足りず、「放置することのできない程度の障害が生ずる相当の蓋然性」があることを要求し、制限の程度も、「障害発生の防止のために必要かつ合理的な範囲」にとどめるべきとした（最大判1983〔昭和58〕・6・22民集37巻5号793頁　百選16）。アの喫煙制限の事例よりも厳格な判断がなされたのは、新聞閲読の自由の重要性によるものと考えられる（本判決について詳しくは序章参照）。

ウ　幼年者との面会交流制限

旧監獄法45条1項は、「在監者ニ接見センコトヲ請フ者アルトキハ之ヲ許ス」と定める一方、同法50条において「接見ノ立会……其他接見……ニ関スル制限ハ命令ヲ以テ之ヲ定ム」と規定し、命令で面会の要件を具体的に定めることとしていた。しかし、法の委任を受けた旧監獄法施行規則120条は「十四歳未満ノ者ニハ在監者ト接見ヲ為スコトヲ許サス」と定めて、年少者の接見を一般的に禁止し、同規則124条で例外的に刑務所長・拘置所長等が許可するものとしていた。

最高裁は、施行規則の定めについて、「法律によらないで、被勾留者の接見の自由を著しく制限するものであって、法50条の委任の範囲を超えるもの」であるとして無効とした（最3小判1991〔平成3〕・7・9民集45巻6号1049頁）。

エ　信書発信制限

旧監獄法46条2項は、「監置ニ処セラレタル者ニハ其親族ニ非サル者ト信書ノ発受ヲ為サシムルコトヲ得ス　但特ニ必要アリト認ムル場合ハ此限ニ在ラス」と定めていた。

この条文に基づく信書発信不許可処分が、刑務所内の規律および秩序の維持、受刑者の身柄の確保、受刑者の改善・更生の点において「放置することのできない程度の障害が生ずる相当のがい然性があるかどうか」を何ら考慮することなくなされたことから、最高裁は、刑務所長の裁量権濫用を認め、国賠法上の違法性も認めた（最1小判2006〔平成18〕・3・23判時1929号37頁）。

2　公務員関係

(1)　公務員の権利制限の根拠

公務員関係は、基本的に雇用関係であり、公務員は他の労働者と同様、労

使関係にあるがゆえの制約を受ける。これに加えて、公務員は、「政治的行為」の禁止や労働基本権の制限など、他の労働者にはみられない制約にも服している。

日本国憲法は、公務員について、議院内閣制の下で内閣総理大臣の指揮監督に服する「行政各部」(72条)を構成する「全体の奉仕者」(15条2項)であると定めている。また、内閣の職務として、「法律の定める基準に従ひ、官吏に関する事務を掌理する」ことを定めている(73条4号)ことからみて、公務員関係について特別の規制をすることは憲法の予定するところといえる。学説上も、「公務員関係という特別の法律関係の存在とその自律性を憲法的秩序の構成要素として認めていること」に、公務員の権利制限の根拠を求めている(芦部・憲法学Ⅱ259頁)。

しかし、憲法が公務員制度の存在を予定しているというだけでは、どのような理由でいかなる権利を制限しうるのかは明らかとならない。「公務員関係の特殊性」と一口に言っても、具体的な制限との関係で様々な内容をもちうる。

(2) 公務員の権利制限の判断枠組み

【設問3】 公務員の憲法上の権利は、どのような場合に特別の制限に服するか。

(1)で述べたように、公務員制度の存在が予定されていることだけでは、公務員の憲法上の権利制限は正当化されない。公務員が特別の権利制限を受けている場合、公務員であることが、具体的な制限を正当化する十分な理由となっているか、制限の程度が必要最小限度にとどまっているかについて、個別的・具体的な検討が必要である。以下では、公務員の政治活動の制限と労働基本権の制限について検討する。

(3) 公務員の権利をめぐる具体的問題
ア 公務員の「政治的行為」の禁止

国家公務員法(以下、国公法)102条1項は、一般職の公務員が政党・政治的目的のために寄附金を集めたりすることを禁止したうえで、「人事院規則で定める政治的行為をしてはならない」と定める。これを受けて、人事院規則14-7が禁止対象となる「政治的行為」を詳細に定めている。同規則は、公務員の職種・職務権限、勤務時間の内外、職場の施設の利用の有無も問わずに、ほとんどあらゆる政治活動を禁ずるものとなっており、その違反者には同法110条19号により刑事罰も科される。

他方、地方公務員法36条は、禁止される「政治的行為」の内容を具体的に定め（2項）、禁止の範囲も限定的であるうえ、制裁も懲戒処分にとどまっている。地方公務員法の定めと比較すると、国公法の「政治的行為」禁止の特異性は際立っている。

a　猿払事件

北海道猿払村の郵便局員が社会党の選挙用ポスターの掲示を行った事件において、国公法102条1項、人事院規則14-7による国家公務員の「政治的行為」禁止の合憲性が初めて本格的に争われた。

第1審判決（旭川地判1968〔昭和43〕・3・25判時514号20頁　百選200）は、国家公務員の「政治的行為」禁止の目的を、「職務の公正な運営、行政事務の継続性、安定性およびその能率」にあるととらえた。そして、管理職でない現業公務員（民間でもなしうる業務を行う公務員）で、その職務内容が機械的労務の提供にとどまる者が「勤務時間外に、国の施設を利用することなく、かつ職務を利用し、若しくはその公正を害する意図なしで」ポスター貼りを行っても、弊害は著しく小さく、そこに刑事罰を加えることは、必要最小限度を超えるものとして、適用違憲となるとした。

これに対し、最高裁は、公務員の職種・職務権限、勤務時間の内外、国の施設の利用の有無などを区別することなく、公務員の政治活動を全面的に禁止することも憲法に違反しないと判示した（**猿払事件判決　最大判1974〔昭和49〕・11・6刑集28巻9号393頁　百選13**）。判決は、国家公務員の政治活動を禁ずる理由について、「行政の中立的運営」の確保のみならず、「これに対する国民の信頼が維持されること」に拡大し、「公務員の政治的中立性」の維持自体をも規制目的に組み込むことで、職務と直接に関わらない政治活動の禁止も正当化した。

判決は、続いて、国公法102条1項と人事院規則による「政治的行為」の禁止が「合理的で必要やむをえない限度にとどまるものか否か」について、①規制目的の正当性、②規制目的と規制手段との合理的関連性、③規制により得られる利益と失われる利益との衡量という判断枠組みを用いて検討した。

そして、判決は、①公務員の政治的行為が放任されれば、公務員の中立性を害し、職務の遂行と公務の運営に党派的偏向を招き行政の中立的運営に対する国民の信頼を損ねるという弊害をもたらすおそれがあることから、その規制目的には正当性がある、②公務員の中立性を損なうおそれのある「政治的行為」の禁止は、①の規制目的と合理的関連性がある、③公務員の「政治

的行為」の禁止は、意見表明そのものの制約をねらいとしてではなく、その行動のもたらす弊害の防止をねらいとした、「間接的、付随的な制約」にすぎず、「公務員の政治的中立性を維持し、行政の中立的運営とこれに対する国民の信頼を確保するという国民全体の共同利益」のために制限を加えても、利益の均衡を失するものではないと論じた。

　b　学説の批判

　猿払事件最高裁判決に対して、学説の多くは批判的であった。まず、国家公務員の「政治的行為」禁止の目的は、あくまでも議会制民主主義に基づく政治過程を経て決定された政策を忠実に遂行するために要請される**行政の中立的運営**、そしてそれを具体化するための**公務員の職務遂行の政治的中立性**に置かれるべきであり、そこに「国民の信頼」という主観的要素を持ち込むと規制範囲が際限なく拡大するおそれがある。また、そもそも各人が思想の自由を有する個々の公務員の政治的中立性を求めるのは不当である。そして、公務員の政治活動の制限は、憲法上の表現の自由の制限として、規制目的を実現するための「必要最小限度の制限」にとどめられなければならないが、「規制目的との合理的関連性」の基準では規制対象の限定がほとんどできない（表現の自由の規制態様を、「意見表明そのものの規制」と「弊害の防止のための間接的・付随的規制」とに二分することの問題性については、第8講コラム「『意見表明そのものの制約』と『表現の間接的・付随的制約』」参照）。

　c　堀越事件

　猿払事件から40年を経て、社会保険庁職員が休日に自宅近くで政党ビラを配布したことが国公法102条違反に問われた**堀越事件**において、改めて公務員に対する政治活動禁止の合憲性が争われた。最高裁（最2小判2012〔平成24〕・12・7刑集66巻12号1337頁　百選14）は、猿払事件判決を判例変更しなかったものの、国公法102条1項の禁止する「政治的行為」の対象を、「**公務員の職務の遂行の政治的中立性を損なうおそれが、観念的なものにとどまらず、現実的に起こり得るものとして実質的に認められるもの**」に限定した。判決は、刑罰をもって禁止される「政治的行為」に当たるかどうかを、「**当該公務員の地位、その職務の内容や権限等**」と、「**当該公務員がした行為の性質、態様、目的、内容等の諸般の事情を総合して判断する**」との判断枠組みを示したうえで、被告人のビラ配布が、「管理職的地位になく、その職務の内容や権限に裁量の余地のない公務員によって、職務と全く無関係に、公務員により組織される団体の活動としての性格もなく行われ」、「公務員に

よる行為と認識し得る態様で行われたものでもない」ことから、国公法の禁止する「政治的行為」には当たらないとして、無罪を言い渡した。

* 堀越事件と同日に言い渡された**世田谷事件判決**（最 2 小判2012〔平成24〕・12・7 刑集66巻12号1722頁）は、堀越事件と同じ判断枠組みを採用したが、厚生労働省課長補佐という管理職的地位にある者が行った政党機関紙の配布行為について、指揮命令等を通じて組織運営等にも影響を及ぼすことになりかねないとして、有罪とした。

d　裁判官の政治運動禁止

裁判所法52条 1 項 1 号は、裁判官が在任中「積極的に政治運動をすること」を禁止する。

最高裁は、この禁止を憲法21条 1 項に違反しないとし、組織的犯罪対策法案に反対する市民集会に出席し、職名を明らかにして「パネリストとしての発言は辞退する」旨の発言をした寺西判事補の行為について、発言のあった集会の性格を重視して、「積極的に政治運動をすること」に該当すると判断した（最大決1998〔平成10〕・12・1 民集52巻 9 号1761頁）。

最高裁決定は、裁判官が「独立して中立・公正な立場に立ってその職務を行」うだけでなく、「外見上も中立・公正を害さないように自律、自制すべきことが要請される」としたうえで、裁判官に対する政治的行為禁止の要請が一般職の国家公務員に対するそれより強いとする。そして、決定は、法の禁ずる「積極的に政治運動をすること」を、「組織的、計画的又は継続的な政治上の活動を能動的に行う行為であって、裁判官の独立及び中立・公正を害するおそれがあるもの」と定義したうえで、その規制が「合理的で必要やむを得ない限度にとどまる」かどうかについては、猿払事件判決の判断枠組み（a①～③）によって、合憲の結論を導いた。

しかし、最高裁の「積極的な政治運動」の解釈に従ったとしても、寺西判事補の発言がそれに該当するかは疑わしい（同決定における尾崎、遠藤、元原、河合裁判官の反対意見参照）。

イ　公務員の労働基本権制限

国公法、地方公務員法等により、公務員の労働基本権には民間労働者にはみられない制約が課されている（第12講参照）。しかし公務員も、労働の対価として報酬を受け取る「勤労者」（28条）であり、労働基本権、とりわけ争議権が、すべての公務員について全面的に禁止されていること（たとえば、国公法98条 2 項は「職員は、政府が代表する使用者としての公衆に対して同盟罷業、怠業その他の争議行為をなし、又は政府の活動能率を低下させ

る怠業的行為をしてはならない」と定める）の合憲性が長く争われてきた。

　　a　初期の最高裁の立場

　初期の最高裁は、公務員の争議権の制限を「公共の福祉」や「全体の奉仕者」という憲法上の文言のみによって正当化しようとした（**政令201号事件**最大判1953〔昭和28〕・4・8刑集7巻4号775頁など）。

　　b　全逓東京中郵事件判決

　その後、最高裁は、規制によって得られる公益と労働基本権の制約との利益衡量に基づいて、刑事罰の対象を限定する立場をとるようになる。**全逓東京中郵事件判決**（最大判1966〔昭和41〕・10・26刑集20巻8号901頁　百選144）は、「全体の奉仕者」規定（憲法15条2項）のみに基づいて、公務員に対して労働基本権をすべて否定するようなことは許されないとしたうえで、①「労働基本権を尊重確保する必要と国民生活全体の利益を維持増進する必要とを比較衡量」し、その制限が「合理性の認められる必要最小限度のものにとどめなければならない」ことを明らかにした。そして、判決は、公務員の職務は多様であるから、②労働基本権の制限は、公務員の職務・業務の性質の公共性が強く、その停廃が国民生活全体の利益を害し、国民生活に重大な障害をもたらすおそれを避けるために必要やむをえない場合に行われるべきこと、③労働基本権の制限違反に伴う不利益は、必要な限度を超えないよう十分配慮されねばならず、罷業・怠業に対して刑事罰は原則として科されるべきでないこと、④労働基本権制限にはそれに見合う代償措置が講ぜられるべきこととの原則を示した。

　最高裁は、その後、全逓東京中郵事件判決の打ち出した争議行為に対する刑事処罰の限定を、地方公務員（**都教組事件判決**　最大判1969〔昭和44〕・4・2刑集23巻5号305頁　百選145）、非現業の国家公務員（**仙台全司法事件判決**　最大判1969〔昭和44〕・4・2刑集23巻5号685頁）にも及ぼした。それらの判決では、争議行為の「あおり行為」（地公法61条4号、国公法110条1項17号）に対する処罰の対象を、争議行為そのものの違法性が高度であり、かつ「あおり行為」が「争議行為に通常随伴して行なわれる行為」の程度を超えた高度の違法性をもつ場合に限定する**「二重のしぼり」論**が採用された。

　　c　全農林警職法事件判決

　ところが、最高裁は、判例変更によって、公務員の争議行為の全面的禁止を再び合憲とした。非現業の国家公務員による政治的ストライキに関する**全農林警職法事件判決**（最大判1973〔昭和48〕・4・25刑集27巻4号547頁　百

【公務員の争議権をめぐる最高裁判例の変遷】

		現業公務員（郵便など）	地方公務員	非現業国家公務員
第Ⅰ期	全面禁止	政令201号事件判決		
第Ⅱ期	個別的利益衡量により処罰範囲を限定	全逓東京中郵事件判決（百選144）		
	二重のしぼりで処罰範囲をさらに限定	↑	都教組事件判決（百選145・199）	仙台全司法事件判決
第Ⅲ期	再び全面禁止に ①勤務条件の法定 ②市場抑制力の欠如 ③代償措置の存在	変更	変更 ↑ 岩手教組学テ判決（百選148）	↑変更 全農林警職法事件判決（百選146）
		全逓名古屋中郵事件判決（百選147）		

　選146）は、公務の停廃が「国民全体の共同利益に重大な影響を及ぼす」ことに加え、「公務員は、公共の利益のために勤務するものであり、公務の円滑な運営のためには、その担当する職務内容の別なく、それぞれの職場においてその職責を果すことが必要不可欠」であることを指摘し、争議権の行使そのものが「公務員の地位の特殊性と職務の公共性」と相容れないと説いて、仙台全司法事件判決を変更した。

　判決のいう「公務員の地位の特殊性」とは、①公務員の勤務条件が労使交渉によって決定されるのではなく、立法府によって政治的、財政的、社会的考慮等に基づいて決定され、争議行為の圧力強制を容認する余地は全く存しないこと（**勤務条件の法定**）、②公務員のストライキには、経営悪化による倒産のおそれなどがなく、作業所閉鎖（ロックアウト）など使用者側の対抗措置もないため、**市場の抑制力**が働かないこと、他方で、③労働基本権制限に見合う**代償措置**として、勤務条件に関する法律上の規定と人事行政機関として人事院が設置されていることであった。

　最高裁は、その後、全農林警職法事件判決の論理を、地方公務員（**岩手県教組学テ事件判決**　最大判1976〔昭和51〕・5・21刑集30巻5号1178頁　百

選148)、公共企業体職員(**全逓名古屋中郵事件判決** 最大判1977〔昭和52〕・5・4刑集31巻3号182頁 百選147)の争議行為禁止にも及ぼした。

しかし、一口に公務員といってもその職務の性格や地位も様々であって、なかには民間企業の労働者と大差がなく、かつての公共企業体(国鉄など)職員や郵便局職員のように、民営化されてしまった職種も多い。ことさらに公務員の特殊性を強調して、争議行為の全面的禁止を正当化することは、憲法による労働基本権の保障の意義を軽視する、あまりにも抽象的、観念的な判断というべきであろう。

> ＊ 最高裁は、代償措置の一つである人事院勧告の実施が凍結されたとしても、国家公務員の労働基本権の制約に対する代償措置が本来の機能を果たしていなかったということはできないと判断している(最2小判2000〔平成12〕・3・17判時1710号168頁)。

Ⅲ 国民の義務に基づく憲法上の権利の制約

憲法は、国家権力の行使のあり方を定めるものであり、国民の行為規範ではないから、本来は、憲法のなかに国民の義務規定を置く必然性はない。仮に、憲法上国民の義務が規定されたとしても、それは訓示的な意味合いしかもたず、法的な義務とするためには法律による具体化が必要である。

日本国憲法は、国民に対して、「この憲法が国民に保障する自由及び権利」について、「不断の努力によって」保持すること、そして、それらを「濫用してはならない」ことを求める(12条)が、これが訓示的な意味しかもたないことには異論がない。このほか、憲法は、保護する子女に教育を受けさせる義務(26条)、勤労の義務(27条)、納税の義務(30条)という国民の義務を定める。

1 保護する子女に教育を受けさせる義務

> 第26条
> 2項 すべて国民は、法律の定めるところにより、その保護する子女に普通教育を受けさせる義務を負ふ。義務教育は、これを無償とする。

保護する子女に教育を受けさせる義務からは、親に子どもの就学を義務づける法制の整備が要請される。

2　勤労の義務

> 第27条　すべて国民は、勤労の権利を有し、義務を負ふ。

　勤労の義務を、文字どおり、労働する義務を課したものと解すれば、かえって「意に反する苦役」（18条）となってしまう。憲法27条は、「勤労の権利と義務」を一体として規定しており、労働の機会を提供する責務を国に課したものと解すべきである。

3　納税の義務

> 第30条　国民は、法律の定めるところにより、納税の義務を負ふ。

　納税の義務については、憲法30条に規定されているように、「法律の定めるところに」よらなければならない。本条は租税法律主義（84条）を別の形で明らかにしたものと解されている。

Ⅳ　憲法上の権利に対する制約の合憲性判断手法

1　「公共の福祉」論

　初期の最高裁は、基本的人権の一般的制約根拠として「公共の福祉」を設定し、規制目的が公共の福祉に該当すれば規制は合憲となるとの判断手法をとっていた。これでは、規制手段の合理性が問われることもなく、極めて形式的な議論で合憲判断がなされてしまうこととなる。
　そこで、学説は、「公共の福祉」概念を限定することにより、判例の安易な合憲判断に歯止めをかけようとした（Ⅰ参照）。

2　利益衡量

　やがて、規制の目的を明らかにし、規制によって得られる利益と規制により制約される権利・自由の重大さを比較する利益衡量に基づく判断がなされるようになった。対立する当事者の利益の衡量は、裁判というプロセスの核

心的作業であり、法律の違憲性判断にあたっても当然行われなければならない。

　最高裁が、憲法判断において利益衡量を用いた例として、公務員の争議権制限に関する全逓東京中郵事件判決が挙げられる。そこでは、労働基本権制限の合憲性について、「労働基本権を尊重確保する必要と国民生活全体の利益を維持増進する必要とを比較衡量して、両者が適正な均衡を保つことを目途として決定すべき」とされていた。

　しかし、法律の規制によって得られる利益は、基本的に国民全体の利益であり、そうでなければ、「公共の福祉」に該当しない。そして、単純に、国民全体の利益と権利侵害を訴える個人の利益を比較すれば、常に規制によって得られる公益の方を優先することになってしまいがちである。

3　目的・手段審査の導入

　その後、**尊属殺重罰規定違憲判決**（最大判1973〔昭和48〕・4・4刑集27巻3号265頁　百選28）において、立法目的の合理性と、立法目的の実現手段としての合理性とを区別して、それぞれを検討する判断手法が導入される。これにより、仮に規制目的に合理性があったとしても、規制手段の程度が過剰な場合や規制範囲が広すぎる（狭すぎる）場合を憲法違反とすることが可能となった。

4　利益衡量基準の確立

　現在の最高裁は、主に自由権を規制する法令の合憲性審査にあたって、規制手段の態様・程度を考慮に入れ、①制限が必要とされる程度、②制限される自由の内容および性質、③これに加えられる具体的制限の態様および程度等を較量するという**利益衡量基準**に基づく判断を多用している（**成田新法事件判決**　最大判1992〔平成4〕・7・1民集46巻5号437頁　百選115）。

5　違憲審査基準論

　学説の側では、初期の最高裁の「公共の福祉」論による形式的な合憲判断を批判しつつ、裁判所による利益衡量が恣意的に行われないように、目的・手段審査を精緻化する試みがなされた。

　その一つである違憲審査基準論は、精神的自由権の規制を経済的自由権の規制よりも厳格な基準で審査すべきという「二重の基準」論を具体化する試みとして導入された。違憲審査基準論は、権利の性質や規制の態様に応じ

て、規制目的の重要度と手段の必要性・目的との関連性を支える立法事実の審査の厳密度を変化させ、厳格審査基準、中間審査基準、緩やかな審査基準などを使い分けることを提唱した。

違憲審査基準論は、憲法上の権利の性格・侵害の程度に応じて、規制の合理性の審査密度を使い分ける試みとして重要な意義をもった。しかし、本書を通読すればわかるように、憲法上の権利判断の枠組みは多様であって、それを3つの基準の選択とあてはめに収斂させることにはそもそも無理がある。また、違憲審査基準論は、違憲審査を審査基準の選択とあてはめに終始させてしまい、事案に応じたきめ細かな検討をかえって疎かにしてしまうという難点をはらんでいた。

6　三段階審査

近年、学説上、違憲審査基準論に代わる違憲審査の手法として、ドイツの学説・判例の強い影響の下に導入が試みられているのが、三段階審査である。

三段階審査とは、①権利の保護領域、②権利への侵害、③権利への侵害の正当化という三段階で、合憲性の論証を行うという審査手法である。正当化の段階は、さらに、1）法律上の根拠があるかどうかを問う形式的審査、2）規制目的の審査と手段の必要性・合理性の審査を行う実質的審査に分けられる。実質的審査においては、ⓐ目的の正当性、ⓑ手段の合理性、ⓒ手段の必要性、ⓓ規制によって得られる利益と失われる利益の均衡、が審査される。

三段階審査は、憲法上の権利の制約の有無といった、違憲審査基準論において見過ごされがちであった問題も含め、多段階にわたって、具体的な規制の特徴をとらえることができ、きめの細かい丁寧な論証ができるという利点がある。ただし、実質的な正当性の審査が、結局は裁判所による総合的な利益衡量による判断と近似したものとなり、判断の透明性という点で課題を残している。

　　＊　本書の立場を踏まえた具体的な合憲性審査方法については、各講の演習問題の解説および第15講を参照。

V 演習問題

> 厚生労働省大臣官房統計情報部社会統計課長補佐として勤務する国家公務員（厚生労働事務官）Xは、庶務係、企画指導係および技術開発係担当として部下である各係職員を直接指揮するとともに、同課に存する8名の課長補佐の筆頭課長補佐（総括課長補佐）として他の課長補佐等からの業務の相談に対応するなど課内の総合調整等を行う立場にあった。
> Xは、休日、自宅近くのマンションの郵便ポストに、自らの支持する政党Aの機関紙号外を配布していたところを、警備していた警察官に逮捕され、国公法102条１項、人事院規則14-7第６項７号（「政党その他の政治的団体の機関紙たる新聞その他の刊行物を発行し、編集し、配布し又はこれらの行為を援助すること」）に規定する「政治的行為」禁止に違反したとして、同法110条19号に基づき、起訴された。
> 〔設問〕　Xの憲法上の主張を、検察側の反論を想定しつつ、具体的に述べなさい。

1　本問の趣旨

本問は、世田谷事件（Ⅱ2(3)アｃ＊）の事実関係を素材として、公務員の政治活動禁止をめぐる判例法理について考察することを求めている。

2　違憲主張の組立て

(1)　違憲主張の対象

本問では、直接的には、Xによる政党機関紙配布行為を人事院規則14-7第６項７号に該当するとした具体的適用の違憲性が問題となるが、その適用の原因は、国公法102条１項、人事院規則14-7による規制対象が広すぎることにある。したがって、**法令違憲**の主張において規制範囲が合憲的な規制範囲を超えていることを論じつつ、Xの行為が合憲的な適用範囲に入らないという**適用違憲**の主張を導くという、法令違憲と処分（適用）違憲の連続的な主張を行うことになる（第15講Ⅰ1(1)）。

(2)　憲法上の権利に対する制約

本問におけるXの行為は、政治的意見表明としてなされたビラ配りという典型的な表現活動であるから、憲法21条１項の表現の自由として保障されることに争いの余地はない。

国公法102条１項は「人事院規則で定める政治的行為」を禁止し、同項の

委任を受けた人事院規則14-7第6項7号は、公務員の職務内容や権限、行為の態様、勤務時間の内外などを問わず、「政党その他の政治団体の機関紙たる新聞その他の刊行物」の配布等を広範に禁止している。また、国公法102条1項に違反すると、同法110条19号により刑事罰が科せられる（以下、これらを「本件罰則規定」という）。違憲主張においては、表現活動が本件罰則規定によって、広範に、かつ刑事罰という重大な制裁を伴って規制されている点を衝いていくことになる。

(3) 表現の自由に対する制約の正当性判断

ア　判断枠組みの設定

世田谷事件判決において、最高裁は、堀越事件判決の判断枠組みによって被告人の行為を国公法102条1項の「政治的行為」に該当するとしているため、X側はこれを批判しなければならない（Ⅱ2(3)ア c＊）。本問におけるXの行為は(2)で述べたように、表現の自由保障のうちでも核心に属する行為であるから、その制約は原則として許されず（第8講Ⅰ1）、極めて重要性の高い目的を達成するための必要最小限度の規制しか許されないはずである。

イ　個別的・具体的検討（法令違憲の主張）

最高裁によると、公務員の政治活動を規制する目的は、「行政の中立的運営」の確保のみならず、「これに対する国民の信頼の確保」にあるとされている（Ⅱ2(3)ア a）。しかし、「国民の信頼」といった主観的な要素はその判定も困難であり際限なく規制対象が拡大するおそれがある。したがって、公務員の政治活動を規制する目的は、あくまでも行政の中立的運営、より具体的には**公務員の職務の遂行の政治的中立性**ととらえるべきである。

一般に、公務員が個人として政治活動を行ったとしても、職務遂行の政治的中立性を損なうことはありえない。**公務員の政治活動が職務遂行の中立性を脅かすのは、管理職が部下に対する影響力を背景に、職場内で政治的な説得活動を行うような場合に限定される**であろう。ここから、公務員の種別や行為の行われた場所、職務時間の内外を問わずに「政治的行為」を禁ずる本件罰則規定は、必要最小限度の規制とはいえず、憲法21条1項に違反することになる。

これに対し、本件罰則規制の対象となる「政治的行為」は、公務員の種別や行為の態様からみて「職務の遂行の政治的中立性」を実質的に害するような場合に限定解釈をすることができるから、同項や人事院規則は合憲であるとの反論も想定される。

しかし、表現規制立法を合憲限定解釈しうるのは、①その解釈により合憲的に規制しうる行為のみが規制の対象となることが明らかにされ、②一般国民の理解において、具体的場合に規制対象となるかどうかの判断を可能とする基準をその規定から読み取ることができる場合に限られる（第8講Ⅰ5(3)イ）。ところが、人事院規則の規定は、法文上無限定にビラ配布等を禁止しており、反論のような限定を読み取ることもできない。

ウ　個別的・具体的検討（適用〔処分〕違憲の主張）

　イで述べたように、公務員の政治活動が職務遂行の中立性を脅かすのは、管理職が部下に対する影響力を背景に、職場内で政治的な説得活動を行うような場合に限定されるところ、本問におけるＸの行為は、勤務時間外に職場の施設を利用せず、一私人として行ったものであり、合憲的に規制しうる「政治的行為」に該当しないと主張することができる。

　これに対する反論として、管理職的地位にあるＸが政党の機関紙配布という特定の政党を積極的に支援する行為をすれば、指揮命令等を通じて組織運営等にも影響を及ぼす蓋然性が高まるから、Ｙの政治活動は一私人としての行為とはいえないとの反論も考えられる。

　しかし、Ｘの行為が職場外で行われている以上、部下がＸの政治的意向を忖度するような事態が生ずるとは考えられない。したがって、Ｘが管理職的地位にあるからといって、職務の遂行の政治的中立性を脅かす実質的なおそれがあるとは言い難く、Ｘを処罰することは過剰に表現の自由を制約するものとして憲法21条1項に違反するとの主張が可能となる。

●**コラム**●　**答案を読んで**

　本問で問題とされているのが、政治的内容のビラ配布なので、これが表現の自由に該当するかを改めて論ずる必要はなく、政治的表現活動が民主主義のために不可欠な表現の自由のなかの中核的位置を占めることを強調しておくだけでよい。力点を置くべきは、国公法102条1項、人事院規則14-7による規制態様の重大性である。答案のなかには、人事院規則の規定のあり方をみないで「制限されている」とだけ述べるものもあるが、具体的にどのような行為がどのように規制されているのかをきちんと確認してから違憲性の主張に進まなければ、何を争点にするかがつかめないままに終わる。

　なお、できるだけ厳格な審査に持ち込もうとして、やたらに規制を「内容規制」であると性格づける傾向もあるが、そもそもどのような意味で「内容規制」なのかを明確にしてから論ずべきである（第8講Ⅰ6(2)参照）。また、規制対象が広すぎることに気がつくと、すぐに「過度の広汎性故に無効」の文面審査を持ち出す傾向もあるが、文面審査は一般国民の表現活動への萎縮効果を除去するための例外的な審査方法であることから、一般国民ではなく公務員のみを対象とした規制において文面審査が行われることはあまり想定できない。

公務員の政治活動規制に関しては、長年、猿払事件判決が強い影響力をもってきたが、堀越事件判決によりその判例性が大きく縮減された以上（Ⅱ2(3)参照）、猿払事件判決に固執すると、判例法理に関する理解度を疑われてしまう。また、今や判例上も、公務員の政治活動の規制目的について、思想の自由の保障に反する「公務員の政治的中立性」ではなく、議会制民主主義の帰結である「行政の中立性」とその具体化としての「職務の遂行の政治的中立性」としていることを確認しておきたい（Ⅱ2(3)ｃ）。

第3講　幸福追求権

◆学習のポイント◆
1　憲法13条後段が保障する幸福追求権は、同条前段の「個人の尊重」原理を受け、「個人の尊重」にとって必要な権利を憲法上の権利として保障する。
2　幸福追求権は、「個人の尊重」に不可欠な人格的利益であって、十分な具体性・特定性を備えるものについて、補充的に保障するものであり（【設問1】）、プライバシーの権利をはじめ、名誉権、生命権、自己決定権、適正手続の保障、環境権などが含まれる。
3　プライバシーの権利の対象となる個人情報は、秘匿性の程度に応じて、「プライバシー固有情報」と「プライバシー周辺情報」とに区別される（【設問2】）。

I　幸福追求権の意義

　日本国憲法は、大日本帝国憲法下の全体主義的、国家主義的な国家運営から個人の幸福を目標とする国作りへの転換をも図るものであった。憲法13条は、憲法の基本原理が一人一人の「個人」の尊重にあること、それを受けて、「生命、自由及び幸福追求に対する権利」（以下「幸福追求権」と呼ぶ）を最大限尊重することが国政運営の原則であることを示している。

> 第13条　すべて国民は、個人として尊重される。生命、自由及び幸福追求に対する国民の権利については、公共の福祉に反しない限り、立法その他の国政の上で、最大の尊重を必要とする。

　かつて、憲法13条は、法的には憲法上保障された権利が「公共の福祉」により制限されることを示した一般的規定あるいは訓示的規定にすぎないと解

されていた。この見解によれば、幸福追求権の内容は、憲法14条以下の個別的権利の総体を指すものであり、独自の権利を保障したものとは考えられなかった。

　＊　たとえば、賭博処罰の合憲性が争われた事件の最高裁判決（最大判1950〔昭和25〕・11・22刑集4巻11号2380頁　百選17）における栗山裁判官の意見は、憲法11条12条および13条は、「この憲法が保障する自由及び権利」の保障そのものではなく、保障は憲法14条以下に列挙するものである、と述べていた。

憲法14条以下の個別の権利保障規定は、憲法制定までの歴史的経験を踏まえて特に重要とされたものを列挙したものと考えられるが、「個人」を尊重するために必要な権利保障の内容は、その時代状況により変化することが予想される。したがって、13条後段の幸福追求権の保障は、前段の「個人の尊重」という基本原理を受けて、個別の憲法上の権利条項により保障されない権利であっても、「個人の尊重」にとって**必要な権利を包括的に保障**したものであると解するべきである。

個別の憲法条文により保障された権利も幸福追求権の一部ではあるが、それらの権利主張において、憲法13条をもちだす必要はない。このように、憲法13条による幸福追求権の保障は、個別の権利条項に対して**補充的に作用**する規定であるといえる。

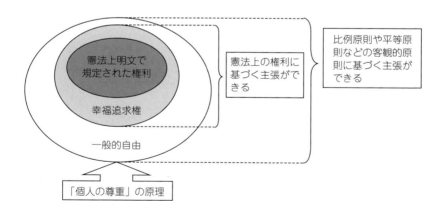

　＊　憲法13条の前段と後段とを切り離して、前段は「個人の自律」のための権利の保障、後段は、「公共の福祉」により制約されうる一般的な行動の自由の保障ととらえる考え方もある（長谷部144～145頁）。この考え方のねら

いは、憲法上の権利を多数者の意思によっても制限されえない権利と「公共の福祉」のために制限されうる権利とに区別しつつ、後者の権利制限にあたっても、国家権力が「公共の福祉」の範囲内で行使されることを確保するところにある。この見解によれば、憲法13条後段は、多数決によって制限されない「切り札」としての権利と区別される、「公共の福祉の許す範囲内でのみ行使される」一般的な自由の保障規定とされる。

また、憲法の明文により規定されていない権利を裁判所が憲法解釈を通じて創設し、国会の多数が定めた立法を覆すことには、民主主義的正当性に重大な疑念を生じさせるとの指摘もある（松井329頁）。しかし、この考え方に立っても、政治参加のプロセスに不可欠な権利については、憲法上明文の根拠を欠いても憲法13条から創出しうるとされる（松井332頁）。結局、この考え方も明文上の根拠を欠く憲法上の権利の存在を否定してはおらず、要は、憲法上の原則や構造から適確に導き出しうる権利かどうかが問題である。

II　幸福追求権の内容

1　幸福追求権の内容をめぐる学説の対立

憲法13条後段の幸福追求権として保障される内容について、これまで、以下の2つの立場の対立が説かれてきた。

(1)　人格的利益説

幸福追求権として憲法上保護されるのは、個人の人格的生存に不可欠な利益を内容とする権利の総体と解する見解である。「人格的生存」とは、人間が自律した個人として自分の生を全うすることであり、それこそが「幸福追求」という営為であるとする。

(2)　一般的自由説

人格的利益説が、「人格的生存」や「人格的自律」という抽象的な基準によって憲法上の権利としての保障を限定することを批判し、人の行う、あらゆる生活領域に関する行為の自由が幸福追求権として憲法上の保障を受けると考える立場である。この考え方の背景には、人は自らの好むところに従って生きる自由があり、本人にとって重要と考える行為について憲法上の保障を否定するべきでないとの発想がある。

一般的自由説に対しては、犯罪行為に対しても（その制限が最終的には正

当化されるとしても）、いったんは憲法上の保護を与えることとなるのはかえって憲法上の権利の正当性を疑わせることとならないか、憲法上の権利の対象が拡散しすぎてその保障が希薄化するのではないか（「**人権のインフレ化**」）などの批判が出されている。

憲法13条後段の「幸福追求権」が同条前段の「個人の尊重」を受けて保障されたと考えると、幸福追求権の対象は、自律的な「個人」を確立するうえで重要な権利に限定されるべきであり、人格的利益説がひとまず妥当である。ただし、自律的な「個人」の確立に必要な権利・利益には多様なものがあり、それを過度に狭くとらえる必要はない。

2　幸福追求権の判定基準

【設問1】　憲法13条の幸福追求権として保障されるのは、どのような権利か。

幸福追求権の内容について人格的利益説に立った場合、ある利益が幸福追求権として保障されるのは、①自律した「個人」を確立するために不可欠な人格的利益といえること、②権利の内容が十分な具体性・特定性を備えていること、③憲法14条以下の他の憲法上の権利として保障されていないこと（補充性）という要件を満たす権利である。

もっとも、「人格的生存に不可欠な権利・自由」に属さない自由であっても、国家権力の行使は合理的な範囲内にとどめられなければならず、国民の自由を不当に制限することは許されない。他の者との不平等な取扱いは**平等原則違反**とされうるし、規制によって得られる利益に比べて失われる利益が過剰である場合には**比例原則違反**とされうる。

●コラム●　比例原則とは

「比例原則」とは、一般的には過剰規制の禁止を意味し、大きく分けて、①法令違憲審査における規制目的と規制手段との均衡を図る局面、②具体的な行政処分や刑罰の科刑が必要性の限度を超えて過剰な規制となっていないかを問題とする局面において問題となる。

比例原則は、行政裁量の統制法理の一つとして認められてきたものであり、立憲国家における基本原則というべきものである。あえてその憲法上の根拠を探るということになれば、憲法13条の「個人の尊重」原理から導かれる客観原則ということになろう。

過剰な規制かどうかは、規制の目的と規制対象となる権利・自由の性質によって異なるので、権利・自由の重要性が増せば増すほど比例原則の厳密度は高くなる。したがって、人格的利益に関わる権利・自由についての比例原則は、一般的自由に関する比例原則より

も厳格なものとなる。

Ⅲ　幸福追求権の具体的内容1──プライバシーの権利

1　プライバシーの権利の意義

　プライバシーとは、もともと、興味本位でなされる、私生活の覗き見・暴露を不法行為とするため考案された概念であり、当初は「**放っておいてもらう権利**」として構成された。

　人が自律した存在（＝個人）となるためには他者から区別された私的空間を維持することが不可欠であり、こうした私的空間の保護が幸福追求権の内容に含まれることには異論がない。しかし、今日、社会状況の変化に応じて、私的空間の内容・範囲やその侵害形態も大きく変様し、物理的な私生活空間への侵入や私生活の報道を禁止するだけでは、私的空間の維持として十分でない。

　そのため、個人に関する情報の収集・蓄積や利用をも統制する必要性が高まり、プライバシーを**自己に関する情報をコントロールする権利**ととらえるべきとの主張が有力となった。ただし、この見解については、「自己に関する情報」といっても、私生活上の秘匿性の高い情報から日常生活においてやり取りされる氏名等の個人情報まで多様なものが含まれ、その保護の程度をどのように設定するのかが明らかでなく、「コントロール」の内容も、単に個人情報の公開拒否にとどまるのか、行政が保有する個人情報の開示、訂正要求まで含むのかなど、明確さを欠く点が問題となる。

2　プライバシーの権利の内容

　私生活の平穏を保ち、個人の自律的領域を維持するためには、狭い意味での私生活上の情報の秘匿だけでは十分でない。4にみるように、最高裁において保護されてきた情報には、私生活の様子や前科のように秘匿性の高い情報だけでなく、容ぼう、住所、氏名など、それ自体秘匿性が高いものではないが、他人に取得・利用されることにより私生活の平穏を脅かしうる個人情報も含まれている。

　憲法13条が保障するプライバシーの権利とは、**個人に関わる情報**につい

て、同意のないまま収集・開示（公表）されないこと、取得した目的以外に使用されないことの保障である。

> *　現代のように高度な情報化社会においては、公権力に対する防御権としてプライバシーの権利を保障するだけでは十分でない。ただし、請求権としての自己情報コントロール権については、法令による具体化が必要である。公権力の保有する個人情報について、開示・訂正・目的外利用の制限・利用停止請求権などを定める条例が各地方公共団体で制定されたことを受け、2003年に、国レベルでも、国家機関における個人情報の保護を図る「行政機関の保有する個人情報の保護に関する法律」と民間業者による個人情報の不当な収集・利用等を防ぐための、「個人情報の保護に関する法律」が制定された。

3　プライバシーの権利の判断枠組み

【設問2】　プライバシーの権利の制約について、どのようにその合憲性が判断されるべきか。

　プライバシーの権利の制約に関する合憲性判断をよりきめ細かく行うためには、情報の秘匿性の程度に応じて、プライバシーの権利を分類して考察する必要がある。ここでは、秘匿性の高い個人情報を**プライバシー固有情報**、秘匿性が低い個人情報を**プライバシー周辺情報**と呼ぶ。プライバシー固有情報に当たるかどうかは、**一般人の感受性を基準にして他人に知られることを欲しないかどうか**による。

　プライバシー固有情報を本人の同意なく収集・利用・公表することは、原則として許されず、**必要不可欠と認められる公共の利益のためになされる、必要最小限度の範囲の制約のみ**が、例外的に許容されるにすぎない。

　プライバシー周辺情報を収集・利用する場合であっても、本人の同意を得ることが原則であり、同意のない収集・利用にあたっては、**公益上正当な目的に基づき、相当性の認められる範囲内**で行われなければならない。

　なお、私人によるプライバシー侵害（私生活上の情報の収集・公開等）は、不法行為となりうる。私人による私生活上の情報の公開が違法となるかどうかは、情報秘匿の重要性（公表されない利益）と表現の自由としての価値（公表する価値）との利益衡量により、判断される。

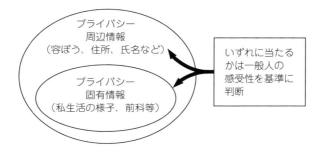

4 プライバシーの権利をめぐる具体的問題

(1) 小説による私生活の公表——「宴のあと」事件

日本において初めてプライバシーの権利の侵害が問題となったのは、三島由紀夫の小説「宴のあと」における、元東京都知事候補者の私生活を描いた記述をめぐる不法行為訴訟であった。

東京地裁は、プライバシー侵害について、①私生活上の事実または私生活上の事実らしく受け取られるおそれのある事実の公表、②その事実が一般人の感受性を基準にして公開を欲しないであろう事柄であること、③その事実が一般の人々に未だ知られておらず、公開によって実際に不快、不安の念を覚えたこと、という要件を示した。そして、プライバシーを侵害する表現が不法行為となるか否かについては、④その事実の公表がもつ表現の自由の価値により違法性が阻却されるかによると判示した（東京地判1964〔昭和39〕・9・28下民集15巻9号2317頁　百選65）。

    ＊　柳美里の小説「石に泳ぐ魚」における人物の容ぼうや家族関係についての描写について、最高裁は、「公共の利益に係わらない被上告人のプライバシーにわたる事項を表現内容に含む本件小説の公表により公的立場にない被上告人の名誉、プライバシー、名誉感情が侵害されたもの」と認定し、出版差止め等を認めた（最3小判2002〔平成14〕・9・24判時1802号60頁　百選67）。

(2) 警察による容ぼうの撮影——京都府学連事件

国家によるプライバシーの権利侵害が問題となったのは、警察官がデモ行進参加者の容ぼうを本人の同意や令状なく撮影したことの憲法適合性が争われた京都府学連事件である。

最高裁は、結論としては、写真撮影の合法性を支持したものの、憲法13条が「国民の私生活上の自由」について、「警察権等の国家権力の行使に対し

ても保護されるべきことを規定している」としたうえで、「個人の私生活上の自由の一つとして、何人も、その承諾なしに、みだりにその容ぼう・姿態を撮影されない自由を有する」ことを認めた。そして、判決は、警察官が、本人の同意または令状なしに容ぼう等を撮影できるのは、①現に犯罪が行われもしくは行われたのち間がないと認められる、②証拠保全の必要性および緊急性がある、③その撮影が一般的に許容される限度をこえない相当な方法をもって行われるとの要件を満たした場合に限られるとした（最大判1969〔昭和44〕・12・24刑集23巻12号1625頁　百選18）。

　　＊　ただし、最高裁は、その「自由」を「肖像権」と称するかについては、判断を留保している。

(3)　指紋押なつの強制

旧外国人登録法に基づく指紋押なつの強制の合憲性が争われた事件において、最高裁は、「〔憲法13条の保障する〕個人の私生活上の自由の一つとして、何人もみだりに指紋の押なつを強制されない自由を有する」ことから、「国家機関が正当な理由もなく指紋の押なつを強制をすること」は憲法13条の趣旨に反して許されない、と判示している（最3小判1995〔平成7〕・12・15刑集49巻10号842頁　百選3）。

最高裁は、指紋が「性質上万人不同性、終生不変性をもつので、採取された指紋の利用方法次第では個人の私生活あるいはプライバシーが侵害される危険性がある」ことを指摘したが、指紋押なつ制度については、「戸籍制度のない外国人の人物特定につき最も確実な制度」として立法目的に十分な合理性と必要性があり、かつ、押なつ強制の方法も、「一般的に許容される限度を超えない相当なものであった」として合憲とした。

(4)　前科の公開

その後、最高裁は、**前科についてみだりに公開されない法的利益**を承認する。

ア　前科照会事件

京都市中京区長が弁護士会からの照会に応じて個人の前科について伝達したことがプライバシーを侵害するとして、国家賠償が請求された事件について、最高裁は、「前科等のある者もこれをみだりに公開されないという法律上の保護に値する利益を有する」ことを認め、「漫然と弁護士会の照会に応じ、犯罪の種類、軽重を問わず、前科等のすべてを報告することは、公権力の違法な行使にあたる」と判示した（最3小判1981〔昭和56〕・4・14民集

35巻3号620頁　百選19）。

イ　ノンフィクション「逆転」事件

米軍占領下の沖縄で行われた陪審員裁判を題材としたノンフィクションのなかで、有罪判決を受けた者の実名が記されていたことについて、最高裁は以下のような理由で、損害賠償請求を認めた（最3小判1994〔平成6〕・2・8民集48巻2号149頁　百選66）。

最高裁は、まず、前科照会事件判決を参照し、「前科等にかかわる事実の公表によって、新しく形成している社会生活の平穏を害されその更生を妨げられない利益」があることを確認した。そのうえで、判決は、前科について実名を公表することが不法行為となるかどうかは、「その者のその後の生活状況」、「事件それ自体の歴史的又は社会的な意義、その当事者の重要性、その者の社会的活動及びその影響力」、「その著作物の目的、性格等に照らした実名使用の意義及び必要性」を併せて判断すべきであり、「前科等にかかわる事実を公表されない法的利益が優越するとされる場合」には、その公表によって被った精神的苦痛の賠償を求めることができると判示した。

(5)　少年についての推知報道——長良川事件報道訴訟

強盗殺人、死体遺棄等を犯したとして起訴された18歳の少年について、出版社が、仮名を用いたうえで、犯行の詳細な様子、経歴や交友関係、法廷での様子等を雑誌に掲載した。

最高裁は、不特定多数の一般人には本人の推知が不可能であるとして、少年の推知報道を禁じた少年法61条違反は認めなかったものの、少年と面識のある者等には推知が可能であることから、名誉毀損・プライバシー侵害を肯定した（最2小判2003〔平成15〕・3・14民集57巻3号229頁　百選71）。ただし、判決は、プライバシー侵害が不法行為となるのは、「その事実を公表されない法的利益とこれを公表する理由とを比較衡量し、前者が後者に優越する場合」であり、個別具体的な事情を判断する必要があるとして、事件を差し戻した。

(1)(4)(5)の各事例のように、プライバシーや前科の公表が不法行為となるか否かは、**公表する価値と公表されない利益との利益衡量**によって判断されている。

(6)　個人情報の無断提供——早稲田大学江沢民講演会事件

最高裁は、秘匿性の低いプライバシー周辺情報であっても、一定の場合には法的保護に値すると判断している。

私立大学が講演会参加者の氏名・住所・電話番号について本人の同意を得ることなく、警察に通報したことについて、プライバシー侵害に当たるとして、損害賠償が請求された。

　最高裁は、仮にそれ自体は秘匿の必要性の高くない個人情報であっても、「自己が欲しない他者にはみだりにこれを開示されたくないと考えることは自然なことであり、そのことへの期待は保護されるべきものである」として、法的保護の対象となりうるとした。そのうえで、判決は、同意を得る手続をとることなく個人情報を警察に開示した大学の行為について、「情報の適切な管理についての合理的な期待を裏切るもの」であるとして、不法行為に基づく賠償責任を認めた（最2小判2003〔平成15〕・9・12民集57巻8号973頁　百選20）。

(7)　「住基ネット」における個人情報の利用

　氏名・生年月日・性別・住民票コード等の本人確認情報を国・都道府県・市町村が共通して用いる「住民基本台帳ネットワーク（住基ネット）」について、個人情報のデータ・マッチング（名寄せ）のおそれ、ハッキング等による個人情報流出のリスクを理由に国家賠償と住民票コードの削除が請求された。

　最高裁は、「個人の私生活上の自由の一つとして、何人も、個人に関する情報をみだりに第三者に開示又は公表されない自由を有する」ことを確認した。しかし、最高裁は、住基ネットが管理する情報が秘匿性の高いものといえず、情報管理が法令等の根拠に基づき「住民サービスの向上及び行政事務の効率化という正当な行政目的の範囲内で行われている」こと、本人確認情報が外部に漏えいする具体的な危険がないこと、法令等の根拠に基づかずに、または正当な行政目的の範囲を逸脱して情報が開示・利用される具体的な危険が生じているとはいえないことを指摘して、憲法13条に違反しないと判示した（住基ネット訴訟判決　最1小判2008〔平成20〕・3・6民集62巻3号665頁　百選21）。最高裁が、個人情報を公開されない自由を幸福追求権の中に明確に読み込み、ネットワーク・システムの堅牢性を、憲法13条違反の審査の要素として組み入れた点が注目される。

Ⅳ　幸福追求権の具体的内容 2 ── その他の権利

1　人格権

　人格権は、私法上、人の人格と結びつく非財産的利益として展開されてきたものであり（民法710条参照）、名誉やプライバシー、生命・健康など、様々な利益が含まれる。それらは、公権力により侵害されれば、個人の人格を否定し、自律した個人の形成を阻害することとなるから、憲法13条の保障する幸福追求権の内容と重なることになる。ただし、人格権という概念自体が諸権利の総体という性格をもっており、その内容は、以下の個別的な権利において説明される。

2　名誉権

　名誉権は、人の社会的評価を保護対象とする。不当に社会的評価が低下させられることは、その人の生き方を否定されることにつながり、自律した「個人」としての生き方も、大きく損なわれることから、名誉権が幸福追求権に含まれることには異論がない。

　北方ジャーナル事件判決（最大判1986〔昭和61〕・6・11民集40巻4号872頁　百選72）のなかの、「人格権としての個人の名誉の保護（憲法13条）」という一節は、私人間の紛争において、表現の自由に対抗する利益を強調するために述べられたものであるが、名誉が幸福追求権の一部をなすことを最高裁が認めたものとみることができる。

3　生命・健康

　憲法13条後段が「生命」を例示していることからも明らかなように、自律した「個人」として生きるための前提として、生命・健康の維持が幸福追求権に含まれることにも異論がない。

4　自己決定権

　幸福追求権の核心は、自らの生き方に関わる重要な私的事項について公権力から干渉されることなく決定できる権利、すなわち自己決定権にある。しかし、憲法上の権利の多くは、何らかの形で自己決定に関わっており、憲法13条によって保障されるべきものは、それらに吸収されない部分である。

　13条により保障される自己決定権としては、①**結婚、離婚、出産、避妊**

等、家族のあり方を決める自由、②医療拒否、生命の処分を決める自由、③ライフスタイルの自由が挙げられる。

ただし、①の多くは、憲法24条により保障される権利として構成することもできる。

②についても３の「生命に対する権利」に含まれるとして説明することもできる。ただし、「生命に対する権利」をあくまでも公権力により生命を脅かされない権利に限定してとらえると、医療に関わる自己決定などは、自己決定権に含まれることになる。

実例としては、輸血を拒否する「エホバの証人」信者の手術にあたって、医師が輸血の可能性について十分な説明を行わなかったため手術を受けるかどうかの意思決定を行う権利が侵害されたとして、損害賠償を認めた最高裁判決（「エホバの証人」輸血拒否事件判決　最３小判2000〔平成12〕・２・29民集54巻２号582頁　百選26）がある。同判決は、輸血を伴う医療行為を拒否する権利を「人格権の一内容として尊重されなければならない」ものとし、生命の処分に関する自己決定が医師の救命義務に優先しうることを明らかにした。

③には、服装・髪型など身なりに関する事項、趣味、喫煙・飲酒などの嗜好に関する事項などが含まれるが、それらすべてが「人格的利益」と認められるとはいえない（刑事施設内における喫煙禁止に関する第２講Ⅱ１(3)ア参照）。

5　適正手続を受ける権利

不利益な処分を受けるにあたって、事前にどのような処分がなされるかを知らされ（告知）、自らの意見を聴取される（聴聞）ことは、「個人として尊重される」ための最低限の保障である。

適正手続の保障は、憲法31条が一般的に保障しているとの考え方もあるが（第11講Ⅵ１参照）、同条を刑事手続に関する規定に限定して解する立場においては、行政手続における適正さの保障は憲法13条の幸福追求権の守備範囲となる。

6　環境権

環境権は、良好な環境を享受する権利である。しかし、そこにいう「環境」を自然的環境に限定するか、社会的・文化的環境まで含めるか、「享受」について、あくまでも消極的に侵害されないことを意味するか、より積極的

に良好な環境作りを請求しうることまで含むのか、内容が未だ不分明である。

環境権の主張には、消極的な自由権としての側面と積極的な請求権の側面があることから、憲法13条と25条の双方により保障されるとの見解も唱えられてきた。ただし、**大阪空港訴訟控訴審判決**（大阪高判1975〔昭和50〕・11・27判時797号36頁）が「平穏、自由で人間たる尊厳にふさわしい生活を営むこと」の最大限度の尊重が人格権の中に含まれると述べたように、環境権の主張のうち、自己の生命・健康に関わるものについては、環境権という概念によらずとも、生命権、人格権として憲法上の保護の対象となしうる。また、良好な環境作りのための積極的な施策は、むしろ立法によって政策的に実現されるべきである（1993年制定の「環境基本法」参照）。

V 演習問題

> O県警察は、いわゆる日雇い労働者が多い地域として知られ、10年前には労働者らが集団で投石・放火などを行った暴動事件が発生したこともあるA地区に防犯用監視カメラを設置し、街頭状況を監視することとした。カメラは、主要な交差点、喧嘩、覚せい剤取引、労働者と求人者とのトラブルが発生することの多い地点のほか、労働者の就労支援・労働条件改善のための集団抗議活動の拠点となっているNPOの事務所がある「A地区労働センター」の前に設置され、24時間体制で通行人の状況を監視し、監視データはO県警察本部において一定期間保存、解析される。
>
> 〔設問〕 こうした監視カメラによる通行人の撮影は、憲法に違反しないか。

1 本問の趣旨

本問は、大阪市西成区の監視カメラ設置をめぐる下級審判決（大阪地判1994〔平成6〕・4・27判時1515号116頁）を素材にして、プライバシーの権利の違憲審査の判断枠組みを事案に即して検討することを求めている。

2 違憲主張の組立て

(1) 違憲主張の対象

本件の監視カメラが特別の根拠法令なくして設置されていることから、監

視カメラを設置したことやこれに伴う撮影行為などの国家行為が違憲かどうかという処分（適用）違憲の判断をすることとなる。

(2) 憲法上の権利に対する制約

本問では、設置されたカメラにより、その周囲を通行する者の容ぼうが撮影されてしまう。京都府学連事件判決（Ⅲ4(2)）は、憲法上の明文で保障されていないものの、憲法13条の保障する「私生活上の自由」の一つとして「何人もみだりにその容ぼうを撮影されない自由」を認めている。そのため、防犯カメラの設置は、憲法13条の保障する「みだりにその容ぼうを撮影されない自由」を制約しているといいうる。

(3) 「みだりに容ぼうを撮影されない権利」制約の正当性判断

本問は、行政警察としての犯罪予防のための作用であり、犯罪捜査における証拠収集のあり方が問題となった京都府学連事件判決の基準をそのまま用いることはできない。そして、単に通行人として容ぼうを撮影される場合と、容ぼうの撮影を通じて思想・信条に関わる情報が収集される場合とでは、同じ「私生活に関する情報」の収集とは言っても、権利侵害の深刻度は異なる。この点を、本書では、プライバシー周辺情報とプライバシー固有情報に分けて論じ、異なる判断枠組みで合憲性を審査するものとした（Ⅲ3）。そこで、本問においても設置されたカメラの撮影対象ごとに設置の正当性を検討する必要がある。

* 前掲・大阪地判1994〔平成6〕・4・27は、①目的が正当であること、②客観的かつ具体的な必要性があること、③設置状況が妥当であること、④設置および使用による効果があること、⑤使用方法が相当であることにより判断した。

ア 通行人として撮影される場合

a 判断枠組みの設定

単に通行人として容ぼうが撮影されるにすぎない場合であっても、「私生活に関する情報」が収集されているとはいえるが、そこで収集される情報の秘匿性は高いとはいえない。したがって、**公益上正当な目的に基づき、相当性の認められる範囲内で行われれば憲法に違反しない**との判断枠組みが適用される（Ⅲ3）。

この枠組みを事案に即してさらに具体化すれば、主要な交差点等を撮影する監視カメラについては、㋐犯罪防止という目的が正当性をもつか、㋑監視カメラによる撮影に客観的・具体的な必要性があるかを問うことになる。

b　個別的・具体的検討

㋐犯罪防止という目的が一般に正当性をもつことは否定できない。

㋑本問における監視カメラの設置のうち、喧嘩、覚せい剤取引、労働者と求人者とのトラブルが発生することの多い地点の撮影については、監視により路上における違法活動に対して警察官の駆けつけ等が可能となり、抑止効果も期待できることから、必要性を肯定しうる。さらに、主要な交差点についても人の通行が多いことから、トラブル発生の兆候やそれらの事案を解明するために役立つものといえ、一般的な監視の必要性は認められる。

したがって、これらのカメラを設置することは、いずれも憲法13条に違反しない。

　イ　「A地区労働センター」前に設置された監視カメラ
　　a　判断枠組みの設定

「A地区労働センター」前に設置された監視カメラによって収集される情報は、同センターの活動に関わりをもつという思想・信条に関わる情報であり、秘匿性の高い「私生活に関する情報」といいうる。したがって、こちらについては、他の基本的人権との調整のような**必要不可欠と認められる公共の利益のためになされる、必要最小限度の範囲の制約のみが例外的に許容される**にとどまる。

これを事案に応じてさらに具体化すれば、㋒その撮影をしなければ他者の基本的人権が侵害されるおそれがあり、㋓撮影範囲が必要最小限度にとどめられている必要がある。

　　b　個別的・具体的検討

㋒「A地区労働センター」前に設置された監視カメラは、他のカメラと異なり、違法活動やトラブルが起きた場所ではないから、犯罪防止という目的との関連性も認められない。それにもかかわらず警察がカメラを設置するのは、同所が労働者の集団抗議活動の拠点となっているからであり、むしろ適法な集団抗議活動を抑止しようとする不当な目的があることを疑わせる。そのため、㋓を問うまでもなく憲法13条に違反するといいうる。

●コラム●　答案を読んで

　本問をみて、プライバシー権侵害の主張を思いつくことは容易であろうが、憲法13条の幸福追求権からプライバシーの権利を導く手順よりも大切なのは、問題に即して「プライバシー」の定義をきちんと行うことである。私生活を公表されないことを中心的内容とする「宴のあと」事件判決の定義では、個人情報の取得に関する本問を分析することはできない。「自己情報コントロール」に基づく主張をするにあたっても、その内容、保障の意

義を明確にする必要がある（Ⅲ2）。道路を通行する姿を撮影することがどのような意味で「プライバシー」と関係するのかを丁寧に説明することが解答の出発点となる。

違憲主張としては、パターン化した「厳格審査基準」に頼ることはここでも避けたいが、手がかりとなる判例もないので、規制目的の重要性と規制される権利・自由との利益衡量をいかに図るかという基本に立ち返ることになる。

本問のポイントは、監視カメラに一般的な路上を監視するものと「A地区労働センター」を監視するものがあることをどのように評価するのかである。団体の入口に向けられた監視カメラについて、「結社の自由」侵害を主張しようとしても、侵害の論証はなかなか難しい。直接的に侵害されている「容ぼうを撮影されない自由」の侵害として構成しつつ、ここでは特定の信条に関わる「容ぼうの撮影」が行われていることに着目し、秘匿性の高い私生活に関する情報の収集を問題とする判断枠組みを用いるのが望ましい。

第4講　法の下の平等

◆学習のポイント◆
1　憲法14条1項の保障する「法の下の平等」とは、合理的な理由のない別異の取扱いを禁止する「相対的平等」である（【設問1】）。
2　憲法14条1項後段列挙事由は、信条を除き、自己の意思や努力では脱却できない事由を例示列挙したものであり（【設問2】）、これらに基づく差別は、違憲性の疑いが強い。
3　法の下の平等に違反するか否かは、①区別の対象を確定したうえで、②立法目的の合理的根拠、③立法目的と区別との合理的関連性を審査して判断する（【設問3】）。

I　法の下の平等の意義

　憲法13条において宣明した個人主義の尊重は、同時に、一人一人の個人を平等に扱うことをも要請する。

> 第14条1項　すべて国民は、法の下に平等であって、人種、信条、性別、社会的身分又は門地により、政治的、経済的又は社会的関係において、差別されない。
> 2項　華族その他の貴族の制度は、これを認めない。
> 3項　栄誉、勲章その他の栄典の授与は、いかなる特権も伴はない。栄典の授与は、現にこれを有し、又は将来これを受ける者の一代に限り、その効力を有する。
> 第24条1項　婚姻は、両性の合意のみに基いて成立し、夫婦が同等の権利を有することを基本として、相互の協力により、維持されなければならない。
> 2項　配偶者の選択、財産権、相続、住居の選定、離婚並びに婚姻及び家族に関するその他の事項に関しては、法律は、個人の尊厳と両性の本質的平等に立脚して、制定されなければならない。

憲法14条1項は、「法の下の平等」の原則を一般的に宣言し、2項において、「門地による差別」の典型である貴族制度の廃止、3項で、「栄典の授与」が後天的な特権的地位を認めることとならないよう定めている。

　憲法14条1項の「法の下の平等」が客観的な平等原則を定めたものか、主観的な権利である平等権を定めたものかが平等違反を主張する適格と結びつけられて論じられることもあった。しかし、今日では、訴訟における原告適格の有無や違憲性の主張可能性と「法の下の平等」の性格とは直接関係がないと考えられており、平等原則か平等権かの対立に実益はない。

　「法の下の平等」違反の主張は、表現の自由や職業の自由などの憲法上の権利主張における差別に限られず、社会保障給付や国籍付与など、具体的な憲法上の権利とはいえない利益に関する不平等な取扱いに対しても主張することができる。

　なお、戸主を中心とした「家」制度を解体し、家族関係における平等を図るため、憲法24条は「夫婦が同等の権利を有すること」（1項）、家族関係に関する法律が「個人の尊厳と両性の本質的平等に立脚して、制定されなければならない」こと（2項）を定める。

II　法の下の平等の内容

1　法の下の平等とは

【設問1】「法の下の平等」とは、そもそもどのような内容だろうか。

(1)　法内容の平等（立法者拘束）か法適用の平等か

　憲法14条1項の「法の下の平等」の保障は、法令を平等に適用すること（**法適用の平等**）だけを保障するのではなく、**法内容の平等**をも要請するものであることは今日では異論をみない。

(2)　絶対的（機械的）平等か相対的平等か

　平等については、一切の異なる処遇を禁止する**絶対的平等**という観念もあるが、人には置かれた状況、能力等に違いがあり、等しい取扱いを機械的に貫くことがかえって不合理な結果をもたらすこともある。したがって、憲法14条1項にいう平等とは、合理的な理由があれば異なる取扱いも許されると

する**相対的平等**と解するのが一般的である。最高裁も、憲法14条1項が「国民に対し絶対的な平等を保障したものではなく、差別すべき合理的な理由なくして差別することを禁止している趣旨と解すべき」との立場を一貫して維持している（待命処分判決　最大判1964〔昭和39〕・5・27民集18巻4号676頁）。

そのため、異なる取扱いが法の下の平等に反するかどうかは、その取扱いに「合理的な理由」が認められるかどうかによって決められることになる。

> *　他方、政治参加においては、一人一人の形式的平等を確保することが前提となることから、憲法44条後段における選挙人資格の平等は、個々人の事情を一切考慮しない絶対的平等と解されている（なお、選挙区ごとの選出議員一人当たりの有権者数の格差を問題とする投票価値の平等については、第13講Ⅲの項で扱う）。

(3)　機会の平等か結果の平等か

近代市民革命が封建的身分制を打破して勝ちとった平等とは、一人一人の人間を価値において等しいものとして認め、出発点において機会を平等に配分するという**機会の平等**であった。

これに対して、各人が実際に受け取る配分を等しくする**結果の平等**を求める平等観もある。たとえば、ある地方公共団体の職員の採用試験において、性別による差別をしないのは、機会の平等の保障であるが、採用された職員の男女比率が同じになることを求めるのが、結果の平等である。

各人の努力のありようを無視して結果の平等の実現を追求することは、個人の自由意思に基づく努力を否定することともなる。憲法14条1項の保障する「法の下の平等」は、各人が等しく「幸福追求に対する権利」を有することの保障と解されるから、原則として、機会の平等の保障ととらえるべきである。

(4)　形式的平等か実質的平等か

近代社会の基本的な平等観である機会の平等は、各人の身分・出自の違いを問わず、等しい存在として扱う**形式的平等**でもある。しかし、資本主義社会において貧富の格差は拡大し、固定化する。そうした格差に目をつむって形式的に機会の平等だけを保障しようとしても、実質的には、機会は不平等にしか提供されず、公正な競争は実現できない。(2)で述べた相対的平等は、形式的平等の不合理さを緩和して、実質的な機会の平等を実現しようとする試みでもある。また、日本国憲法は、健康で文化的な生活の保障、教育を受ける権利の保障、勤労の権利などの社会権を保障し、各人の置かれた状況が

自由な努力の足かせとならないように、**実質的平等**の実現を志向していると解される。

> * 形式的な平等の保障だけでは、経済的格差の是正には役立たず、かえって格差の固定化を招くこともあるとの問題意識から、歴史的に差別の対象となってきた、人種的少数者や女性を優先的に雇用したり、高等教育機関への入学を認めたりする措置を**積極的差別是正措置（アファーマティブ・アクション）**という（日本では、女性の社会進出をうながす積極的是正施策については、「ポジティブ・アクション」という用語が用いられる）。
>
> 積極的差別是正措置をとることは、多数者や男性を意図的に不利に扱うことでもあり、逆差別なのではないかが問題となる。学説のなかには、少数者を優遇するための措置であれば、違憲審査の厳格度を緩めてもよいとの主張もあるが（高橋・立憲主義158頁）、「弱者」への優遇策が偏見に基づく場合や、かえって差別を固定化する危険性もあることから、積極的な差別是正措置を必要とする立法事実が十分に示され、その手段も立法目的と合理的な関連性を有するかどうか慎重に吟味される必要がある。

2 「人種、信条、性別、社会的身分又は門地」による差別の禁止

> 【設問2】 憲法14条1項後段が、「人種、信条、性別、社会的身分又は門地」による「政治的、経済的又は社会的関係」における差別の禁止を定めている趣旨は何か。

(1) 憲法14条1項前段と後段との関係

憲法14条1項は、前段において国民に「法の下の平等」を保障したうえで、後段において「人種、信条、性別、社会的身分又は門地」による「政治的、経済的又は社会的関係」における差別を禁ずる。前段と後段との関係については、前段が一般原則を述べたものであり、後段はその具体化としてとらえられている。

(2) 後段列挙事項は限定列挙か例示列挙か

14条1項後段の「人種、信条、性別、社会的身分又は門地」との列挙について、それらだけが憲法違反となる差別事由を限定列挙したものと解する見解はみられない。最高裁も「右各法条に列挙された事由は例示的なものであって、必ずしもそれに限るものではないと解するのが相当である」と述べ、年齢に基づく待命処分についても憲法14条1項に違反しないかどうかを検討した（待命処分判決）。

(3) 後段各列挙事項の意味

後段列挙事項に関する解釈の対立は、列挙事項による差別について、違憲の疑いがある不合理な差別であるとの推定がはたらき、特に厳格に審査すべきものと解するか否かという点に焦点が移っている。

たしかに、各列挙事項は、歴史的に差別の原因となってきた事項ではあるが、不合理な差別であると推定すべき事由がこれら5つの列挙事項に限定されると解する根拠は乏しい。また、憲法の条文中に掲げられているということだけでは、不合理な差別であるとの推定の根拠として不十分である。

そこで、後段列挙事項の意味を具体的に検討して、各列挙事由にどのような意味が込められているのかを探る必要がある。

ア 人 種

「人種」とは、人類学上の人の種類のことである。アメリカ合衆国における黒人差別に代表されるように、人種はしばしば人の優劣の指標として利用され、人々の中に偏見を植えつけた。人種差別は、集団に対する偏見に基づく差別の代表的なものであり、今日では、「人種差別撤廃条約」(1969年発効、1995年日本加入) にみられるように、国際人権法上も違法なものであることが確立している。

> ＊ 日本の先住民であるアイヌは歴史的に様々な差別を受けてきた。1899年に制定された「北海道旧土人保護法」は、アイヌを「旧土人」という蔑称で呼称したうえで、農業化を奨励することを通じて、独自の文化を喪失させることとなった。1997年には、「アイヌ文化の振興並びにアイヌの伝統等に関する知識の普及及び啓発に関する法律」が制定され、国や地方公共団体はアイヌ文化の振興、知識の普及・啓発に努める責務を負った。

外国人に対する別異の取扱いは、国籍の違いに基づくものであり、人種差別ではないが、そこに人種に基づく偏見が隠れていないかどうかも吟味する必要がある。

最高裁は、外国人に対して憲法14条1項の法の下の平等の保障が類推適用されることを認めており (最大判1964〔昭和39〕・11・18刑集18巻9号579頁)、国籍に基づく差別の合理性も独自に争われうる。しかし、社会保障の領域においては、国籍に基づく給付対象の限定が法の下の平等に反するという主張には立法裁量の厚い壁が立ちふさがっている (第1講Ⅲ2(3)カ参照)。

> ＊ 旧日本軍の軍人・軍属に対して支給される戦傷病者戦没者遺族等援護法に基づく年金が「国籍条項」によって台湾出身者に支給されないことについて、最高裁は、簡単に「合理的根拠」を認めている (最3小判1992〔平成4〕・4・28判時1422号91頁 百選7)。

私人による人種差別としては、小樽市内の公衆浴場が「外国人」（うち１名は日本に帰化していたので人種差別に当たる）であることを理由に入浴を拒んだ事件（札幌地判2002〔平成14〕・11・11判時1806号84頁）や、宝石店主が外国人の入店を拒んだ事件（静岡地浜松支判1999〔平成11〕・10・12判時1718号92頁）などがある。いずれの事件においても、人種に基づいてサービスの提供を拒否することは正当な理由のない不法行為とされている。

イ　信　条

　「信条」とは、もともとは宗教上の信仰を意味したが、今日では思想、世界観、人生観を広く含む、人の内心の考えを指す。信条による差別は、憲法19条によっても禁止される（第５講Ⅱ２(2)**ウ**参照）。

　国家公務員法38条５号が「日本国憲法又はその下に成立した政府を暴力で破壊することを主張する政党その他の団体を結成し、又はこれに加入した者」を公務員の欠格事由として挙げていることが、信条による差別の例として挙げられる。これについては、結社の結成・加入行為に着目した行為の規制ととらえる見解や、「公務の本質に鑑みた例外」として正当化する見解があるが、憲法99条の定める公務員の憲法尊重擁護義務の具体化ととらえるべきである。

ウ　性　別

　「性別」とは、男女の生物学的・身体的性差を意味する。性差別も人類の歴史とともに存在し続けてきた典型的な差別である。近年は、女性に対する不利な扱いの撤廃にとどまらず、性別に基づく役割分担についても間接的な差別につながるとして見直しの動きが強まっている。

　国際人権法においても、女性差別撤廃条約（1981年発効、1985年日本締結）が採択され、人種差別と同様、国際的な差別解消の取組みが進められている。

エ　社会的身分

　最も広い理解によれば、「社会的身分」とは「人が社会において占める継続的な地位」と定義される（待命処分判決）。こうした広い意味での「社会的身分」には、仕事上の職階など、社会における地位の多くが含まれるが、それらに関わる別異の取扱いがすべて不合理な差別であるとの推定を受けるとは言い難い。

　「社会的身分」について、狭義に解する見解は、「出生によって決定され、自己の意思で変えられない社会的な地位」などと、自らの意思や努力によっては如何ともしがたい社会的地位に限定し、これに基づく別異取扱いを不合

理な差別であると推定する。

  ＊ 最高裁は、高齢であること（待命処分判決）や親子の関係（尊属傷害致死罪事件判決 最大判1950〔昭和25〕・10・11刑集4巻10号2037頁）が、「社会的身分」であることを否定している。

オ　門　地

「門地」とは、家系・血統・家柄を指す。大日本帝国憲法下において存在した華族・士族・平民の区別、現在も根強く残る「部落差別」は門地による差別の典型であり、個人の能力・努力とは無関係に人の地位を決定する非合理的な差別である。憲法14条2項が「貴族の制度」を禁止し、3項が、栄典の授与について、「これを受ける者の一代に限り、その効力を有する」と規定するのも、門地による特権付与を禁ずる趣旨である。

(4)　14条1項後段の解釈

このように、後段列挙事項のうち、信条を除く、人種、性別、門地は、出生によって決定され、自らの意思や努力では如何ともしがたい事由であり、「社会的身分」も狭義に解するかぎり、出生によるものに限定されるということになる。出生により決定される事情に基づく差別は、個々人の能力や努力の結果ではなく、もって生まれた属性に対する偏見に基づく不合理なものであることが多い。

したがって、14条1項後段列挙事項の意味は、**本人の意思や努力では如何ともしがたい事由**を例示的に示し、そうした事由による差別の合憲性を厳格に審査すべきことを示しているものと解すべきである。最高裁も、「自らの意思や努力によっては変えることのできない」事由による区別に合理的な理由があるか否かについて、「慎重に検討することが必要」であると判示している（国籍法3条1項違憲判決　最大判2008〔平成20〕・6・4民集62巻6号1367頁　百選35）。

なお、信条による差別の禁止は、(3)**イ**に述べたように、憲法19条の保障内容でもある。大日本帝国憲法下における思想弾圧の苛烈さに鑑み、思想の自由を確保する必要が強く認識されたことから、14条1項後段列挙事項に加えられたものと思われる。

(5)　「政治的、経済的又は社会的関係において、差別されない」の意味

「政治的、経済的、社会的関係」とは、国民の活動全般にわたって差別が禁止される趣旨を述べたものであり、3つの「関係」を狭く限定して解する必要はない。「社会的関係」における差別には、私人間関係における差別が含まれるようにも読めるが、最高裁は、憲法14条1項についても私人間に直

接適用されないと解している（第1講Ⅳ2⑵ア参照）。

Ⅲ　法の下の平等の判断枠組み——検討順序

【設問3】　ある規制が法の下の平等に違反するかについて、どのような判断枠組みにより検討するべきか。

Ⅱで説明したように、憲法14条1項の「法の下の平等」は、合理的な理由に基づかない差別を禁止する相対的平等と解されており、憲法に違反する差別かどうかは、区別を正当化しうる合理的な理由があるかどうかによって判断されることになる。

この「合理的な理由に基づかない差別」となるかどうかの判断について、最高裁は、「区別をすることの立法目的に合理的な根拠が認められない場合、又はその具体的な区別と上記の立法目的との間に合理的関連性が認められない場合」には、当該区別は、合理的な理由のない差別として憲法14条1項に違反すると述べている（国籍法3条1項違憲判決）。

こうした最高裁の判断を踏まえると、法の下の平等に関する違憲審査は、以下のように検討される。

1　区別の対象の確定

法がどのような集団の間で別異の取扱いをしているのかを確定することが法の下の平等判断の出発点である。

＊　旧児童扶養手当施行令1条の2第1項3号は、支給対象として「母が婚姻（婚姻の届出をしていないが事実上婚姻関係と同様の事情にある場合を含む。）によらないで懐胎した児童（父から認知された児童を除く。）」と定めていた。

同号かっこ書に該当する認知を受けた婚外子は、認知を受けていない婚外子と比べると、状況の好転があったとみることもできるから、手当の支給対象から外すことに一定の合理性を認めることができる。しかし、児童扶養手当法4条1項1号が、「父母が婚姻を解消した児童」を支給対象としていることと比較すると、同じく父と生計を別にする児童の間で手当の支給に違いをもたらすことの合理性が疑わしくなる（児童扶養手当事件判決最1小判2002〔平成14〕・1・31民集56巻1号246号　百選213参照）。この

ように、区別の対象の選定によって、区別の合理性の判定に大きな違いが出ることがある。

2 区別をする立法目的の合理的根拠の審査

区別の対象が確定されたら、その区別を生じさせている立法目的を確認し、それが日本国憲法の下で合理的根拠を有するものかどうかを問わねばならない。たとえば、刑法200条の尊属殺重罰規定の立法目的とされた「尊属に対する尊重報恩」については、尊属と卑属との間で人の価値に違いをもたせるものであり、個人の尊重に立脚する日本国憲法の下ではそもそも許されない立法目的というべきものであった（第2講Ⅰ2(4)、本講Ⅳ1参照）。

3 立法目的と区別との合理的関連性の審査

立法目的に合理的根拠があるならば、区別を設けることと立法目的とが合理的関連性を有するかどうかが問われる。その際、①**区別の対象となっている権利・利益の重要性が高い場合**、あるいは、②**区別の事由が本人の意思や努力によって変えることのできない地位に基づく場合**には、区別と立法目的との強い関連性が示されなければ憲法14条1項に違反する。

立法目的と区別との合理的関連性は、**一定の集団を別異に取り扱うことが立法目的達成に役立つかどうか**によって測られる。法によって別異に取り扱われた集団に一定の給付をしたり、何らかの制限を課したりすることが立法目的と過不足なく一致していれば、区別と立法目的との間には強い関連性があることになる。しかし、現実の多くの区別には、規制の必要のない場合にも規制を及ぼしたり、給付の必要性の乏しい場合も給付対象とすること（**過大包摂**）や、逆に、規制が必要な場合に規制が及んでいないことや給付を必要とする場合が給付対象となっていない（**過小包摂**）といったズレが生じる。

前記①②の要素によって関連性の審査が厳格となる場合（強い関連性が求められる場合）、過大包摂や過小包摂は許されないが、立法裁量が尊重され緩やかな審査が行われる場合、多少のズレであれば裁量の範囲内とされることもある。

なお、**尊属殺重罰規定違憲判決**は、法の下の平等違反の理由として、法定刑の重さという**手段の相当性を欠くこと**を挙げた（Ⅳ1参照）。しかし、平等審査においては、区別することの是非そのものが中心的争点であり、手段の相当性判断は副次的な争点にすぎないと解されている。

●コラム● 平等違反に対する救済

　法の下の平等は、比較対象との関係で等しい取扱いであることを要求しているにすぎないから、ある法制度が法の下の平等に違反すると宣言されることが、必ずしも、不利に扱われている者の救済につながるとは限らない。とりわけ、給付の対象を限定する法規定が法の下の平等に反するとされた場合、単純に法規定を違憲無効とするだけでは給付そのものが廃止されるだけに終わり、有効な解決策とならないことがある。しかも、国家が何らかの給付を行う場合には、給付対象について広い立法裁量が認められるため、裁判所が平等違反の判断に基づいて給付を命ずることは立法裁量の侵害との非難を受けることにもなる。たとえば、出生による国籍取得を、父が日本国民である場合に限定していた旧国籍法2条1号の違憲性が問題となった東京高判1982（昭和57）・6・23行集33巻6号1367頁がある。同判決は、同号を違憲無効としても「母が日本国民であるとき」に国籍を付与することにはならないとして請求を棄却した。

　したがって、法の下の平等違反に対する救済方法のあり方については、立法者の合理的意思を探索することを通じて、問題とされた法規定が本来予定している給付対象はどのようなものかを検討し、救済の有効性の確保と立法者の判断の尊重の調和を図る必要がある。

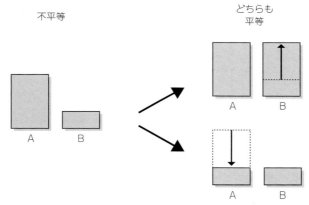

　この問題は、**国籍法3条1項違憲判決**において、届出による国籍取得を準正のあった場合に限定する規定を法の下の平等に違反するとした場合、生後認知を受けた非嫡出子にも届出による国籍取得を認めるかの問題として議論になった（Ⅳ4(2)オ）。また、認知を受けた婚外子を児童扶養手当の支給対象から除外する旧児童扶養手当法施行令1条の2第3号の違憲性が問題となった児童扶養手当事件判決においても、支給対象を拡大する判決が政令制定権者の判断と矛盾しないかが問題となった（第12講Ⅵ2(2)＊）。

Ⅳ　法の下の平等をめぐる具体的問題

1　尊属に対する罪の加重

(1)　尊属殺重罰規定違憲判決

旧刑法200条は、「自己又ハ配偶者ノ直系尊属ヲ殺シタル者ハ死刑又ハ無期懲役ニ処ス」と定めていた。尊属に対する殺人を一般の殺人（刑法199条）よりも加重して処罰することが、憲法14条1項に違反しないかが問題とされた。

最高裁は、当初、尊属に対する罪を加重すること（尊属傷害致死罪〔旧刑法205条2項〕）を合憲と解したが（尊属傷害致死罪事件判決）、1973年に判例を変更して、旧刑法200条を憲法14条1項違反と判示した（最大判1973〔昭和48〕・4・4刑集27巻3号265頁　百選28）。

多数意見は、尊属殺人罪の加重処罰の目的を、「尊属に対する尊重報恩」にあるとし、「尊属の殺害は通常の殺人に比して一般に高度の社会的道義的非難を受けて然るべきである」とすること自体は、合理的な根拠を欠くものではないとする。しかし、同条が法定刑を「死刑又ハ無期懲役」に限定することにより、斟酌すべき情状があっても、刑の執行を猶予することができないことから、多数意見は、「加重の程度が極端」であって、目的達成手段としての合理性に欠けるとして、憲法14条1項違反と判示した。

これに対し、田中二郎裁判官をはじめとする5名の裁判官は、「尊属がただ尊属なるがゆえに特別の保護を受けるべきである」とか、「卑属の尊属殺人はその背徳性が著しく、特に強い道義的非難に値いする」といった理由によって、尊属殺人に関する特別の規定を設けること自体が、戦前の「家」制度と結びつく「一種の身分制道徳の見地に立つもの」であり、「個人の尊厳と人格的価値の平等を基本的な立脚点とする民主主義の理念と抵触する」と多数意見を厳しく批判した。

(2)　尊属傷害致死罪の合憲性

尊属殺重罰規定違憲判決における多数意見の論理に従うと、尊属に対する犯罪について加重することは、その「程度が極端」でないかぎり許されることになる。最高裁は、尊属傷害致死罪（無期または3年以上の懲役）について、「立法目的達成のため必要な限度を逸脱しているとは考えられない」として、合憲と判断している（最1小判1974〔昭和49〕・9・26刑集28巻6号329頁）。

なお、尊属に対する罪の加重については、1995年の刑法改正によりすべて削除された。

2　家族関係における平等

(1)　非嫡出子の法定相続分に関する差別

伝統的家族観に基づいて差別の対象となってきたのが、非嫡出子である。とりわけ、非嫡出子の法定相続分を嫡出子の2分の1と定める旧民法900条4号ただし書については、非嫡出子に対する差別として、その合憲性が長く争われてきた。

ア　非嫡出子相続分差別事件1995年決定

1995年決定（最大決1995〔平成7〕・7・5民集49巻7号1789頁）の多数意見は、相続制度の設計に広い立法裁量が認められること、法定相続分の規定が遺言による相続に対して補充的に機能するにすぎないことを強調して、「その立法理由に合理的な根拠があり、かつ、その区別が右立法理由との関連で著しく不合理なものでな」いかぎり、憲法14条1項には違反しないとの緩やかな違憲審査基準を設定した。そして、法律婚主義をとる以上、嫡出子と非嫡出子との間に別異の取扱いをするのは「やむを得ないところ」であり、非嫡出子の法定相続分を嫡出子の2分の1とすることも、「法律婚の尊重と非嫡出子の保護の調整」という立法理由の帰結として合理的な根拠を有するとした。

これに対し、中島敏次郎裁判官ほかの反対意見は、「被相続人の子供としては平等であるという個人としての立場」を強調して、「立法目的自体の合理性及びその手段との実質的関連性についてより強い合理性の存否が検討されるべきである」と主張する。そして、出生について自ら責任を負わない非嫡出子を差別することは、「婚姻の尊重・保護」という立法目的では正当化できず、さらに、法定相続分の差別が「非嫡出子を嫡出子に比べて劣るものとする観念が社会的に受容される余地をつくる重要な一原因」となっている以上、「非嫡出子の保護」という目的とも関連性を有しないと断じた。

* 1995年決定の多数意見は「立法裁量強調型」の「制度準拠審査」とも評価される（小山・作法175頁）。たしかに、法の下の平等の審査は、法制度の中での取扱いの平等を問題にする関係上、制度設計における立法裁量を認めざるをえない場合がある。しかし、権利の行使が制度に依存するといっても、権利内容自体が制度に依存する社会権のような場合と異なり、法の下の平等の規範内容自体が制度に依存するわけではないから、簡単に広

範な立法裁量を認める必然性はない。

1995年決定の後も、民法900条4号ただし書を違憲とする下級審判断が相継ぎ、最高裁においても多くの反対意見が付されるという状態が続いた。また、法制審議会も数次にわたって非嫡出子の相続分差別撤廃を含む民法改正案をまとめた。

イ 非嫡出子相続分差別事件2013年決定

こうしたなか、2013年に最高裁大法廷は全員一致で民法900条4号ただし書を憲法14条1項に違反すると判断する決定を下した（最大決2013〔平成25〕・9・4民集67巻6号1320頁　百選29）。

最高裁は、日本国憲法施行以来の家族法制の変遷、諸外国における立法動向、家族をめぐる社会意識の変化を丹念に跡づけたうえで、「家族という共同体の中における個人の尊重がより明確に認識されてきた」と認定し、「父母が婚姻関係になかったという、子にとっては自ら選択ないし修正する余地のない事柄を理由としてその子に不利益を及ぼすことは許されず、子を個人として尊重し、その権利を保障すべきであるという考えが確立されてきている」とした。こうして、最高裁は、遅くとも、事件となった相続が行われた2001年7月の段階においては、「嫡出子と嫡出でない子の法定相続分を区別する合理的な根拠は失われていた」と判示した。

2013年決定は、1995年決定を判例変更したわけではない。したがって、判断枠組みとしては同一の基準に拠りながら、立法当時に合理性を支えていた事実が変遷したことから、900条4号ただし書を「法律婚の尊重と非嫡出子の保護の調整」の帰結ととらえる合理的根拠が失われたと判断したものである。

(2) 女性の再婚禁止期間

女性のみに6カ月の再婚禁止期間を設ける民法733条1項の規定は、父性推定重複の防止措置として正当化されてきた（最3小判1995〔平成7〕・12・5判時1563号81頁）。しかし、再婚による父性推定の重複の問題が生ずるのは離婚時に女性が懐胎している場合に限られる。また、父性推定の重複の解消のためであれば、婚姻成立から200日以降、婚姻解消から300日以内に出生した子に嫡出推定を働かせる民法772条2項の規定により、離婚から100日の再婚禁止期間を設ければ十分ということになる。

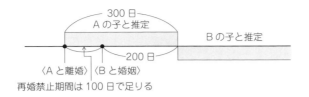

　最高裁は、婚姻する自由が憲法24条1項の規定の趣旨に照らし十分尊重に値することを認めたうえで、女子のみに再婚禁止期間を課すことを平等の観点から審査し、民法733条1項の再婚禁止期間のうち100日を超える部分について憲法14条1項・24条2項に違反すると判示した（**再婚禁止期間違憲判決　最大判2015〔平成27〕・12・16民集69巻8号2427頁**。ただし、民法733条を改正しない立法不作為に対する国家賠償請求は斥けた）。

　これに対しては、100日以内の再婚禁止期間であっても、実際に父性推定の重複が発生する場合は限られていることを指摘する補足意見や再婚禁止期間規定自体が不合理な差別として憲法14条1項に違反するとする意見、立法不作為の違法性も認める反対意見などが付されている。

(3)　夫婦同氏制度

　民法750条は、「夫婦は、婚姻の際に定めるところに従い、夫又は妻の氏を称する」と定める。規定上は、夫・妻いずれの氏を選ぶことも可能だが、現実には、圧倒的に夫の氏が選択され、妻となる者は氏を変更することを強いられる。女性の社会進出が進む中で、氏名が個人の人格を象徴するものであることが再認識されるようになり、個人の意思に反して家族への帰属を同氏という形で明らかにすることの問題性も認識されるようになってきた。

　最高裁は、夫婦同氏制それ自体に男女間の形式的な不平等が存在するわけではないとの認識に基づいて法の下の平等違反の主張を斥けた（**夫婦同氏制度合憲判決　最大判2015〔平成27〕・12・16民集69巻8号2586頁**）。多数意見は、憲法24条2項にいう「個人の尊厳」と「両性の本質的平等」によって立法裁量が制約されることは認めたものの、氏を家族の呼称とすることには合理性があり、婚姻に伴って氏を変更せざるをえないことに伴う不利益は、氏の通称使用により一定程度緩和されうることを指摘して、夫婦同氏制が合理性を欠くとはいえないとした。

　これに対して、夫婦同氏制の下で、多くの場合妻となった者のみが個人識別機能を損ねられ、自己喪失感などの負担を負うこととなる結果、婚姻の自由に不合理な制約が生じていることを指摘し、個人の尊厳と両性の本質的平

等の要請に照らして合理性を欠く制度として憲法24条2項違反とする意見や、法制審議会が民法750条の改正を答申した1996年以降、夫婦同氏制の違憲性が国会にとっても明白になっていたと指摘して国賠法上の違法性を認める反対意見も出された。

3　税制と法の下の平等──サラリーマン税金訴訟

　給与所得者が自営業者と比較して必要経費の算定や税の捕捉率において差別されているとの主張がなされた**サラリーマン税金訴訟判決**において、最高裁は、「その立法目的が正当なものであり、かつ、当該立法において具体的に採用された区別の態様が右目的との関連で著しく不合理であることが明らかでない限り」、憲法14条1項に違反しないと判示した（最大判1985〔昭和60〕・3・27民集39巻2号247頁　百選32）。

　最高裁は、租税法の定立について、憲法84条を参照しつつ、立法府の政策的、技術的な判断を尊重せざるをえないことを強調して、通常要求される「合理的関連性」よりも緩やかな審査基準を設定している。

4　国籍と法の下の平等

(1)　認知の遡及効否定

　国籍法2条1項は、「出生の時に父又は母が日本国民である」場合に国籍取得を認める。もっとも、日本人の父が出生後に認知をした子については、民法上、認知の効力が出生時に遡及するにもかかわらず（784条）、認知の遡及効を否定し、出生による国籍取得を認めていない。最高裁は、「生来的な国籍の取得はできる限り子の出生時に確定的に決定されることが望ましい」との理由で認知の遡及効を否定することには合理的根拠があるとした（最2小判2002〔平成14〕・11・22判時1808号55頁）。

(2)　準正による国籍取得──国籍法3条1項違憲判決

　旧国籍法3条1項は、生後認知の非嫡出子が届出により国籍を取得できる場合を、父母の婚姻と認知により嫡出子の地位を得たとき（準正〔民法789条〕）に限定していた。最高裁はこれを、以下のような判断枠組み（**ア～オ**）に従い、憲法14条1項に反するとし、日本人父により生後認知を受けた非嫡出子にも国籍取得を認めた（前掲・最大判2008〔平成20〕・6・4）。

ア　区別の対象の確定

　最高裁は、まず旧3条1項により、日本国民である父により認知された非嫡出子のうちで、父母の婚姻により嫡出子たる身分を取得（準正）した者に

は日本国籍の取得を認めながら、父母が法律上の婚姻をしていない非嫡出子は、その他の要件を満たしても日本国籍を取得することができないという区別が生じていることを確認した。

> ＊　国籍法は、出生時に日本国民の子であることによる生来的取得（2条1号）のほか、届出による取得（3条）、帰化による取得（4条以下）を定める。旧3条1項は、「父母の婚姻及びその認知により嫡出子たる身分を取得した子で20歳未満のもの（日本国民であった者を除く。）は、認知をした父又は母が子の出生の時に日本国民であった場合において、その父又は母が現に日本国民であるとき、又はその死亡の時に日本国民であったときは、法務大臣に届け出ることによって、日本の国籍を取得することができる」と定めていた。

【旧国籍法による日本国籍付与の条件と方法】

日本国籍が付与される条件			日本国籍が付与される方法
父	母	その他の条件	
日本人	日本人	なし	出生により付与（2条1号）
外国人	日本人	なし	出生により付与（2条1号）
日本人	外国人	父の胎児認知	出生により付与（2条1号）
		出生後父の認知 ＋父母の婚姻による準正	届出により付与（3条1項）
		出生後父の認知のみ	帰化のみ（ただし、簡易帰化制度〔8条〕の利用可能）。

イ　判断枠組みの提示

最高裁は、Ⅲで述べたように、区別を生じさせている立法目的の合理的根拠の有無と、立法目的と区別との合理的関連性の有無によって、合理的な理由のある区別かどうかを問う判断枠組みを提示した。そのうえで、最高裁は、国籍が日本国内における様々な権利行使や給付と結びつく重要な利益であること、自らの両親が出生後、婚姻するかどうかは子にとっては自らの意思では左右しえない事情であることを指摘して、区別に合理的な理由があるか否かについて、「慎重に検討することが必要である」とした。

これは、重要な利益に関わる区別と合理性の疑わしい事由による区別については、立法目的と区別との間に強い関連性を要求するものといえる。

ウ　区別をする立法目的の合理的根拠の審査

最高裁は、旧3条1項の立法目的について、日本国民の血統上の子であっても、出生により日本国籍を取得しなかった子は、外国との結びつきを生じ

させている可能性があるから、日本国民との法的親子関係に加えて、「我が国との密接な結び付き」の指標となる一定の要件を設け、これを満たす場合に限り出生後における日本国籍の取得を認めることとしたものであり、そこには合理的な根拠があるとした。

エ　立法目的と区別との合理的関連性の審査

最高裁は、立法当時には、「父母が法律上の婚姻をしたことをもって日本国民である父との家族生活を通じた我が国との密接な結び付きの存在を示すものとみることには相応の理由があった」としたが、その後の社会的経済的環境の変化や国際化の進展によって、家族関係、親子関係も多様化しており、今日では、「我が国との結び付きの強弱を両親が法律上の婚姻をしているか否かをもって直ちに測ることはできない」との認識を示した。最高裁は、これに加えて、多くの国で、認知等により自国民との父子関係の成立が認められた場合にはそれだけで自国籍の取得を認める旨の法改正が行われていることを指摘して、「準正を出生後における届出による日本国籍取得の要件としておくことについて、前記の立法目的との間に合理的関連性を見いだすことがもはや難しくなっている」との結論を下した。

オ　救済方法

最高裁は、本件区別による違憲の状態を解消するために旧3条1項の規定自体を全部無効として、準正のあった子についても届出による国籍取得をすべて否定することは、「血統主義を補完するために出生後の国籍取得の制度を設けた同法の趣旨を没却するものであり、立法者の合理的意思として想定し難いものであって、採り得ない解釈である」と述べた。そして、あるべき救済方法としては、日本国民である父から出生後に認知されたにとどまる子についても、届出による国籍の取得を認めるしかないとの判断を示した。

これは、国籍法が血統主義に則って国籍を付与するとの原則に立っている以上、日本国民から生後認知を受けた子らにも国籍を付与することが上記の原則に適うと判断されたことによると思われる。

* 不平等状態を解決するためには、外国人である母の子のうち、出生後に日本人である父から認知を受けた子について、準正の有無にかかわらず届出による国籍取得を認めない方法も考えられた（コラム「平等違反に対する救済」参照）。多数意見が、生後認知の非嫡出子に国籍取得を認めたことに対して、横尾裁判官らの反対意見は、司法権の行使の限界を超えると批判している。

* なお、最高裁による違憲判決を受けた国籍法改正（2008年）により、日

本人の親から認知された20歳未満の非嫡出子に、届出による国籍取得が認められることとなった。

(3) 国籍留保制度

出生により、日本国籍と同時に外国籍を取得して重国籍となる子のうち、外国で出生した子について、国籍法12条は、父母等によって出生後3カ月以内（戸籍法104条1項）に日本国籍を留保する旨の意思表示がされなければ、出生時に遡って日本国籍が失われると定める。日本国内で出生した重国籍児は何らの手続を要せず日本国籍を保持しうるため、法12条の国籍留保制度は出生地に基づく不合理な差別に当たり、憲法14条1項に違反するとの主張がなされた。

最高裁は、国籍法3条1項違憲判決と同様、立法目的の合理的根拠と、区別と立法目的との合理的関連性を問う判断枠組みを採用しながら、強い関連性を求めず、憲法14条1項違反の主張を斥けた（最3小判2015〔平成27〕・3・10裁時1623号8頁）。

最高裁は、国外で出生して日本国籍との重国籍となるべき子について、「必ずしも我が国との密接な結び付きがあるとはいえない場合があり得ることを踏まえ、実体を伴わない形骸化した日本国籍の発生をできる限り防止する」とともに「重国籍の発生をできる限り回避する」という目的に合理的な根拠があると認めた。そして、国籍留保の意思表示が「我が国との密接な結び付きの徴表」とみることができることに加え、その意思表示の方法や期間にも配慮がされていること、国籍留保の意思表示がされなかった場合でも、日本に住所があれば20歳に達するまで法務大臣に対する届出により国籍取得が可能なこと（法17条1項・3項）を指摘して、立法目的との関連で不合理なものとはいえないとした。

5　条例による地域的格差——東京都売春防止条例事件

憲法94条が、地方自治の具体化として、地方公共団体に条例制定権を認める結果、各地方公共団体が自主的に制定する条例により、地域間で取扱いの違いが生じる。最高裁は、売春防止条例に関して、「憲法が各地方公共団体の条例制定権を認める以上、地域によって差別を生ずることは当然に予期される」として、条例による規制の有無・差異は憲法14条1項に違反しないとした（最大判1958〔昭和33〕・10・15刑集12巻14号3305号　百選34）。

ただし、条例で定めれば、地域間でどのような違いが生じても法の下の平

等違反とならないと解するのは早計である。規制対象について、地域的特性があまりみられないにもかかわらず、処罰の程度の差や対象の違いが大きい場合は合理的根拠を欠く差別ともなりうる。

> *　未成年者との淫行を処罰する青少年保護条例について、伊藤正巳裁判官は、「わが国のように、性及び青少年の育成保護に関する社会通念についてほとんど地域差の認められない社会において、青少年に対する性行為という、それ自体地域的特色を有しない、いわば国全体に共通する事項に関して、地域によってそれが処罰されたりされなかったりし、また処罰される場合でも地域によって科せられる刑罰が著しく異なるなどということは、きわめて奇異な事態であり、地方公共団体の自主立法権が尊重されるべきものであるにせよ、一国の法制度としてはなはだ望ましくないことであるといわなければなら」ず、「国民を納得せしめるに足りる合理的理由をみいだすことはできない」と批判している（福岡県青少年保護育成条例事件判決　最大判1985〔昭和60〕・10・23刑集39巻6号413頁　百選113）。

V　演習問題

> 同性愛者の団体Aの代表者Xは、団体Aの活動方針の討議のため、O県が設置・管理する「O県青年の家」への一泊研修旅行を計画し、会の目的を告げたうえ宿泊の予約をしようとしたところ、O県青年の家条例8条1号（「秩序をみだすおそれがあると認めたとき」）に該当するとして、使用を拒否された。Xが使用拒否の理由を質したところ、「O県青年の家」の管理責任者である県教育長より、「青年の家は1室を複数人で利用することが前提となっており、研修施設としての性格上、施設内で性行為が行われることは好ましくなく、いかなる場合でも男女同室の宿泊は認めていない。同性愛者に関しても、同様の理由から、同室に宿泊することは認められない」旨の回答があった。
> 〔設問〕　本件使用拒否は、憲法14条1項に違反するといえるか。

1　本問の趣旨

本問は、東京都青年の家事件（東京高判1997〔平成9〕・9・16判タ986号206頁参照）の事実関係を素材として、法の下の平等に関する判断枠組みを事案に即して論じることを求めるものである。

2 違憲主張の組立て

(1) 違憲主張の対象

団体Aに対する「青年の家」の使用拒否は、同性愛者の団体による利用が本条例8条1号に定める「秩序をみだすおそれ」に該当するとO県教育長が判断したためになされている。

本件利用拒否処分は同性愛そのものを禁止しているわけではないので、憲法13条に基づく性的指向に関する自己決定権が制約されているとの主張を論じることはできない。他方、青年の家は地方自治法244条1項の「公の施設」に当たるから、地方公共団体は、「正当な理由がない限り、住民が公の施設を利用することを拒んではなら」ず（同条2項）、「不当な差別的取扱いをしてはならない」（同条3項）。ここから憲法論としては、利用拒否処分の法の下の平等違反を問うことになる。ただし、本条例8条1号それ自体は何らかの差別的な定めをしているわけではないから、「同性愛者の団体Aによる宿泊」を男女同室の宿泊と同様であると評価したO県教育長の処分に対して、処分（適用）違憲の主張をすることとなる。

(2) 区別の対象の確定

法の下の平等に関する主張をするためには、どのような集団の間で別異の取扱いをしているのかを確定しなければならない（Ⅲ1）。

本件施設は研修施設としての性格上、施設内で性行為が行われないように、男女が別室を利用することとされている。教育長の判断によれば、同性愛者に男女別室のルールを適用すると「施設内での性行為」が行われるおそれを生じさせるため、同性愛者には本件施設を利用させることができないとされている。そのため、本件利用拒否処分は利用者が同性愛者か否かによる区別によるものといえる。

(3) 区別の正当性判断

ア 判断枠組みの設定

最高裁は、①「区別をすることの目的に合理的な根拠が認められない場合」、または、②「その具体的な区別と目的との間に合理的関連性が認められない場合」には、合理的な理由のない差別として憲法14条1項に違反するとの判断枠組みを適用している（Ⅲ）。そして、㋐区別の対象となっている権利・利益の重要性が高い場合や、㋑区別の事由が本人の意思や努力によって変えることのできない地位に基づく場合には、区別と目的との間に強い関連性が必要であると解されている（Ⅲ3）。

⑦「公の施設」は、住民が原則として利用でき、その拒否には「正当な理由」が必要である。①また、現在では、同性愛かどうかという性的指向は、人為的な選択ではない場合も多いと考えられている。そのため、区別と目的との間には強い関連性が必要であり、原則として、区別と目的が関連しないことは許されない。

イ　個別的・具体的検討
a　区別をする目的の合理性
本件区別の目的は、施設内の秩序維持の観点から、性的行為を防止することにある。青年の家は研修施設としての性格を有することから、このような目的に合理的根拠がないと争うことは困難であろう。

b　目的と区別との合理的関連性の審査
争点となるのは、区別と目的との間に強い関連性があるか否かである。X側としては、区別をしても目的が達成できない事例が存在することを主張していくことになる。

同性愛者を同室にしたとしても、必ずしも性的行為を行うとは限らない。他方、異性愛者が男女別室で宿泊した場合であっても施設内で性的行為が行われることを完全に防止することは不可能である。すなわち、施設内での性行為禁止という目的と男女別室というルールとの間の関連性はそれほど強いものではなく、本件利用拒否処分は、区別をする目的との合理的関連性を欠き、違法であるといえる。

●コラム●　答案を読んで

　本問では、まずどのような権利・自由の侵害として争うか迷うかもしれない。直接制限されているのは同性愛者であることではなく、同性愛者であることによる施設利用なので、自己決定権ではなく、法の下の平等で争うべきである。
　法の下の平等で争う場合には、まず事案をよく検討して、誰と誰がどのような事由に基づいて、どのような差別的扱いを受けているかを整理することが分析の前提となる。ここでも「厳格審査基準」などを持ち出すのではなく、国籍法3条1項違憲判決で最高裁が示した判断枠組み（Ⅲ）を用いて、不平等扱いの理由とされている目的の合理的根拠と、目的と不平等取扱いとの合理的関連性を検討していくべきである。また、目的と不平等取扱いとの合理的関連性を厳格に審査すべき理由として、憲法14条1項後段列挙事項に該当するかばかりに注目していると、本問のようなケースで困ってしまうことになる。
　平等審査における「関連性」の審査においては、「実質的関連性」や「合理的関連性」という言葉だけが一人歩きする答案がかなりある。大切なのはレッテル貼りではなく、差別的取扱いをしても目的が十分達成できないことを様々な角度から具体的に示すことが必要である。

第5講　精神活動の自由総論・思想及び良心の自由

> ◆学習のポイント◆
> 1　多様な思考・情報の自由な流通が民主的政治過程にとってもつ重要性から、精神的自由権は、経済的自由権よりも優越的地位にあるとされ、その制約はより厳格な審査に服する（【設問1】）。
> 2　憲法19条が保障する「思想及び良心の自由」は、広く、人の内心の活動の自由を保障するものである（【設問2】）。
> 3　思想及び良心の自由の制約は、特定の思想の禁止・強制、思想告白の強制、思想に基づく差別的取扱い、思想と不可分に結びつく行為の強制によって生ずる（【設問3】）。
> 4　特定の思想を禁止・強制する直接的制約は絶対的に禁止される。一般的に課された義務が個人の「思想及び良心」に反する間接的制約も、必要最小限度でなければならない。

I　精神的自由総論

> 【設問1】「精神活動の自由（精神的自由権）は、経済的自由権に対して優越的地位にある」とされるのはなぜか。

1　精神的自由の優越的地位

　人の精神活動に関わる、思想、信教、学問、表現の自由などは、精神活動の（精神的）自由と呼ばれ、職業選択の自由や財産権といった経済活動の（経済的）自由と区別される。
　精神活動の自由が経済活動の自由に比べて優越的な地位にある（「**精神的自由の優越的地位**」）とされるのは、憲法が構築しようとする民主主義体制

にとって、多様な価値観を育み、多様な思想・情報が流通すること（**思想の自由市場**）が不可欠だからである。

2 「二重の基準」

「精神的自由の優越的地位」の具体化として、精神活動の自由に対する制約についての違憲審査は経済活動の自由に対する制約に対する違憲審査の場合の基準よりも厳格なものであるべきとするのが、「**二重の基準**」と呼ばれる考え方である。

民主主義体制の構築・維持にとって精神活動の自由が不可欠であるにもかかわらず、多数者が少数者の思想等を異端視・危険視し、これを禁圧しようとすることが多いのは歴史的経験の教えるところである。したがって、精神活動の自由の制約に関しては、多数決原理に立つ政治部門から距離を置く司法部による監視が期待される。

精神活動の自由の制限についての違憲審査を、経済活動の自由に対する制限と比べて厳格に行うべきことは、最高裁の認めるところでもある。

* 最高裁は、**泉佐野市民会館事件判決**（最3小判1995〔平成7〕・3・7民集49巻3号687頁　百選86）において、「集会の自由の制約は、基本的人権のうち精神的自由を制約するものであるから、経済的自由の制約における以上に厳格な基準の下にされなければならない」と述べた。

II　思想及び良心の自由

1　思想及び良心の自由保障の意義

諸外国の憲法において、「思想の自由」が明文で保障されることは稀である。これは、外部的行為である表現活動の自由を保障することが内心の精神活動である思想の自由を保障することにもなるからである。

大日本帝国憲法下の日本においては、治安維持法等に基づく「思想取締り」が猛威をふるい、国民から自由な思考自体を奪う結果をもたらした。そうした痛切な経験を踏まえ、思想の自由な形成自体の保障が日本社会の民主主義化のための不可欠の一歩と考えられたことが、憲法19条による思想の自由の明文による保障につながった。

> 第19条　思想及び良心の自由は、これを侵してはならない。

2　思想及び良心の自由の内容

【設問2】「思想」と「良心」とは、それぞれ何を意味するか。

(1)　「思想及び良心」の意味

日本国憲法は、精神活動の自由として、19条による思想及び良心の自由の保障のほか、20条1項で信教の自由、21条1項で表現の自由、23条で学問の自由を保障している。ここから、「思想及び良心の自由」の固有の守備範囲は何かが問題となる。

「思想」とは、人が自らや世界について抱くある程度体系的な世界観を指し、「良心」とは、自らの倫理的価値観に照らした物事の是非の判断をいうものと考えられる。

ただし、思想と良心とを厳密に区別することはできず、学説上も、以下にみるように、(「良心」＝信仰選択説を除くと) 思想・良心の自由の保護範囲を「思想」と「良心」それぞれの意味内容によって確定するという方法をとっていない。ここから、憲法19条の解釈としては、思想と良心を区別する必要はないと考えられている (以下では、「思想・良心」として一体的なものとしてとらえる)。

もっとも、「良心の自由」の意味については、広い内容を含みうるため、何らかの形で限定すべきかどうかが争われてきた。**謝罪広告事件判決** (最大判1956〔昭和31〕・7・4民集10巻7号785頁　百選36) の争点の一つは、「良心の自由」の内容をめぐる意見の対立であった。

ア　「良心」＝信仰選択説

栗山裁判官は、欧米における freedom of conscience が「信仰選択の自由」を意味することを根拠に、「良心の自由」は信仰選択の自由を意味するとの理解を示した。

イ　信条説

田中長官は、「良心の自由」を信仰選択に限定する見解を斥けながら、「良心」には、「道徳的の反省とか誠実さというもの」を含まず、「世界観や主義や思想や主張をもつこと」の意であると主張した。これは、「良心の自由」

を、信仰、学問に準ずる一定の体系性をもった世界観に限定的に解する見解を唱えたものである。

　ウ　内心説

　藤田裁判官の反対意見は、「良心の自由」について、「単に事物に関する是非弁別の内心的自由のみならず、かかる是非弁別の判断に関する事項を外部に表現するの自由並びに表現せざるの自由をも包含する」と述べて、「良心」が内心における価値判断を広く含むものと解している。

　エ　最高裁の立場

　謝罪広告事件判決の多数意見は、「単に事態の真相を告白し陳謝の意を表明するに止まる程度のものにあっては、これが強制執行も代替作為として民訴733条の手続によることを得る」と述べた。これが、「良心」について信条説に立って、謝罪広告の強制は「良心の自由」を侵害しないという見解に立つものか、「良心の自由」は侵害されているが侵害の程度は軽いため正当化されるという見解に立つものかは明確でない。この後の最高裁判決においても、それぞれの事件において憲法違反の主張を斥けた直接的理由が「思想及び良心」の内容理解にあるかどうか明らかとはいえない（後述の**長野勤務評定事件判決、ポスト・ノーティス事件判決**参照）。

　オ　本書の立場

　憲法20条1項が信教の自由を保障している以上、「良心の自由」を信仰選択の自由と解することは困難である。また、人の内心の作用は多様かつ複雑であり、常に形成・展開しつつあり、信条説のように、一定の体系性をもつ「良心」だけを区別して、憲法上の保障対象を限定することは、精神作用の特性に反し、結局は「思想及び良心の自由」を守ることにならないという難点がある。したがって、「良心の自由」については内心説的にとらえ、「思想及び良心の自由」の保障は、**人の内心の精神活動について国家の干渉を受けないことの保障**を指すものと解すべきである。

　ただし、信条説が思想・良心の内容とする歴史観、世界観は思想・良心の核心というべきものであるから、それと結びつく外部的行為の強制・禁止は絶対的に禁止される一方、内心説によって思想・良心の内容に含まれる物事の是非弁別に関わる外部的行為については必要最小限度の制約が許されるといった保障程度の違いがある。

(2) 思想及び良心の自由を「侵してはならない」の意味

【設問3】 思想及び良心の自由を「侵してはならない」とは、具体的にはどのような意味か。

ア　特定の思想の禁止もしくは思想の強制をしてはならない

個人が自由に思想形成をなしうるためには、国家が個人の思想形成に干渉しないことの保障が必要となる。

国家が、特定の思想を禁止することや、特定の思想をもつよう強制することは絶対的に禁止される。また、信教の自由の保障のために特定の宗教団体への特権付与の禁止という制度が必要とされるように、国家が特定の思想やイデオロギーを後援して国民の思考を統制しようとすることも憲法19条に照らして許されない。さらに、公権力が特定の思想を敵視する意図をもって、表現を規制すること（**見解〔観点〕規制**）も、特定思想の禁止と大差なく、絶対的に禁止される（第8講Ⅰ6(2)**イ**参照）。

日本国憲法下においては、国家による思想の禁止や強制は起こりえないはずである。しかし、表面的には中立的な規制目的を掲げつつ、特定の思想の敵視に基づく規制がなされることもある。具体的な規制の違憲審査にあたっては、規制目的の精査と規制対象の選択の合理性の検証を通じて、特定思想の敵視に基づく規制でないかどうかを注意深く検証する必要がある。

イ　思想告白の強制・思想調査をしてはならない

反体制的な思想、多数者に敵視されている思想などは、それをもっていることが露見すれば、差別や偏見の対象となるおそれがある。自由な思想形成を保障するためには、思想の有無について他者に知られないことを厳重に保障する必要があり、思想の有無について告白を強制されないことの保障に加え、公権力による思想の推知・調査も絶対的に禁止されなければならない。

単なる事実の知・不知の告白の強制や調査は、「思想」告白の強制や「思想」調査には当たらない。しかし、人の行動に関する事実が人の思想と結びつくことがあり、その事実が、「思想に関わる事実」に当たらないかを慎重に検討すべきである（4(1)**イ**）。

最高裁は、**三菱樹脂事件判決**（最大判1973〔昭和48〕・12・12民集27巻11号1536頁）において、団体加入・学生運動参加の有無について尋ねることについて、「政治的思想、信条に全く関係のないものということはできない」としたが、他の事件では思想と行動とを形式的に分離して思想告白の強制禁

止の射程を狭く解する傾向にある（**長野勤務評定事件判決**、**麴町中学内申書事件判決**参照）。

* 大阪市長が2012年に職員に対して「政治活動を行ったことがあるか」どうかなどを問うアンケートを実施したことは、単なる事実の調査のようにもみえるが、具体的な状況の下で特定の政党・政治家を支援する政治活動であることが明らかとなる場合には、憲法19条により禁止される思想告白の強制や思想調査に該当するおそれが強い。

ウ　特定の思想に基づく差別的取扱いをしてはならない

　特定の思想に基づく差別的取扱いも、特定の思想を敵視しているという点で、思想の禁止と同じである。思想に基づく差別的取扱いは、最も一般的な思想の自由の侵害形態であり、大日本帝国憲法下においても横行した。その反省に基づき、憲法19条に加えて、憲法14条1項後段も、明示的に「信条による差別」を禁止している。

* あからさまな思想差別の事例としては、連合国の占領下において、最高司令官マッカーサーの指令に基づいて1950年に行われたレッドパージがある。政府は、マッカーサーからの書簡を受けて閣議決定により共産主義者の公職からの排除を決定した。先の閣議決定を受けて、主要な民間企業からも約4万人が職を追われたとも言われる。最高裁は、民間企業からのレッドパージに関する事件について、一度は、「日本の国家機関及び国民が連合国最高司令官の発する一切の命令指示に誠実且つ迅速に服従する義務を有すること」を根拠に正当化したが（最大決1952〔昭和27〕・4・2民集6巻4号387頁）、後に、解雇理由を従業員の具体的言動が企業破壊的であったと認定して、思想に基づく解雇であることを否定した（最3小判1955〔昭和30〕・11・22民集9巻12号1793頁）。最高裁は、思想に基づく解雇を正当化する一歩手前で踏みとどまったともいえるが、「企業破壊的」な言動の認定は極めて一般的・抽象的であり、思想と外部的行為との密接な関係に目をつむっている点でも不当である。

エ　思想と不可分に結びつく行為を禁止・強制してはならない

　思想の強制や禁止は、通常、思想と不可分の行為の強制や禁止の形態をとって行われる。したがって、思想の自由の保障を十全なものとするためには、特定の思想と不可分の行為の自由の保障（あるいは、思想に反する行為をなすべき義務からの免除）をも射程に入れる必要がある。

　最高裁も、一定の行為の強制が「一般的、客観的にみて」、特定の「歴史観ないし世界観を否定することと不可分に結び付くもの」である場合も、特定の思想の強制・禁止（ア）と同視しうることを認めている（「**国歌**」**斉唱命令事件判決**）。

> ＊　諸外国でみられる「良心的兵役拒否」は、戦闘を禁止する信念（宗教上のものに限られない）を尊重して、国民の義務である兵役の免除を認めるものである。たとえば、ドイツ基本法は「何人も、その良心に反して、武器をもってする兵役を強制されてはならない」（4条3項）と定める。

●コラム●　「思想と不可分に結び付く行為」の範囲

「歴史観ないし世界観と不可分に結び付く」行為の範囲をどのようにとらえるかによって、思想及び良心の自由の保障範囲は大きく異なる。

最高裁は、「国歌」の内容に批判的な公立学校の音楽担当教員が入学式等の式典に際して「国歌」のピアノ伴奏を拒否することは、「一般的には」、特定の歴史観・世界観と不可分に結びつくものとはいえないとして、伴奏を命ずる職務命令が思想及び良心の自由を侵害するとはいえないとした（ピアノ伴奏命令事件判決）。また、教員が学校の式典で「国歌」を起立斉唱することについても、「一般的、客観的に見て、これらの式典における慣例上の儀礼的な所作としての性質を有するもの」であるとして、教員の「歴史観ないし世界観を否定することと不可分に結び付くものとはいえ」ないとされた（「国歌」斉唱命令事件判決）。

歴史観・世界観と外部的行為との結びつきが「不可分」と評価されるかどうかは、そもそもその具体的文脈によって左右されるはずである。歴史観・世界観と外部的行為とが、単なる主観的な思い込みではなく、その具体的文脈において客観的に結びついているとみられる場合には（たとえば、都立学校における国歌の起立斉唱の強制は、それが導入された当時の具体的文脈においては、客観的にみても特定の歴史観・世界観の強制と結びついていたといえる）、思想及び良心の自由の保護範囲に含めて、その制約が許されるか否かの検討に進むべきである（「国歌」斉唱命令事件判決における宮川裁判官の反対意見参照）。

> ＊　思想及び良心の自由をめぐる事例では、主張されている「思想及び良心」の内容を適確に把握することも重要である。**ピアノ伴奏命令事件判決**において、藤田裁判官は、「国歌」のピアノ伴奏を拒否した音楽教師の思想について、「『君が代』の斉唱をめぐり、学校の入学式のような公的儀式の場で、公的機関が、参加者にその意思に反してでも一律に行動すべく強制することに対する否定的評価（従って、また、このような行動に自分は参加してはならないという信念ないし信条）」ととらえ、教師の行動を、単なる私的な信条に基づくものではなく、職務に関わる信条に基づくものととらえた。

3　思想及び良心の自由の判断枠組み

従来、思想及び良心の自由は、内心の自由として絶対的に保障されると説かれてきた。これは内心における思想の形成・保持に対する国家の干渉は絶対的に許されないとの趣旨である。

最高裁も、「特定の思想を持つことを強制したり、これに反する思想を持つことを禁止したりする」ことや、「特定の思想の有無について告白するこ

とを強要する」ことは、「思想及び良心の自由を直ちに制約する」としている（「国歌」斉唱命令事件判決）。これらは、特定の思想の禁止・強制（特定の思想と不可分に結びつく行為の禁止・強制も含む）（2(2)ア）、特定の思想告白の強制（2(2)イ）が思想及び良心の自由の**直接的制約**となることを示したものである。

ここで最高裁が国歌の起立斉唱を命ずることを「間接的な」制約と評価したのは、㋐狭義の思想・良心（世界観・歴史観＝信条説の保障範囲）と不可分に結びつく行為ではなく、国歌に対する肯定的な態度という物事の是非弁別（内心説による保障範囲）に関わる行為の強制であること、㋑規制の目的・動機が特定の思想を強制する意図に基づくものではなかったことによるものと思われる。

逆にみれば、㋐'狭義の思想・良心と不可分に結びつく外部的行為の強制もしくは禁止であれば思想・良心の自由の直接的制約となりうること、㋑'物事の是非弁別に関わる、より広い内心に由来する外部的行為の強制もしくは禁止であっても、その目的が特定の考え方に対する敵視や特定の考え方を強制することにある場合にも直接的制約に当たることを含意しているとみることができる。

（1） 思想及び良心の自由に対する直接的制約

直接的制約とは、内心における思想及び良心の自由を直接制約するもの、すなわち、①特定の思想（特定の思想と不可分に結びつく行為）の禁止・強制（2(2)ア・エ）、②思想告白の強制や思想調査（同イ）、③特定の思想に基づく差別的取扱い（同ウ）を指す。思想及び良心の自由に対する直接的制約は絶対的に禁止される。

狭義の思想・良心と不可分に結びつく外部的行為の強制もしくは禁止であれば思想・良心の自由の直接的制約となる。また、物事の是非弁別に関わる、より広い内心に由来する外部的行為の強制もしくは禁止であっても、その目的が特定の考え方に対する敵視や特定の考え方を強制することにある場合にも直接的制約に当たる。

なお、思想・良心と不可分に結びつく外部的行為か否かは、一般的・抽象的にみるのではなく、その行為が禁止・強制された際の具体的文脈を考慮して判断されるべきである。

（2） 思想及び良心の自由に対する間接的制約

思想及び良心の自由の間接的制約とは、一般的な公益を図るための措置が、思想及び良心に由来する行動と矛盾する外部的行動を強制することとな

るものを指す。

　間接的制約は、その制約が必要かつ合理的なものであるかぎりで認めざるをえない場合もある。最高裁は、「国歌」斉唱命令事件判決において、思想及び良心の自由に対する「間接的な制約」について、「その職務命令の目的及び内容並びに上記の制限を介して生ずる制約の態様等を総合的に較量して、当該職務命令に上記の制約を許容し得る程度の必要性及び合理性が認められるか否かという観点から判断する」と述べた。

　しかし、精神的自由権の中核にある思想及び良心の自由を単純な比較衡量基準で審査するのは緩やかにすぎる。最高裁の判断枠組みも、制約の目的、内容、制約の程度によっては、その必要性・合理性が厳密に検討されることを示唆するものと解することができる。思想及び良心の自由に対する制約が間接的なものであっても、少なくとも他の精神活動の自由に対する制約と同様に、**憲法上、国家にその遂行が要請される目的達成のためにやむをえない必要最小限度の規制にとどまることが求められる**。

4　思想及び良心の自由をめぐる具体的問題

(1)　思想告白の強制禁止・思想推知の禁止

ア　内心についての報告──長野勤務評定事件

　長野県教育委員会が教員に対する勤務評定を実施するにあたり、「学校の指導計画が適確に実施されるようにくふうしているか」、「分掌した校務を積極的に処理しているか」、「熱意をもって仕事にうちこんでいるか」等の自己観察の結果を記入するよう求めたことが、憲法19条に違反すると主張された。

　最高裁は、自己観察の内容が「世界観、人生観、教育観等の表明を命じたものと解することはできない」とし、「内心的自由等に重大なかかわりを有するものと認めるべき合理的根拠はな」いとして、憲法19条違反の主張を斥けた（最1小判1972〔昭和47〕・11・30民集26巻9号1746頁）。

　しかし、教員に対する勤務評定が、国の教育方針に忠実に従って教育しているかどうかを問うために導入されたという具体的文脈に照らすと、「熱意をもって仕事にうちこんでいるか」否かは国の教育方針についての肯定的考え方の有無と関わっていたといえる。こうした自己評価の内容は狭い意味での「思想及び良心」を告白するに等しいものであったということもできる。

イ　思想に関わる事実の伝達──麹町中学内申書事件

　高校進学にあたって中学校長により作成される内申書に、「学校構内にお

いて、麹町中全共闘を名乗り、機関紙『砦』を発行した」、「ML派の集会に参加した」等の記載をされ、それにより、高校の入学試験を不合格となった生徒が、区や都等に対して損害賠償を請求した。

最高裁は、学生運動参加の記載について、「思想、信条そのものを記載したものでないことは明らかであり、右の記載に係る外部的行為によっては上告人の思想、信条を了知し得るものではない」ことからみて、内申書の記載が思想を入学者選抜の資料として提供したことには当たらないとして、請求を斥けた（最2小判1988〔昭和63〕・7・15判時1287号65頁　百選37）。

しかし、学生運動参加の事実と思想とを切り離すことはできず、本件の内申書の記載は、思想内容を了知しうる情報が内申書に記載されていたことから、人の思想を無断で他の国家機関に伝達したものとみることができる。

ウ　政党所属についての質問——東電塩山営業所事件

企業秘密を漏らした者の調査の一環として、上司が労働者の政党所属を尋ねた事件について、最高裁は、企業秘密の漏洩の調査としての必要性と合理性をもち、かつ返答を強要するものではなかったとして、「本件質問は、社会的に許容し得る限界を超えて上告人の精神的自由を侵害した違法行為であるとはいえない」と判断した（最2小判1988〔昭和63〕・2・5労判512号12頁　百選38）。

最高裁の判断は、たとえ私人間であっても、個人の政党所属を強制的に聞き出すことは許されないとの前提に立っているといえる。

(2)　思想及び良心に反する行為の強制
ア　謝罪広告の強制

県知事選挙の候補者が、相手方候補者は副知事在職中に汚職を行ったと政見放送等で述べ、この発言が名誉毀損とされた事件において、裁判所は、名誉回復のための措置として、上記の発言が「真実に相違して居り、貴下の名誉を傷け御迷惑をおかけいたしました。ここに陳謝の意を表します」との文面の謝罪広告の掲載を命じた。最高裁は、2(1)エで述べたとおり、この命令が「良心の自由」を侵害し憲法19条に違反するとの主張を斥けた（前掲・最大判1956〔昭和31〕・7・4）。

> ＊　民法723条に基づく謝罪を命じる判決はあくまでも外形的な反省の意の表明を求めるだけであるから、問題は、代替執行として「謝罪」が表明されることの是非ということになる（入江裁判官は謝罪広告の強制執行は認められないとする）。この局面では、本人の思っていない内容が当人の名義で表明されてしまうという、謝罪の強制とは別個の問題も生じている（堀部

政男＝長谷部恭男編『メディア判例百選』〔有斐閣、2005年〕142頁〔蟻川恒正〕）。

　内心に反する謝罪の表明については、憲法21条1項で保障される消極的表現の自由の侵害ととらえるべきとの見解も有力である。しかし、謝罪広告のような内心に反する謝罪の公表は、証言強制のような意思に反する知識や事実認識の提供に比べ、内心の平穏に対する影響が大きく、「思想及び良心」に反する行為の強制の一事例として扱うべきである。内心に反する謝罪広告を代替執行することについては、名誉を回復するための適切な代替手段、すなわち謝罪を含まない摘示事実の訂正という手段がありうる以上、必要最小限の手段とはいえず憲法19条に違反すると判断されるべきである。

　　＊　最高裁裁判官の国民審査において、棄権する趣旨で何も記入しない投票も「罷免を可としない」票とみなされることが、思想及び良心の自由を侵害すると主張された事件において、最高裁は、最高裁裁判官の国民審査が解職制度であることから、罷免を可とする投票以外を「罷免を可としない投票」として扱っても内心と矛盾する効果を発生させているわけではないとして、憲法19条違反の主張を斥けた（最大判1952〔昭和27〕・2・20民集6巻2号122頁）。そこでは、「意思に反する効果」の発生があれば、思想及び良心の自由の侵害となることが前提とされているとみることができる。

　イ　ポスト・ノーティスの強制

　不当労働行為を行った使用者に対し、労働委員会が「当社団が行った次の行為は、神奈川県地方労働委員会により不当労働行為と認定されました。当社団は、ここに深く反省するとともに今後、再びかかる行為を繰り返さないことを誓約します」との文書の掲示を命ずるポスト・ノーティス命令を発した。最高裁は、この命令について、「同種行為を繰り返さない旨の約束文言を強調する意味を有するにすぎない」として、憲法19条違反の主張は前提を欠くと述べている（ポスト・ノーティス事件判決　最3小判1990〔平成2〕・3・6判時1357号144頁）。

　団体は、個人と異なり「思想」や「良心」をもたないので、団体による憲法19条違反の主張は失当であるが、不当労働行為を繰り返さない旨を強調するためであれば、「反省」という文言は不要であろう。

　ウ　「国歌」ピアノ伴奏の強制

　1999年に国旗国歌法が制定された当時、政府関係者は、「国旗」「国歌」の法定は、国民に対する強制とは結びつかないとたびたび言明した。それにもかかわらず、同法制定後、東京都をはじめとする各地の教育現場で、「国旗」の掲揚、「国歌」の起立・斉唱の強制と、それに抵抗する教員の処分が相継

いだ。

　卒業式の「国歌」斉唱に際して音楽教師にピアノ伴奏を命ずる職務命令に関する事件について、最高裁は、ピアノ伴奏と思想とが「一般的には」不可分に結びつくとはいえないとして、「思想及び良心の自由」の侵害を認めなかった（**ピアノ伴奏命令事件判決　最3小判2007〔平成19〕・2・27民集61巻1号291頁**）。判決内容についてはコラム「『思想と不可分に結び付く行為』の範囲」参照。

エ　「国歌」斉唱の強制

　東京都立高校・中学校において、校長が入学式・卒業式において、「国旗」に向って起立し「国歌」を斉唱することなどを命ずる職務命令を発した事件について、最高裁は、国旗および国歌に対する敬意の表明の要素を含む行為を、自らの歴史観・世界観から敬意の表明に応じがたいと考える者に対して強制することが心理的葛藤を生じさせ、個人の歴史観・世界観に影響を及ぼすとして、職務命令が「思想及び良心の自由についての間接的な制約」であることを認めたが、合憲と判示した（「国歌」斉唱命令事件判決　最2小判2011〔平成23〕・5・30民集65巻4号1780頁　百選40）。判決内容については、コラム「『思想と不可分に結び付く行為』の範囲」参照。

> ＊　同種の事件について、この第2小法廷判決のほか、第1小法廷（最1小判2011〔平成23〕・6・6民集65巻4号1855頁）と第3小法廷（最3小判2011〔平成23〕・6・14民集65巻4号2148頁）もほぼ同一の判決を下した。ただし、その後の最高裁は、「国歌」斉唱時の不起立を理由とする停職処分について、裁量権の範囲を超えると判断するなど、制裁のあり方について歯止めをかけようとしている（最1小判2012〔平成24〕・1・16判時2147号127頁）。

オ　加入強制団体における政治献金の強制──南九州税理士会事件

　税理士会などの加入強制団体が、構成員に対して、特別会費などの名目で政党・政治家への献金を強制することも、内心に反する行為の強制に当たる（**南九州税理士会事件判決　最3小判1996〔平成8〕・3・19民集50巻3号615頁**）。もっとも、団体の活動と構成員の自由との間の緊張関係は私人間の関係であって絶対的に構成員の自由が優先するとは限らない。団体による構成員の自由の制約が許されるかどうかは、会の「目的の範囲内」の活動か否か（民法34条）という枠組みの中で、会の目的と活動の性質との関係と協力義務の態様との相関関係により決定される（第1講Ⅲ 3(2)参照）。

Ⅲ　演習問題

　O県消防局においては、種々の行事の礼式や敬礼の種類・方法を定める「O県消防局礼式規定」を定めている。同規定によれば、礼式の目的は、「礼節を明らかにし、規律を正し、隊員の品位の向上を図るとともに、上下同僚互いに融和団結して、消防一体の実を挙げることにある」（2条）とされている。

　2008年にO県知事に就任したHは、その就任式で、県職員に対して、「日本の国を愛せない奴は公務員になる資格がない！　O県のあらゆる職場で、国旗の掲揚、国歌の斉唱を徹底的にやる！」と訓示し、国旗・国歌を尊重するよう厳しく指導することを宣言した。H知事の意向を受け、O県消防局礼式規定に、新たに、【資料】の条文が追加されることとなった。

　Xは、幼い頃から消防士にあこがれ、大学卒業後、2003年に採用試験に合格して、O県消防局に採用された。Xは、日本が戦前にアジアで行った侵略行為について学び、日の丸がアジア侵略のシンボルとされたことを知るにつれ、「日の丸」を「国旗」として認めることはできず、「日の丸」に敬礼することは自らの歴史観に反すると強く思うようになった。

　2009年の消防出初め式から、式次第に国旗掲揚が採り入れられることとなり、国歌が吹奏されるなか、消防局員は国旗に向って挙手敬礼をすることとなった。Xは、あらかじめ自らの所属する消防隊の隊長Pに対し、「日の丸」を国旗と認めることはできず、それに対する敬礼は自らの信念に反するので、できないと伝えた。しかし、隊長Pは、消防出初め式は消防隊員にとって神聖な儀式であり、多くの来賓・観客も来場するので、式の厳粛かつ円滑な遂行のためには、全員が一致して、国旗に敬礼する必要があるから、職務命令として従ってもらうと告げられた。

　Xは、消防出初め式において、国旗敬礼の際に、挙手敬礼をせず、直立したままであった。Xは、職務命令に違反したとして、戒告処分を受けた。

〔設問〕　Xに対する戒告処分は、憲法19条に違反するとの主張を、県側の反論を想定しつつ、論じなさい。

【資料】
（国旗等に対する敬礼）
第5条　観閲式、表彰式、祝賀式、葬送式、出初式、入校式及び卒業式等（以下「儀式」という。）の場合においては、国旗等に対して敬礼を行うものとする。
（平20消防局訓令4・一部改正）

1　本問の趣旨

　本問は、消防隊員が国旗に対して敬礼を行うよう職務命令で義務づけられたという事案において、「国歌」斉唱命令事件判決（Ⅱ 4(2)エ）の射程や判

断枠組みについての考察を求めるものである。

2　違憲主張の組立て

(1)　違憲主張の対象

Xに対する戒告処分は、隊長Pが、O県消防局礼式規定5条に基づき出初め式において国旗に対して敬礼する旨の職務命令を発したところ、Xがこれに違反したことが理由となっている。国旗の敬礼を強制する直接的な根拠は規定5条のようにみえるが、同条には強制力はない。Xとしては、懲戒処分の根拠となった本件職務命令の違憲性を主張するべきである。

(2)　憲法上の権利に対する制約

X側としては、憲法19条で保障された思想及び良心の自由の内容が、内心の自由にとどまるだけでは不十分であり、思想及び良心と結びつく外部的行為の自由も含まれることを指摘しなければならない。

これに対しては、判例の立場に従い、国旗への起立を求めることは一般的・客観的に見て、慣例上の儀礼的な所作としての性質を有するものであって、特定の歴史観や世界観と不可分に結びつくものではないから、思想及び良心の自由を直ちに制約するものではないとの指摘が想定される。

しかし、行為が歴史観・世界観と「不可分に結び付く」か否かを「一般的」という基準で判断してしまえば、社会の多数派の観点により少数派の信条を切り捨てることになりかねない。そのため、㋐その行為が特定の歴史観・世界観の強制とその具体的文脈において客観的に結びついているとみられる場合や（コラム「『思想と不可分に結び付く行為』の範囲」参照）、㋑規制の目的・動機が特定の思想に対する敵視といえる場合にも、思想及び良心の自由に対する直接的制約に当たると主張すべきである（Ⅱ3(1)）。

本問では、H知事の「日本の国を愛せない奴は公務員になる資格がない！」という発言や、この意向を受けて規定5条が新たに追加されたという経緯をみると、本件職務命令は、㋐「愛国心」という特定の思想を強制するための手段として発せられ、その内容も国旗に対する敬礼という敬意と不可分に結びつく行為を強制するものであり、かつ、㋑「愛国心」の強制に反対する思想に対する敵視に基づいてなされたものと評価できる。

(3)　思想及び良心の自由に対する制約の正当性判断

ア　判断枠組みの設定

本件職務命令が特定の思想の強制・禁止に当たるとすれば、思想及び良心の自由に対する直接的制約として絶対的に禁止される（Ⅱ3(1)）。

これに対しては、本件の戒告処分は「国歌」斉唱命令事件判決と同様、思想及び良心の自由に対する「間接的な制約」の事例であり、「目的、内容、制約の態様の総合的衡量」によって判断するべきであるとの反論が想定される。

　しかし、「間接的な制約」であっても、精神的自由権の中核にある思想及び良心の自由を「総合的衡量」といった曖昧な基準で審査するべきではなく、国家にその遂行が要請される目的達成のためにやむをえない必要最小限度の規制にとどまることを求めるべきである（Ⅱ3(2)）。具体的には、**職務命令の目的、内容が特定の思想等の強制・禁止に関わるものでなく、あくまでも式の厳粛かつ円滑な進行に資するものであり、職務命令違反に対する制裁が式の厳粛かつ円滑な進行に対する重大な障害を発生させたときに科される場合にかぎり憲法19条に違反しないこととなる。**

イ　個別的・具体的検討

　Xは式を積極的に妨害する等の行為をしておらず、敬礼はしなくとも起立はしているのであるから、式の厳粛かつ円滑な遂行が害されたとは言い難く、Xの職務命令違反に対して戒告処分を科すことは必要最小限の制約とはいえず、本件処分は憲法19条に違反する。

●コラム●　答案を読んで

　思想及び良心の自由については、既に判例上も、単なる内心の自由の保障にとどまらず、思想及び良心と結びつく外部的行為の自由が保障されることが承認されているのに、「内心の自由は絶対的に保障される」というパターンを未だに繰り返す答案が多い。また、思想及び良心の保護対象が、狭い意味の「信条」なのか「内心」一般なのかという議論（Ⅱ2(1)）も、謝罪広告事件判決の理解としては重要だが、実際の事例を判断するにあたっては、判断基準が不明確なまま、ある内心の状態が「信条」に当たるかどうかを評価するという不毛な議論に陥りやすい。

　違憲主張においては、確実に違憲の結論を導くことのできる思想及び良心の自由の直接的制約の主張が可能かどうかを十分検討する必要がある。判例に則って「間接的制約はある」との主張からいったん出発した場合でも、制約の「目的、内容、制約の態様」を検討して、できるだけ直接的制約に近いことを特徴づけないと、反論、私見の構成で困ることになる。

第 6 講　信教の自由・政教分離

◆学習のポイント◆
1　信教の自由には、信仰の自由、宗教的行為の自由、宗教的結社の自由が含まれる（【設問 1】）。
2　内心の信仰の自由は絶対的に保障され、信仰の禁止・強制、信仰に基づく差別的取扱いは、絶対的に禁止される。宗教的行為の自由は、他者の権利・利益との調整のため制約されるが、規制が高度の重要性をもち、規制手段が必要最小限度の範囲にとどまらなければならない（【設問 2】）。
3　政教分離原則について、最高裁は、相当とされる限度を超えた国家と宗教とのかかわり合いのみを禁止するものと解するが、国家と宗教とのかかわり合いは、原則として許されず、完全分離が不可能といえる場合にかぎり、例外的に許されると解すべきである（【設問 3】【設問 4】）。

I　信教の自由

1　信教の自由保障の意義

　信教の自由の確立は、宗教戦争に明け暮れた16世紀から17世紀にかけてのヨーロッパ、そして近代市民革命期における最重要テーマの一つであった。宗教上の対立が人々の間に非和解的な政治的対立を生み、国家と宗教との結びつきが宗教弾圧を引き起こすという苦い経験を踏まえて、近代国家樹立にあたって、宗教を私的な領域にとどめ、互いの信仰に寛容であること、国家と宗教とを分離することなどの原則が、各国の社会状況に応じた変異を含みながらも確立されることとなった。各人の内心における信仰が自由となったことは、精神活動一般の解放を呼び起こし、表現、思想、学問などの自由の

確立につながっていった。

　日本も、江戸時代のキリスト教禁止など、宗教弾圧の例には事欠かない。大日本帝国憲法は、信教の自由の保障規定を置いていたものの（28条）、その保障には、「安寧秩序ヲ妨ケス及臣民タルノ義務ニ背カサル限ニ於テ」との制限が付され、「大本教」「ひとのみち教団」など多くの宗教団体が、不敬罪と治安維持法を通じた取締りの対象となった。他方で、神道は、神官が官公吏の地位を得るなどの特権的扱いを受けて国家と深く結びつき、天皇制国家の精神的支柱として機能した。こうした国家と宗教との密接な結びつきは「国家神道」とも呼ばれる。

> **第20条1項前段**　信教の自由は、何人に対してもこれを保障する。
> **2項**　何人も、宗教上の行為、祝典、儀式又は行事に参加することを強制されない。

2　信教の自由の内容

【設問1】　信教の自由として、どのような自由が保障されるか。

(1)　「宗教」の意味

　信教の自由とは、宗教を信仰することの自由である。

　「宗教」を固定的・限定的にとらえると、信教の自由の保障範囲が狭くなりすぎることから、「超自然的、超人間的本質（すなわち絶対者、造物主、至高の存在等、なかんずく神、仏、霊等）の存在を確信し、畏敬崇拝する心情と行為」と広く定義する立場が支持されている（津地鎮祭事件控訴審判決名古屋高判1971〔昭和46〕・5・14行集22巻5号680頁）。

　他方で、「宗教」の範囲が広がりすぎると、政教分離原則に抵触する範囲が広くなりすぎるとして、信教の自由の対象となる「宗教」については、広く解しつつ、政教分離との関係で問題となる「宗教」は、それよりも狭く、「何らかの固有の教義体系を備えた組織的背景をもつもの」と解する見解もある。

　しかし、信教の自由と政教分離原則とで「宗教」概念が異なるのは不自然であるから、両者は同様に解すべきである。政教分離の限界設定は、「宗教」概念ではなく「分離」のあり方によってなされるべきである。

(2) 信教の自由保障の内容
ア 内心の信仰の自由

憲法20条1項が保障する信教の自由の核心は、内心における信仰の自由である。国は、**特定の宗教の信仰を禁止したり、強制したりしてはならない**。憲法20条2項が「宗教上の行為・行事」等への参加強制を禁ずるのも、信仰の強制禁止の具体化である。さらに、内心の信仰の自由を確保するために、江戸時代の「踏み絵」のように、**信仰の告白を強制する**ことや**特定の信仰によって差別的取扱いをする**ことも禁止される。

イ 宗教的行為・布教を行う自由

礼拝・儀式等の宗教的行為を行うことは、信者の信仰の証である。宗教的行為を許さないことは、信仰を棄てるよう求めるに等しいことから、宗教的行為の自由も信教の自由として保障される。また、多くの宗教は、自らの信仰を他人に伝え、信仰を共有するよう働きかける作用＝布教を伴うから、布教を行う自由も信教の自由に含まれる。

ウ 宗教的結社の自由

信仰を同じくする者同士で信仰生活を共にすることも信仰の自然な発露であるから、宗教団体を結成し、宗教団体に加入することも信教の自由に含まれる。同時に、宗教団体への加入を強制されないという、消極的な宗教的結社の自由も信教の自由の一部として保障される。

> ＊ 宗教法人法は、礼拝施設その他の財産を所有・維持運用するなど、宗教団体の世俗的な業務・運営に資するため、宗教団体に法律上の能力＝法人格を与えることを目的としている（法1条1項）。しかし、法人格を得なくとも、宗教団体としての活動は可能である。宗教法人法81条は、宗教法人の法人格を剝奪する「解散命令」について定めるが、「解散」によって宗教団体として存続しえなくなるわけではない。そのため、宗教法人の解散命令は、宗教的結社の自由そのものを直接制約するものとはいえない。4(1)エ参照。

3 信教の自由の判断枠組み

【設問2】 信教の自由に対する制約の合憲性はどのように判断すべきか。

信教の自由の制約には、公権力が特定の宗教の教義を否定したり、特定の宗教の信仰を強制したりする、**信仰の自由に対する制約（直接的制約）**と、一般的な公益を追求する施策・規制による**宗教的行為に対する制約（間接的**

制約）とに分けることができる。
(1) 信仰の自由に対する制約（直接的制約）

信教の自由の核心は信仰の自由な選択である。したがって、公権力が特定の信仰を強制してはならないのは当然であり、特定の宗教の教義に対する敵意・偏見に基づいて、公権力がその**信仰や信仰と不可分に結びつく行為を禁止すること**や、**宗教団体の結成そのものを禁止すること**、**信仰に基づく差別的取扱い**も、信仰の自由そのものに対する制約として、**絶対的に禁止**される。また、信仰に基づく差別の前提としてなされる**信仰告白の強制も絶対的に禁止**される。

(2) 宗教的行為の自由に対する制約（間接的制約）

他方、内心の信仰の外部的現れである宗教的行為は、他者の権利・利益と衝突することがあるから、それらとの調整の結果として一定の制約を受けることがある。こうした間接的制約は、宗教上の教義に着目した信仰の自由に対する直接的制約と異なり、公共の利益のためになされる一般的な施策・規制（一般的法義務）の結果であるから、絶対的に禁止されるわけではない。

裁判例は、宗教的行為の自由に対する制約に関する事例について、**規制の必要性と信教の自由に対する制約の程度との比較衡量**によって、規制の是非を判断してきた（4の各事例参照）。しかし、宗教的行為の自由に対する間接的制約であっても、信仰の自由に対する制約である点には変わりがない。そのため、①規制が信教の自由への制約を正当化しうるだけの高度の重要性をもつこと、②規制手段が規制目的の実現にとって必要最小限度の範囲にとどまることを厳格に審査する必要がある。また、それ以前に、具体的な規制が特定の教義を狙い撃ちにした直接的制約でないことも、十分に吟味しなければならない。

> ＊　宗教的行為の自由に対する制約については、禁止・強制される行為と信仰との結びつきの程度如何によって、制限の程度の評価が異なる。たとえば、「**エホバの証人**」**剣道履修拒否事件**（4(2)ア）のように、信仰の核心に反する行為の強制である場合には制約の程度が強いと評価される。これに対して、**オウム真理教解散命令事件**（4(1)エ）においては、宗教法人格の剝奪に伴い法人所有の財産利用等ができなくなるにとどまり、信教の自由に対する制約は付随的でその程度は弱いと評価される。後者の場合には、制約の合憲性判断は規制の必要性と信教の自由に対する制約の程度との比較衡量によることとなろう。

4 信教の自由をめぐる具体的問題

(1) 宗教的行為の自由の制限
ア 加持祈祷事件
精神疾患患者の平癒を依頼された真言密教の行者が、「狸憑き」を治すとして、いわゆる線香護摩による加持祈祷を行い、熱さと煙で苦しむ被害者を殴打して死に至らしめた事件について、最高裁は傷害致死罪で有罪とした（最大判1963〔昭和38〕・5・15刑集17巻4号302頁　百選41）。

最高裁は、仮に被告人の行為が「一種の宗教行為」としてなされたものであっても、「他人の生命、身体等に危害を及ぼす違法な有形力の行使に当るものであり、これにより被害者を死に致したものである以上、被告人の右行為が著しく反社会的なものであることは否定し得ない」と述べ、信教の自由の保障の限界を逸脱しており、正当行為（刑法35条）に当たらないとした。

イ 牧会活動事件
学生運動に関わって建造物侵入等の被疑者として警察が捜査していた高校生を匿い、反省の場と機会を与え、「魂の救済」をしようとしたキリスト教牧師が犯人蔵匿罪（刑法103条）に問われた事件について、裁判所は、正当行為に当たり無罪とした（神戸簡判1975〔昭和50〕・2・20判時768号3頁　百選43）。

神戸簡裁は、被告人が行った行為を、キリスト教の牧師にとって宗教上の職責である「牧会活動」であると認め、その目的が「魂への配慮に出た行為」であり、手段においても、牧会活動の結果、少年らが反省し任意に警察に出頭したことからみて、相当性を有するものであったと認めた。

以上の2つの刑事事件は、いずれも教義の内容ではなく、宗教上の外部的行為が犯罪事実を構成したものであり、宗教的行為の自由に対する間接的制約の事例といえる。2つの事件の結果を左右したのは、宗教活動によって生じた法益侵害の重大性・具体性の差であったということができる。

ウ 古都保存協力税事件
京都市が市内の社寺の拝観料に課税する条例を制定したところ、社寺側が拝観は宗教活動であり、それに課税することは信教の自由を侵害すると主張し条例の差止めを請求した事件について、京都地裁は、社寺側の請求を斥けた（京都地判1984〔昭和59〕・3・30行集35巻3号353頁）。

判決は、拝観に対する課税の趣旨を「有償で行う文化財の観賞という客観

的、外形的行為に着目」したものであり、観賞者が信仰の目的をもつか否かに関わりなく一律に課税していることから、宗教上の行為に課税するものではないと判断した。さらに、課税による付随的効果についても、課税額が僅少であって「信仰行為に抑止効果を及ぼし、これを結果的に制限するものでもない」と述べた。

この事件は、課税という一般的法義務に対して、信教の自由に基づく免除を申し立てた間接的制約の事例といえるが、判決は、信教の自由そのものへの制限はないと判断した。ただし、判決が、拝観料への課税が宗教上の行為に対する課税ではないとしながらも、信仰への付随的な抑止的効果がないかどうかも判断している点が注目される。

エ　オウム真理教解散命令事件

宗教法人オウム真理教は、教祖とその信者が地下鉄サリン事件等の重大犯罪に関与したことから、「法令に違反して、著しく公共の福祉を害すると明らかに認められる行為をした」(宗教法人法81条1項1号) として、法人解散が請求された。

最高裁は、宗教法人の解散命令について、「信者の宗教上の行為を禁止したり制限したりする法的効果を一切伴わない」と述べて、信教の自由侵害の主張を斥けた (最1小決1996〔平成8〕・1・30民集50巻1号199頁　百選42)。

もっとも、最高裁は、法人財産が清算されることに伴い、「信者らが行っていた宗教上の行為を継続するのに何らかの支障を生ずることがあり得る」ことを指摘して、本件解散命令の憲法適合性を「慎重に吟味」する姿勢を示し、法人格剥奪が信教の自由に対して有する付随的な抑止的効果も検討した。そして、最高裁は、解散命令が宗教団体や信者の精神的・宗教的側面に介入する目的でなされたものでないこと、オウム真理教が解散命令の要件を満たすことが明らかで、解散命令が必要かつ適切であること、宗教上の行為に生ずる影響は間接的で事実上のものにとどまること、裁判所による解散命令においては手続の適正が確保されていることなどを指摘して、本件解散命令が信教の自由を侵害するとの主張を斥けた。

(2)　信仰に反する行為の強制

ア　「エホバの証人」剣道履修拒否事件

神戸市高等専門学校は、体育の授業に剣道を採り入れていたところ、「エホバの証人」信者の学生が、自らの信仰に反するとして、剣道実技の授業に参加しなかった。そのため、この学生は、必修科目である体育の単位を修得

できず、留年を重ねて退学処分となった。最高裁は、裁量権の逸脱・濫用があったとして校長による退学処分を取り消した（「エホバの証人」剣道履修拒否事件判決　最2小判1996〔平成8〕・3・8民集50巻3号469頁　百選45）。

判決は、校長が学生の処遇に関して広い教育的裁量を有していることは認めながらも、退学処分が学生の身分を失わせる重大な措置であることに鑑み、「教育上やむを得ないと認められる場合」に限って退学処分を選択すべきであり、その要件の認定につき「特に慎重な配慮を要する」とした。そのうえで、判決は、剣道実技が高等専門学校の教育にとって必須のものであるとはいえないことに加え、学生による剣道の履修拒否が信仰の核心に関わる真摯なものであったにもかかわらず、学校側が代替手段について真剣に検討しなかったのは「慎重な配慮」に欠けるものであったとした。

判決は、剣道履修の強制について、「信仰上の教義に反する行動を命じたものではなく」、「信教の自由を直接的に制約するものとはいえない」としながらも、退学という「重大な不利益を避けるため」には、「剣道実技の履修という自己の信仰上の教義に反する行動を採ることを余儀なくさせられる」点を信教の自由の制約ととらえ、校長の裁量権行使にあたって信教の自由に対する負担をできるかぎり軽減するための配慮義務を負わせた。裁量権の判断過程において憲法上の権利・自由に配慮すべき義務が肯定されたことは、他の精神的自由権の保障のあり方にも示唆を与えるものである。

イ　日曜参観事件

公立小学校が日曜日を父母の授業参観のための授業日に設定したところ、キリスト教牧師の子が礼拝のため授業を欠席せざるをえなくなったとして損害賠償請求をした事件について、裁判所は、信教の自由侵害の主張を認めず請求を斥けた（東京地判1986〔昭和61〕・3・20行集37巻3号347頁　百選44）。

判決は、日曜日の午前中に授業参観を行う「公教育上の特別の必要性」があること、「国民の自由権といっても、それが内心にとどまるものではなく外形的行為となって現れる以上、法が許容する合理的根拠に基づく一定の制約を受けざるをえないこと」を指摘し、授業日の振替えにより、宗教教団の集会と抵触することになったとしても、「法はこれを合理的根拠に基づくやむをえない制約として容認している」と判示した。

「エホバの証人」剣道履修拒否事件判決も日曜参観事件判決も、ともに教育上の措置に関わる一般的法義務に対して、信教の自由に基づく免除が求め

られた事件である。しかし、裁判所は、前者では生徒の信仰への配慮を義務づけているのに対し、後者ではそこまで強い配慮義務を求めていない。この違いは、退学処分となるか1日の欠席扱いとなるかという、信仰を貫いた結果の重大性の違いによるものである。

II 政教分離原則

1 政教分離原則の意義

【設問3】 政教分離原則は、いかなる意義を有するか。

　本講の冒頭で触れたように、ヨーロッパ各国は、宗教戦争から脱却するため、国民に信教の自由を保障するとともに、国家と宗教との分離を図った。しかし、政教関係のありようは、国教を定めつつ他の宗教への寛容な姿勢を保つ国（イギリス）や、特定の宗教団体に特別の法的地位を付与しつつ、国家と教会の競合する問題について政教協定を結んで相互の独立と協調を確保しようとする国（ドイツ、イタリア）、国家と宗教を厳しく分離する国（アメリカ、フランス）など、各国の歴史・社会状況に応じて多様である。

　大日本帝国憲法下においては、国家神道体制の下、国家と神道が深く結びつき、天皇崇拝と戦争への精神的動員の道具として利用される一方、それ以外の宗教への弾圧がたびたび行われた。戦後の出発点にあたって、占領軍が「神道指令」（1945年12月15日）を出して、神道に対する国家による支援を禁止し、国家神道体制の解体を図ったのも、戦後体制の出発点にあたって、国民の精神的自由を解放する必要性を認識していたからにほかならない。

　日本国憲法は、こうした歴史的反省に基づき、詳細な政教分離に関する規定をもち、厳格な政教分離を定めている。

> **第20条1項後段**　いかなる宗教団体も、国から特権を受け、又は政治上の権力を行使してはならない。
> 　**3項**　国及びその機関は、宗教教育その他いかなる宗教的活動もしてはならない。
> **第89条**　公金その他の公の財産は、宗教上の組織若しくは団体の使用、便益若しくは維持のため、又は公の支配に属しない慈善、教育若しくは博愛の事業に対

し、これを支出し、又はその利用に供してはならない。

2 政教分離原則の内容

(1) 政教分離原則の内容

　国家と特定の宗教が結びつくと、他の宗教に対する弾圧など国民の信教の自由の侵害が起こりやすいことは歴史の教えるところである。政教分離は、国家と宗教とを分離して、国家をできるかぎり非宗教的な存在とし（**国家の非宗教性**)、間接的に信教の自由を保護しようとするものである。政教分離原則の下では、国家が宗教とかかわり合いをもつ場合でも、特定宗派を優遇したり、敵視したりすることは許されず、国家の施策を宗教的に中立なものに保たなければならない（**国家の宗教的中立性**)。

(2) 政教分離原則の法的性格

　主観的権利としての信教の自由保障とは別に、客観的な制度の保障として政教分離を定めることには、宗教が政治と結びつくことにより統治が宗教的中立性を失い、宗教的少数派の信仰に対する社会的な圧迫・干渉がなされることを予防し、宗教を通じた国民動員を防止するといった意義がある。

　最高裁も、政教分離原則を「制度的保障」と解し、「信教の自由そのものを直接保障するものではなく、国家と宗教との分離を制度として保障することにより、間接的に信教の自由の保障を確保しようとするものである」と述べている（津地鎮祭事件判決）。

　制度的保障をC.シュミットの「制度保障論」（第1講Ⅱ2(6)＊参照）と結びつけて、「制度の中核的部分を害しない範囲で」国家と宗教とのかかわり合いを認める、緩やかな政教分離につなげる理解もある。しかし、ここにいう「制度的保障」とは、政教分離原則が主観的な権利保障でないという意味であって、政教分離を厳格に解するか、緩やかな分離ととらえるかという問題とは、本来、無関係である。最高裁も「制度的保障」であることを政教分離を緩やかな分離と解する直接の理由づけとしているわけではない。

　●コラム● **政教分離違反を訴訟で争う方法**

　政教分離は制度的保障であり、その違反は主観的権利の侵害を発生させないと考えられているから、政教分離違反を理由に主観訴訟を提起することは難しい。

　最高裁は、内閣総理大臣が靖國神社を参拝したことに対する国家賠償請求について、「人が神社に参拝する行為自体は、他人の信仰生活等に対して圧迫、干渉を加えるような性質のものではないから、他人が特定の神社に参拝することによって、自己の心情ないし

第6講　信教の自由・政教分離

宗教上の感情が害されたとし、不快の念を抱いたとしても、これを被侵害利益として、直ちに損害賠償を求めることはできない」として、政教分離違反につき審査をせずに請求を斥けている（最2小判2006〔平成18〕・6・23判時1940号122頁）。

そのため、政教分離違反を争うにあたっては、地方自治法242条の2第1項所定の**住民訴訟**制度が活用されてきた。しかし、国レベルでは、住民訴訟のような違法な財務会計上の行為を争う客観訴訟制度がないため、首相による靖國神社参拝や天皇の代替わりに伴う大嘗祭への公金支出を裁判で争うことができない。

他方、政教分離原則を、信教の自由に対する間接的な圧迫・干渉を排除するための政教分離を求める主観的権利を保障したものと解する見解もある（浦部148～149頁）。この見解は、主観訴訟として政教分離違反を争うことを可能としようとするものであるが、政教分離原則の法的性格と具体的な訴訟制度のあり方は分けて考えられるべきである。

(3) 政教分離規定の具体的内容

ア　宗教団体への特権付与禁止（20条1項後段）

憲法20条1項後段は「いかなる宗教団体も、国から特権を受け……てはならない」と規定している。この規定は、政教分離原則の一つ、国家の宗教的中立性を具体化した条項である。「特権」とは、特別な利益・地位を指し、「特権付与」には、特定の宗教団体を他から区別して特別扱いをする場合だけでなく、宗教団体一般を非宗教団体から区別して特別の利益を付与することも含まれる。

かつて国会に提出された靖國神社法案のように、特定の宗教施設の維持・運営について国が補助する場合が特権付与の典型である。他方、宗教法人が公益法人の一つとして法人税の課税を免除されていることは、その公益性・非営利性に着目した措置であり、宗教団体に対する「特権付与」には当たらない。

イ　宗教団体による「政治上の権力」行使の禁止（20条1項後段）

憲法20条1項後段は「いかなる宗教団体も……政治上の権力を行使してはならない」と規定している。宗教団体が政治的権力を行使することは、典型的な祭政一致の状態である。本規定は、国家神道体制の下で、神道が軍国主義的・国家主義的イデオロギー動員に寄与したことを踏まえ、こうした事態を防ぐため規定されたものではある。しかし、近代国家において、宗教団体が政治的権力を行使することは、ヨーロッパの一部にみられる「教会税」徴収を除くとほとんどないため、本規定の「政治上の権力」の意味をめぐって争いがある。

一つは、「政治上の権力」を、広く政治への影響力を意味すると解する見

解であり、これによれば、宗教団体による政治活動、宗教団体を支持母体とする政党は許されないということになる。しかし、憲法は表現の自由として政治活動の自由も保障しているのであるから、宗教団体が政治とかかわりをもつこと自体を禁止しているとは思われない。

したがって、支配的見解は、「政治上の権力」を法的な権力、すなわち、統治権と解する。このように定義するかぎり、宗教団体が「政治上の権力」を行使することはありえない。この見解によれば、本項は宗教が政治から距離を置くことを象徴的に要請する規定と解することとなる。

ウ 国その他の機関による「宗教教育」・「宗教的活動」禁止（20条3項）

憲法20条3項は「国及びその機関」が、「宗教教育その他いかなる宗教的活動」をすることを禁止する。政教分離の目的の一つは、国民の信教の自由を十全に保障するため、国家が特定の宗教を公認することにより、国民の信仰選択に影響を及ぼすことを排除することにある。ここにいう「宗教教育」は、特定の宗教・教義によって子どもを教化し、信仰を誘導する教育であり、自由な信仰選択を妨げる典型的なものである。他方、一般的に宗教に関する知識を提供するにとどまる教育は禁止されない。

また、国家が自ら「宗教的活動」をすることは、特定宗教の布教・宣伝をする場合はもちろん、宗教的儀式を主催したり後援したりする場合であっても、特定の宗教を公認し権威化する効果をもち、特定の宗教の信仰に国民を誘導することになる。もっとも、お正月の門松のように、宗教に起源をもつ行為であっても、歴史とともに宗教との結びつきが薄れた習俗的行為は、それが挙行されても特定の宗教を公認する効果をもたないから、本規定による禁止対象とはならない。

エ 「宗教上の組織若しくは団体」に対する公金支出等の禁止（89条前段）

憲法89条前段は「公金その他の公の財産」を、「宗教上の組織若しくは団体の使用、便益若しくは維持のため」、支出、利用させることを禁ずる。国家の宗教的中立性に違反する施策の典型が宗教団体への財政的援助であり、本規定は、政教分離原則を国家の財政運営の側面から具体化している。

89条前段にいう「宗教上の組織若しくは団体」の意味については、専ら宗教的活動を行うことを目的とした狭義の宗教団体を意味するとの見解と、団体の本来的目的からは宗教団体とはいえないが、時に宗教活動も行う団体をも含むとする見解との間で争いがある。

憲法89条前段が、個々の活動ではなく、組織・団体への財政援助を問題としているところから、そこで禁じられているのは、狭義の宗教団体への財政

援助と解すべきである。この見解に立っても、非宗教団体の行う宗教活動に国・公共団体が支援するような場合は、憲法20条3項の「宗教的活動」の禁止との抵触が問題となる。

最高裁も、「宗教上の組織若しくは団体」について、「特定の宗教の信仰、礼拝又は普及等の宗教的活動を行うことを本来の目的とする組織ないし団体」と定義し、戦没者遺族の相互扶助等のために設立された「日本遺族会」（**箕面遺族会訴訟判決**　最1小判1999〔平成11〕・10・21判時1696号96頁）や、地域住民によって構成される「町会」は、それに当たらないと解している（**地蔵像訴訟判決**　最1小判1992〔平成4〕・11・16判時1441号57頁）。他方で、神社の管理運営や祭事を行っている住民らからなる「氏子集団」について、最高裁は、「宗教上の組織若しくは団体」に該当するとしている（**空知太神社事件判決**　最大判2010〔平成22〕・1・20民集64巻1号1頁）。

狭義の宗教団体に対する財政援助であっても、そのすべてが、憲法89条前段によって禁じられるわけではない。**重要な非宗教的目的のために行われる財政援助**であって、**特定の宗教団体に特権的な地位や利益をもたらすものでない**（すなわち、憲法20条1項の「特権付与」に該当しないような）、**宗教団体への財政援助であれば、例外的に許される**。たとえば、宗教団体が設立した私立学校への助成や文化財保護のための寺社の助成は、宗教系学校のみを優遇したり、宗教的文化財のみを対象とするものでないかぎり、憲法89条前段により禁止されない。

* 憲法20条2項の「宗教上の行為」と20条3項の「宗教的活動」は、言葉だけとらえればどちらも同じようなことを指しているようにみえる。

  もし、「宗教上の行為」と「宗教的活動」とを同じ意味ととらえると、国は、憲法20条3項により「宗教的活動」とともに、同条2項にいう「宗教上の行為」も行えないことになり、「参加することを強制」される「宗教上の行為」がありえなくなってしまう。とすれば、2項の存在理由は、私人による「宗教上の行為」への参加を強制されないことを保障したにすぎない規定ということになる。

  津地鎮祭事件判決は、「2項の宗教上の行為等は、必ずしもすべて3項の宗教的活動に含まれるという関係にあるものではなく、たとえ3項の宗教的活動に含まれないとされる宗教上の祝典、儀式、行事等であっても、宗教的信条に反するとしてこれに参加を拒否する者に対し国家が参加を強制すれば、右の者の信教の自由を侵害し、2項に違反することとなる」と述べる。このように、判例は、3項の「宗教的活動」を目的効果基準（3⑴イ）により限定されたものととらえる一方、2項の「宗教上の行為」には、

より広く3項の「宗教的活動」に当たらないものを含むと解している。

3　政教分離原則の判断枠組み

【設問4】　憲法上の政教分離原則に違反するか否かは、どのような判断枠組みにより判断するべきか。

(1)　最高裁の判断枠組み
ア　政教分離の厳格度
　政教分離原則については、原則として国家と宗教とはかかわり合いをもつべきでないと解する**厳格分離**と、一定のかかわり合いは許容され、「相当とされる限度を超えるかかわり合い」のみが禁じられると解する**相対的分離**の理解がある。最高裁は、完全な政教分離の下では、宗教系私立学校への助成や寺社の文化財保護、刑務所における教誨（刑事施設法68条）が禁じられるといった「不合理な事態」を招くとして、一貫して、憲法の定める政教分離原則を相対的分離と解している。

イ　「宗教的活動」の目的効果基準による限定
　津地鎮祭事件判決（最大判1977〔昭和52〕・7・13民集31巻4号533頁　百選46）は、憲法20条3項により禁止される「宗教的活動」の意味について、すべての宗教とのかかわり合いをもつ行為ではなく、「当該行為の目的が宗教的意義をもち、その効果が宗教に対する援助、助長、促進又は圧迫、干渉等になるような行為」に限定した。

　このような判断枠組みは「**目的効果基準**」と呼ばれるが、それ自体は判断基準とはいえない。最高裁は、実際の判断にあたっては、①**行為の行われる場所**、②**行為についての一般人の宗教的評価**、③**行為者の意図・目的・宗教的意識の有無・程度**、④**行為が一般人に与える効果・影響**等の諸要素という4つの考慮要素を総合判断することにより、目的と効果の検討を行っている。

　このうち決定的な意味をもつのが、②である。①は、②を基礎づける背景的事情であり（たとえば、神社の境内で行われる行為は一般人に対し宗教的意義を有するとの強い印象を与える）、②について、当該行為が単なる「社会的儀礼」ではないと認められれば、③の行為者にとっての宗教的意識の存在も肯定されやすい。他方、裁判所は、②について、当該行為を「社会的儀礼」にすぎないと判断すると、簡単な「目的」と「効果」の判断だけを示し

第6講　信教の自由・政教分離

て政教分離違反の主張を斥けることが多い（4(2)ア・イなど）。

なお、政教分離判断にあたっては、宗教的評価、意図、目的といった、本来、主観的な要素も、行為者本人が実際に何を考えていたかではなく、社会通念に従って客観的に判定されるということに注意が必要である。

* たとえば、市教育長らが忠魂碑前で挙行された戦没者慰霊祭に出席した**箕面慰霊祭訴訟判決**（後掲4(2)ア）、天皇の代替わりにあたって行われた大嘗祭への知事の参列が争われた、**鹿児島県知事大嘗祭参列事件判決**（後掲4(2)イ）、神社の式年例大祭奉賛会の発会式における市長の祝辞が問題となった白山比咩(ひめ)神社事件判決（最1小判2010〔平成22〕・7・22判時2087号26頁）などにおいては、いずれも「社会的儀礼を尽くす目的」で行われたと認定された後、「特定の宗教に対する援助、助長、促進になるような効果を伴うものでもなかった」という極めて形式的な判断を示して、「宗教的活動」に当たらないとしている。

ウ 「宗教上の組織・団体」への公金支出等禁止の限定

最高裁は、神社への市有地の無償提供が問題となった**空知太神社事件判決**において、目的効果基準に拠ることなく、憲法89条前段と20条1項後段に基づく違憲判断を示した。これは、問題となった土地の提供行為自体には宗教性がなく、憲法20条3項の「宗教的活動」該当性は問題とならなかったためであると思われる。

最高裁は、憲法89条前段違反の検討において、公金支出や便益提供の対象が「宗教上の組織若しくは団体」に該当することを前提として（2(3)エ）、公金支出や便益提供が「相当とされる限度を超える」「宗教とのかかわり合い」といえるか否かを判断した。そして、最高裁は、「相当とされる限度を超える」か否かの判断にあたっては、「**宗教的施設の性格、当該土地が無償で当該施設の敷地としての用に供されるに至った経緯、当該無償提供の態様、これらに対する一般人の評価等、諸般の事情**」を、「社会通念に照らして総合的に判断すべき」としている。

* 本判決以前にも、箕面忠魂碑訴訟、愛媛玉串料事件においても、憲法89条前段違反の主張が提起されたが、いずれも主たる争点は目的効果基準による20条3項の「宗教的活動」の該当性であり、89条前段違反については簡単な判断しかしていなかった。

エ 政教分離違反解消手段と政教分離原則

最高裁は、宗教施設への公有地の無償提供等の政教分離原則違反状態を解消する手段として、町内会への土地の無償譲渡や賃貸借契約への切替えがなされた事件においては、目的効果基準や**空知太神社事件判決**の判断枠組みに

よることなく、違憲性を解消するための手段としての妥当性を具体的に検討するアプローチをとっている（富平神社事件判決　最大判2010〔平成22〕・1・20民集64巻1号128頁、空知太神社事件差戻上告審判決　最1小判2012〔平成24〕・2・16民集66巻2号673頁）。

しかし、政教分離違反を解消するための行為であるとしても、それが宗教団体への特権付与などになるおそれもあるから、通常の政教分離違反事案と同様の検討が必要である。

(2)　厳格分離の判断枠組み

このような最高裁の政教分離判断の枠組みに対しては、憲法が定めた厳格な政教分離の趣旨を骨抜きにするものとの批判が加えられている。

そもそも憲法20条3項が「いかなる宗教的活動もしてはならない」と規定して、国家と宗教とのかかわり合いを原則として禁止しているにもかかわらず、最高裁は、「相当とされる限度を超えるかかわり合い」のみを例外的に禁止するものと解することにより、原則と例外を逆転させている。また、最高裁は、(1)アで述べたように、「不合理な事態」が生じることを理由に政教分離を緩やかに解するが、政教分離を厳格に解する立場（たとえば、津地鎮祭事件判決の反対意見）によっても、私的助成や文化財保護等は教育を受ける権利の保障や平等原則等の憲法上の要請による措置として、政教分離に反しないと解されている。

しかも、最高裁のいう「目的」「効果」や各考慮要素の評価基準も明確とはいえない。とりわけ、「効果」判断において、「特定の宗教」の援助、助長、促進となるかを強調することは、宗教一般を優遇しても政教分離に反しないとの結論を導くことになる（箕面忠魂碑訴訟判決参照）。

政教分離違反の形態は多様であり、憲法の政教分離原則についても、宗教団体への特権付与禁止（20条1項後段）、宗教団体の政治上の権力行使の禁止（同）、国等の宗教的活動の禁止（20条3項）、宗教上の組織等への公金支出等の禁止（89条前段）という別個の内容をもつ規定があるにもかかわらず、すべてを20条3項の「宗教的活動の禁止」として問題にするのは無理がある。憲法の定める政教分離原則の具体的内容を事案に応じて適切に使い分けることが政教分離原則判断の第一歩である。

政教分離違反の態様に応じた政教分離原則の厳格な審査方法として以下のようなものがある。

ア　国その他の機関による宗教的活動

地方公共団体による地鎮祭実施のように、国その他の機関が自ら宗教性を

有する儀式等を主催する場合には、憲法20条3項の「宗教的活動の禁止」が問題となる。そして、20条3項に違反するかどうかは、目的効果基準による必要はなく、その活動の「宗教性」の有無により判断されるべきである（津地鎮祭事件最高裁判決における藤林裁判官ほか5名による共同反対意見もこのアプローチによる）。

活動の「宗教性」判断の方法の一例としては、①当該行為の主宰者が宗教家であるかどうか、②当該行為の順序作法（式次第）が宗教界で定められたものかどうか、③当該行為が一般人に違和感なく受け容れられる程度に普遍性を有するものかどうかによって判断した例がある（津地鎮祭事件控訴審判決〔前掲・名古屋高判1971（昭和46）・5・14〕）。

なお、公務員が宗教的儀式に参加することが特定の宗教を後援しているとの印象を与えることもある。この場合は、当該儀式の宗教性の有無の判断に加え、公務員の参加が私人としてなされたものか、公務としてなされた場合はそれが社会的儀礼の範囲と認められるかどうかによって判断される。

イ　宗教団体への公金支出・公の財産提供

宗教的施設設置のための土地提供や公金支出のように、国その他の機関が宗教団体等に対して便宜供与を行った場合、宗教団体への公金支出等を禁ずる憲法89条前段と宗教団体に対する特権付与を禁ずる憲法20条1項後段が問題となる。

ここでは、「国家と宗教との完全分離を原則とし、完全分離が不可能であり、かつ、分離に固執すると不合理な結果を招く場合に限って、例外的に国家と宗教とのかかわり合いが憲法上許容されるとすべきものと考える」というアプローチが有効である（愛媛玉串料事件判決における尾崎裁判官意見参照）。

このアプローチによれば、宗教団体等に対して便宜供与がなされた場合、まず宗教団体への便宜供与以外の代替手段が存しないかどうかを検討し、それがあれば、宗教団体に対する正当性のない特権付与として憲法89条前段・20条1項後段違反となる。宗教団体への便宜供与という手段をとらなければその施策の目的を実現できない場合については、施策の目的に含まれる法的価値・利益を検討し、政教分離原則の除外例として特に許容するに値する高度な法的利益が明白に認められるかぎりで、憲法89条前段・20条1項後段違反にはならないとされる。

　　＊　目的効果基準の源流であるアメリカ合衆国判例、レモン判決（Lemon v. Kurtzman, 403 U. S. 602〔1971〕）の基準（レモン・テスト）に回帰するこ

とで、政教分離判断を厳格化しようとする試みもある（芦部・憲法学Ⅲ165頁以下）。

レモン・テストとは、公的行為が①非宗教的な目的を有すること、②その主要な効果が宗教の援助もしくは抑圧とならないこと、③政府と宗教との過度のかかわり合いを助長するものでないことという3つの要件を満たさないかぎり違憲とするものである。アメリカ合衆国最高裁は、同基準に基づき、宗教系私立学校における教師の給与に対して公的補助を行うことは、宗教団体に対する政府の継続的監視を生じさせることから、③に抵触するとして違憲とした。

日本の目的効果基準が諸要素の総合的判断であるのに対して、レモン・テストにおける①～③は、それぞれ独立した要件であり、③の「過度のかかわり合い」のテストは宗教と公的機関との継続関係やそれによってもたらされる政治的分裂に対する歯止めとして機能している。また、レモン・テストは、私学助成等の社会福祉政策の実現のため政教分離を緩和するために考案されたものであったことから、目的効果基準についても、地鎮祭事件のように国などが自ら「宗教的活動」を行う場合には適用されないとの指摘もある。

●コラム● 政教分離違反と信教の自由の衝突

信教の自由を保障しようとする措置が宗教的中立性に反し、政教分離に違反すると主張されることがある。たとえば、「エホバの証人」剣道履修拒否事件（Ⅰ4⑵ア）において、神戸高専側は、「エホバの証人」信者の学生に剣道に代わる代替手段によって体育の単位認定を行うことは特定の宗教を信仰する者を特権的に取り扱うもので、政教分離に違反すると反論した。

政教分離原則が、本来は信教の自由を保障するためのものであることから、信教の自由を保障するための措置に関しては、政教分離原則の厳格度が緩和されると説く見解もある。

しかし、政教分離原則を厳格分離と解する見解においても、個人の自由の保障や平等原則の観点から、国・地方公共団体が宗教とかかわり合いをもつことは承認されている。そもそも日本国憲法の定める政教分離原則とは、20条1項後段・同条3項・89条前段にその内容が具体化されているように、国が宗教と一切かかわりをもたないことではない。したがって、信教の自由を保障するための措置であるとしても、厳格度を緩和する必要はない。

「エホバの証人」信者について、剣道に代わる代替科目で体育の単位修得を認めても、信者が他の生徒に比べて容易に単位が認定されるのでなければ、「特権」を付与（20条1項後段）されたとはいえない。

4 政教分離原則をめぐる具体的問題

(1) 国その他の機関による宗教的行事の実施
ア 津地鎮祭事件

三重県津市が、市体育館の建設のための起工式を神式地鎮祭として挙行し挙式費用を公金から支出したことが憲法20条3項・同1項後段、89条前段に違反するとして、住民訴訟が提起された。

第1審（津地判1967〔昭和42〕・3・16行集18巻3号246頁）は、地鎮祭を宗教性の失われた習俗的行事と解したが、控訴審（前掲・名古屋高判1971〔昭和46〕・5・14）は、「宗教的活動」に当たるとして請求を認容した（3(2)ア参照）。

最高裁（前掲・最大判1977〔昭和52〕・7・13）は、憲法の定める政教分離を「相当とされる限度を超える」宗教とのかかわり合いのみが禁じられるとする相対的分離と解し、目的効果基準に基づいて地鎮祭が「宗教的活動」に該当するかを判断した（目的効果基準の考慮要素〔①～④〕については3(1)イ参照）。

多数意見は、目的効果基準判断における考慮要素について、それぞれ、「一般人の意識においては、起工式にさしたる宗教的意義を認めず、建築着工に際しての慣習化した社会的儀礼として、世俗的な行事と評価している」こと（②）、「（そうした一般人の意識を前提とすれば）主催した津市の市長以下の関係者の意識においては、これを世俗的行事と評価し、これにさしたる宗教的意義を認めなかったものと考えられ」、「建築着工に際しての慣習化した社会的儀礼を行うという極めて世俗的な目的によるものであると考えられる」こと（③）、そして、上記のような起工式に対する一般人の意識に徴すれば、神式で起工式が行われても「それが参列者及び一般人の宗教的関心を特に高めることとなるものとは考えられ」ないこと（④）を指摘して、20条3項の「宗教的活動」には該当しないとした。

イ 自衛官合祀訴訟

殉職した自衛官を、隊員のOB組織である社団法人隊友会と自衛隊山口地方連絡部（地連）とが共同して県護国神社に合祀したことに対し、キリスト教信者であった殉職自衛官の妻が「宗教的人格権」侵害を主張して損害賠償等を請求した。

第1審（山口地判1979〔昭和54〕・3・22判時921号44頁）は、合祀申請によって、妻の「静謐な宗教的環境のもとで信仰生活を送るべき法的利益」が

侵害されたことを認めたうえで、国の機関たる地連が合祀申請に関与したことを政教分離に反する違法性をもった行為に当たるとして、損害賠償請求を認容し、控訴審（広島高判1982〔昭和57〕・6・1判時1046号3頁）もこの判断を支持した。

しかし、最高裁は原判決を破棄し、請求を棄却した（最大判1988〔昭和63〕・6・1民集42巻5号277頁　百選47）。多数意見は、合祀申請行為を、私的団体である隊友会が単独でなしたものと認定して、自衛隊職員の関与を切断することで、国と「宗教とのかかわり合いは間接的」であったと認定した。そのうえで、多数意見は、地連職員の「意図、目的も、合祀実現により自衛隊員の社会的地位の向上と士気の高揚を図ることにあったと推認され」、「その宗教的意識も希薄であった」（③）ことから、「その行為の態様からして、国又はその機関として特定の宗教への関心を呼び起こし、あるいはこれを援助、助長、促進し、又は他の宗教に圧迫、干渉を加えるような効果をもつものと一般人から評価される行為とは認め難い」（④）と述べて、憲法20条3項には違反しないと判示した。

なお、多数意見は、宗教的人格権の主張について、人が自己の信仰生活の静謐を他者の宗教上の行為によって害されたという感情について法的救済を与えることが他者の信教の自由を妨げることを指摘して、「静謐な宗教的環境の下で信仰生活を送るべき利益なるものは、これを直ちに法的利益として認めることができない性質のものである」として、損害賠償請求を斥けた。

＊　伊藤裁判官の反対意見は、合祀申請行為は県隊友会と地連職員の共同行為であるとしたうえで、合祀申請は、神道を特別に援助、助長する行為であるから、憲法20条3項が禁ずる「宗教的活動」に当たり、原告の宗教的人格権を侵害するとしている。

ウ　愛媛玉串料事件

靖國神社の例大祭に奉納する玉串料と、愛媛県護國神社の慰霊大祭に奉納する供物料を、それぞれ愛媛県の公金から支出したことについて、憲法20条3項等に違反するとして、住民が県等に対して住民訴訟を提起した。

第1審（松山地判1989〔平成元〕・3・17行集40巻3号188頁）は、目的効果基準に基づいて違憲判断を示したものの、控訴審（高松高判1992〔平成4〕・5・12行集43巻5号717頁）は、玉串料支出も社会的儀礼の範囲内であれば許され、かつ、知事は遺族援護行政の一環として支出したもので、深い宗教心に基づくものとはいえないなどとして、政教分離違反の主張を斥けた。

最高裁は、以下のように、目的効果基準の4つの考慮要素（3(1)イ）を丁寧に検討したうえで、公金支出を違憲であると判断した（愛媛玉串料事件判決　最大判1997〔平成9〕・4・2民集51巻4号1673頁　百選48）。多数意見は、玉串料奉納が神社の境内で挙行される儀式に伴うものであることを指摘しつつ（①）、津地鎮祭事件で問題となった起工式と比較して、玉串料奉納について、一般人が本件の玉串料等の奉納を社会的儀礼の一つにすぎないと評価しているとは考えがたい（②）、「そうであれば、玉串料等の奉納者においても、それが宗教的意義を有するものであるという意識を大なり小なり持たざるを得ない」（③）と評価した。多数意見は続けて、県が他の宗教団体の挙行する同種の儀式に対して同様の支出をしていないことからみて、「県が特定の宗教団体との間にのみ意識的に特別のかかわり合いを持ったことを否定することができない」ことを指摘し、地方公共団体が特定の宗教団体に対してのみ特別のかかわり合いをもつことは、「一般人に対して、県が当該特定の宗教団体を特別に支援しており、それらの宗教団体が他の宗教団体とは異なる特別のものであるとの印象を与え、特定の宗教への関心を呼び起こす」（④）と認定した。

　　＊　判決が、特定の宗教団体が「特別のものであるとの印象を与え」ることを「効果」の内容ととらえた点について、エンドースメント・テストを採り入れたものと評価されている。エンドースメント・テストとは、国家が特定の宗教を公認（endorse）するようなメッセージを伝え、他の宗教を信仰する者を疎外する「象徴的効果」をもつかどうかに着目する政教分離判断の基準である。
　　＊＊　同判決には、3(2)イで紹介した尾崎裁判官の意見のほか、同じく目的効果基準を批判する高橋和子裁判官の意見、靖國神社・護國神社の宗教性を低いものと評価し政教分離原則に違反しないとする三好長官の反対意見と多数意見による考慮要素の評価を批判する可部裁判官の反対意見などがある。

(2)　公務員による宗教行事参加

ア　箕面慰霊祭訴訟

　忠魂碑前で行われる、戦没者遺族会の主催する慰霊祭（毎年神式と仏式で交互に行われる）に市教育長らの公務員が出席したことについて、憲法20条3項に反するなどとして住民訴訟が提起された。最高裁は、慰霊祭への出席が公職にある者の社会的儀礼であることを強調して、その目的と効果に関する簡単な理由づけにより政教分離に違反しないと判示した（最3小判1993〔平成5〕・2・16民集47巻3号1687頁　百選51）。

イ　鹿児島県知事大嘗祭参列事件

昭和天皇死去に伴う天皇の代替わり行事、大嘗祭に知事が出席したことが憲法20条3項等に反するとして、住民訴訟が提起された。最高裁（最1小判2002〔平成14〕・7・11民集56巻6号1204頁　百選50）は、大嘗祭について、「天皇が皇祖及び天神地祇に対して安寧と五穀豊穣等を感謝するとともに国家や国民のために安寧と五穀豊穣等を祈念する儀式であり、神道施設が設置された大嘗宮において、神道の儀式にのっとり行われた」との事実を認定し、知事の参列・礼拝は「宗教とかかわり合い」をもつとしたが、参列の目的が公職者としての「社会的儀礼を尽くす」ことにあったとして、目的と効果に関する簡単な理由づけで合憲の判断を示した。

ウ　内閣総理大臣の靖國神社参拝

中曽根首相は、靖國神社への公式参拝を合憲とする途をさぐるため有識者による検討を進めた。同首相は、その結果を踏まえて、公用車を用い、「内閣総理大臣　中曽根康弘」と記帳するものの、本殿に昇殿したうえで、黙祷した後に一礼するという方式で参拝し、公金から供花料を支出するという「公式参拝」を実施した。大阪高裁（大阪高判1992〔平成4〕・7・30判時1434号38頁　百選49）は、宗教法人たる靖國神社への参拝行為が「外形的・客観的には、神社、神道とかかわりをもつ宗教的活動であるとの性格を否定することはできない」ことを重視し、憲法20条3項・89条前段に違反する「疑いがある」と認めた。ただし、参拝によって「法律上、保護された具体的な権利ないし法益の侵害を受けたことはない」として、国家賠償請求は棄却した。

その後の首相の靖國神社参拝をめぐる裁判においても、下級審レベルでは参拝を政教分離違反と指摘する判断が示されてはいるが（福岡地判2004〔平成16〕・4・7判時1859号76頁、大阪高判2005〔平成17〕・9・30訟月52巻9号2979頁）いずれも賠償の対象たる損害が認められないとして請求は棄却されている（コラム「政教分離違反を訴訟で争う方法」参照）。

(3)　国その他の機関による宗教団体への公金支出・財産提供
ア　箕面忠魂碑訴訟

箕面市は、戦没者の慰霊のために作られた忠魂碑のための土地を無償で貸与してきたが、小学校用地の拡張に伴い、市の購入した土地に忠魂碑を移設・再建し、忠魂碑を管理する遺族会に無償貸与することとした。住民が宗教施設たる忠魂碑の移設・再建費用を市が負担することは政教分離に反する

として提起した住民訴訟について、第1審（大阪地判1982〔昭和57〕・3・24判時1036号20頁）は、忠魂碑が宗教施設であることを認めて、目的効果基準を厳格に適用し、憲法20条3項・89条前段に違反すると判示した。他方、控訴審（大阪高判1987〔昭和62〕・7・16判時1237号3頁）は、箕面慰霊祭訴訟（4(2)ア）と併合したうえで、ともに政教分離違反の主張を斥けた。

最高裁（前掲・最3小判1993〔平成5〕・2・16）は、忠魂碑が「戦没者記念碑的な性格」をもち、特定の宗教とのかかわりは希薄であること、移設の目的は小学校用地拡張に伴う「専ら世俗的なもの」であること等から、「その効果も、特定の宗教を援助、助長、促進又は他の宗教に圧迫、干渉を加えるもの」ではないとして、憲法20条3項に違反しないとした。また、憲法20条1項後段・89条前段違反の主張についても、本件忠魂碑を所有し維持管理している市遺族会は、「宗教上の組織若しくは団体」等に該当しないとして斥けた（3(1)ウ）。

イ 空知太神社事件

明治時代に道有地に建立された空知太神社は、小学校増築のため、いったん住民の所有地に移設されたが、住民が町（当時）に同土地を寄付した結果、同神社は住民の集会場も兼ねた施設として長期にわたって市有地を無償で使用することとなった。市有地の無償提供行為が政教分離に反するとして提起された住民訴訟について、第1審（札幌地判2006〔平成18〕・3・3民集64巻1号89頁）・控訴審（札幌高判2007〔平成19〕・6・26民集64巻1号119頁）とも、目的効果基準に基づいて政教分離違反を認めた。しかし、最高裁（前掲・最大判2010〔平成22〕・1・20）は、目的効果基準に拠ることなく、「宗教上の組織若しくは団体」に対する便宜供与が許されるかどうかを問うアプローチ（3(1)ウ）を用いて、憲法89条前段・20条1項後段に違反するとの判断を示した。

判決は、神社への土地利用提供は小学校敷地拡張に協力した用地提供者に報いるという世俗的目的から始まったものの、本件神社は明らかな宗教的施設といわざるをえず、長期間にわたり継続的に便益を提供し続けていることから、一般人の目から見て、市が特定の宗教に対して便益を提供し、これを援助していると評価されてもやむをえないと判断した。

ただし、多数意見は、神社の撤去を求めることは神社の氏子集団の信教の自由に重大な不利益を及ぼすことになるので、本件の土地利用提供行為の違憲性を解消するために「他に選択することのできる合理的で現実的な手段が存在する場合には」財産管理上直ちに違法の評価を受けるものではないとし

て、高裁に事件を差し戻した（差戻上告審判決については3(1)エ参照）。

  ＊ 本判決には、違憲状態解消手段について原審に差し戻すことに反対する今井裁判官の反対意見、神社の宗教的性格や本件利用提供行為についての地域住民の意識に照らして政教分離原則違反について審理を尽くさせるべきとする甲斐中、中川、古田、竹内裁判官の意見、「日本人一般の感覚」を基準に政教分離違反を否定する堀籠裁判官の反対意見などがある。

Ⅲ　演習問題

> 　Ｏ県立Ｐ高校は、保健体育のなかに剣道を取り入れていた。Ｐ高校に入学したＸは、「エホバの証人」の熱心な信者であり、絶対平和主義が神の教えであると信じ、戦いのための武道を履修することはできないとして、剣道実技の授業には参加しなかった。Ｘは、体育担当教員や担任、教頭に、剣道以外の種目で体を鍛えることやレポートの提出をするなどの代替措置が他県では認められていることを指摘して、Ｐ高校でも剣道実技の免除を認めるよう訴えたが、聞き入れられず、剣道実技の授業はすべて欠席と扱われ、保健体育の単位が修得できず、原級留置となった。翌年も、Ｘは剣道実技の履修を拒否したため、2年連続して進級できず、学則の定めにより、退学となった。
>
> 〔設問〕　Ｘは、退学処分の取消しを請求する訴えを提起したが、訴訟の過程で、学校側より以下のような反論がなされた。それぞれの反論に対するＸ側の再反論を述べなさい。
>
> (1)　反論1：剣道実技の履修を拒否する者の中には、単なる怠学による者もおり、信仰に基づく履修拒否者を選別するためには、履修拒否者に対し信仰の有無を告白させる必要がある。しかし、憲法20条1項で保障された信仰の自由は信仰告白の強制を禁じており、信仰に基づく履修拒否者の選別は不可能であるから、外形的な履修拒否を一律に欠席とみなすほかはない。
>
> (2)　反論2：特定の信仰に基づく剣道実技の履修拒否者に対して、履修を免除して代替種目やレポート提出で単位修得を認めることは、「エホバの証人」という特定の宗教団体に属する者に特権を認めることとなり、政教分離に反することになる。

1　本問の趣旨

　本問は、「エホバの証人」剣道履修拒否事件（Ⅰ4(2)ア）において、実際に学校側から出された反論を素材に、剣道履修拒否を認めることにより生ずる信教の自由や政教分離原則に関わる問題点について考察を求めるものであ

る。

2 憲法判断の進め方

(1) 反論1——履修拒否者に対する理由調査の合憲性
ア 憲法上の権利の制約

学校側の反論1は、憲法20条1項の信教の自由として内心における信仰の自由が保障されるところ、信仰告白の強制は信仰の自由に対する制約であるから（Ⅰ2(2)ア）、履修拒否者に対してその理由を問うことは、信仰に基づくものかを調査することにつながるから、憲法20条1項に対する制約といえるというものである。

しかし、信仰告白の強制禁止が信教の自由の保障に含まれるのは、信仰告白によって宗教的迫害等の不利益を被るおそれがあるからである。信仰に基づく履修拒否者にとって、信仰告白は、受講拒否が認められるという利益を得られるものであるから、信仰告白の強制は彼（女）らの信教の自由を「侵害」するものではない。

そうすると、ここで問題となるのは、信仰に基づかない履修拒否者が「信仰を有しないこと」の告白を強制されるという点である。憲法20条1項の保障する信仰の自由は、信仰を有しないという消極的自由をも含むことから、「信仰を有しないこと」の告白を強制することは信仰を有しない自由を制約しているといえ、これについてX側が否定することは難しい。

イ 理由調査の正当性判断
a 判断枠組みの設定

本問のように、履修拒否者に対して履修拒否が真摯な理由に基づくものかを調査するという利益のためになされる一般的な規制は、特定の信仰を奨励もしくは敵視する目的をもってなされる、信教の自由に対する直接的制約ではなく、間接的制約に当たるから、絶対的に禁止されるわけではない（Ⅰ3(2)）。もっとも、間接的制約であっても、信教の自由は民主主義の基底的価値に関わる精神的自由権であるから、裁判例のような単純な比較衡量ではなく、①規制が信教の自由への制約を正当化しうるだけの高度の重要性をもち、②規制手段が規制目的の実現にとって必要最小限度の範囲にとどまる場合にかぎり許容されるという判断枠組みによるべきである。

b 個別的・具体的検討

① 学校教育において保健体育という科目を設定し、その一種目として剣道実技を課すことは教育内容としては適切と考えられ、特に支障のある生徒

を除いて受講者全員に公平に受講させることにも教育上重要な意義がある。剣道実技の授業を適切に実施するうえで、真摯な信仰のゆえに受講を拒否しているのか、怠学のための口実であるか否かを適確に判定することには高度の重要性があると考えられる。

② また、理由を問うことなく受講拒否を認めれば、剣道履修を課した教育上の目的が達成できない。履修拒否者に対して、信仰の有無そのものではなく、受講拒否の理由を問うことは、信仰の自由に対する必要最小限度の制限といいうるから、理由調査は憲法20条1項に違反しない。

(2) 反論2——代替措置による単位取得の合憲性

ア 政教分離規定との抵触

学校側の反論2は、特定の信仰に基づく剣道の履修拒否者に対する履修免除や代替措置による単位取得を認めることは「政教分離原則に反する」というものである。

まず、政教分離原則に関する主張を分析するためには、それが①宗教団体への特権付与の禁止（憲法20条1項後段）、②宗教的活動の禁止（同条3項）、③宗教上の組織もしくは団体への公金支出等の禁止（89条前段）のいずれに違反するという主張なのかを検討しなければならない。本問で問題となっている代替措置は、それ自体が宗教性をもった活動とはいえず、公金の支出等が争われているわけでもないから、②や③でなく、①宗教団体への特権付与の禁止が問題となる。

イ 代替措置の正当性判断

a 判断枠組みの設定

憲法20条1項後段に違反するか否かを判断するためには、「宗教団体」に対する「特権付与」といえるかを検討することになる。本問では、履修免除などの利益を受けることとなる者が「エホバの証人」の信者であるところ、「エホバの証人」が「宗教団体」に該当することは明らかである。そのため、「特権付与」といえるかが中心的な争点となる。

「特権」とは、他には与えられない特別の利益・地位を指し、特定の宗教団体を他から区別して特別扱いをする場合だけでなく、宗教団体一般を非宗教団体から区別して特別の利益を付与することも宗教団体への特権付与に当たる（Ⅱ2(3)ア）。

b 個別的・具体的検討

たしかに、信仰を理由に剣道実技の履修を免除した生徒に対して、何らの負担も課さないで単位の修得を認めるとすれば、特定の宗教の信者を他の生

徒よりも優遇する不公平なものといえる。しかし、剣道実技以外の運動や剣道実技に関するレポートの提出を求めるなどの代替手段のように、剣道実技に相応する負担を生徒に課すものであれば、他の生徒との関係で優遇するものではなく、剣道実技が受講できないというハンディキャップに対する教育上の配慮にすぎない。

したがって、剣道実技の履修免除と代替措置による単位取得を認めることは、「特権付与」とはいえず、憲法20条1項後段に違反しない。

●コラム● 答案を読んで

　本問は、学校側の主張に対して反論するという形式の問題であるから、裁判当事者外の権利の主張適格などの論点に拘泥する必要はない。

　本問のうち、剣道履修拒否の理由についての調査が信教の自由を侵害するとの主張に関しては、信教の自由の保障内容に「信仰の有無の告白を強制されないこと」の保障が含まれることを確認することが出発点となる。設問は、学校側の主張に対する反論を求めているのであるから、信仰告白を強制されないことの保障が絶対的であるなどと安易に認めてしまわないことが重要である。そのうえで、宗教弾圧のために行われた「踏み絵」などと本問の調査との違いを念頭に置いて、許される調査の限界設定をしていく必要がある。

　また、剣道履修拒否を認めることが政教分離に反するとの学校側の主張に対しては、政教分離を「国家（公権力）と宗教の分離」などと抽象的にとらえると出口が見えなくなりがちである。憲法が定めている政教分離の具体的な条文について一つ一つその意味を吟味していけば解答は難しくないはずである。

第7講　学問の自由

◆学習のポイント◆
1　学問の自由には、①学問研究を遂行する自由、②研究結果を発表する自由、③学問研究結果を教授する自由が含まれ、④大学の自治も学問の自由のための制度として保障される（【設問1】【設問4】）。
2　初等・中等教育の教員の教育の自由は、大学における教授の自由と異なり、子どもの教育を受ける権利との関係で一定の制約に服する（【設問2】）。
3　学問研究の内容に基づく制約は絶対的に禁止される。研究の手段・方法が公益上の目的から制約を受ける場合も、やむをえない必要最小限度にとどめられなければならない（【設問3】）。
4　大学の自治には、①教員人事に関する自治、②施設管理に関する自治、③学生管理に関する自治が含まれる（【設問4】）。

I　学問の自由

1　学問の自由保障の意義

　学問の自由を明文で保障する憲法は少ない。日本国憲法が学問の自由の保障を特に定めたのは、大日本帝国憲法下において、京大滝川事件（1933年）や天皇機関説事件（1935年）のように、学説が「危険」視されて、研究者が職を追われたり著書が発売禁止とされたりするなど、自由な研究・教育が妨げられた苦い経験があるためである。学問の自由は、内心の自由に関わる点で、先に述べた思想及び良心の自由や信教の自由と近い性質をもっている。

第23条　学問の自由は、これを保障する。

2 学問の自由の内容

(1) 学問の自由の主体

学問の自由は、沿革的には、大学という特殊な研究教育機関において、十全な学問研究の自由を保障するために唱えられてきたものであり、それを享受するのは主に大学に所属する研究者と考えられてきた。しかし、現在では、学問研究の場は大学に限られず、初等・中等教育と高等教育との区別も相対化しつつある。こうしてみると、学問の自由の主体を大学の研究者に限定する根拠は乏しい。

最高裁も、**ポポロ事件判決**において、「学問の自由はこれを保障すると規定したのは、一面において、広くすべての国民に対してそれらの自由を保障するとともに、他面において、大学が学術の中心として深く真理を探究することを本質とすることにかんがみて、特に大学におけるそれらの自由を保障することを趣旨としたものである」と述べている。

(2) 学問の自由の意味

ア 学問の自由の保障の内容

【設問1】 学問の自由はどのような内容を保障しているのか。

学問の自由の保障の対象は、①真理探究を目指して行われる知的営為である**学問研究を遂行する自由**、②**研究結果を発表する自由**、③**学問研究の結果を教授する自由**である。すなわち、思考・実験等を重ねて学問研究上の新しい知見を獲得し、それを学界・社会に向けて発表し、さらに学問研究の成果を大学等の教育機関において教授するという、一連のプロセスにおける自由が保障されている。また、学問の自由を十全に保障するための制度として、④**大学の自治**も保障されている（Ⅱ参照）。

最高裁も、**ポポロ事件判決**において、学問の自由が「学問的研究の自由とその研究結果の発表の自由とを含む」こと、「大学において教授その他の研究者がその専門の研究の結果を教授する自由」が保障されること、「大学における学問の自由を保障するために、伝統的に大学の自治が認められている」ことを認めている。

イ 初等・中等教育における教育の自由の範囲

【設問2】 初等・中等教育における教育の自由は、憲法23条の学問の自由の保障

に含まれるか。

　学問の自由の内容の一つに、「教授の自由」が含まれると解されているのは、学問の自由が、沿革的に、大学における学問研究を中心に考えられてきたためである。現在においても、大学教育には、学習指導要領により教育内容を統制される初等・中等教育に比べて、大きな自由が保障されている。それには、2つの理由が考えられる。第1に、大学は、「学術の中心」（学校教育法83条）とされるように、学問研究の中心的機関であり、そこでの研究者の自由を最大限に保障することが学問研究の発展につながると考えられる。第2に、大学の学生は、教授内容について批判的に検討する能力が備わっており、国家が教育内容を統制する必要に乏しいことも、大学における教授の自由の保障の根拠となる。

　しかし、以上の点は、初等・中等教育の教員たちに教育の自由が全く認められない理由にはならない。学問研究は大学においてのみ行われるわけではないし、児童・生徒の批判能力が不十分であることが国家による教育内容・方法の統制に結びつくものでもない。

　最高裁も、**旭川学力テスト事件判決**（最大判1976〔昭和51〕・5・21刑集30巻5号615頁　百選140）において、憲法23条により初等・中等教育の場においても一定の範囲で教師の教育の自由が認められることを肯定した。そこで教育の自由の内容として示されていたのは、「**教師が公権力によって特定の意見のみを教授することを強制されない**」こと、「**教授の具体的内容及び方法につきある程度自由な裁量が認められなければならない**」ことであった。

　学説上も、学問と教育とが内在的連関性を有することを強調して、初等・中等教育における教育の自由を憲法23条に根拠づける見解もある。しかし、初等・中等教育における教育の自由は、子どもの教育を受ける権利に応えるために行使されるべきものであって、新たな知見を伝えるための高等教育の場である大学における教授の自由とは目的・性格を大きく異にする。そのため、その憲法上の根拠は教育を受ける権利を保障した憲法26条1項ととらえるべきである（第12講Ⅲ参照）。

3　学問の自由の判断枠組み

【設問3】　学問の自由は、どのような場合に制約が許されるのか。

(1) 学問の自由保障の絶対性？

　学問の自由は、しばしば絶対的に保障されるといわれる。これは、従来の学問の自由論が念頭に置いていたのが、主として、専ら人の思考の中で行われる古典的な人文学研究であったからである。実際の学問研究、とりわけ現代の先端的科学技術研究には、放射性物質のような危険性の高い物質を扱うもの、臨床実験のように人体を用いるもの、遺伝子工学やクローン研究のように、生命倫理上の問題を生じさせるようなものもある。こうした先端的な科学技術研究に伴うリスクには未知のものが多く、具体的な危険性が証明されない段階で規制すべき（「予防原則」）ともいわれる。したがって、少なくとも、外部的な影響を与える研究については、絶対無制約であるとはいえず、研究を遂行する手段・方法について一定の制約を受ける。

> ＊　例えば、「ヒトに関するクローン技術等の規制に関する法律」は、「人クローン胚、ヒト動物交雑胚、ヒト性融合胚又はヒト性集合胚を人又は動物の胎内に移植してはならない」（3条）と定め、その違反者に「10年以下の懲役若しくは1000万円以下の罰金」を科す（16条）。

(2) 学問の自由の侵害形態の区別

　学問の自由の保障の核心は、真理探究のための自由な知的営為について、公権力による干渉を許さないことにある。したがって、**国等の公権力が特定の学問上の立場に立って、学問研究の遂行を禁止したり、学説の発表を禁止したりすること（研究内容の規制＝直接的制約）は絶対的に禁止される。**

　他方で、特定の学問上の見解から離れた一般的な公益上の目的からなされる学問研究の制限（研究内容中立的制約＝間接的制約）については、思想及び良心の自由や信教の自由の間接的制約と同様に一定の範囲で許容される。ただし、新しい知見を得るための学問研究の自由を最大限に確保するため、その合憲性は慎重に審査されるべきであり、生命・健康などの**重要な目的のためにやむをえない必要最小限度の規制にとどまる**ことが求められる。

　なお、今日の科学研究の遂行には、大規模な研究設備・機器などの条件が不可欠であり、それらの整備のための補助金も受給する必要がある。学問の自由の保障のために、補助金の支給について恣意的な配分がなされないようにし、純学問的な立場から配分決定がなされるような制度設計と運用が要請される。また、大学などの学問・研究のための施設の利用については、施設管理権に委ねられるが、施設管理権者の裁量も、その施設の目的である学問の自由の実質的保障を損なわないよう行使される必要がある。

> ＊　小学校・中学校・高等学校において、文部科学大臣の検定を経た教科書

を用いなければならないとする教科書検定は、教科書執筆者の研究成果発表の自由に対する侵害としても問題となる（教科書検定のその他の論点については、第8講Ⅰ4(3)**ウ**、第12講コラム「教育権の所在」参照）。

　歴史学者家永三郎が執筆した教科書の検定不合格処分に関する最高裁判決は、教科書が学術研究の結果の発表を目的とするものではないとの認識に立ち、「いまだ学界において支持を得ていなかったり、あるいは当該学校、当該教科、当該科目、当該学年の児童、生徒の教育として取り上げるにふさわしい内容と認められないときなど」に、検定不合格となるにすぎないとして、憲法23条違反の主張を斥けた（第1次家永教科書事件判決　最3小判1993〔平成5〕・3・16民集47巻5号3483頁　百選93）。

Ⅱ　大学の自治

【設問4】　大学の自治とは何か。保障される根拠、主体、具体的内容について、それぞれ論ぜよ。

1　大学の自治の意義

　学問の自由を十分に保障するためには、研究者が自由に学問研究に打ち込める場が必要である。学問研究の中心的な場である大学には、学問研究を遂行し学問研究の結果を教授する場の運営について、研究者集団の自主的決定に委ねるという制度が歴史的に確立されてきた。ここから、学問の自由の保障のための制度的保障として、大学の自治の保障が認められると解される。

2　大学の自治の内容

(1)　大学の自治の主体

　大学の自治は、自主的決定をその本質とするところから、自治の「主体」をどのように設定するかが重要な意味をもつ。伝統的には、大学の重要な意思決定は、研究・教育にあたる教授の会議体である教授会により行われてきた。

　最高裁は、**ポポロ事件判決**において、教授その他の研究者が大学の自治の主体であり、学生はその反射的利益として学問の自由と大学施設の利用を享受するとの立場をとった。

ただし、教授会による自治は、大学の自治の原初形態ではあるが、完成形態ではない。自治をどのような形態で行うのかを決定するのは、大学の構成員自身であるから、学生を自治の担い手に加えるかどうかも、大学が自主的に決定すべきである。

* 旧学校教育法93条1項は、「大学には、重要な事項を審議するため、教授会を置かなければならない」と教授会自治の保障を規定していた。しかし、2014年に、「学長のリーダーシップの確立等」を理由とした法改正がなされ、教授会は、学生の入学、卒業、課程の修了、学位の授与等について、学長が決定を行うにあたって「意見を述べる」機関とされた。

(2) 大学の自治の内容

大学の自治の内容には、①教員人事に関する自治、②施設管理に関する自治、③学生管理に関する自治が含まれる。

①**教員人事に関する自治**とは、大学の教員の採用・昇進・罷免、学部長・学長などの管理者の選定について、大学の構成員が自主的に決定することである。これにより、大学の研究者は人事権を背景とした外部からの評価に左右されず研究を遂行することができる。

②**施設管理に関する自治**とは、大学の施設の利用、構内への立入りについて、大学が自主的に決定しうることである。これにより、大学における研究・教育について公権力による監視や妨害の懸念なく、研究を遂行することができる。

* 施設管理に関する自治は、大学構内における令状に基づく犯罪捜査までをも排除するものではない。ただし、捜査に名を借りた研究活動への監視・干渉が行われないように、大学の了解なき捜査は原則として禁止され、令状に基づく場合であっても、大学関係者の立会いの下で行われなければならない。

③**学生管理に関する自治**とは、学生の入学・修了、成績評価、賞罰などについて、大学が自主的に決定しうることである。学生の成績評価についての自治は、大学教員の教授の自由の保障につながり、学生の身分に関する自治を通じて、学生による学習・研究も外部からの干渉を受けないで行うことが可能となる。

* **ポポロ事件判決**も、大学の自治の内容について、「この自治は、とくに大学の教授その他の研究者の人事に関して認められ、大学の学長、教授その他の研究者が大学の自主的判断に基づいて選任される。また、大学の施設と学生の管理についてもある程度で認められ、これらについてある程度で大学に自主的な秩序維持の権能が認められている」としている。

●コラム● 大学における「部分社会の法理」

　大学内部の紛争については、大学の自治の保障の趣旨に鑑み、一種の「部分社会」として司法審査の対象とならないとの見方がある。

　司法審査の対象となるかどうかは、特に法律上の定めのないかぎり、「法律上の争訟」（裁判所法 3 条 1 項）かどうかによる。判例上、「法律上の争訟」とは、①当事者間の具体的な権利義務ないし法律関係の存否に関する紛争であって、かつ、②それが法令の適用により終局的に解決することができるものを指すとされる（「板まんだら」訴訟判決　最 3 小判1981〔昭和56〕・ 4 ・ 7 民集35巻 3 号443頁　百選190）。

　最高裁は、富山大学における学生の単位認定が争われた事件について、「一般市民社会の中にあってこれとは別個に自律的な法規範を有する特殊な部分社会における法律上の係争のごときは、それが一般市民法秩序と直接の関係を有しない内部的な問題にとどまる限り、その自主的、自律的な解決に委ねるのを適当とし、裁判所の司法審査の対象にはならない」との「部分社会」論を展開したうえで、大学における単位認定について「学生が当該授業科目を履修し試験に合格したことを確認する教育上の措置であり、卒業の要件をなすものではあるが、当然に一般市民法秩序と直接の関係を有するものでないことは明らかである」から、特段の事情のないかぎり、司法審査の対象にはならないとした（富山大学単位不認定事件判決　最 3 小判1977〔昭和52〕・ 3 ・15民集31巻 2 号234頁　百選188）。

　しかし、同じく富山大学に関する別の事件について、最高裁は、大学の専攻科修了認定が司法審査の対象となるとしており、大学内のすべての紛争が司法審査の対象とならないわけではない。最高裁は、専攻科に入学した学生が大学所定の教育課程を履修し修了することによって専攻科入学の目的を達することができることから、「大学の専攻科への入学は、大学の学部入学などと同じく、大学利用の一形態であ」るとの認識から出発し、大学が専攻科修了の認定をしないことは、「実質的にみて、一般市民としての学生の国公立大学の利用を拒否することにほかなら」ず、「学生が一般市民として有する公の施設を利用する権利を侵害するものである」と判示した（富山大学専攻科修了不認定事件判決　最 3 小判1977〔昭和52〕・ 3 ・15民集31巻 2 号280頁）。

　大学における単位認定が「一般市民法秩序と直接の関係を有しない」内部紛争とされたのは、特定科目の単位認定が教科内容の理解度を測る教育上の措置であり、法令の適用により終局的に解決される問題ではないと考えられたからだと思われる。

3　大学の自治をめぐる具体的問題

(1)　大学構内への警察官の立入り

ア　ポポロ事件

　東京大学内で開催された学生劇団「ポポロ」主催の演劇発表会に私服警官が潜入していたことが発覚した。その警官の警察手帳から、警察が長期間、継続的に大学における学生運動の状況や講義内容について警備情報収集活動として監視活動を行っていたことが明らかとなった。

　潜入していた警察官に暴行を働いた学生が暴力行為処罰法違反で起訴された事件について、第 1 審判決はこれを無罪とした。判決は、暴行を受けた**警**

察官の被侵害利益と大学の自治という憲法上の価値とを比較衡量するという枠組みによって判断し、学生による暴力行為について、警察官による警備情報収集活動に対抗して大学の自治を守るための「正当な行為」であったとして違法性を否定した（東京地判1954〔昭和29〕・5・11判時26号3頁）。

最高裁は第1審の判断を覆した。最高裁は、学生が大学の自治の主体であることを否定したうえで（2(1)）、当日の演劇発表会が、政治的謀略事件の一つ、松川事件（1949年）を題材とし、同事件の被告人のためのカンパをしていたことなどから、学問的な研究またはその結果の発表のためのものでなく、「実社会の政治的社会的活動」であったこと、集会が一般の公衆の入場を許す公開の集会であったことを指摘して、警察官の発表会への立入りが学問の自由や大学の自治を侵すものとの主張自体を斥けた（ポポロ事件判決　最大判1963〔昭和38〕・5・22刑集17巻4号370頁　百選91）。

最高裁判決と第1審判決は、大学の自治の主体に学生が含まれるかや学問の自由の保障範囲といった理論的争点とともに、警察官による当日の立入りだけを問題にするか長期にわたる警備情報収集活動をも考慮に入れるかという事実の評価においても対立している。

イ　愛知大学事件

ポポロ事件が世間を騒がせていた状況の下、警察官による学内での情報収集活動に警戒感を強めていた学生らが、大学構内に立ち入った警察官を監禁し、反省文執筆を強要した。

名古屋高裁は、大学の自治の担い手と防衛行為の主体は一致する必要がないとして、学生らの行動が大学の自治を守るための誤想防衛であったと認め、刑を免除した（名古屋高判1970〔昭和45〕・8・25判時609号7頁）。

(2)　大学の自治と教員人事

ア　大臣による学長等の任命

旧教育公務員特例法10条は、国立大学の学長、教員および部局長の任用について、「大学管理機関の申出に基いて、任命権者が行う」旨定めていた。九州大学の学部長会議および評議会がⅠ教授を学長事務取扱いに選任したにもかかわらず、文部大臣（当時）が、1カ月以上発令を怠ったため、Ⅰ教授は国に対して陳謝文および国家賠償を請求した。

東京地裁は、学長等の任用についての申出が大学の自主的選考を経たものとされる以上、任命権者である文部大臣は、「その申出に羈束」され、「相当の期間内に申出のあった者を学長、教員および部局長として任命しなければならない職務上の義務を負う」との原則を明らかにした。しかし、判決は、

大学紛争によって大学が異常な状況に置かれていたことを強調し、発令の遅れが「合理的な期間を超えた違法なものとの法的評価を加えることは相当でない」として請求を斥けた（東京地判1973〔昭和48〕・5・1訟月19巻8号32頁）。

イ　教員の任期制

大学の教員等の任期に関する法律4条1項1号は、「先端的、学際的又は総合的な教育研究であることその他の当該教育研究組織で行われる教育研究の分野又は方法の特性にかんがみ、多様な人材の確保が特に求められる教育研究組織の職に就けるとき」に任期制教員を置くことができると定める。5年の任期付で任用された教授が、再任希望を容れられず失職した事件について、裁判所は、任期制自体が憲法23条違反とはいえないと判示している（大阪高判2005〔平成17〕・12・28判タ1223号145頁、京都地判2004〔平成16〕・3・31労判911号69頁）。

ただし、任期制はその運用次第では、教員の地位を不安定とし、学問の自由を実質的に脅かすおそれがある。

Ⅲ　演習問題

Yは、国立大学法人浪速大学医学部教授であり、日本における再生医療研究の第一人者とみなされている。Yは、ES細胞由来の人クローン胚から拒否反応を起こさない移植用臓器を作るため、人クローン胚を豚の子宮に着床させる実験を行った。この実験が内部告発によって社会の知るところとなり、Yは、ヒトに関するクローン技術等の規制に関する法律3条に違反するとして起訴された。

〔設問〕　Yの弁護人は、Yを無罪とするためにどのような憲法上の主張を行うべきか。

* ES細胞：　胚性幹細胞（embryonic stem cell）のこと。受精卵が細胞分裂して100個程度の胚盤胞と呼ばれる球形の状態になった時、その内部にある内部細胞塊と呼ばれる細胞群を取り出したもの。培養と電気的な刺激によりどのような組織や臓器にも分化しうることから「万能細胞」と呼ばれる。
** 人クローン胚：　ヒトの体細胞の核を取り除いたヒト卵子と融合させることにより生ずる胚（受精卵が分割した状態）をいう。

【資料】
○ヒトに関するクローン技術等の規制に関する法律
第1条 （目的）
　この法律は、ヒト又は動物の胚又は生殖細胞を操作する技術のうちクローン技術ほか一定の技術（以下「クローン技術等」という。）が、その用いられ方のいかんによっては特定の人と同一の遺伝子構造を有する人（以下「人クローン個体」という。）若しくは人と動物のいずれであるかが明らかでない個体（以下「交雑個体」という。）を作り出し、又はこれらに類する個体の人為による生成をもたらすおそれがあり、これにより人の尊厳の保持、人の生命及び身体の安全の確保並びに社会秩序の維持（以下「人の尊厳の保持等」という。）に重大な影響を与える可能性があることにかんがみ、クローン技術等のうちクローン技術又は特定融合・集合技術により作成される胚を人又は動物の胎内に移植することを禁止するとともに、クローン技術等による胚の作成、譲受及び輸入を規制し、その他当該胚の適正な取扱いを確保するための措置を講ずることにより、人クローン個体及び交雑個体の生成の防止並びにこれらに類する個体の人為による生成の規制を図り、もって社会及び国民生活と調和のとれた科学技術の発展を期することを目的とする。

第3条 （禁止行為）
　何人も、人クローン胚、ヒト動物交雑胚、ヒト性融合胚又はヒト性集合胚を人又は動物の胎内に移植してはならない。

第16条 （罰則）
　第3条の規定に違反した者は、10年以下の懲役若しくは1000万円以下の罰金に処し、又はこれを併科する。

1　本問の趣旨

　本問は、「ヒトに関するクローン技術等の規制に関する法律」の適用事例を素材に、学問の自由に対する制約の判断枠組みについて考察を求めるものである。

2　違憲主張の組立て

(1)　違憲主張の対象

　Yは、ES細胞由来の人クローン胚から拒否反応を起こさない移植用臓器を作るために人クローン胚を豚の子宮に着床させる実験を行ったため、本法3条に該当するとして、同法16条により処罰対象となっている。

　Yの弁護人としては、人クローン胚などを人や動物の胎内に移植することを禁止している法3条および16条は違憲であるとの法令違憲の主張とともに、移植用臓器を作るためのYの実験に法3条および16条を適用することが憲法23条に違反するとの主張を行うことになる。

(2) 憲法上の権利に対する制約

学問の自由には、学問研究の自由が含まれ、そこには思考による考察ばかりでなく、実験による仮説の検証も含まれる。法3条および16条は、臨床実験として行われる人クローン胚の移植に対しても罰則を科しており学問研究の自由を制約している。

(3) 学問の自由に対する制約の正当性判断

ア 判断枠組みの設定

もっとも、本法は、特定の学説を否定するものや、研究内容に着目したものではなく、人クローンの産出を防止するための規制がYの研究活動の手段を禁止することとなったにすぎない。そのため、学問研究の自由に対する規制としては間接的制約といえるから、学問の研究内容に関わる直接的制約とは異なり、合憲性の審査を厳密にする必要はない、との指摘が考えられる。また、クローン技術のような先端的科学技術の研究は未知の予測不可能なリスクを伴うことから、具体的な危険性が証明されていない段階で規制することも許容される、との指摘も想定される。

しかし、本法が、研究内容に関わらない純粋な間接的制約といえるかどうかは、法の目的に照らして慎重な検討が必要である。また、本法は人クローン胚の移植という研究の手段を規制するものではあるが、実質的にはクローン技術に関する研究活動を著しく制限するものである。学問研究の自由は精神的自由であり、学問研究が時に国家権力の意向や社会の常識とも対立することがありながら、その自由の保障こそが社会の発展に欠かせない重要な意義を有すること、学問研究の当否は科学的手法による実験や研究者集団による批判的検証により判定されるべきであることなどから、仮に研究の手段に対する間接的制約であっても、**公権力による制約は、重要な目的のためにやむをえない必要最小限度の制約しか許されないこと**を主張するべきである（Ⅰ3(2)）。

イ 個別的・具体的検討

a 法令違憲の主張

具体的に違憲審査を行うためには、まず、法3条による規制の立法目的をさぐる必要がある。法1条は、同法の目的として、①人の尊厳の保持と②人の生命および身体の安全の確保、③社会秩序の維持を挙げる。

①については、何をもって「尊厳」と解するかを一義的に定めることができないため、特定の倫理観に基づき特定の学問研究を禁止することにつながりかねず、学問の自由の規制を正当化するに十分な目的とはいえない。

②については、たしかに、人クローン胚を人の胎内に移植することは被験者の生命・身体の安全に関わるが、被験者が適切なインフォームド・コンセントに基づき同意をしているのであれば、被験者の自己決定権を尊重すべきである。また、動物の胎内への移植であれば人の生命・身体への危険の問題は直接は生じない。したがって、法3条の規制対象は、②の目的を害しない行為の規制も含んでおり、過剰包摂といえる。

③については、同一のDNAをもつクローンが誕生することにより個人の同一性が脅かされること、そして、ヒトと動物のキメラやハイブリッドという新たな存在が生まれることによって社会的混乱が発生することなどを想定しているものと思われる。しかし、法3条は、人クローンやキメラ、ハイブリッドの産出を目的とする人クローン胚等の移植だけでなく、移植臓器を作ることを目的とした移植もすべて禁止しており、この点でも過剰包摂である。

以上のように、①②③いずれの目的からも、法3条および16条による人クローン胚の移植の全面的な禁止を正当化することはできない。

　b　適用違憲の主張

aで論じたところから、人クローン胚の移植の禁止を正当化しうるのは、人の生命・身体の安全を脅かすことが明らかな場合や、人クローン、キメラ、ハイブリッドの産出に直結する場合に限られることとなる。しかし、Yはあくまでも拒否反応を起こさない移植用臓器の産出を目的として実験を行っており、これらの危険性はないことから、Yに対して法3条および16条を適用することは憲法23条に違反する。

●コラム●　答案を読んで

学問の自由を含む精神的自由権については、「内心にとどまるかぎり絶対的に保障される」という命題にとらわれてしまっていることが多い。本問では、もともとクローン研究という生命・健康に対する直接的脅威をもたらしかねない研究が問題となっているのであるから、それに対応した具体的な制約の限界設定を行わなければならない。具体的な制約の限界設定のためには、どのような学問の自由の制約が許されないのかをイメージすることが手がかりになる。研究の目的や内容によって規制することは、学問研究の自由そのものへの制約になることがイメージできれば、研究内容の規制（直接的制約）／研究の手段方法の規制（研究内容中立的規制＝間接的制約）の区別を思いつくこともできるだろう。

第8講　表現の自由

◆学習のポイント◆
1. 表現の自由は、意見表明の自由のみならず情報の自由な流通を保障するものであり、情報の収集（取材）、情報の提供、情報の受領にまで保障が及ぶ（【設問1】）。
2. 検閲とは、行政権が、表現物の発表禁止を目的とし、発表前に内容を審査したうえで不適当と認めるものの発表を禁止する制度を指し、絶対的に禁止される（【設問2】）。また、検閲以外の事前抑制についても、濫用のおそれや萎縮効果があることから、「厳格かつ明確な要件」の下でのみ許容される（【設問3】）。
3. 表現規制法規には、萎縮効果を除去するため規制対象に明確性が求められ、そこから「漠然性故に無効」と「過度の広汎性故に無効」の法理が導かれる（【設問4】）。
4. 表現内容規制のうち、思想・信条に基づく「見解規制」は絶対に禁止され、「有害表現」の規制については、その規制範囲を限定する判断手法（「定義づけ衡量」）がとられる。
5. 表現内容中立規制の合憲性は、「見解規制」に当たらないかを慎重に見極めたうえで、重要な目的のために必要最小限度の制約といえるか否かにより審査される（【設問5】）。
6. パブリック・フォーラムとされる場については、原則として、表現活動や集会のための使用が認められるべきである。

I　表現の自由

1　表現の自由保障の意義

表現の自由とは、思考や知見など個人の精神活動を外部に表出させ、他人

に伝達することが自由にできることをいう。表現の自由保障の本質は、表出された思想や情報をめぐって人と人とのコミュニケーションが自由に行われることであり、そうした自由なコミュニケーションこそが、市民が自らの社会を統治する民主主義の基礎である。

また、思想・思考は、自由な議論と相互批判のなかで淘汰され、真実の発見に役立つとされる（「**思想の自由市場**」論）。自由な表現活動には、個人の人格形成と可能性を実現する機能（**自己実現**）があることも指摘されるが、表現の自由を憲法が保障する根本的意義は、民主主義の維持・発展にとってそれが不可欠だという点にある。最高裁も、表現の自由の価値について、以下のように、国民主権・民主主義との関係において説明している。

「主権が国民に属する民主制国家は、その構成員である国民がおよそ一切の主義主張等を表明するとともにこれらの情報を相互に受領することができ、その中から自由な意思をもって自己が正当と信ずるものを採用することにより多数意見が形成され、かかる過程を通じて国政が決定されることをその存立の基礎としているのであるから、表現の自由、とりわけ、公共的事項に関する表現の自由は、特に重要な憲法上の権利として尊重されなければならない」（北方ジャーナル事件判決）。

> **第21条1項** 集会、結社及び言論、出版その他一切の表現の自由は、これを保障する。

2　表現の自由の内容

> 【設問1】　報道の自由、取材の自由、知る自由、情報公開請求権、アクセス権は、表現の自由の保障を受けるか。

（1）　表現の自由の保障内容の拡大

表現の自由の本来の内容は、文字どおり、言いたいことを言う意見表明の自由であった。しかし、メディアによる言論空間の支配が強まり、情報の「送り手」と「受け手」が固定化するなど、言論をとりまく環境が複雑化するなかで、単に「送り手」の自由を保障するだけでなく、「受け手」の知る自由を含むコミュニケーション過程を実効的に保障する必要性が高まった。

また、民主主義社会の維持のためには、意見表明の自由の保障にとどまら

ず、思考の形成に必要な多様な情報も自由に流通する必要がある。そのため、現在では表現の自由の保障内容は、情報の提供、収集、受領も含む**自由な情報流通プロセス全体の保障**を含むようになっている。

(2) **報道の自由・取材の自由**

メディアが言論空間に占める比重が高まるとともに、メディアによる事実の**報道の自由**、メディアが国民に正確な情報を提供するために取材源にアクセスし情報を収集するという**取材の自由**を特に保障する必要性も生じた。最高裁は、「思想の表明の自由とならんで、事実の報道の自由は、表現の自由を規定した憲法21条の保障のもとにあることはいうまでもない」と述べ、報道のための**取材の自由**についても、「憲法21条の精神に照らし、十分尊重に値いする」と述べた(**博多駅テレビフィルム事件決定**)。

(3) **知る自由**

かつては、表現活動を自由にしておけば自動的に享受することのできた情報の受領(**知る自由**)が、国家やメディアによる情報管理が進む中で、独自の保障を必要とするようになってきた。最高裁も、情報受領行為の一つ、新聞を閲読する自由について、憲法19条や憲法21条の趣旨、目的から、「いわばその派生原理として当然に導かれる」ものと述べている(「**よど号事件」記事抹消事件判決** 最大判1983〔昭和58〕・6・22民集37巻5号793頁 百選16)。

> * 情報受領の補助行為としてのメモをとることについても、「さまざまな意見、知識、情報に接し、これを摂取することを補助するものとしてなされる限り、筆記行為の自由は、憲法21条1項の規定の精神に照らして尊重される」とされている(**法廷メモ〔レペタ〕事件判決** 最大判1988〔平成元〕・3・8民集43巻2号89頁 百選77)。

(4) **情報公開請求権(知る権利)**

国民が主権者として、国家諸機関の運営を監視するためには、それらの機関が管理・保有しながら非公開とされている情報の公開を請求する権利(**情報公開請求権**)が認められる必要がある。日本においても、各地での情報公開条例の制定の動きに促されるかたちで、情報公開法(1999年)をはじめとする情報公開制度の整備が進んだ。

> * 「知る権利」と呼ばれているものには様々な意味内容のものが含まれている。まず、提供された情報を受け取る情報受領の自由(**知る自由**)の意味で用いられることがある(「報道機関の報道は、国民の知る権利に奉仕するものである」という場合)。また、「知る権利」という言葉は、情報公開制

度における非公開情報に対する公開請求権の意味で用いられることもある。後者は請求権であり、法令による具体化を必要とする。

＊＊　自己情報の開示請求権は、自己に関する情報をコントロールする権利の一環としてとらえられるべきものであり、具体的には個人情報保護法制において保障される（第3講Ⅲ2参照）。

(5)　**反論権とアクセス権**

メディアにより一方的に批判された側が反論の機会の提供をメディアに求める権利は**反論権**と呼ばれる。これに対し、**アクセス権**とは、より一般的に、メディアを利用して個人の見解を伝えてもらう権利を指す。反論権もアクセス権も、少数派の見解をメディアを通じて流通させ、言論空間を多様化させようとするところに狙いがある。

しかし、反論権やアクセス権の主張を実現しようとすれば、メディアは、自らが支持しない見解の発表や情報の流通に協力することを強いられ、紙面の編集権、放送の番組編成権を制約される。ここでは、情報の受け手が得る情報の多様性を優先させるか、表現主体側の自由を重視するかの選択が迫られる。

＊　サンケイ新聞が日本共産党を批判する自由民主党の意見広告を掲載したことに対し、共産党側が、（不法行為の成立如何を問わず）反論文の掲載を求めたサンケイ新聞事件において、最高裁は請求を棄却した（最2小判1987〔昭和62〕・4・24民集41巻3号490頁　百選82）。判決は、私人たる報道機関に対し反論文掲載を義務づける反論権を憲法21条1項から導き出すことができないことに加え、反論権が認められると、新聞を発行・販売する者は、自らの編集方針に反する反論文の掲載を強制され、他に利用すべき紙面を割かなければならない等の負担を強いられる結果、新聞発行者が公的事項に関する批判的記事の掲載を躊躇し、「憲法の保障する表現の自由を間接的に侵す危険」もあると指摘した。

ただし、この判決は、不法行為が成立した場合に、その救済として反論文掲載を求める権利を否定したわけではない。

3　表現の自由規制の判断枠組み

表現の自由保障の本質は、社会における人々の間のコミュニケーションが自由闊達に行われることの保障である。しかし、大部分の人にとって政治的問題や社会的問題に関する表現活動は生活のうえで必須のものとはいえず、ともすればそうした問題についての意見表明を差し控える傾向もある。表現の自由保障にあたって常に念頭に置かれるべきは、表現の自由にはこうした「脆さ」があることから、できるだけ表現活動の障害をなくし、人々が正当

な表現活動までも差し控える状況（**萎縮効果**）が生じないような判断枠組みを構築することである。

表現の自由の規制の合憲性判断枠組みは、その規制がどのような規制類型に属するかによって異なっている。以下では、表現の事前抑制（検閲を含む）、明確性の原則、表現内容規制、表現内容中立規制に分けて、それぞれの合憲性判断枠組みと具体的問題について検討する。

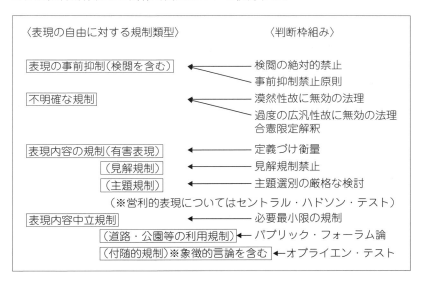

4　表現に対する事前抑制禁止の原則

表現が受け手の到達前に規制を受ける事前抑制（検閲を含む）は、表現活動のもたらす影響を封じ込める「有効な」手段として古今東西の専制的権力者により活用されてきた。大日本帝国憲法下の日本においては、出版法・新聞紙法に代表されるように、国による出版物等の表現内容の事前審査と発表禁止が横行した。日本国憲法は、これに対する反省から、21条2項前段において、検閲の禁止を定めている。

> **第21条2項前段**　検閲は、これをしてはならない。

事前抑制が行われると、表現の内容が受け手に伝わらないため、何が規制の対象となったか明らかにならず、表現を行おうとする側を疑心暗鬼に陥らせ、表現をためらわせる**萎縮効果**を強くもつ。また、何が規制の対象となっ

たかが情報の受け手に明らかにならないため、規制する側に濫用があっても批判が困難である（**濫用の危険**）。

最高裁も、表現に対する事前抑制の問題点として、「事前抑制たることの性質上、予測に基づくものとならざるをえないこと等から事後制裁の場合よりも広汎にわたり易く、濫用の虞があるうえ、実際上の抑止的効果が事後制裁の場合より大きい」（**北方ジャーナル事件判決**）と指摘している。

(1) 「検閲」の禁止

【設問2】 憲法21条2項前段にいう「検閲」とは何か。

ア 検閲禁止の意義──憲法21条1項と2項前段との関係

検閲とは、一般には、表現の許可制を意味し、表現の事前抑制の典型である。しかし、表現の自由の保障には事前抑制の禁止原則が含まれると解されるため、憲法21条2項でわざわざ「検閲の禁止」を明記したことの意味について見解の対立がある。

一つは、検閲と事前抑制とを区別せず、2項は事前抑制の禁止原則を再言して強調していると解する見解である。もう一つは、2項における「検閲の禁止」は、一般的な事前抑制の禁止原則と異なる特別の内容をもつものと解する見解である。

前者の見解では、2項前段の意味がほとんどなくなってしまうため、後者の見解が妥当である。最高裁も、2項前段にいう「検閲」の禁止を、1項の内容である事前抑制禁止の原則と区別し、これを**絶対的に禁止**する趣旨と解している（**札幌税関検査事件判決**）。

イ 検閲の概念

検閲概念については、①**検閲の主体**を、公権力一般ととらえるか行政権に限定するか、②**検閲の対象**を、広く表現内容とするか思想内容に限定するか、③**規制の効果**を発表禁止に限定するか思想内容の審査も含むものとするか、④**規制の時期**を、表現物の発表前に限定するか発表後において見解・情

報の受領が困難な場合を含めるか、そして、⑤検閲禁止の意味を絶対的禁止と解するか例外的に許される場合があると解するかをめぐって、様々な見解が表明されてきた。

札幌税関検査事件判決は、憲法21条2項前段にいう「検閲」について、「行政権が主体となって〔①〕、思想内容等の表現物を対象とし〔②〕、その全部又は一部の発表の禁止を目的〔③〕として、対象とされる一定の表現物につき網羅的一般的に、発表前に〔④〕その内容を審査した上、不適当と認めるものの発表を禁止することを、その特質として備えるもの」（〔①〕～〔④〕は筆者）と定義した。

表現の事前抑制がもつ問題性を典型的にもたらすのが、行政機関による表現の事前検査制であることからみて、憲法21条2項前段により絶対的に禁止される「検閲」を、行政権によって行われる、発表前の規制に限定したことには合理性がある。しかし、最高裁の検閲概念については狭すぎるとの批判が強い。最高裁は税関検査が「検閲」に該当しない理由として、検査が関税徴収手続の一環として行われることから「思想内容等それ自体を網羅的に審査し規制することを目的とするものではない」ことを挙げた。これでは、大日本帝国憲法下の新聞紙法、出版法、映画法など、専門機関による事前検閲制に当たらないかぎり、「検閲」はありえないことになってしまう。思想統制機関による網羅的な審査でなくとも、事前審査が表現・出版に与える威嚇力は大きく、最高裁による「検閲」概念から、「網羅的一般的に審査する」という要件を外した定義が妥当である。

（2） 事前抑制禁止原則

【設問3】「検閲」に該当しない事前抑制は、どのような場合に許されるか。

ア 事前抑制禁止原則の意義

憲法21条2項の「検閲」禁止を、表現の自由保障の内容としての事前抑制禁止原則から区別されたものととらえると、事前抑制の内容を別個に明らかにする必要がある。

事前抑制とは、検閲よりも広く、**公権力が表現物について情報の受け手に到達することを妨げる制度**一般を指し、例外的に許容される余地もあると解するべきである。

最高裁も、事前抑制について、「新聞、雑誌その他の出版物や放送等の表現物がその自由市場に出る前に抑止してその内容を読者ないし聴視者の側に

到達させる途を閉ざし又はその到達を遅らせてその意義を失わせ、公の批判の機会を減少させるもの」、すなわち、情報受領を抑制する制度ととらえている（北方ジャーナル事件判決）。

イ 事前抑制禁止原則の判断枠組み

先に述べたように、事前抑制には、規制機関による濫用のおそれと表現主体の側への萎縮効果という問題がつきまとう。ただし、逆にいえば、要件が厳格で濫用の危険がなく、萎縮効果を生じないような明確な基準を備えた事前抑制であれば、例外的に許されることになる。

最高裁も、事前抑制について「**厳格かつ明確な要件のもとにおいてのみ許容されうる**」（北方ジャーナル事件判決）とする。

(3) 検閲・事前抑制をめぐる具体的問題

ア 税関検査——札幌税関検査事件

外国から貨物を輸入しようとするときには、税関長に申告し必要な検査を経て許可を受けなければならず（関税法67条）、そこで関税の賦課徴収とともに輸入禁制品に該当しないかどうかが検査される。こうした税関検査において「公安又は風俗を害すべき書籍、図画」等（関税法69条の11第1項7号）に該当する貨物の輸入が禁じられることが、憲法21条2項前段にいう「検閲」に該当しないかが争われてきた。

最高裁は、税関検査の結果、国内において、表現物に表された思想内容等に接する機会を奪われることから、「税関検査が表現の事前規制たる側面を有することを否定することはできない」と認めたものの、先に挙げた「検閲」概念に基づいて憲法21条2項前段により禁じられた「検閲」には該当しないとした（**札幌税関検査事件判決** 最大判1984〔昭和59〕・12・12民集38巻12号1308頁 百選73）。

多数意見は、税関検査が「検閲」に該当しない理由として、対象となる書籍等が「国外においては既に発表済み」であることから「事前に発表そのものを一切禁止する」ものといえないこと（③非該当）、税関検査の効果が輸入禁止にとどまり、発表の機会を全面的に奪うものでないこと（④非該当）、税関検査が「思想内容等それ自体を網羅的に審査し規制することを目的とするもの」でないこと、税関長の判断が最終的なものでなく、司法審査の途が開かれていることを指摘している。

多数意見は、表現の自由保障の内容としての事前抑制禁止原則との関係を論じていないが、「風俗を害すべき書籍、図画」（旧関税定率法21条1項3号）を「猥褻な書籍、図画」に限定する解釈を加えたことから（**5(4)イ**参

照)、「厳格かつ明確な要件」を備えていると判断したものと思われる。

* アメリカの写真家メイプルソープの作品集が「風俗を害すべき書籍」に当たるとの処分をして輸入が許されなかった事件に関して、最高裁は、**札幌税関検査事件判決**を援用しつつ、同作品集が輸入禁制品に当たるとの処分を合憲とした（最3小判1999〔平成11〕・2・23判時1670号3頁）。

  同判決において、尾崎・元原両裁判官は、税関検査が事前抑制であることから、「厳格かつ明確な要件」の基準を満たす必要があるとの判例法理（(2)**イ**）を手がかりに、「わいせつな書籍、図画等に該当するか否かの判定が容易でない物品については、税関長に事前審査の権限がない」と解し、輸入禁止処分を違法とする反対意見を述べている。

イ　裁判所による出版事前差止め──北方ジャーナル事件

　名誉毀損、プライバシー侵害の書籍、雑誌等の出版に対して、裁判所が出版の差止めの仮処分を命ずることがある。名誉毀損、プライバシー侵害に当たる報道に対する事後的救済は実際上、困難であり、出版の事前差止めは有効な救済手段である。

　北海道知事候補予定者に関する雑誌記事が名誉毀損に当たるとしてなされた雑誌の出版を差止める仮処分について、最高裁は、憲法21条に反しないと判示した（**北方ジャーナル事件判決**　最大判1986〔昭和61〕・6・11民集40巻4号872頁　百選72）。

a　「検閲」の禁止との関係

　第1に、判決は、**札幌税関検査事件判決**の「検閲」の定義を引用して、裁判所による出版差止めは憲法21条2項前段の「検閲」に該当しないとした。

　ただし、判決は、仮処分による差止めが、裁判所が行う作用ではあっても、口頭弁論や当事者の審尋を経ることなく下されうる簡略な手続によるという「非訟的な要素」をもっていることを踏まえ、「個別的な私人間の紛争について、司法裁判所により、当事者の申請に基づき差止請求権等の私法上の被保全権利の存否、保全の必要性の有無を審理判断して発せられるもの」であることを「検閲」に該当しない実質的理由として示している。

b　事前抑制禁止原則

　第2に、判決は、事前抑制が、「厳格かつ明確な要件」の下でのみ許容されるとする（(2)**イ**）。そして、名誉毀損的な出版物であっても、「公共の利害に関する事項」である場合には、事前抑制は原則として許されず、その表現内容が真実でなく、またはそれが専ら公益を図る目的のものではないことが明白であって、かつ、被害者が重大にして著しく回復困難な損害を被るおそれがあるときという加重された名誉毀損の要件を満たす場合に限り、出版の

事前差止めを認めても憲法21条1項に違反しないとした。

　　c　手続保障

　第3に、判決は、出版の事前差止めを命ずる仮処分命令を発するにあたって、「口頭弁論又は債務者の審尋を行い、表現内容の真実性等の主張・立証の機会を与えることを原則とすべき」として、一定の手続保障も図っている。

　ただし、判決は、債権者の提出した資料によって、bに述べた要件を満たすと判断しうる場合には、例外的に、口頭弁論または債務者の審尋を経ないで事前差止めの仮処分命令を発することもできるとし、北方ジャーナルに対して無審尋でなされた出版事前差止めの仮処分は憲法21条1項に違反しないとした。

> ＊　**北方ジャーナル事件判決**においては、多数意見の示した要件が「厳格かつ明確」といえるのか疑問であると批判し、より厳格な要件を求める見解が表明された。たとえば、谷口裁判官の意見は、名誉毀損について裁判所による事前差止めが認められるのは、「表現にかかる事実が真実に反し虚偽であることを知りながらその行為に及んだとき又は虚偽であるか否かを無謀にも無視して表現行為に踏み切った場合」に限られると述べ、アメリカの判例法理である「現実の悪意」の基準の適用を求めている。
>
> ＊＊　プライバシー侵害を理由とした**出版事前差止め**のケースとして、著名政治家の長女の離婚報道に関して週刊誌の発行差止めが請求された事件がある。第1審は、当該出版物が「公共の利害に関する事項に係るもの」とはいえず、出版が「専ら公益を図る目的のものでないことが明白」であって、かつ、「被害者が重大にして著しく回復困難な損害を被るおそれがある」といえるとして、出版差止めの仮処分を認めた（東京地決2004〔平成16〕・3・19判時1865号18頁）。他方、抗告審は、第1審と同様の基準に拠りながらも、離婚報道による「重大にして著しく回復困難な損害を被るおそれ」を否定し、差止請求を認めなかった（東京高決2004〔平成16〕・3・31判時1865号12頁）。

ウ　教科書検定――家永教科書事件

　教科書検定制度については、「検閲」該当性も一つの争点となった（その他の論点については、第7講Ⅰ3(2)・第12講コラム「教育権の所在」参照）。

　第2次家永教科書事件第1審判決は、「検閲」について、「公権力によって外に発表されるべき思想の内容を予じめ審査し、不適当と認めるときは、その発表を禁止するいわゆる事前審査を意味」するとの独自の「検閲」概念を用い、具体的検定処分が執筆者の思想審査として行われた点が憲法21条2項前段に違反するとした（東京地判1970〔昭和45〕・7・17判時604号29頁　百

選92））。

これに対して、最高裁は、**札幌税関検査事件判決**の検閲概念に基づき、検定不合格となっても、教科書としての使用が認められないだけで、一般図書としての発行は可能であるから、「発表禁止目的や発表前の審査などの特質がない」として、教科書検定制度は憲法21条2項前段の禁ずる「検閲」には該当しないとしている（**第1次家永教科書事件判決**　最3小判1993〔平成5〕・3・16民集47巻5号3483頁　百選93）。

5　明確性の原則

> 【設問4】　明確性の原則とは何か。その根拠、内容、判断枠組み、具体的な審査方法について論ぜよ。

(1)　明確性の原則の意義

規制対象が漠然としており明確性を欠くと、表現活動を行う者は規制対象となるかならないかが判別できず、あるいは本来規制対象とされるべきでない行為であっても、規制・処罰を恐れて表現活動を差し控えるという萎縮効果が生ずる。

また、規制対象が合憲的に規制しうる範囲を越えて過度に広汎な場合も本来規制されるべきでない表現活動を萎縮させる。

規制内容が明確であっても規制対象が過度に広汎である法令もあるので、漠然不明確性と過度の広汎性は一応区別される。しかし、漠然不明確な法律は、しばしば規制されるべきでない表現行為まで規制を及ぼすおそれがあり、過度に広汎でもある場合が多い。

このような表現活動に対する萎縮効果を排除するために、漠然性故に無効の法理と、過度の広汎性故に無効の法理という2つの法理が導かれる。

＊　憲法31条の適正手続の保障からは、**刑罰法規の明確性**の要請が導かれる（第11講参照）。これまで、刑罰法規の明確性と表現規制法規の明確性は、リーディング・ケースである**徳島市公安条例事件判決**が、表現活動を規制する刑罰法規に関する事件であったため、十分区別されないで論じられてきた。両者には重なり合う部分もあるが、刑罰法規の明確性は、法令の告知機能と恣意的適用の防止という手続的デュープロセスの要請であるのに対し、表現規制法規の明確性は、表現活動への萎縮効果の防止を目的としている点で異なる。

(2) 明確性の原則の内容

漠然性故に無効の法理とは、漠然不明確な表現規制法規がもたらす萎縮効果を除去するため、法律の具体的な適用を問題とすることなく、法令を無効とする審査をいう。他方、**過度の広汎性故に無効の法理**とは、表現規制法規が合憲的に規制できる範囲を越えて規制を及ぼしている場合に、自由に行われるべき表現活動への萎縮効果を避けるため、具体的な適用を問題とすることなく、法令を無効とするものである。これらの法理は、法律の具体的な適用を問題とすることなく法律の合憲性を問う審査方法がとられることから、**文面審査**に分類される。

> * 「法律の具体的な適用を問題にしない」とは、仮に当事者への適用に関しては、法令の文言が不明確とはいえず、合憲的に法令の適用をなしうる場合であっても、不特定の第三者への適用について不明確であるか、合憲的な規制対象を外れて規制される可能性があれば、その法律は違憲無効となるという意味である（次頁図参照）。その意味で、明確性の原則から導かれる２つの法理は、訴訟当事者以外の不特定の第三者の権利主張を例外的に認めることを意味する。たとえば、**札幌税関検査事件判決**において、最高裁は、当該物件が「わいせつ文書」に該当することが明らかな事件であったにもかかわらず、法文そのものの明確性について判断を行っている。

(3) 明確性の原則の判断枠組み

ア　漠然性故に無効の法理

徳島市公安条例事件判決は、法令の不明確性の判断について、「通常の判断能力を有する一般人の理解において、**具体的場合に当該行為がその適用を受けるものかどうかの判断を可能ならしめるような基準が読みとれるかどうか**によってこれを決定すべきである」と述べた。

しかし、万人にとって明確な法規定とすることは立法技術上の限界がある。また、不特定の第三者にとって明確かどうかの判断を行うことも困難である。そうすると、結局は、法令の意味内容が理解不能というような例外的場合しか明確性を問題にできないことになる。

ただし、**規定の内容をより明確にしうる立法手段が容易に見出しうる場合**には、立法技術上の困難さを理由にすることはできず、当該規定は漠然性故に無効とされる。

> * 札幌税関検査事件判決における伊藤裁判官らの反対意見は、「風俗を害すべき書籍、図画」等という規定を「猥褻な書籍、図画」等と規定し直すことによって、より明確なものにすることが可能である点を指摘して、上記規定が表現規制法規に求められる明確性を満たしていないと主張した。

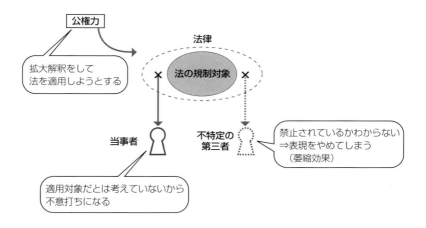

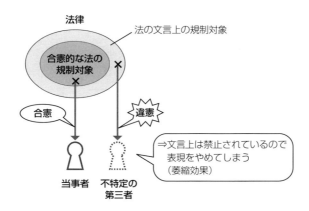

イ　過度の広汎性故に無効の法理

　表現規制法規が過度に広汎であることは、**合憲的な規制範囲を確定し、実際の法令の規制範囲がそれより広いことを示すことにより**論証することができる。

　もっとも、法令の条文が合憲的な規制範囲より広く規制されているようにみえる場合であっても、**合憲限定解釈**をすることができるならば、過度の広汎性は除去されているといえる。最高裁によれば、表現の自由の規制立法の

合憲限定解釈が可能かどうかは、①その解釈により、規制の対象となるものとそうでないものとが明確に区別され、かつ合憲的に規制しうるもののみが規制の対象となることが明らかにされること、②一般国民の理解において、具体的場合に当該表現物が規制の対象となるかどうかの判断を可能とする基準をその規定から読み取ることができること、という要件を満たすかどうかにより判断される（札幌税関検査事件判決）。

(4) 明確性の原則をめぐる具体的問題

ア　徳島市公安条例事件

徳島市公安条例は、「交通秩序を維持すること」を集団行進にあたっての遵守事項としたうえで、違反者を処罰していた。集団行進は常にある程度は交通秩序を害するため、その規制対象の明確性が問題となった。

最高裁は、条例が集団行進について届出制をとっていることを根拠に、条例の趣旨を、「集団行進等の形態が交通秩序に不可避的にもたらす障害が生じても、なおこれを忍ぶべきものとして許容している」ものと解し、「交通秩序の維持」について、「殊更な交通秩序の阻害をもたらすような行為を避止すべきことを命じているもの」と限定的に解した。この解釈に基づいて、最高裁は、条例が明確性の基準（(3)）を満たし、憲法31条に違反しないとした（**徳島市公安条例事件判決　最大判1975〔昭和50〕・9・10刑集29巻8号489頁　百選88**）。

＊　高辻裁判官の意見は、通常の判断能力を有する一般人が禁止内容を理解することは困難であり、条例は明確性の基準を満たさないとした。ただし、同意見は、被告人が典型的な禁止行為を行っていることから、被告人を処罰しても憲法31条の権利侵害はないとして、結論としては被告人を有罪としている。

イ　札幌税関検査事件

税関検査に関しては、旧関税定率法が、「風俗を害すべき書籍、図画」を輸入禁制品として定めることの明確性も争われた。

最高裁は、取締法規の変遷を踏まえて「風俗を害すべき書籍、図画」等との規定を「合理的に解釈」すれば、「猥褻な書籍、図画等に限られる」との限定解釈が可能であるから、「何ら明確性に欠けるものではな」いと判示した（前掲・最大判1984〔昭和59〕・12・12）。

ウ　広島市暴走族追放条例事件

広島市暴走族追放条例は、「公共の場所において、当該場所の所有者又は管理者の承諾又は許可を得ないで、公衆に不安又は恐怖を覚えさせるような

い集又は集会を行うこと」を禁止し、この行為が「特異な服装をし、顔面の全部若しくは一部を覆い隠し、円陣を組み、又は旗を立てる等威勢を示すことにより行われたとき」は、市長が当該行為の中止または退去を命ずることができると定めていた。条例が「暴走族」について、「暴走行為をすることを目的として結成された集団」に加えて、「公共の場所において、公衆に不安若しくは恐怖を覚えさせるような特異な服装若しくは集団名を表示した服装で、い集、集会若しくは示威行為を行う集団」と定義し、禁止行為の主体について「何人も」と無限定に規定していたことから、集会等の禁止の適用がいわゆる「暴走族」に限定されない、過度に広汎な規制ではないかが問題となった。

最高裁は、「何人も」という規定の仕方が適正さを欠いていることを認めながらも、条例の全体から読み取ることのできる趣旨、条例施行規則の規定を総合すれば、条例の規制対象は、「本来的な意味における暴走族」と「社会通念上これと同視することができる集団」に限定できるから、条例は憲法21条1項および31条に違反しないと判断した（最3小判2007〔平成19〕・9・18刑集61巻6号601頁　百選89）。

> ＊　藤田裁判官と田原裁判官は、それぞれ、通常の判断能力を有する一般人の理解において、多数意見の限定解釈には「相当の無理がある」、「極めて困難」と批判している。これに対し、堀籠裁判官は、被告人の行為が条例の規制しようとする典型的な行為である以上、本条例の不明確性・広汎性を論ずる必要はないと述べている。

6　表現内容規制

>【設問5】　表現内容規制と表現内容中立規制とは何か。それぞれの合憲性は、どのような判断枠組みで審査するべきか。

(1)　表現内容規制と表現内容中立規制

表現の自由の規制について、表現内容規制と表現内容中立規制とに二分し、前者は後者に比べて厳格な違憲審査に服するとの見解が有力である。

表現内容規制とは、表現の内容（メッセージ）が、名誉を毀損したりプライバシーを侵害するなどの害悪を発生させるとの理由で規制するものである。これに対して、**表現内容中立規制**とは、表現の内容とは関わりなく、ビラを配る、看板を立てる、拡声器を使うといった表現の態様（方法）がもたらす弊害を除去するために加えられる規制をいう。

表現内容規制について、表現内容中立規制よりも厳格に違憲審査すべき理由としては、①特定の表現内容を差別的に取り扱うことにより「思想の自由市場」をゆがめてしまうこと、②表現内容が規制される際には、正当な規制目的が掲げられていたとしても、実際には特定の思想・見解に対する敵視に基づくものである危険性があることが指摘されてきた。しかし、この二分論には、前者の危険性を強調するあまり、後者の規制が表現の自由保障にとって深刻な影響をもちうることから目を逸らさせる問題があることも指摘されている。

> ●コラム● 「意見表明そのものの制約」と「表現の間接的・付随的制約」
>
> 　最高裁は、国家公務員法102条1項の「政治的行為」禁止の合憲性が争われた**猿払事件判決**（最大判1974〔昭和49〕・11・6刑集28巻9号393頁　百選13）において、「意見表明そのものの制約をねらい」とする制約と「その行動のもたらす弊害の防止をねらいとして禁止する」制約とを対比し、後者については、「単に行動の禁止に伴う限度での間接的、付随的な制約」にすぎないとして、表現の自由に対する制約の程度が低いとの判断を示した（第2講Ⅱ2(3)ｱａ参照）。
> 　この二分論は、一見、表現内容規制／表現内容中立規制の二分論と似ているが、厳格に審査されるべき「意見表明そのものの制約」には「有害表現」の規制（下記(2)ｱ）と見解規制（下記(2)ｲ）しか含まれず、それ以外の規制については、「間接的、付随的規制」として極めて緩やかな審査しか行われない。また、表現手段がもたらす弊害を防止するための表現内容中立規制であっても、表現の自由保障に対して重大な影響をもつことがあり、この点を過小評価している点も問題である。
> 　この二分論は、公務員の「政治的行為」の制限を表現の間接的・付随的規制であると性格づける。しかし、公務員の「政治的行為」が行政の中立的運営およびこれに対する国民の信頼を損ねるとされるのは、公務員が政治的意見を表明したために生じる弊害であるから、その防止は「意見表明そのものの制約をねらい」とする規制に分類されるべきである。

(2)　表現内容規制の判断枠組み

　表現内容規制に分類される規制のなかには、表現内容が害悪を発生されることが明らかな「**有害表現**」の規制、特定の見解・立場を敵視してなされる**見解規制**、特定の題材・テーマに関する表現を取り上げて規制する**主題規制**という性格を異にする3種の規制が含まれていることから、合憲性の判断枠組みについても、区別して論じる必要がある。

ア　「有害表現」の規制

　表現内容が害悪を発生させることが明らかな「有害表現」（「低価値表現」とも呼ばれる）には、犯罪行為のせん動（(3)ｱ）、わいせつ（(3)ｲ）、名誉毀損（(3)ｳ）、プライバシー侵害などが含まれる。これらの言論については、

未だに規制の正当性について争われているものもあるが、最高裁においては、その規制の必要性・正当性について正面から争われることはなく、表現の自由の保障対象から除外するべきものを定義によって限定するという**定義づけ衡量**と呼ばれる審査方法がとられる。

イ　見解規制（観点規制）

見解規制は、特定の見解・立場を取り上げて規制対象とするものである。これは、特定の見解を敵視するものであり、思想の自由（19条）の保障にも反し絶対的に禁止される（第5講Ⅱ2(2)ア参照）。以下に論ずる主題規制や、特定の主体による表現を取り上げて規制する場合も、実際には見解規制であると疑われることがあり、表現内容中立規制が特定の見解・立場に対して狙い打ち的に運用されることもある（Ⅲ3(4)参照）。

ウ　主題規制

主題規制とは、たとえば、営利的表現や選挙運動などのように、特定の題材・テーマに関する表現の特別の性格から制約の必要性が生じることや、表現の自由の保障の程度が低くなることを理由に、一定の題材に関する表現を他の表現と区別して規制対象とするものである。主題規制は、見解規制と異なり、特定の立場に立つ見解を排除するものではない。しかし、その題材・テーマに関する表現一般を規制して市民の議論の範囲を狭めるものであって、自由な言論と情報流通を確保しようとする思想の自由市場論の趣旨を損なうおそれがある。また、主題の選定の仕方によっては、表現の多様性を損ない、民主主義にとって重大な悪影響をもちかねない。したがって、主題規制がなされている場合、そのカテゴリーの表現を他の表現から区別して規制する十分な理由があるかどうかが厳密に審査されなければならない。

(3)　表現内容規制をめぐる具体的問題

ア　犯罪のせん動

a　犯罪のせん動規制の意義

「せん動」とは、破壊活動防止法の定義によれば、「特定の行為を実行させる目的をもって、文書若しくは図画又は言動により、人に対し、その行為を実行する決意を生ぜしめ又は既に生じている決意を助長させるような勢のある刺激を与えること」とされる（同法4条2項）。破壊活動防止法39条・40条が政治目的による建造物放火、殺人、強盗などのせん動を処罰するほか、国税犯則取締法22条1項が税金不納のせん動の処罰規定をもつ。

せん動罪の成立には、せん動を受けた者による犯罪行為遂行の意思や実行の着手も必要ないとされており、犯罪行為との結びつきの極めて弱い表現ま

でが処罰対象となるおそれがある。

　b　せん動の判断枠組み

　せん動罪による処罰対象となる表現を限定するために考案された基準が、「明白かつ現在の危険」基準である。「明白かつ現在の危険」基準は、せん動と害悪発生（犯罪行為の実行）との因果関係の明白性と、害悪発生の時間的切迫性によって、処罰対象を限定しようとするものであった。

　しかし、せん動と犯罪行為との因果関係の理解は、その時々の社会状況や判断する裁判官の主観に左右される。今日では、せん動罪の処罰対象は、①せん動の内容が直接的に犯罪行為を唱道する言辞を含んでおり、②せん動の結果、犯罪行為が行われる具体的危険があった場合にのみ、せん動を処罰しうるとする**ブランデンバーグ基準**により判断されるとの見解が有力である。

　　＊　合衆国においては、共産主義の脅威が高まった1950年代になると、状況依存的な「明白かつ現在の危険」基準がせん動罪の処罰対象を限定する機能を喪失した。その後、直接的に違法行為を唱道する言辞が用いられていることを求める、Brandenburg v. Ohio, 395 U. S. 444（1969）において示された基準がせん動罪に関する合憲性判断基準として用いられている。

　c　せん動をめぐる具体的事例

　最高裁は、政府への米の供出を拒否するようせん動した演説が食料緊急措置令違反に問われた事件（最大判1949〔昭和24〕・5・18刑集3巻6号839頁　百選53）以来、犯罪行為のせん動を表現の自由の保障の範囲外ととらえてきた。

　その後、「沖縄反戦デー」において、中核派指導者が「自ら武装し、機動隊をせん滅せよ」「一切の建物を焼き尽くして渋谷大暴動を必ず実現する」などと演説したことが破壊活動防止法39条・40条違反に問われた事件について、東京高裁は、ブランデンバーグ基準に言及しつつ、せん動罪を抽象的危険犯と解することに対して批判的見解を示した（東京高判1987〔昭和62〕・3・16判時1232号43頁）。しかし、最高裁は、せん動が「社会的に危険な行為であるから、公共の福祉に反し、表現の自由の保護を受けるに値しないものとして、制限を受けるのはやむを得ない」とするばかりで、せん動罪の処罰対象を限定する方向性は示さなかった（最2小判1990〔平成2〕・9・28刑集44巻6号463頁　百選54）。

　イ　わいせつ表現

　a　わいせつ規制の意義

　わいせつをはじめとする性表現は、表現自体が性道徳・性秩序を侵害する

ものとして、古くから規制対象とされてきたものである。もっとも、そもそも性道徳という保護法益が刑罰による保護に値するものか疑問があるうえ、何を「わいせつ」とするかの判断にあたっても判断者の主観性を排除することは困難である。わいせつ規制に名を借りた思想弾圧が行われないように、できるだけ客観的かつ限定的なわいせつ概念を構築する必要がある。

　b　わいせつ規制の判断枠組み

　最高裁は、**チャタレイ事件判決**において、大審院以来の先例に従い、「わいせつ」の意味を「徒らに性欲を興奮又は刺戟せしめ、且つ普通人の正常な性的羞恥心を害し、善良な性的道義観念に反するものをいう」と定義した。

　小説等の作品を「わいせつ物」に当たるとして、刑法175条によりその頒布・販売を処罰するかに関しては、作品のもつ芸術性や社会的価値とわいせつ文書に当たるかどうかは無関係とする**絶対的わいせつ概念**と、作品の価値によってわいせつ性が減退することを認める**相対的わいせつ概念**がある。絶対的わいせつ概念は、作品の一部にわいせつな部分があれば、作品全体をわいせつ文書とみなしてしまうこととなり、わいせつを口実とした政治的見解や芸術作品の弾圧を可能にしてしまう。最高裁は、以下にみるように、絶対的わいせつ概念から相対的わいせつ概念へと立場を移行させたとみることができる。

　c　わいせつに関する最高裁の立場の変遷

　D.H. ロレンス作（伊藤整訳）『チャタレイ夫人の恋人』が刑法175条に反するかが争われた事件において、最高裁の多数意見は、絶対的わいせつ概念に立ったうえで、同書における性描写が「相当大胆、微細、かつ写実的であ」り、「性行為の非公然性の原則に反」し、「社会通念上容認された限界を超えているもの」と認定した（**チャタレイ事件判決**　最大判1957〔昭和32〕・3・13刑集11巻3号997頁　百選56）。

　その後、マルキ・ド・サド著（澁澤龍彦訳）『悪徳の栄え』に関して、最高裁は、**チャタレイ事件判決**を参照して、「文書のもつ猥褻性によって侵害される法益と芸術的・思想的文書としてもつ公益性とを比較衡量して、猥褻罪の成否を決すべしとするような主張は、採用することができない」との絶対的わいせつ概念の立場を維持し、同書をわいせつ文書に当たると判断した（**「悪徳の栄え」事件判決**　最大判1969〔昭和44〕・10・15刑集23巻10号1239頁　百選57）。しかし、最高裁のなかで相対的わいせつ概念の採用を主張する裁判官の数が増加し、多数意見自身も、「文書がもつ芸術性・思想性が、文書の内容である性的描写による性的刺激を減少・緩和させて、刑法が処罰

の対象とする程度以下に猥褻性を解消させる場合があることは考えられる」と、相対的わいせつ概念を採り入れたかのような一節を含んでいる。

そして、永井荷風の作とされる『四畳半襖の下張』について、最高裁は、「文書のわいせつ性の判断にあたっては、当該文書の性に関する露骨で詳細な描写叙述の程度とその手法、右描写叙述の文書全体に占める比重、文書に表現された思想等と右描写叙述との関連性、文書の構成や展開、さらには芸術性・思想性等による性的刺激の緩和の程度、これらの観点から該文書を全体としてみたときに、主として、読者の好色的興味にうったえるものと認められるか否かなどの諸点を検討することが必要」と述べた。これは、作品の価値によってわいせつ性が減退することを承認するものであり、最高裁は、明確に相対的わいせつ概念を採用するに至ったと評価しうる（「**四畳半襖の下張**」**事件判決**　最 2 小判1980〔昭和55〕・11・28刑集34巻 6 号433頁　百選58）。

こうした最高裁判決の展開により、刑法175条の処罰対象となる「わいせつ」文書の範囲は、「**文書を全体としてみたときに、主として、読者の好色的興味にうったえるものと認められる**」ものに限定されたが、「わいせつ」概念の不明確性の問題は依然として残る。

　　＊　伊藤裁判官は、わいせつ判断について、ハードコア・ポルノと準ハードコア・ポルノを区別し、前者を表現の自由の保障の対象外とし、後者を規制対象とすべきかどうかは作品のもつ社会的価値との利益衡量により決定されると主張した（最 3 小判1983〔昭和58〕・ 3 ・ 8 刑集37巻 2 号15頁）。しかし、ハードコア・ポルノの定義も曖昧さを払拭できておらず（「性器または性交を具体的に露骨かつ詳細な方法で描写叙述し、その文書図画を全体としてみたときにその支配的効果がもっぱら受け手の好色的興味に感覚的官能的に訴えるものであって、その時代の社会通念によっていやらしいと評価されるもの」と定義される）、準ハードコア・ポルノについても、結局は相対的わいせつ概念によって判断されるのであれば、主張の実益である明確性の確保ができているかについて疑問がある。

　ウ　名誉毀損
　a　名誉毀損規制の意義

名誉毀損的な表現は、表現内容が他者の社会的評価を低下させるという害悪を発生させる。もっとも、名誉毀損の処罰は、歴史的に、権力者に対する批判を封ずる手段として用いられてきたものであり、表現の自由保障との適切な調整が必要となる。

刑法230条は、「公然と事実を摘示し、人の名誉を毀損した者」について、

「その事実の有無にかかわらず」、罪に問う。しかし、これでは、事実に基づく批判も処罰対象となってしまい、表現の自由の不当な制限となるおそれがあった。

そこで、日本国憲法施行に伴う刑法改正において、230条の2が付け加えられ、「公共の利害に関する事実に係り、かつ、その目的が専ら公益を図ることにあったと認める場合には、事実の真否を判断し、真実であることの証明があったときは、これを罰しない」（同条1項）との免責事由が定められた。

b　名誉毀損の判断枠組み

名誉毀損に該当するかどうかは、主に刑法230条の2第1項に定める3つの要件をめぐって争われる。

① 「公共の利害に関する事実」

刑法230条の2第2項において、「公訴が提起されるに至っていない人の犯罪行為に関する事実」が「公共の利害に関する事実」とみなされ、同条3項において、「公務員又は公選による公務員の候補者に関する事実に係る場合」についても、「公共の利害に関する事実」であることが前提とされていることから、「公共の利害に関する事実」とは、**国や公共団体の運営に関わる事実**を広く指すものと考えられる。

最高裁は、「私人の私生活上の行状であっても、そのたずさわる社会的活動の性質及びこれを通じて社会に及ぼす影響力の程度などのいかんによっては」、「公共の利害に関する事実」に当たる場合があるとして、宗教団体幹部の行状に関する報道についても、これを肯定した（「月刊ペン」事件判決　最1小判1981〔昭和56〕・4・16刑集35巻3号84頁　百選69）。

② 「専ら公益を図る」目的

条文上は、「専ら」という限定的な文言となっているが、**主たる目的が公益目的であれば、他の目的を有していてもよい**と解されている。なお、「公務員又は公選による公務員の候補者に関する事実に係る場合」については、公益目的の要件を満たすことは前提とされている（刑法230条の2第3項）。

③ 「真実であるとの証明」

表現行為を行った者が事実の真実性を証明することは、実際には困難である。真実の証明を厳格に要求すると、免責対象が限定されてしまい表現活動が過度に慎重になってしまう。

そこで、最高裁は、「夕刊和歌山時事」事件判決（最大判1969〔昭和44〕・6・25刑集23巻7号975頁　百選68）において、「真実であることの証明がな

い場合でも、行為者がその事実を真実であると誤信し、その誤信したことについて、確実な資料、根拠に照らし相当の理由があるときは、犯罪の故意がなく、名誉毀損の罪は成立しないものと解するのが相当である」との判断を示した。これは、表現の自由の保障に配慮して、**真実であると誤信する「相当の理由」（誤信相当性）のある場合**にも、名誉毀損の免責対象を拡大したものといえる。

なお、最高裁は、民事不法行為としての名誉毀損についても、刑法230条の2の免責要件に従って判断され、「**夕刊和歌山時事**」事件判決の法理と同様の基準が適用されるとしている（最1小判1966〔昭和41〕・6・23民集20巻5号1118頁）。

エ　誇大広告の規制
a　営利的表現の意義

商品・サービスの宣伝は、「**営利的表現（言論）**」とも呼ばれる。営利的表現は、商業活動の一環として行われるため、かつては経済活動の自由の問題と考える見解もあった（後掲・最大判1961〔昭和36〕・2・15における垂水裁判官補足意見）。今日、営利的表現が経済活動の一環でもあるが表現活動としての性格も有するとの前提には、一致がみられる。ただし、営利的表現が民主主義との結びつきが薄いことを理由に、保障の程度が非営利的表現よりも低いと説く見解もある。

商品やサービスの価値や価格に関する広告は、消費者に正確な情報を提供し、消費者の選択を可能にするものであるかぎり、一概に価値が低いとはいえない。しかし、広告には、商業活動の一環であることに伴う強い動機づけがあり、思想と異なり虚偽かどうかの確定が客観的事実により容易に判断できるという特質もあるので、一般の表現よりも萎縮効果のおそれを考慮する必要が少ない。

b　営利的表現の判断枠組み

営利的表現については、アメリカ合衆国判例（Central Hudson Gas & Electric Corp. v. Public Service Commission of New York, 447 U. S. 557〔1980〕）を参考に、①合法的活動に関する真実で人を誤解させない表現である場合、②規制利益が実質的であること、③規制手段が規制利益を直接促進すること、④規制利益を達成するのに必要以上に広範な規制でないことという要件を満たした場合に規制が許されるとの基準（**セントラル・ハドソン・テスト**）によって合憲性が審査されるべきとの見解が有力である。

c　誇大広告規制をめぐる具体的問題——あん摩師等法事件

あん摩師、はり師、きゅう師及び柔道整復師法7条は、施術者の氏名・住所、施術日・時間等の定められた事項以外の広告、とりわけ「施術者の技能、施術方法又は経歴に関する事項」の広告を禁ずる。最高裁は、広告を「無制限に許容するときは、患者を吸引しようとするためややもすれば虚偽誇大に流れ、一般大衆を惑わす虞があり、その結果適時適切な医療を受ける機会を失わせるような結果を招来すること」を規制の目的ととらえたうえで、きゅうの適応症の広告禁止について簡単に合憲と判断した（最大判1961〔昭和36〕・2・15刑集15巻2号347頁　百選59）。

しかし、同法の規制対象には真実の情報提供までが含まれており、本来、消費者が知るべき適応症の情報提供までも禁止する過剰な規制である。

●コラム●　「有害図書」規制をめぐる憲法上の問題点

各地の青少年保護条例は、青少年の健全な育成を妨げるおそれのある書籍を青少年に販売・頒布・貸出しすることを禁止する。たとえば、「東京都青少年の健全な育成に関する条例」は、「著しく性的感情を刺激し、甚だしく残虐性を助長し、又は著しく自殺若しくは犯罪を誘発するものとして、東京都規則で定める基準に該当し、青少年の健全な成長を阻害するおそれがあると認められるもの」の販売、頒布、貸付けを禁じている（9条1項）。

「有害図書」規制は、他者に害を及ぼすことを理由とする規制ではなく、本人の健全な成長を理由とするパターナリズムに基づく規制である（第2講コラム「パターナリズムに基づく規制」参照）。「有害図書」規制においては、わいせつに至らない性表現や暴力的表現など、その他の法律では規制対象となっていない表現も規制対象とされているが、それらの表現が青少年の健全な育成を妨げるとの明確な立法事実が示されているわけではない。また、各条例は、青少年が「有害図書」に接しないように、自動販売機での販売禁止などの販売方法の規制を行っており、これによって条例の規制対象外である成人による入手も困難になるという問題もある。

さらに、書籍の販売から「有害図書」指定までの間に青少年が書籍を手にする可能性をなくすため、たとえば、「全裸若しくは半裸での卑わいな姿態又は性交若しくはこれに類する性行為で規則で定めるものを描写し、又は撮影した図画、写真等」が全体の5分の1以上を占めるなどの量的基準に該当する書籍等について、個別的に審査することなく「有害図書」に指定する「包括指定」と呼ばれる方法が多用されており、検閲・事前抑制に該当するとの批判もある。

最高裁は、岐阜県青少年保護育成条例における「有害図書」の自動販売機による販売禁止について、憲法21条2項にいう「検閲」に該当せず、憲法21条1項の表現の自由の保障にも違反しないと判示した（最3小判1988〔平成元〕・9・19刑集43巻8号785頁　百選55）。

判決は、「条例の定めるような有害図書が一般に思慮分別の未熟な青少年の性に関する価値観に悪い影響を及ぼし、性的な逸脱行為や残虐な行為を容認する風潮の助長につながるものであって、青少年の健全な育成に有害であることは、既に社会共通の認識になって

いるといってよい」として規制の必要性を肯定し、自動販売機による販売規制や包括指定についても、規制の有効性を強調して、簡単に憲法違反の主張を斥けた。

伊藤裁判官は、補足意見において、青少年は知る自由の前提となる情報選別能力が十全ではなく、知識や情報の影響を受けやすいことから、「表現が受け手として青少年にむけられる場合には、成人に対する表現の規制の場合のように、その制約の憲法適合性について厳格な基準が適用されない」と判決の理由づけを補強した。

7 表現内容中立規制

(1) 表現内容中立規制の判断枠組み

ア 表現の時・場所・方法の規制

表現の態様がもたらす弊害の防止を理由に行われる表現内容中立規制は、通常、表現の時・所・方法の規制という態様をとる。これらの規制は、表現の全面的な禁止には至らないが、効果的な表現活動を禁圧する効果をもちうる。また、ビラ配りやポスターの掲示といった表現手段は、マスメディアによって取り上げられることの少ない見解を伝える安価かつ数少ない手段であり、言論の多様性を確保するためには、その機会が十分に保障される必要がある。こうした理由から、表現内容中立規制についても、殊更に緩やかな違憲審査基準をとる必然性はなく、他の精神的自由についての間接的規制と同様に、①**規制が表現の自由への制約を正当化しうるだけの重要性をもつこと**、②**規制手段が規制目的の実現にとって必要最小限度の範囲にとどめられること**、③**代替的な表現手段が確保されていることを厳格に審査する必要がある**。また、法令としては一般的に上記の基準を満たしているとしても、具体的な適用が表現の自由に対する過剰な規制となっている場合には、適用違憲の可能性も検討すべきである。

イ 表現活動に対する付随的規制

表現内容中立規制のなかには、ポスティングのための立入りの住居侵入罪による処罰（後掲(2)ウ）や、「象徴的表現」の処罰（後掲(2)エ）のように、表現活動の手段としての非表現行為を規制する結果、付随的に表現活動が制約される場合（付随的規制）がある（ここにいう「付随的規制」は、**猿払事件判決**が用いた「間接的・付随的規制」という概念〔コラム「『意見表明そのものの制約』と『表現の間接的・付随的規制』」参照〕とは異なり、表現行為に対する規制を含まない）。付随的規制の場合、表現活動が直接には規制されていないため、その合憲性については、①**立法目的が重要な公共的利益を促進するものであり**、②**表現の自由の抑圧と直接関係がないこと**、③**規**

制手段の表現の自由に及ぼす付随的効果は、立法目的を促進するのに必要な限度を超えるものでないことを求める**オブライエン・テスト**（徴兵制度反対の意思表明としての徴兵カード焼却行為の処罰が表現の自由の保障に反するかが争われた United States v. O'Brien〔391 U. S. 367［1968］〕判決において用いられた基準）によって判断される。

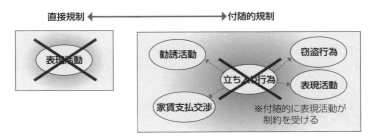

ウ パブリック・フォーラム論

ビラ配りやポスターの掲示、そして集会やデモ行進などの表現活動にあたっては、国や地方公共団体等の所有する施設・場所の利用が必要となる。ここから、施設管理権に基づく施設・場所の利用規制を通じて、表現活動が制約されることが起きる。道路や公園など、伝統的に表現活動や人々の意見交換の場となってきた施設や市民会館のように集会のために設置された施設については、**施設管理権の行使にあたって、表現の自由の行使がその施設の「本来の利用目的」であることを認め、できるだけ表現の場を確保するよう配慮することを求める**パブリック・フォーラム論が主張される（集会の自由との関係についてはⅢ3(3)参照）。

パブリック・フォーラム論については、**吉祥寺駅事件判決**の補足意見において、伊藤裁判官が次のように言及した（最3小判1984〔昭和59〕・12・18刑集38巻12号3026頁　百選62）。

「一般公衆が自由に出入りできる場所は、それぞれその本来の利用目的を備えているが、それは同時に、表現のための場として役立つことが少なくない。道路、公園、広場などは、その例である。これを『パブリック・フォーラム』と呼ぶことができよう。このパブリック・フォーラムが表現の場所として用いられるときには、所有権や、本来の利用目的のための管理権に基づく制約を受けざるをえないとしても、その機能にかんがみ、表現の自由の保障を可能な限り配慮する必要があると考えられる」。

(2) 表現内容中立規制をめぐる具体的問題
ア 屋外広告物条例によるビラ貼り規制

屋外広告物法は、「良好な景観又は風致を維持するために必要があると認めるとき」に、各地方公共団体が条例によって屋外広告物の表示や広告物の掲出を禁止しうると定めている。

最高裁は、大阪市屋外広告物条例によるビラ貼り・立て看板の規制について、「国民の文化的生活の向上を目途とする憲法の下においては、都市の美観風致を維持することは、公共の福祉を保持する所以であるから、この程度の規制は、公共の福祉のため、表現の自由に対し許された必要且つ合理的な制限と解することができる」との簡単な理由づけに基づく合憲判断を示している（最大判1968〔昭和43〕・12・18刑集22巻13号1549頁　百選60）。

ただし、**大分県屋外広告物条例違反事件判決**（最3小判1987〔昭和62〕・3・3刑集41巻2号15頁　百選61）における伊藤裁判官の補足意見は、広告物の貼付されている**場所の性質**（パブリック・フォーラムか否かなど）、**周囲の状況**、**広告物の数量・形状**や、**掲出の仕方**等を総合的に考慮し、「その地域の美観風致の侵害の程度と掲出された広告物にあらわれた表現のもつ価値とを比較衡量した結果、**表現の価値の有する利益が美観風致の維持の利益に優越すると判断されるとき**」に、刑事罰を科すことは適用違憲となる可能性があると述べている。

> ＊　家屋所有者の財産権の保護を目的とする表現活動の規制として、みだりに他人の家屋その他の工作物にはり札をすることを罰する軽犯罪法1条33号がある。最高裁は、法のいう「みだりに」とは、「他人の家屋その他の工作物にはり札をするにつき、社会通念上正当な理由があると認められない場合」と解したうえで、「その手段が他人の財産権、管理権を不当に害するごときものは、もとより許されないところであるといわなければならない」との理由で規制を正当化している（最大判1970〔昭和45〕・6・17刑集24巻6号280頁　百選A3）。

イ 道路使用の許可制を通じた街頭演説等の規制

道路の管理権に基づく使用許可制によって街頭演説等の表現活動が制約を受けることがある。

旧道路交通取締法26条1項4号を受けた道路交通取締法施行細則26条8号は、「道路において、……宣伝、広告、演芸、演説、音楽、朗読その他の方法により人寄をすること」（「人寄せ」行為）について、所轄警察署長の許可を受けるよう求めていた。この許可制について、最高裁は、「場合によって

は道路交通の妨害となり、延いて、道路交通上の危険の発生、その他公共の安全を害するおそれがないでもない」（傍点筆者）との薄弱な理由に基づき、表現の自由に対する「時、所、方法等」の合理的制限であるとして、憲法21条に違反しないとした（最1小判1960〔昭和35〕・3・3刑集14巻3号253頁）。

＊　同規定は、「道路において公安委員会の定める行為をしようとする者」は「命令の定めるところにより警察署長の許可を受けなければならない」との定めであり、委任命令への白紙委任という問題もはらんでいた。

その後に制定された道路交通法77条2項は、警察署長による不許可を、「許可に付された条件」によっても「交通の妨害となるおそれ」がなくならない場合などに限定し、規制を必要最小限度にとどめようとする姿勢もみられる。

最高裁は、同法77条1項に基づく所管警察署長の許可制が争われたエンタープライズ入港反対デモ事件において、集団行動を不許可としうる場合が、「当該集団行進の予想される規模、態様、コース、時刻などに照らし、これが行われることにより一般交通の用に供せられるべき道路の機能を著しく害するものと認められ、しかも、同条3項の規定に基づき警察署長が条件を付与することによっても、かかる事態の発生を阻止することができないと予測される場合に限られる」ことを理由に、「必要かつ合理的な制限として憲法上是認される」と判示した（最3小判1982〔昭和57〕・11・16刑集36巻11号908頁　百選90）。

ウ　ビラ配布のための家屋等への立入規制

ビラ配布のために他人の家屋等に立ち入ることが、住居侵入罪・不退去罪に問われることがある。しかし、各戸へのビラの配布（ポスティング）は、必然的に他人の土地・家屋への侵入を伴い、形式的にこれらの罪を適用すれば、すべての配布行為が刑事罰に問われることになる。しかも、こうした事例では、政治的な内容のビラが狙い撃ち的に起訴される傾向があり、取締当局による見解規制に当たる疑いが濃厚なケースも多い。

最高裁は、イラクへの自衛隊派遣に反対するビラを自衛隊官舎の郵便受けに投函した行為が住居侵入罪に問われた事件について、憲法21条1項に違反しないとした（立川テント村事件判決　最2小判2008〔平成20〕・4・11刑集62巻5号1217頁　百選63）。判決は、集合住宅の各階にある各戸の玄関前まで立ち入った行為が刑法130条にいう「人の看守する邸宅」への「侵入」に当たると認定したうえで、「思想を外部に発表するための手段であっても、

その手段が他人の権利を不当に害するようなものは許され」ず、「たとえ表現の自由の行使のためとはいっても、このような場所に管理権者の意思に反して立ち入ることは、管理権者の管理権を侵害するのみならず、そこで私的生活を営む者の私生活の平穏を侵害するものといわざるを得ない」との理由で憲法違反の主張を斥けた。

 ＊ 最高裁は、分譲マンションの各戸に政党のビラを配布するため、共用部分に立ち入ったという事件についても、同様の理由で、住居侵入罪による処罰を憲法21条1項に違反しないとしている（最2小判2009〔平成21〕・11・30刑集63巻9号1765頁）。

表現の自由に対する制約を必要最小限度にとどめ恣意的な取締りを防ぐためには、刑事罰を科しうるのは、ビラ配布を拒否する居住者の意思が明確に示されており、ビラ配布が生活の平穏を著しく脅かす態様で行われた場合に限定されるべきである。

エ　象徴的表現——「日の丸」焼却事件

象徴的表現とは、通常の文字又は言語による表出方法に代えて、**通常は表現としての意味をもたない行為によって自己の意思・感情等を表出すること**をいう。

象徴的表現の制約が争われた例として、沖縄国体のソフトボール会場における「日の丸」焼却が刑法261条の器物損壊罪に問われた事件がある（福岡高判那覇支判1995〔平成7〕・10・26判時1555号140頁）。判決は、「象徴的表現行為」と認められるかどうかの判断基準として、行為者が自己の意思・感情を表出する主観的意図を有していること、その表出を第三者（情報受領者）が表現としての意味をもつと理解することを必要とするとした。判決は、問題とされた「日の丸」焼却について、後者の要件を満たすかどうか疑問なことに加え、仮に「象徴的表現行為」といえたとしても、オブライエン・テスト（⑴イ参照）に基づいて判断するならば、器物損壊罪による処罰が表現行為を不当に規制することにはならないと判示した。

オ　公職選挙法による選挙運動の規制

第13講Ⅴ参照。

Ⅱ　取材・報道の自由

1　取材・報道の自由保障の意義

　自由で独立した報道機関の存在は民主主義の維持にとって不可欠の存在である。国民が様々な情報を得るにあたっては、報道機関の取材・報道が必須の機能を果たしており、そこから報道機関に特別の保護（**メディアの特権**）を与える必要が導かれる。他方で、報道機関のなかでも放送は、その特別の影響力と、誰でも放送事業に参入できるわけではないという事情から、特別の制約に服するとされている（コラム「放送の自由の特殊性」参照）。

2　取材・報道の自由の内容

　憲法21条1項の表現の自由の保障は、報道の自由とそのための取材の自由に及ぶ（Ⅰ2⑵参照）。

3　取材・報道の自由の判断枠組み

　報道の自由については、基本的に表現の自由と同様の保障が及び、重要な公益もしくは人権との衝突を理由とする**必要最小限の制限**しか許されない。また、かつての新聞紙法のような報道に対する検閲制度は、憲法21条2項により絶対的に禁止される。

　取材の自由に対する制限については、最高裁は、公益上の規制の必要性と取材・報道の自由に与える影響との利益衡量によって判断する傾向にある（4の各事例参照）。しかし、国民の知る権利に奉仕する取材・報道の自由の重要性に鑑み、単純な利益衡量ではなく、規制の必要性を客観的・具体的に評価したうえで、取材・報道に対する影響を必要最小限度にとどめるべきである。

●コラム●　放送の自由の特殊性

　放送を通じた報道に関しては、放送法に基づいて特殊な規制がなされている。
　① 公正原則
　放送法4条1項は、放送事業者が番組編成にあたって、1）公安および善良な風俗を害しないこと、2）政治的に公平であること、3）報道は事実をまげないですること、4）意見が対立している問題については、できるだけ多くの角度から論点を明らかにすること、を求める。このうち2）と4）が「公正原則」と呼ばれる。
　公正原則は、報道の内容について直接的に規制するものであり、表現の自由に対する制

第8講　表現の自由　177

約としては異例である。放送に関してなぜこのような規制が許されるのかについて、従来、**電波（周波数帯）の希少性**と**社会的影響力**の大きさが根拠とされてきた。

電波の希少性に基づく根拠づけとは、放送用電波を混線なしに利用させるには、一定の限られた事業者に周波数帯の割当てを行わなければならず、周波数帯を割り当てられた事業者はその特権的地位と引替えに、広範な規制を受け入れる必要があるというものである。社会的影響力の大きさに基づく根拠づけは、放送が家庭に侵入し視聴者に与える影響力が大きいことから、一方的な内容に偏向することを避け、多様な見解を視聴者に提示することを求めるものである。

公正原則違反に対して厳しい制裁が科されるならば、報道の自由に対する萎縮効果は極めて大きいものとなり、かえって制度の趣旨に反することになろう。他方、マスメディアと呼ばれる報道機関は言論空間を支配しており、何らかの統制が働かなければ社会の多数派に迎合する報道が少数者の見解を圧倒してしまうおそれもある。そこで、言論空間の自由とともに多様性を確保する観点から、相対的に影響力の大きな放送メディアについて公正原則のような制約を加える一方で、印刷メディアである新聞・雑誌には統制を加えないという方法（**部分規制**）をとることにも合理性がある。ただし、放送メディアと印刷メディアが一体とならないように、資本的・人的分離が必要であろう（長谷部214頁参照）。

② 真実性の確保

放送法9条は、放送事業者が「真実でない事項の放送」をし、その放送により権利の侵害を受けた本人またはその直接関係人から請求があったとき、放送事業者は、遅滞なく放送内容の真実性について調査し、真実でないことが判明した場合には、訂正または取消しの放送をしなければならない、と定める。名誉毀損の場合は、虚偽の報道であっても、「真実と誤信する相当の理由」のある場合には責任が問われない（Ⅰ6(3)**ウ**）ことに比べると、放送法の訂正放送制度は放送事業者に過重な負担を課しているようにもみえる。しかし、訂正放送制度は、あくまでも放送事業者の自主的な調査を促すものであり、そのかぎりで合憲性が承認されよう。

ただし、この訂正放送制度は、あくまでも放送内容の真実性を確保するための公法上の規制であって、権利侵害を受けた被害者が私法上の訂正放送請求権を有するものではないと解されている（最1小判2004〔平成16〕・11・25民集58巻8号2326頁）。

4 取材・報道の自由をめぐる具体的問題

(1) 守秘義務違反をそそのかす取材活動——外務省公電漏洩事件

国家公務員法100条1項は、「職務上知ることのできた秘密」につき国家公務員に対して守秘義務を課し、111条は守秘義務違反に対する「そそのかし」を処罰対象としている。

沖縄返還にあたっての密約の存在を聞き出すために、新聞記者が親密な関係を利用して外務省秘書官に公電の持出しを依頼したことが国家公務員法111条違反に問われた外務省公電漏洩事件について、東京地裁は無罪としたが、最高裁は有罪とした。

東京地裁判決は、①行為が公共的目的によるものか、②手段方法が、目的

を達成するために必要、もしくは、これに通常随伴するものであり、社会通念上特段の非難を加えることができないか、③その行為によってもたらされる利益がその行為の結果損なわれる利益と均衡を保ちまたはこれに優越しているかという事情を総合的に判断した。判決は、③の判断において、記事の内容が沖縄返還に対する民主的コントロールを高めたことを重視して、正当行為の成立を導いた（東京地判1974〔昭和49〕・1・31判時732号12頁）。

これに対し、最高裁決定は、守秘義務違反のそそのかしに形式的に該当する取材行為が正当行為となる場合を、①行為が「真に報道の目的からでたもの」であるか、②「その手段・方法が法秩序全体の精神に照らし相当なものとして社会観念上是認されるもの」かによってのみ判断した。そのうえで、最高裁は、記者が肉体関係を利用して文書を入手しようとしたという手段方法（②）が、「人格の尊厳を著しく蹂躙したもの」であって正当な取材活動の範囲を逸脱しているとした（**外務省公電漏洩事件決定** 最1小決1978〔昭和53〕・5・31刑集32巻3号457頁 百選80）。

取材行為の正当性は、行為の目的や手段・方法の妥当性よりも、③のように報道の内容が国民の知る権利にどれだけ応えるものであったかによって測られるべきであり、地裁判決の判断枠組みが妥当である。

* 2013年に成立した特定秘密保護法は、従来、国家公務員法上の守秘義務の対象であった秘密のうち、①防衛、②外交、③特定有害活動（スパイ活動）、④テロリズムの防止に関わる情報で、「その漏えいが我が国の安全保障に著しい支障を及ぼすおそれがあるため、特に秘匿することが必要である」と認められたものを大臣等の「行政機関の長」が「特定秘密」として指定するものである。いったん「特定秘密」に指定された情報は、5年ごとに指定が更新され、最長60年まで延長されうる。

  取材の自由にとって重大な問題は、「特定秘密」の対象が不明確なため広範な情報が指定されかねないこと、「特定秘密」の故意の漏えいに対する刑罰が、国家公務員法違反（1年以下の懲役または50万円以下の罰金）から、10年以下の懲役に大幅に引き上げられたうえ、漏えいの共謀、教唆、煽動まで処罰されることである。政府は、**外務省公電漏洩事件決定**を参照して、「報道機関の通常の取材行為は正当業務行為に該当する」（「特定秘密の保護に関する法律Q＆A」）と述べている。しかし、何が「通常の取材行為」に当たるかが不明確なことに加え、最高裁決定の基準は上記のとおり取材の自由の保障にとって不十分であることから、同法は取材の自由の不当な制約につながるおそれが強い。

(2) 法廷内の写真撮影禁止事件

刑事訴訟規則215条は、公判廷における写真撮影等にあたって、「裁判所の許可」が必要としている。

無許可で公判中の写真撮影を行った記者が「法廷等の秩序維持に関する法律」違反で起訴された北海タイムス事件について、最高裁は、「公判廷の状況を一般に報道するための取材活動であっても、その活動が公判廷における審判の秩序を乱し被告人その他訴訟関係人の正当な利益を不当に害するがごときものは、もとより許されない」と述べて、写真撮影等の許可制を合憲とした（最大決1958〔昭和33〕・2・17刑集12巻2号253頁　百選76）。

公判の模様が自由に撮影されるとなれば、被告人らの権利が侵害されたり、法廷が混乱するおそれは否定できず、裁判所の許可制の必要性は肯定される。しかし、取材の自由が「憲法21条の規定の精神に照らし、十分尊重に値する」のであれば、「公正かつ円滑な訴訟の運営」のための必要最小限度の制約しか許されず、事件の状況によっては、写真撮影の禁止が「合理性を欠く措置」とされる可能性もある。

(3) 報道材料の押収・差押え

報道材料であるテレビフィルムやビデオテープが刑事事件における証拠として用いられると、それを用いた報道が妨げられるほか、取材源が明らかになり、取材対象者との信頼関係が失われ、将来の取材活動も困難となる。

ア　博多駅テレビフィルム事件

報道材料の刑事手続における利用が初めて最高裁で争われたのは、博多駅テレビフィルム事件であった。博多駅構内で発生したデモ隊と警察官との衝突のなかで発生した警察官による暴行が特別公務員暴行陵虐罪（刑法195条）等に当たるかが争われた付審判請求手続（刑訴法262条～269条）において、事件の模様を撮影していたテレビ局の取材フィルムの提出が命じられた。

最高裁は、①公正な刑事裁判を実現するための必要性と②取材の自由が妨げられる程度、報道の自由に対する影響とを比較衡量するとの判断枠組みで提出命令の是非を判断した。①において検討されるのは、犯罪の性質、態様、軽重および取材フィルムの証拠としての価値であり、最高裁は、多数の機動隊員等の公務員職権乱用罪等という犯罪の性質上、フィルムを罪責の有無の判定にとって「ほとんど必須のもの」と認めた。他方、最高裁は、②については、フィルムが既に放送済みの部分を含んでおり、「それが証拠として使用されることによって報道機関が蒙る不利益は、報道の自由そのものではなく、将来の取材の自由が妨げられるおそれがあるというにとどまる」こ

とを指摘して、フィルムの提出命令をやむをえないものと判断した（博多駅テレビフィルム事件決定　最大決1969〔昭和44〕・11・26刑集23巻11号1490頁　百選78）。

　　イ　日本テレビ事件

　日本テレビ事件で争われたのは、衆議院議員に対する賄賂の受渡しを撮影した取材用ビデオテープに対する検察官の請求に基づく差押命令であった。最高裁は、「適正迅速な捜査」が公正な刑事裁判の実現に不可欠の前提であるとして、**博多駅テレビフィルム事件決定**の利益衡量の判断枠組みを用いた。最高裁は、①贈賄被疑事件という事件の性質上、ビデオテープが証拠上極めて重要な価値を有し、事件の全容を解明し犯罪の成否を判断するうえで、ほとんど不可欠のものであったこと、他方で、②テープは既に放映済みであり、差押えにより報道機関が被る不利益は報道の自由ではなく将来における取材の自由にとどまることを指摘し、差押命令をやむをえないものと認めた（最2小決1989〔平成元〕・1・30刑集43巻1号19頁）。

　　ウ　TBS事件

　続くTBS事件においては、警察官の請求に係る放送用ビデオテープの差押命令の可否が争われた。最高裁は、**博多駅テレビフィルム事件決定**以来の判断枠組みを採用し、①関係者の供述が一致せず、ビデオテープが事案の全容を解明して犯罪の成否を判断するうえで重要な証拠価値をもつものであったこと、他方で、②テープは既に放送済みであることに加え、犯罪者の協力の下に行われた犯行現場の撮影を取材の自由として保護する必要性に乏しいことを指摘して、テープの差押えは「適正迅速な捜査の遂行のためやむを得ない」ものと判断した（最2小決1990〔平成2〕・7・9刑集44巻5号421頁・百選79）。

　　　＊　ただし、公正な刑事裁判の実現そのものが争われた博多駅テレビフィルム事件とその後の事件とでは、報道材料差押えの必要性に差があり、取材の自由の制約を正当化しえないとの批判がある（日本テレビ事件決定における島谷裁判官反対意見、TBS事件決定における奥野裁判官反対意見参照）。

(4)　**裁判における証言強制**

　報道機関の取材源秘匿は、取材対象者との信頼関係を維持するために必要な倫理的規範であるが、同時に、将来の取材を可能とするための必須の手段でもある。国家が取材源の開示を報道機関に求めることは、取材の自由に対して大きな支障を生ずるおそれがある。

民事訴訟法、刑事訴訟法ともに、一定の職業上の秘密について、証言拒否を認めているが、刑事訴訟法149条が特定の職業の職に在る（在った）者に限定的に証言拒否を認めているのに対し、民事訴訟法は、公務員や医師等に職務上の秘密についての証言拒否を認めるほか（197条1項1号・2号）、同3号において「技術又は職業の秘密に関する事項について尋問を受ける場合」にも概括的に証言拒否を認めているという違いがある。これは、刑事裁判が実体的真実の追究に重きを置いていることの反映である。

民事裁判に関して、最高裁は、「報道関係者の取材源は、一般に、それがみだりに開示されると、報道関係者と取材源となる者との間の信頼関係が損なわれ、将来にわたる自由で円滑な取材活動が妨げられることとなり、報道機関の業務に深刻な影響を与え以後その遂行が困難になると解されるので、取材源の秘密は職業の秘密に当たるというべきである」として、取材源が「職業の秘密」に該当すると認めている（NHK記者取材源開示拒否事件決定　最3小決2006〔平成18〕・10・3民集60巻8号2647頁　百選75）。

そのうえで、最高裁は、「秘密の公表によって生ずる不利益と証言の拒絶によって犠牲になる真実発見及び裁判の公正との比較衡量により決せられる」との判断枠組みを設定し、①「報道の自由」への影響について、㋐当該報道の内容・性質・その社会的な意義・価値、㋑当該取材の態様、㋒将来における同種の取材活動が妨げられることによって生ずる不利益の内容・程度、②「裁判の公正」への影響について、㋓当該民事事件の内容・性質・その社会的な意義・価値、㋔当該民事事件において当該証言を必要とする程度、㋕代替証拠の有無等の諸事情を考慮事項として挙げている。

刑事裁判については、最高裁は、証言拒否が認められる場合を限定列挙と解し、記者による証言拒否を認めていない（最大判1952〔昭和27〕・8・6刑集6巻8号974頁）。しかし、先の(3)の事例においても、最高裁は、利益衡量によって公正な刑事裁判の実現という要請が譲歩を迫られる事態を想定しているのであって、刑事裁判において記者の証言拒否が一切認められないと解するべきではない。記者に対する法廷での証言強制についても、取材・報道の自由に対する支障が必要最小限度となるように、「公正な裁判の実現」という目的に照らして、必要不可欠な場合に限定されなければならない。

Ⅲ　集会の自由

1　集会の自由の意義

　憲法21条1項が、「言論、出版その他一切の表現の自由」と並んで、集会の自由を保障したのは、多数人が集合する集会が意見表明の手段として重要な位置を占めているからである。他方で、集会はその時々の政治体制を脅かす危険性が高いものとして、国家権力の側から警戒の対象となってきた。

2　集会の自由の内容

(1)　「集会」とは

　集会とは、一般に、多数人が共通の目的の下に集合することをいうが、憲法21条1項は表現の自由の保障規定であり、そこにいう「集会」も、何らかの思想・意見の表明等の表出を目的とした多数人の集合をいうものと解される。集会の自由とは、集会の開催、参加について公権力からの制約を受けないことを意味する。

(2)　集団行進の自由の保障

　集団行進については、「動く集会」として「集会の自由」に含める考え方と、「その他一切の表現の自由」に含める見解がある。どちらによっても、集団行進の自由が憲法21条1項により保障されるとの結論に違いはないが、多数人の集合という特性を共有していることからみて、集会の自由に含めるのが妥当である。

(3)　集会のための場所の利用

　集会・集団行進は、多数人が集合するという性質上、場所を必要とする。集会の自由が自由権にとどまるかぎり、集会の場所の提供を求める権利はそこに含まれないが、場所の利用を拒否することは集会の自由の実質的な否定につながることから、集会のための場所の恣意的な利用拒否を防ぐ法理が必要となる。

　たとえば、**皇居前広場事件判決**（後掲4(3)ア）において、最高裁は、傍論ながら、集会の開催によって公園自体が著しい損壊を受けること、長時間にわたり一般国民による公園の本来の利用が全く阻害されること等を理由としてなされた使用拒否処分を、「公園としての使命を達成せしめようとする立場に立っ」た処分として容認し、憲法21条違反の主張を斥けた。しかし、この論理を推し進めると、集会に適した公園や道路にもそれぞれ「本来の利

用」目的があることから、それを理由に集会のための利用がすべて拒否されることにもなりかねない。

パブリック・フォーラム論（Ⅰ7(1)ウ、後掲3(3)）は、伝統的に集会・集団行進の場とされてきた公園・道路について、集会・集団行進も「本来の利用目的」の一つとして承認させようとする法理である。また、皇居前広場や地方公共団体における「公の施設」（地自法244条）のような公共用財産は、国民や住民の利用に開かれたものであり、「正当な理由」なく利用を拒否することは許されず、「不当な差別的取扱い」もしてはならない（地自法244条2項・3項）とされている。

最高裁は、公共用財産に関する上記の法理と集会の自由の保障とを接合し、集会の用に供する「公の施設」が設けられている場合、「**管理者が正当な理由なくその利用を拒否するときは、憲法の保障する集会の自由の不当な制限につながる**」と判示した（泉佐野市民会館事件判決）。

3 集会の自由の判断枠組み

(1) 集会の規制態様の区別

集会の自由は、表現の自由の集団的行使とみることもでき、その規制の多くについても表現の自由に対する制約と同様の判断枠組みが妥当する。

集会・集団行動の制約については、多数人が集合する集会・集団行動がもたらす弊害を防止・除去するためになされる、集会の自由そのものの規制（公安条例〔4(1)〕がその典型）と、施設管理権に基づいてなされる、集会・集団行進のための場所の利用に関する規制（4(3)）を区別することが重要である。

(2) 集会の自由そのものの制約

集会の自由も民主主義過程の維持・発展に不可欠な精神的自由の一つであり、集会の自由そのものの規制は原則として許されず、他者の基本的人権との調整など、規制を不可欠とする目的のための必要最小限度の規制のみが認められる。新潟県公安条例事件判決が述べたように、**集会・集団行進について、一般的な許可制を定めて事前に抑制することは許されず、具体的な場所、方法について許可制を定める場合にも、公共の安全に対する明らかな差し迫った危険を及ぼすことが予想される場合以外は不許可にしえない。**

(3) 集会のための場所の使用制限

伝統的なパブリック・フォーラムである道路・公園については、表現活動、集会、集団行進も「本来の利用目的」とされるべきであるから、**他者に**

よる利用を重大な程度に妨げないかぎり、原則として集会等の利用が認められるべきである。

また、地方公共団体の「公の施設」など、公共用財産が集会の用に供されている場合も、原則として集会のための利用が認められ、集会の開催によって他者の基本的人権の侵害等が発生する明らかな差し迫った危険の発生が客観的な事実に照らして具体的に予見される場合以外には利用を拒否できない（泉佐野市民会館事件判決）。

> ＊ 国や地方公共団体の保有する公共用財産は、公の目的に供されるものか否かで行政財産と普通財産に分けられ（地自法238条3項）、行政財産は、一般に、特定目的のための公用財産（学校施設など）と一般公衆の利用に供される公共用施設（市民会館、公園など）に分けられる。
> 　最高裁は、教職員組合の集会のための学校施設の目的外利用の可否が争われた事件において、施設管理者の広い裁量を認めつつも、判断過程審査の手法を用いて裁量権の逸脱・濫用を認めた（呉市公立学校施設利用拒否事件　最3小判2006〔平成18〕・2・7民集60巻2号401頁）。

(4) 見解規制（差別）の禁止

表現の自由の保障についても述べたように、集会をその主張内容によって規制することは、憲法19条にも違反するものとして絶対的に禁止される（Ⅰ6⑵イ）。集会のための場所の利用許可にあたっても、集会の主張内容や主催者によって差別的に取り扱ってはならない。

泉佐野市民会館事件判決は、市民会館の使用拒否処分を憲法21条1項に反しないと判断する過程で、「もとより、普通地方公共団体が公の施設の使用の許否を決するに当たり、集会の目的や集会を主催する団体の性格そのものを理由として、使用を許可せず、あるいは不当に差別的に取り扱うことは許されない」と述べ、見解規制が許されないとの原則を明らかにした。

(5) 敵対的聴衆の法理

敵対的聴衆の法理とは、平穏な集会に対する暴力的な妨害のおそれがあるときは、会場管理者はまず警察力等をもって妨害者の排除を行うことを優先すべきであり、**警察力等による妨害者の排除が不可能な場合に限って、会場の使用を拒否できる**との原則である。

泉佐野市民会館事件判決は、「主催者が集会を平穏に行おうとしているのに、その集会の目的や主催者の思想、信条に反対する他のグループ等がこれを実力で阻止し、妨害しようとして紛争を起こすおそれがあることを理由に公の施設の利用を拒むことは、憲法21条の趣旨に反する」と述べた。これ

は、平穏な集会を暴力で妨害しようとする者の存在を理由に集会の会場の利用を不許可とすれば、会場管理者が結果として集会妨害者に加担することになってしまうことを問題とするものである。

* 最高裁は、泉佐野市民会館事件については、集会の実質的主催者である中核派が「平穏な集会を行おうとしている者」に当たらないなどの理由で敵対的聴衆の法理の適用を認めなかったが、上尾市福祉会館事件判決（最2小判1996〔平成8〕・3・15民集50巻3号549頁）においては、「警察の警備等によってもなお混乱を防止することができないなど特別な事情がある場合」に当たらないとして、会館の使用不許可処分を違法と判断した。

4 集会の自由をめぐる具体的問題

(1) 公安条例

集会の自由そのものに対する規制の典型例は、戦後活発化した大衆運動を抑え込むために、占領軍が各地方公共団体に制定させた公安条例である。たとえば、東京都の「集会、集団行進及び集団示威行動に関する条例」は、「道路その他公共の場所で集会若しくは集団行進を行おうとするとき、又は場所のいかんを問わず集団示威運動を行おうとするときは、東京都公安委員会（以下「公安委員会」という。）の許可を受けなければならない」と定める（1条）。そして、公安委員会は、「集会、集団行進又は集団示威運動の実施が公共の安寧を保持する上に直接危険を及ぼすと明らかに認められる場合」には、許可しないことができる（3条1項）。

ア 新潟県公安条例事件

公安条例にいう「許可」を文字どおり解すると、事前に公安委員会の許可を得ないかぎり、集会、集団行進等はできないこととなり、憲法21条2項前段の検閲の禁止や、同1項から導かれる事前抑制禁止原則に違反するようにも思われる。

最高裁は、**新潟県公安条例事件判決**（最大判1954〔昭和29〕・11・24刑集8巻11号1866頁　百選87）において、集団行進について、「単なる届出制を定めることは格別、そうでなく一般的な許可制を定めてこれを事前に抑制することは、憲法の趣旨に反し許されない」ことを明らかにした。ただし、同判決は、「特定の場所又は方法につき、合理的かつ明確な基準の下」であれば、許可制や禁止条件つきの届出制を定めうるとし、「公共の安全に対し明らかな差迫った危険を及ぼすことが予見されるとき」に不許可または禁止することもできるとしている。

最高裁の判断枠組みは、条例が集会の自由の事前抑制になりかねない点に、ある程度配慮したものではあったが、実際の条例の合憲性判断においては、「公安を害する虞」といった抽象的な不許可基準についても、「条例の各条項及び附属法規全体を有機的な一体として考察」すべきとして、違憲主張を斥けた。

イ　東京都公安条例事件

　その後、最高裁は、**東京都公安条例事件判決**（最大判1960〔昭和35〕・7・20刑集14巻9号1243頁　百選A4）において、集会・集団行進が「一瞬にして暴徒と化」すという危険性を内包するものとの認識（集団暴徒論）に基づいて、「許可」か「届出」かといった「概念乃至用語のみによって判断すべきでな」く、また、「条例の立法技術上のいくらかの欠陥にも拘泥してはならない」といった性急な態度で合憲の結論を下している。ただし、判決は「この許可制はその実質において届出制とことなるところがない」とも述べて、**新潟県公安条例事件判決**の法理を継承する姿勢も示している。

　集会の自由に対する事前抑制は、「厳格かつ明確な要件」の下でのみ許されるはずである（Ⅰ4(2)参照）。具体的には、不許可とされる場合が、他者の生命・身体、基本的人権を害する「明らかで差し迫った危険」がある場合に限定されていなければならない。各地の公安条例は、到底こうした基準を満たさず、その合憲性を肯定するためには、運用上、不許可となる事態が存在しえない実質的な届出制と解するほかはない。

> ＊　公安条例のほとんどは、生徒・学生の遠足や冠婚葬祭による行列を規制対象外としている。これは、同じ集団行進のなかで、政治的な集団行進のみを取り立てて規制している主題規制とも評価しうる。政治的な集団行進が他の行進にみられない危険性を有していることを明らかにしないかぎり、憲法21条1項の下での合憲性は認められない。

(2)　成田新法事件

　成田空港の建設をめぐる反対運動が激化したことから、政府は「新東京国際空港の安全確保に関する緊急措置法」（いわゆる「成田新法」。現在は「成田国際空港の安全確保に関する緊急措置法」）を制定した。同法は、空港付近の「規制区域」内に所在する建築物について、国土交通大臣が、「多数の暴力主義的破壊活動者の集合の用」に「供されるおそれ」のための利用禁止を命ずることができると定めていた（3条1項1号）。

> ＊　「暴力主義的破壊活動者」とは、「成田国際空港若しくは成田国際空港における航空機の離陸若しくは着陸の安全を確保するために必要な航空保安

施設若しくは成田国際空港の機能を確保するために必要な施設のうち政令で定めるものの設置若しくは管理を阻害し、又は成田国際空港若しくはその周辺における航空機の航行を妨害する」騒乱、放火、殺人等の刑法犯その他の法令違反を行い、または行うおそれがあると認められる者をいう（2条1項・2項）。

最高裁（最大判1992〔平成4〕・7・1民集46巻5号437頁　百選115）は、いわゆる**利益衡量基準**（第2講Ⅳ4）に基づいて、同法に基づく集会の自由の制約が憲法21条1項に違反しないとした。最高裁は、まず「暴力主義的破壊活動者」を「暴力主義的破壊活動を現に行っている者又はこれを行う蓋然性の高い者」に、1号の集合の用に「供されるおそれ」を「現に供され、又は供される蓋然性が高いと認めるとき」に限定した。そのうえで、判決は、規制の目的が航空機の航行の安全、空港を利用する乗客等の生命・身体の安全の確保という「国家的、社会経済的、公益的、人道的見地から極めて強く要請される」利益であるのに比して、制約されるのが「多数の暴力主義的破壊活動者が当該工作物を集合の用に供する利益」にすぎないことを指摘して、規制が「必要かつ合理的なもの」であると認めた。

(3)　集会・集団行進のための公共の場の利用制限

ア　皇居前広場事件

メーデー集会のための皇居前広場の使用許可申請が拒否された事件について、最高裁は、係争中に開催予定日が徒過したため、不許可処分取消しに関する訴えの利益を喪失したとして訴えを却下した。判決は、「なお、念のため、」として不許可処分の適否について詳細な理由づけを述べ、集会の人数の多さ、長時間の使用によって、公園全体が著しく損壊を受け、一般国民の公園使用が阻害されることを指摘して、処分を実質的に支持した。最高裁の立場は、「公園としての使命を達成せしめようとする立場に立つ」た処分であれば、「管理権の適正な運用を誤ったものとは認められない」というものであり（2(3)参照）、集会のための公園利用の重要性を全く考慮に入れなかった（**皇居前広場事件判決**　最大判1953〔昭和28〕・12・23民集7巻13号1561頁　百選85）。

イ　泉佐野市民会館事件

最高裁は、泉佐野市民会館事件について、前述したように（2(3)）、地方自治法上の「公の施設」である市民会館の利用拒否が憲法上の集会の自由の侵害となりうることを指摘して、使用不許可が認められる要件を厳格に限定した（3(2)）。もっとも、同判決は、集会の開催により、人の生命・身体・

財産が害される「明らかな差し迫った危険の発生」が具体的に予見されたと認定し、市民会館の使用不許可処分を支持した（**泉佐野市民会館事件判決最3小判1995〔平成7〕・3・7民集49巻3号687頁　百選86**）。

Ⅳ　結社の自由

1　結社の自由の意義

　結社とは、継続的に多数の者が団体を結成し、それを通じて活動するものである。結社を結成することにより、人は同じ目的を共有する他者と協力して、より有効に目的を達成することができる。

　結社は、政治的なものに限られず、会社や労働組合など経済活動に関わるもののほか、文化サークルなど多様なものを含みうる。しかし、憲法21条1項が表現の自由を保障した規定であることからすると、ここで保障された結社の自由とは、表現活動のために結成された団体を指すと考えるべきである。

　　＊　憲法21条1項によって保障される結社の自由を表現活動を目的とした結社に限定すると、経済活動を目的とした団体結成は憲法22条1項、それ以外の団体結成は、憲法13条により保障されることとなる。

2　結社の自由の内容

　結社の自由とは、団体の結成、加入、運営、団体としての活動について、公権力から干渉を受けないことの保障を意味する。団体への加入を強制されないという**消極的結社の自由**も、結社の自由に含まれる。

3　結社の自由の判断枠組み

　結社の自由は、集会の自由と同様、表現の自由の集団的行使とみることもできるから、その制約については、基本的に表現の自由と同様の厳格な審査基準が妥当し、**その制約は必要最小限度にとどめられなければならない**。違法な活動を行う団体に加入することを処罰しうるのは、団体の違法な活動を知ったうえで加入した場合に限られる。

4　結社の自由をめぐる具体的問題

(1)　破壊活動防止法による解散命令

　破壊活動防止法は、公安審査委員会が、「団体の活動として暴力主義的破壊活動を行った団体に対して、当該団体が継続又は反覆して将来さらに団体の活動として暴力主義的破壊活動を行う明らかなおそれがあると認めるに足りる十分な理由があるとき」に、集会、集団示威運動、集団行進、機関紙の印刷・頒布等の活動制限処分をなしうると定める（5条1項）。そして、活動制限処分によっては、そのおそれを有効に除去することができないと認められるときには、公安審査委員会は、団体の解散の指定を行うこともできる（7条1項）。

　同法は、冷戦期に、共産主義政党の弾圧を目的に制定された治安立法であり、反体制的な政党・団体を狙い撃ちにした見解規制の疑いも強い。また、「暴力主義的破壊活動」は、内乱、外患誘致等の行為および「政治上の主義若しくは施策を推進し、支持し、又はこれに反対する目的をもって」騒擾、放火、激発物破裂、汽車・電車の転覆、殺人等の行為を行うことを指す（4条1項1号・2号）と定義されるが、「政治上の主義」等の目的をもって行われる犯罪行為を特別に規制対象とすることは、主題規制としてもその妥当性が問題となる。同法が、「暴力主義的破壊活動」の防止にとどまらず、団体の解散の指定をすることで結社の自由の直接的規制に及んでいることは、必要最小限度の規制とは到底いえない。

　破壊活動防止法の危険性に対する国民の批判もあって、同法による団体活動の制限、団体解散命令は長く適用がなされていない。1996年には、公安調査庁によりオウム真理教について団体活動規制処分の請求がなされたが、公安審査委員会は請求に理由がないとして棄却した。

(2)　いわゆる「団体規制法」による観察処分

　「無差別大量殺人行為を行った団体の規制に関する法律」は、「その団体の役職員又は構成員が当該団体の活動として無差別大量殺人行為を行った団体」であって、「当該無差別大量殺人行為の首謀者が当該団体の活動に影響力を有していること」等の要件を満たした場合に、公安調査庁長官による観察処分を課し（5条1項）、役職者の住所・氏名等の提出（5条2項）と公安調査官の立入検査等の調査を受けさせることを定める（14条）。

　オウム真理教の後継団体とされる「アレフ」などは、同法の観察処分の対象となっている（たとえば、東京地判2001〔平成13〕・6・13判時1755号3

頁参照）。観察処分は、先にみた破壊活動防止法の活動規制や解散指定と比較すれば緩やかな規制といえる。しかし、その団体が社会的に敵視されている状況の下で、団体の構成員の氏名を明らかにしたり、団体内部の様子を公権力が調査することは、団体への加入を萎縮させることとなり、結社の自由の制約をもたらすおそれがある。具体的な要件判断や観察処分の方法・範囲が必要最小限度を超えていないかが厳密に検証される必要がある。

V　通信の秘密

1　通信の秘密の意義

通信の秘密の保障は、私的な通信の保護を通じてプライバシー保護という機能を営むばかりでなく、通信が非公開の形で主張や情報の伝達をするものであることから、社会全体における情報の自由な流通を確保するという意味ももつ。通信の秘密が、表現の自由の保障規定である憲法21条に位置づけられているのは、他者に知られないで通信を行うことが市民間の自由な意見・情報交換の前提だからである。

> 第21条2項後段　通信の秘密は、これを侵してはならない。

2　通信の秘密の内容

「通信の秘密」とは、特定の相手方に向けられた手紙、電話、電信、電子メールなど非公開のコミュニケーションについて、公権力および第三者が内容を閲覧・傍受してはならないことを意味する。秘密の対象は、通信の内容に限られず、発信者・受信者の氏名、発信の日時さらには発信の有無自体にも及ぶ。通信の秘密の保障は、通信の自由を前提とするから、通信の授受を公権力が妨害・干渉することも禁じられる。

「侵してはならない」の意味については、①公権力が積極的に通信の内容を調査しないことと、②通信事業者が職務上知りえた「通信」に関する情報の漏洩を防止することの両者が含まれる。

　　＊　郵便法（8条）、電気通信事業法（4条）等に、職務上知りえた「通信の秘密」を漏洩することを禁ずる規定が設けられている。

3　通信の秘密の判断枠組み

「通信の秘密」についても、例外的に閲覧・傍受を認める場合がありうる。しかし、「通信の秘密」の例外は、**やむをえない利益を達成するために必要最小限度の範囲**に厳密に限定されている必要がある。

4　通信の秘密をめぐる具体的問題

(1)　郵便物の差押え

刑事訴訟法100条1項は、「裁判所は、被告人から発し、又は被告人に対して発した郵便物、信書便物又は電信に関する書類で法令の規定に基づき通信事務を取り扱う者が保管し、又は所持するものを差し押え、又は提出させることができる」と定める。

この規定は、被告人が発受する郵便物全体を押収できるように読める。その押収対象は、同法99条が押収の対象を「証拠物又は没収すべき物と思料するもの」に限定し、同条2項がその他の郵便物について「被告事件に関係があると認めるに足りる状況にあるもの」に限っていることと比べても明らかに広範にすぎ、必要最小限度の範囲にとどまっているとは到底いえない。

(2)　通信傍受

刑事手続における電話盗聴については、「通信の秘密」を侵すだけでなく、憲法31条の適正手続の保障や憲法35条の捜索・押収についての令状主義の保障との関係でも問題となる。

最高裁は、通信傍受法の制定以前に、電話の傍受を検証令状に基づいて行った事件について、①「重大な犯罪に係る被疑事件」であること、②「被疑者が罪を犯したと疑うに足りる十分な理由」があること、③「当該電話により被疑事実に関連する通話の行われる蓋然性がある」こと、④「電話傍受以外の方法によってはその罪に関する重要かつ必要な証拠を得ることが著しく困難である」などの事情が存する場合において、「電話傍受により侵害される利益の内容、程度を慎重に考慮した上で、なお電話傍受を行うことが犯罪の捜査上真にやむを得ないと認められるときには、法律の定める手続に従ってこれを行うことも憲法上許される」と判示した（最3小決1999〔平成11〕・12・16刑集53巻9号1327頁　百選64）。

* 1999年に制定された「犯罪捜査のための通信傍受に関する法律」（通信傍受法）は、薬物関係犯罪、銃器関係犯罪、集団密航、組織的殺人について、「当該犯罪の実行に関連する事項を内容とする通信（……）が行われると疑

うに足りる状況があり、かつ、他の方法によっては、犯人を特定し、又は犯行の状況若しくは内容を明らかにすることが著しく困難であるとき」に、裁判官の発する傍受令状に基づいて、通信傍受を行うことを認めている（3条1項）。傍受令状には、被疑者の氏名、被疑事実の要旨、罪名、罰条、傍受すべき通信、傍受の実施の対象とすべき通信手段、傍受の実施の方法および場所、傍受ができる期間、傍受の実施に関する条件、有効期間等が記載され（6条）、傍受にあたっては立会人を置く（12条）などの措置も施されている。しかし、こうした措置で捜査上必要な通話だけに傍受を限定しうるか疑問があるところであった。

通信傍受法は、2016年に改正され、対象犯罪が窃盗、殺人、傷害等に大幅に拡大された。通信会社の立会いをなくし、警察の施設内でも傍受しうるようにするなど、傍受の方法も緩和された。

Ⅵ　演習問題

Xは、核兵器廃絶を唱える集会の実行委員会の一員として、毎年8月6日午前8時から10時まで、O県立都市公園において集会を開催してきた。2014年8月6日にも、「ストップ核兵器・O県集会」（以下「本集会」という）を開催することを計画し、O県立都市公園条例（以下「本条例」という）に基づき、同年6月6日に、使用許可申請を行った。

これに対し、O県知事であるYは、同年7月6日、本条例第3条2項2号に基づき、Xの申請を不許可とする処分（以下「本件不許可処分」という）を行った。Yは、本件不許可処分の理由として、本集会には原子力発電所の再稼働に反対する市民が多数参加することが予想され、膨大な人数が公園に滞留することに伴い、公園が著しく損壊を受けるおそれがあること、また、集会の開催によって長時間にわたり一般県民による公園本来の利用が全く阻害されることになることを挙げていた。

〔設問〕　あなたがXから依頼を受けた訴訟代理人であった場合、本件不許可処分に対して憲法に基づいてどのような主張を行うか、述べなさい。

【資料】
○Y県立都市公園条例
第3条
第1項　都市公園において、次の各号に掲げる行為をしようとする者は、知事の許可を受けなければならない。
⑴　行商、募金、出店その他これらに類する行為をすること。
⑵　業として写真又は映画を撮影すること。

(3) 興行を行うこと。
(4) 競技会、展示会、博覧会、集会その他これらに類する催しのために都市公園の全部又は一部を独占して利用すること。
第2項　知事は、次の各号のいずれかに該当すると認めるときは、前項の許可をしないことができる。
　1　公益を害するおそれがあるとき
　2　公園の管理上支障があるとき

1　本問の趣旨

本問は、皇居前広場事件（Ⅲ4⑶ア）の事実関係を素材としつつ、集会のための市民会館の利用制限に関する泉佐野市民会館事件判決（Ⅲ4⑶イ）の判断枠組みの応用を求めている。

2　違憲主張の組立て

（1）　違憲主張の対象

本件不許可処分は、本集会が本条例3条2項2号の「公園の管理上支障があるとき」に当たるとしてなされている。同号の要件は文言上広範ではあるが、本条例自体は施設利用の規制であり、表現活動の規制ではないので、過度の広汎性故に無効などの法理は使えない。また、施設管理権に基づく施設利用の規制に広い裁量が認められることも否定できない。そうすると、本件不許可処分の主たる争点は、「公園の管理上支障があるとき」という要件に本集会が含まれると解釈適用したことが憲法に違反するとの処分（適用）違憲の主張の適否となる。

（2）　憲法上の権利に対する制約

本件不許可処分は、集会のための場所の利用を拒否するものである。集会は、多数人が集合するという性質上、場所を必要とする。また、本件公園は、住民の利用に供された地方自治法244条にいう「公の施設」に当たる。集会のための場所の利用拒否は、それが恣意的に行われるならば、憲法21条1項の保障する集会の自由の制約となることは判例上も確立している（Ⅲ2⑶）。

（3）　判断枠組み

本件不許可処分が集会の自由そのものの規制ではないことから、違憲主張も公園の利用拒否が「正当な理由」に基づくものかどうか（地自法244条2項）という形で論じていくべきである。そこでは、公園の管理権と集会の自由という利益の衡量が行われることとなるが、公園が歴史的に表現活動の場

としても用いられてきたパブリック・フォーラムであることも考慮に入れ、集会のための利用を原則として認める判断枠組みを設定する必要がある。

　すなわち、集会の開催によって、一般県民による公園の利用が阻害されることは否定できないが、公園はパブリック・フォーラムであり、集会の開催も「本来の利用目的」の一つといえるから（Ⅲ2(3)・3(3)）、集会参加者以外による公園利用の軽微な阻害までを、利用拒否を正当化しうる「公園の管理上の支障」ととらえることはできず、「公園の管理上の重大な支障」の生ずるおそれがある場合に限って利用拒否が正当化されるというべきである。さらに、集会の自由の重要性からみて、ここにいう「おそれ」とは、泉佐野市民会館事件判決に倣って、「**公園の管理上の重大な支障**」が生じる「**明らかな差し迫った危険の発生が客観的事実に照らして具体的に予見される**」場合にのみ、利用拒否が認められるとするべきである。

(4)　個別的・具体的検討

　本集会は、連日開催されるものではなく、公園の利用もわずか1日のうちの2時間にすぎないから、他の利用目的を阻害する程度が著しいとはいえず、「公園の管理上の重大な支障」が生じるとはいえない。しかも、同様の集会は毎年8月6日に開催されており、これまで「公園の管理上の支障」は認められなかった。本集会が過去の同集会と比べてことさらに重大な「管理上の支障」を生じさせるとの客観的事情はうかがえない。したがって、本集会は、Y側の主張する事実だけでは、公園の管理上の重大な支障が生ずる明らかで差し迫った危険が客観的事実に照らして具体的に予見されるとはいえず、本件不許可処分は「正当な理由」に基づくものとはいえず、憲法21条1項に違反する。

●コラム●　答案を読んで

　本問のような集会の自由をめぐる事例においては、その制約が公安条例による「許可制」など集会そのものの制約か、集会のための場所・施設の利用の制限なのかを見分けることが緊要である。集会のための施設利用の制約のケースであると正確に判定できれば、あとは泉佐野市民会館事件判決によって示された法理（Ⅲ3(3)）を組み合わせて違憲主張を構成することができる（ただし、本件不許可処分が「公園の管理上の支障」を理由としていることに注意したい）。

　権利の重要性を強調すれば厳格な審査に持ち込めるという思い込みからか、本問のような事例で集会の自由の意義を延々と強調する答案がある。しかし、争われているのが、集会の自由そのものではなく、集会のための施設利用であることから、集会の自由にとって施設利用が必須のものであることを強調することの方が重要である。また、施設利用にあたって施設管理権の存在を無視することはできないので、「届出制と解すべき」などとい

った非常識な主張も慎みたい。施設管理権を前提としつつ、「公の施設」（地自法244条）であることやパブリック・フォーラム論（Ⅰ7⑴**ウ**）を活用して、施設利用許可にあたっての裁量を制約する方向で立論すべきである。

第9講　経済活動の自由(1)
——職業の自由

> ◆学習のポイント◆
> 1　経済活動の自由は、精神活動の自由と異なり、内在的制約のほか、福祉国家の実現という積極的な政策的目的による制約を受け、規制手段の選択にあたって広い立法裁量が認められる（【設問1】）。
> 2　憲法22条1項が保障する「職業選択の自由」には、職業遂行の自由（営業の自由）も含まれる（【設問2】）。
> 3　職業の自由に対する制約の判断枠組みは、規制の目的、制限の態様により決定される（【設問3】）。
> 4　職業の自由に対する積極目的規制には広い立法裁量を認め、消極目的規制にはこれを認めないとする規制目的二分論は、制限の態様も考慮に入れて再構成すべきである（【設問4】）。

I　経済活動の自由総論

1　経済活動の自由保障の意義

　経済活動は、個人が自立して存在するための基盤を形成する。日本国憲法の基本原理、「個人の尊重」の実現は、個々人の経済的基盤なしには実現しえない。しかし、他方で、経済活動の自由は、貧富の差を生み出し、経済的弱者に対して「人間らしい生活」を営むことを困難にする副作用をもつ。現代憲法と呼ばれる20世紀以降の憲法は、この問題に対処するため、経済活動の自由に対する経済・社会政策上の制約を可能とするとともに、国家が介入して人間らしい生活・労働を維持するための社会権の保障を規定するようになった。

　経済活動の自由の保障のあり方を考えるうえでは、経済活動の自由のもつ、上記のような二面性を常に念頭に置く必要がある。

2　経済活動の自由の内容

日本国憲法における経済活動の自由の保障は、憲法22条1項の職業選択の自由と29条の財産権に具体化されている。

なお、22条には、居住・移転の自由および外国移住・国籍離脱の自由も定められている。これら人の移動に関わる自由は、歴史的には、土地や身分から人を解放することが職業の自由な選択、そして自由な経済活動の前提であったことから、職業選択の自由と同じ条文のなかに規定されていると考えられている。しかし、今日では、居住・移転の自由等は、人身の自由としての性格を強くもっており、本書では、第11講において扱う。

3　経済活動の自由の判断枠組み

【設問1】　職業選択の自由などの経済活動の自由について、精神的自由などと異なって、国などによる規制が広く認められる理由を説明せよ。

経済活動は、商品交換とそのための生産を内容とすることから、必然的に他者との関わりをもち、自由な活動がもたらす弊害の除去や利害対立の調整が不可欠となる。また、福祉国家ともいわれる現代国家は、経済活動の過程で生ずる貧富の拡大に対処するために、経済活動に積極的に介入する社会・経済政策上の施策を任務としている。経済活動の自由が他の自由とは異なる特別の制約に服することは、日本国憲法が、経済的自由権に関する22条1項と29条2項において、「公共の福祉」による制限に改めて言及していることにも現れている。

こうして、経済活動の自由は、精神的自由と異なり、自由の行使が公共の安全・秩序に対してもたらす弊害を除去するための規制（**消極目的規制**）のみならず、福祉国家実現のための経済・社会政策上の規制（**積極目的規制**）にも服すると解されている。

民主主義社会の維持にとって不可欠な精神活動の自由については、「思想の自由市場」という言葉に象徴されるように、事前規制は原則として禁止され、その制約は害悪発生の除去のための最小限度にとどまるべきことが強く要請される。これに対し、経済規制の失敗は、民主主義過程における批判によって正すことができ、かつ、経済規制の妥当性について、裁判所は立法府よりも的確な判断をなしうる専門知を欠いているため、立法府の判断を尊重

せざるをえなくなる。また、経済活動の規制については、害悪発生の因果関係が多くの場合明らかであることから、予防的な規制も許され、規制手段の選択についての立法裁量も広い（第2講Ⅰ2・第5講Ⅰ2参照）。

最高裁も、**薬局開設距離制限事件判決**において、「職業は、……本質的に社会的な、しかも主として経済的な活動であって、その性質上、社会的相互関連性が大きいものであるから、職業の自由は、それ以外の憲法の保障する自由、殊にいわゆる精神的自由に比較して、公権力による規制の要請がつよ」いと指摘する。そして、具体的な規制措置が憲法22条1項に違反するかどうかを裁判所が判断するにあたっては、「規制の目的が公共の福祉に合致するものと認められる以上、そのための規制措置の具体的内容及びその必要性と合理性については、立法府の判断がその合理的裁量の範囲にとどまるかぎり、立法政策上の問題としてその判断を尊重すべきものである」と述べ、規制手段の選択について立法府の裁量が尊重されることを指摘している。

ただし、経済的規制であればすべて広い立法裁量が肯定されるわけではない。**具体的な規制の目的、規制の対象・方法等の性質と内容に照らして、立法裁量の広狭が決せられるべきである**。

Ⅱ　職業選択（職業）の自由

1　職業選択（職業）の自由の意義

どのような職業を選択するかは、経済活動の出発点である。職業の選択は、経済的な利得とも結びつくが、人がどのような生き方をするかという選択にも関わる。

最高裁も、「職業は、人が自己の生計を維持するためにする継続的活動であるとともに、分業社会においては、これを通じて社会の存続と発展に寄与する社会的機能分担の活動たる性質を有し、各人が自己のもつ個性を全うすべき場として、個人の人格的価値とも不可分の関連を有するものである」（**薬局開設距離制限事件判決**）と述べて、職業選択が個人の人格的価値と深い関わりをもつことを強調している。

> **第22条1項**　何人も、公共の福祉に反しない限り、居住、移転及び職業選択の自由を有する。

2　職業選択の自由の内容

職業選択の自由とは、職業の開始、継続、停止について干渉を受けないことをいう。

【設問2】　営業の自由は憲法のどの条文を根拠に保障されているか。

営利を目的とした経済活動である**営業の自由**（職業遂行の自由）は、選択した職業に継続して従事することでもあり、職業選択の自由の延長である。したがって、営業の自由も憲法22条1項により保障されると考えられる（以下では、職業選択の自由と職業遂行の自由の双方を合わせて「職業の自由」として論ずる）。

他方、とりわけ農業や個人営業における営業の自由は、自己の財産の自由な使用収益という側面ももつ。ここから営業の自由の根拠を憲法29条の財産権の保障に求める見解もある。

最高裁は、**薬局開設距離制限事件判決**において、「職業は、ひとりその選択、すなわち職業の開始、継続、廃止において自由であるばかりでなく、選択した職業の遂行自体、すなわちその職業活動の内容、態様においても、原則として自由であることが要請されるのであり、したがって、右規定〔憲法22条1項〕は、狭義における職業選択の自由のみならず、職業活動の自由の保障をも包含している」と述べて、営業の自由を職業選択の自由の延長線上にとらえた。

*　営業の自由については、歴史的には、ギルド等による営業の独占からの国家による解放を求める「公序」であったとする経済史学からの指摘がある（岡田与好『経済的自由主義——資本主義と自由』〔東大出版、1987年〕）。この指摘は、営業の自由について、独占企業を含めた経済主体一般の「国家からの自由」としてとらえる思考に対する批判につながる。この考え方によると、一口に「営業の自由」といっても、独占企業の営業活動と、独占企業の経営を制限することによって営業が可能となる小規模・個人企業者のそれとを区別すべきことになる。解釈論としては、Ⅰで指摘した経済活動の自由の二面性を踏まえ、営業の自由の主体と内容・性質に応じて、保障の程度に変化をもたせることを示唆するものとして受け止めることができるであろう。

3　職業の自由の判断枠組み

【設問3】 職業の自由の規制の合憲性判断について、どのような判断枠組みを用いるべきか。

　職業の自由の規制は、規制があくまでも例外にとどまる精神活動の自由に比べ、規制の目的、規制の態様も多様であり、規制の合憲性判断にあたっては、それらの違いを組み込んだ判断枠組みを用いる必要がある。

(1)　規制の態様

　職業の自由の規制態様は、開業自体の規制と職業遂行上の規制に分けることができる。

ア　開業自体の規制

　許可制など開業自体の規制は、いわば職業活動の予防的規制であり、狭義の職業選択の自由そのものに対する制約であるから、職業遂行上の規制よりも、職業の自由に対する制約の程度は強い。

　最高裁も、許可制について、「狭義における職業の選択の自由そのものに制約を課するもので、職業の自由に対する強力な制限である」と述べている(**薬局開設距離制限事件判決**)。

　　＊　薬局開設にあたっての距離制限は、場所を変えれば開業できるので、厳密にいえば、開設そのものを不可能とするものではない。しかし、判決は、薬局開設をしようと思う者が「経営上の採算のほか、諸般の生活上の条件を考慮し、自己の希望する開業場所を選択するのが通常であり、特定場所における開業の不能は開業そのものの断念にもつながりうるものである」として、「実質的には職業選択の自由に対する大きな制約的効果を有する」とした。

a　禁　止

　管理売春のように、反社会性が強い事業については、国家が一切の活動を認めず「禁止」される（最2小判1961〔昭和36〕・7・14刑集15巻7号1097頁参照）。

b　国家独占

　かつてのたばこ事業や郵便事業のように、国家の財政上の必要性や公益上の理由から国家（国営企業）に独占的な営業を認め、その他の者が事業を行うことを禁ずる「独占」が行われることもある。

　　＊　三公社五現業と呼ばれたように、たばこ、鉄道、電信・電話については、

日本専売公社、日本国有鉄道、日本電信電話公社という公共企業体が担い、郵便、林野、印刷、造幣、アルコール専売については、国の事業として行われた。たばこ専売について、最高裁は、「国の財政上の重要な収入を図ること」および「一般国民の日常生活における必要に応ずること」を目的とした規制として憲法22条1項等に違反しないと判示している（最大判1964〔昭和39〕・7・15刑集18巻6号386頁）。

　c　特　許

電気・ガスなど、国民の生活に必須の公共財を提供する公益事業や鉄道・バスなどの運送事業については、一部の限られた事業者にのみ営業を認めたうえで、価格やサービスの提供についての規制を行う手法も採られる。

　d　許　可

国民の自由を法令により一般的に禁止したうえで、一定の要件を満たした者について個別的に解除する行政行為を許可といい、飲食店・風俗営業の営業許可など、幅広い職業の規制について行われている。

許可制の目的は多様であり、①自由な活動がもたらす弊害の防止・社会秩序の維持のための消極目的によるもの（食品衛生法、風俗営業法など）が典型的ではあるが、②供給過剰の防止（石油業法、航空機製造事業法など）、③税収確保（酒税法など）、④経済的弱者の保護（小売商業特別措置法など）など、経済政策の手段として用いられることもある。

●コラム●　許可と特許

　許可は、国民の本来有する自由に対する制限であることから、その制限は必要最小限にとどまることが要請される。これに対し、特許は、もともと国民が有しない権利・権利能力を国が付与する行為であるから、誰に特許を与えるかについて国に広い裁量が認められると解される。ただし、「国民が本来有する自由」か否かの判断は微妙なことが多く、特許制に振り分けることで制約の程度を低く評価してしまうおそれがある。また、酒類販売についての「免許」（4(3)イ）や公安条例における集会等の「許可」（第8講Ⅲ4(1)参照）のように、法文上の用語が正確に規制の性格を反映していないこともあるので注意が必要である。

---

　e　資格制

試験などにより付与された一定の資格を有する者についてのみ職業への参加を認めるものである。資格制は、許可制の一種であるが、許可条件が、職業を行ううえで必要な知識・技能を有するという、本人の能力に関わる要件（主観的要件）である点に特色がある。

f　届出制

開業自体を規制するのではなく、事業についての実態を把握するため、事業を行おうとする者について一定事項を通知するよう求めるものである（旅行業・美容業など）（行政手続法2条7号参照）。許可や特許と異なり、通常は、届出をすれば行政機関による諾否の応答なしに効果が発生する。

イ　職業遂行上の規制

職業遂行上の規制は、職業の遂行自体は可能であることから、一般に、開設そのものの規制よりも、職業の自由に対する制約は緩やかなものと評価しうる。また、職業遂行上の規制は、規制目的との関係がより密接なことが多く、その合理性が認められやすい。

> ＊　職業遂行上の規制は無数にある。たとえば、「医薬品、医療機器等の品質、有効性及び安全性の確保等に関する法律」（旧薬事法）は、医薬品の情報提供（36条の4など）や販売方法の規制（37条など）、医薬品等の取扱い（44条～48条）を定め、食品衛生法は、食品等の衛生管理のための規制（48条など）、食品衛生上の危害を除去するための措置（54条）、営業停止（55条）などを定める。

(2)　規制の目的

> 【設問4】　職業の自由の規制の違憲審査基準に関する「規制目的二分論」とその批判について、「消極目的」と「積極目的」の意味を明らかにしつつ、説明せよ。

Ⅰ3で述べたとおり、経済活動の規制をその目的によって大別すると、2種類に分けられる。第1に、国民の健康への危害を防止するための医薬品規制や食品規制、善良な風俗を維持するための風俗営業規制など、自由な経済活動が社会公共の安全と秩序の維持に対して弊害をもたらすことに着目して、その**弊害の発生の防止・弊害の除去**を目的とする**消極目的**（警察目的）**規制**がある。第2に、日本国憲法が社会権を保障するなど福祉国家的理想に立っていることに鑑み、**経済的弱者の保護や市場における競争制限**など経済活動の調和的発展を図る目的でなされる**積極目的規制**もなされる。

最高裁は、積極目的により職業の自由を規制しうることを以下のように説明した。

「憲法は、全体として、福祉国家的理想のもとに、社会経済の均衡のとれた調和的発展を企図しており、その見地から、すべての国民にいわゆる生存権を保障し、その一環として、国民の勤労権を保障する等、経済的劣位に立

つ者に対する適切な保護政策を要請していることは明らかである。このような点を総合的に考察すると、憲法は、国の責務として積極的な社会経済政策の実施を予定している」(小売市場事件判決)。

(3) 規制目的二分論

最高裁は、小売市場の開設の距離制限に関する小売市場事件判決（4(2)ア）において、「積極的な社会経済的政策の実施」にあたって、立法府の裁量的判断が必要なことを強調し、裁判所は、「立法府がその裁量権を逸脱し、当該法の規制措置が**著しく不合理であることの明白である場合に限って**、これを違憲として、その効力を否定することができる」との極めて緩やかな違憲審査基準を示した。

他方で、最高裁は、薬局開設距離制限事件判決（4(2)イ）において、許可制のうち、「それが社会政策ないしは経済政策上の積極的な目的のための措置ではなく、自由な職業活動が社会公共に対してもたらす弊害を防止するための消極的、警察的措置である場合には、許可制に比べて**職業の自由に対するよりゆるやかな制限である職業活動の内容及び態様に対する規制によっては右の目的を十分に達成することができないと認められることを要する**」と述べた。

このように、最高裁は、開設許可にあたって距離制限が課される事例について、積極目的規制の場合には、「著しく不合理であることが明白」か否かという極めて緩やかな審査基準を用い、消極目的規制の場合には、「よりゆるやかな制限」によっては規制目的を十分に達成できないことまで求める厳格な審査基準（いわゆる「LRAの基準」）を使い分けた。この判断枠組みは**規制目的二分論**と呼ばれる。

ただし、最高裁は、**薬局開設距離制限事件判決**において、規制目的だけに着目して厳格な審査を行ったわけではない点には留意が必要である。判決は、まず、許可制が職業の自由に対する「強力な制限」であることから、「その合憲性を肯定しうるためには、原則として、重要な公共の利益のために必要かつ合理的な措置であること」を要求していた。すなわち、同判決が提示した判断枠組みとは、①職業の自由に対する許可制等の「強力な制限」について、②規制目的が重要な公共の利益を実現するための必要かつ合理的なものであることが求められ、③それが積極目的規制ではなく、消極目的規制の場合には、より緩やかな規制手段によっては規制目的が十分に達成できないことが示されなければならないというものであった。

(4) 最高裁判例の展開

最高裁は、たばこ小売販売業の許可制（4(2)エ）、生糸の輸入制限（4(4)）、農業災害補償法事件（最3小判2005〔平成17〕・4・26判時1898号54頁）など、経済的弱者の保護といいうる事例について、小売市場事件判決の「著しく不合理であることの明白である場合に限って」違憲とするとのフレーズを用いて、合憲判断を示している。

しかし、共有林分割制限事件判決（最大判1987〔昭和62〕・4・22民集41巻3号408頁　百選101　第10講Ⅰ3(2)参照）をはじめとする財産権に関する事例においては、同じく経済的自由に関するものでありながら、最高裁は規制目的二分論を採用していない。また、職業の自由についても、1989年の公衆浴場開設の距離制限事件に関わる2つの判決（4(2)ウ）のうち、1つは規制目的二分論によらずに判断しており、酒類販売業免許制に関する判決（4(3)イ）のように二分論とは異なる判断枠組みによって判断するものや、司法書士法事件判決（4(1)ウ）のように、どのような判断枠組みによるのかわからない判決も多い。

このような最高裁の態度から、最高裁は規制目的二分論を放棄した、あるいはそもそもそのような二分論は存在しなかったとの見方もある。

(5) 規制目的二分論への疑問・批判

規制目的二分論は、日本の最高裁が初めて本格的な違憲審査基準の使い分けに踏み込んだものとして、憲法判断の客観化・精密化を求める学説から広い支持を得た。しかし、規制目的二分論に対しては、以下のような疑問・批判が提示されてきた。

①そもそも規制目的と違憲審査の厳格度とを結びつけることはできず、一般公衆にとって規制の必要性が高い、弊害除去のための消極目的規制について、既存業者の利権保護につながりやすい積極目的規制よりも厳格な違憲審査が行われることは不合理である。

②経済活動の自由の規制目的を確定することは困難であり、現実の経済規制を消極目的規制と積極目的規制に二分するのは不可能である。

③積極目的規制に対する審査基準は緩やかにすぎ、立法府が積極目的規制であることを標榜して立法を行えば、事実上、違憲審査を放棄することになる。

(6) 二分論の再構成

①の批判は、規制目的二分論における違憲審査の厳格度の差異を、規制の必要性の大小と結びつけて解している。しかし、(3)で述べたように、最高裁

は、薬局開設の距離制限に対して厳格な違憲審査を行う根拠として、許可制が職業の自由に対する強力な規制であることを重視しており、規制の必要性に応じて審査の厳密度を変えているわけではない。

小売市場事件判決は、積極目的規制について緩やかな違憲審査基準を用いる理由として、社会経済政策の実施について、社会経済状況の正確な資料と全体的な政策との調整が必要なことなどを指摘している。ここから、最高裁は、違憲審査の厳格度を、規制の必要性ではなく裁判所と立法府の機能上の差異に基づいて判定していたとみることができる。このように理解すれば、規制目的二分論は、積極目的規制について立法府の裁量を尊重する必要から緩やかな違憲審査を行うものであるといえ、①の批判は当たらないことになる。

> ＊　積極目的規制は立法過程において特定の集団の権益を保護することが明らかにされるものであり、国民による監視と批判が可能であるが、「有害な活動の規制」といった社会全体の利益を標榜する消極目的規制は、実際には、既得権益の保護という機能を果たすこともあり、裁判所による厳格な審査を行う必要があるとの指摘もある（長谷部240頁）。

たしかに、②の批判が指摘するように、現実の経済規制は複雑な背景をもっており、その目的を積極／消極のいずれかに確定することは難しい。しかし、**薬局開設距離制限事件判決**も、規制目的として、不良医薬品の供給防止とともに、無薬局地域等への薬局開設促進という目的があることを認定しながら、前者を主たる目的と判定した。規制目的の分類が困難なことは、規制目的を違憲審査にあたって考慮すべきでないことを意味しない。

もっとも、③の批判が指摘するように、最高裁判決がいう積極目的規制の範囲は極めて広く、規制目的二分論を機械的に適用すると、広範な経済規制の違憲審査が事実上放棄されてしまうおそれがある。しかし、最高裁も、許可制など、職業の自由に対する強力な制約については、「重要な公共の利益」を実現しようとする規制目的に基づく規制であることを求めている。したがって、積極目的規制であれば常に職業の自由の制約が正当化されるとはいえず、憲法上の権利である職業の自由の制約を正当化しうるだけの重要性を有する利益の実現を図るための規制でなければならず、一定程度の規制手段の合理性も必要である。

また、積極目的規制と分類されるもののなかには、社会権の実現に直結するものや経済的・社会的弱者の保護であることが明確な政策目的のための規制もあれば、より一般的な、既得権益の保護や経済の調和的発展を目的とし

た規制もある。前者は、日本国憲法が構築しようとする福祉国家の核心的施策であり、そこには強い正当性が認められ、その実現に向けての具体的施策には広い立法裁量が認められる。それに対し、後者には、広い立法裁量を認める根拠に乏しいものも含まれる。個々の規制の具体的目的に応じた立法裁量の広狭をより綿密に考慮することを通じて、規制目的二分論の発想を活かしながら違憲審査の厳格度の適切な振り分けをすることが可能となる。

4　職業の自由をめぐる具体的問題

(1)　資格制に関する事例

資格制は、先に述べたように（3(1)ア e）、本人の能力に関わる要件であり、知識や技能の不足から生ずる害悪発生の予防との連関が認められやすいため、最高裁はその合理性を原則的に肯定する傾向にある。

ア　医業類似行為禁止

（旧）あん摩師、はり師、きゅう師及び柔道整復師法は、医師やあん摩師の資格をもたない者が業として「医業類似行為」をすることを禁止し、違反者に罰金を科していた。同法違反で起訴された被告人は、自己の行った施術が人体に害を与えることはないから、これを禁止する同法は憲法22条に違反すると主張した。

最高裁の多数意見は、同法を合憲としたものの、法が禁止処罰しうるのは、「人の健康に害を及ぼす虞のある業務行為」に限られるとして、被告人の行った療法が人の健康に害を及ぼすおそれがあるか否か判断せずに有罪とした原判決を破棄、差し戻した（最大判1960〔昭和35〕・1・27刑集14巻1号33頁）。

しかし、仮に同療法が無害なものであったとしても、同療法に依存した患者が、本来受けるべき医療を受ける機会を逸してしまう危険があるから、結局、「人の健康に害を及ぼす虞」があったとの見解も有力である（石坂裁判官の反対意見参照）。

イ　歯科技工士事件

歯科技工士法は、「歯科技工士は、その業務を行うに当っては、印象採得、咬合採得、試適、装着その他歯科医師が行うのでなければ衛生上危害を生ずるおそれのある行為をしてはならない」と定め（法20条）、歯科医師法は「歯科医師」以外の者が「歯科医業」を行うことを禁止する（法17条）。業として義歯の印象採得、咬合採得などを行ったとして、歯科医師法違反に問われた歯科技工士は、義歯は使用者自ら「試適、嵌入（かんにゅう）」を行いうるものであ

るから、歯科技工士が行っても保健衛生上有害な行為とはいえず、これを禁止することは職業の自由を侵害すると主張した。

最高裁は、義歯の「試適、嵌入」を行ううえでも、「患者の口腔を診察した上、施術の適否を判断し、患部に即応する適正な処置を施すことを必要とするものであり、その施術の如何によっては、右法条にいわゆる患者の保健衛生上危害を生ずるのおそれがないわけではない」と述べて、憲法22条1項・13条に違反しないとした（最大判1959〔昭和34〕・7・8刑集13巻7号1132頁）。

ウ 司法書士法事件

司法書士法（73条）は、司法書士の業務を定める同法3条とあいまって、司法書士の資格をもつ者以外が登記代理業務を業として行うことを禁止する。

行政書士である被告人が、有限会社変更登記等の代理申請を業として行ったとして起訴された事件について、最高裁は、この規制の合憲性を認めた（最3小判2000〔平成12〕・2・8刑集54巻2号1頁　百選100）。しかし、判決の理由づけは、歯科技工士事件判決と薬局開設距離制限事件判決を引用して、「登記制度が国民の権利義務等社会生活上の利益に重大な影響を及ぼすものであることなど」に基づくものであることを指摘し、司法書士法の規制について「公共の福祉に合致した合理的なもので憲法22条1項に違反するものでない」と述べるにとどまった。

(2) 開設距離制限に関する事例

既存の施設から一定の距離内に新規施設の開設を認めない距離制限は、主に既存業者の営業を保護する手段として様々な業種に用いられてきた。

ア 小売市場市場開設距離制限

小売商業調整特別措置法は、政令で指定される市の区域において小売市場（一つの建物が10以上の野菜、生鮮魚介類を扱う店舗の用に供されるもの）開設のための建物の譲渡・貸付けを都道府県知事の許可の下に置き（3条1項）、大阪府は、小売商相互間の過当競争による共倒れを防ぐため、許可基準内規において、小売市場間の距離を700m以上とする旨を定めていた。

最高裁は、「積極的な社会経済的政策の実施」に関する先の判示（3(3)）に続いて、本法所定の小売市場の許可規制について、規制目的が「一般消費者の利益を犠牲にして、小売商に対し積極的に流通市場における独占的利益を付与するためのものでないこと」や規制対象が野菜、生鮮魚介類に限定されていることを指摘した。そして、規制手段の評価において、「国が社会経

済の調和的発展を企図するという観点から中小企業保護政策の一方策としてとった措置ということができ、その目的において、一応の合理性を認めることができないわけではなく、また、その規制の手段・態様においても、それが著しく不合理であることが明白であるとは認められない」と判示した（**小売市場事件判決　最大判1972〔昭和47〕・11・22刑集26巻9号586頁　百選96**）。

イ　薬局開設距離制限

旧薬事法は、都道府県知事による薬局開設の許可にあたって、薬局の構造設備、配置すべき薬剤師の数などの条件に加え、設置の場所が適正を欠くと認められる場合に不許可としうると定めていた。法律の委任を受けた広島県条例は、薬局配置の基準として、既設の薬局から概ね100mの距離が保たれていることを求めていた。

最高裁は、職業の自由の制限に関する先の判断枠組みの提示（3(3)）に続いて、次のとおり、本件規制は憲法22条1項に違反すると判断した（**薬局開設距離制限事件判決　最大判1975〔昭和50〕・4・30民集29巻4号572頁　百選97**）。

判決は、薬局開設距離制限の目的について、「主として国民の生命及び健康に対する危険の防止という消極的、警察的目的のための規制措置」であるとみなしたうえで、国側が主張する「競争の激化→経営の不安定→法規違反（不良医薬品の供給の危険）」という因果関係について、「単なる観念上の想定にすぎず、確実な根拠に基づく合理的な判断とは認めがたい」と断じ、規制の必要性と合理性を欠くと判断した。

判決はまた、供給業務に対する規制や監督の励行等によって防止しきれないような、不良医薬品供給の危険が相当程度において存するとはいえず、医薬品の乱売の危険に対しても、誇大広告の規制のほか一般消費者に対する啓蒙の強化という方法もあることから、薬局等の業務執行に対する規制だけでは規制目的を達成できないとはいえないと指摘している。

ウ　公衆浴場開設距離制限

公衆浴場法は、浴場開設にあたって都道府県知事の許可を得るものとし（2条1項）、違反者には罰金刑を科す（同8条1号）。そして、不許可要件として、構造設備が「公衆衛生上不適当」な場合に加えて、「配置の適正を欠くと認めるとき」には許可しないことができると定め（2条2項）、法の委任を受けた条例により既存の公衆浴場との距離制限が定められている。

a　1955年判決

　最高裁は、1955年の大法廷判決（最大判1955〔昭和30〕・1・26刑集9巻1号89頁　百選94）において、距離制限の目的につき、公衆浴場の偏在により国民の利用に不便をきたすおそれがあり、また、公衆浴場の濫立により経営が不安定となり、衛生設備の低下等をもたらすおそれがあることを挙げたうえで、上記規定が憲法22条1項に反するとの主張を斥けた。最高裁は、この段階では、「自由な設立→偏在および濫立→過当競争による経営困難→浴場の衛生設備の低下等の法規違反」という（後に**薬局開設距離制限違憲判決**で否定される）因果関係を承認しており、それに基づいて規制を合憲としていた。

　b　2つの1989年判決

　最高裁が、**薬局開設距離制限事件判決**において、「自由な設立→偏在および濫立→過当競争による経営困難→法規違反」という因果関係に合理的根拠がないと判示したため、公衆浴場の開設距離制限についての判断が注目された。

　第2小法廷判決（最2小判1989〔平成元〕・1・20刑集43巻1号1頁）は、公衆浴場開設の距離制限の目的を、「公衆浴場業者が経営の困難から廃業や転業をすることを防止し、健全で安定した経営を行えるように種々の立法上の手段をとり、国民の保健福祉を維持すること」という積極目的規制ととらえた。そして、**小売市場事件判決**を引用したうえで、「立法府のとった手段がその裁量権を逸脱し、著しく不合理であることの明白な場合に限り、これを違憲とすべき」との、規制目的二分論に則った基準を用いて、合憲の判断を下した。

　他方、第3小法廷判決（最3小判1989〔平成元〕・3・7判時1308号111頁）は、規制目的のなかに、「国民保健及び環境衛生の確保」に加え、「公衆浴場が自家風呂を持たない国民にとって日常生活上必要不可欠な厚生施設であり、入浴料金が物価統制令により低額に統制されていること」という視点を加え、「自家風呂の普及に伴い公衆浴場業の経営が困難になっていること」といった状況も勘案した。そして、規制目的二分論に基づく審査基準を用いず、「目的を達成するための必要かつ合理的な範囲内の手段」として合憲判断を下した。

　c　判決の整合的理解

　最高裁の判断枠組みが一貫しない理由については、先に触れたように、最高裁が規制目的二分論をめぐって動揺しているとの見方や、公衆浴場の距離

制限の目的の中に消極目的と積極目的とが混在していることに理由を求めるものもある。さらに、公衆浴場は、自家風呂を持たない利用者の便宜のため、料金が公定されており、「法令によって、提供すべき役務の内容及び対価等を厳格に規制するとともに、更に役務の提供自体を提供者に義務づける等のつよい規制を施す反面、これとの均衡上、役務提供者に対してある種の独占的地位を与え、その経営の安定をはかる措置がとられる場合」（**薬局開設距離制限事件判決**）という、経済的弱者保護でもなければ弊害防止でもない別個のカテゴリーに当たるとみることもできる。

エ　製造たばこ小売販売業適正配置

たばこ事業法22条は、製造たばこの小売販売業者につき、「当分の間」、財務大臣の許可制の下に置き、同法23条3号は「営業所の位置が製造たばこの小売販売を業として行うのに不適当である場合」を不許可条件の一つとしている。

最高裁は、**小売市場事件判決**を参照しつつ、製造たばこ小売販売業に零細業者が多く、小売人の指定に際して身体障害者であることが配慮されてきたこと、たばこ専売制度の廃止に伴う激変を回避するために当分の間に限り許可制を採用したことを指摘したうえで、製造たばこの小売販売業に対する適正配置規制は、小売人の保護という目的のために「必要かつ合理的な範囲にとどまるものであって、これが著しく不合理であることが明白であるとは認め難い」と判示した（最2小判1993〔平成5〕・6・25訟月40巻5号1089頁）。

(3)　その他の開業規制をめぐる事例

ア　白タク営業の禁止

道路運送法は、一定の場合を除き、自家用自動車を有償運送に供すること（白タク行為）を禁じている。

最高裁は、自動車運送事業（タクシー）の免許制について、「道路運送事業の適正な運営及び公正な競争を確保するとともに、道路運送に関する秩序を確立することにより道路運送の総合的な発達を図り、もって公共の福祉を増進すること」という法目的に副うものとしたうえで、自家用自動車の有償運送行為が「無免許営業に発展する危険性の多いものである」ことを理由に、その禁止も憲法22条1項に反しないとした（最大判1963〔昭和38〕・12・4刑集17巻12号2434頁　百選95）。

イ　酒類販売免許制

酒税法は、酒税の納税者を酒類製造者とする「蔵出し方式」を採用したう

えで（6条）、製造者による納税を確実にするため、酒類販売業者を税務署長の「免許」を得た者に限定し（9条）、「経営の基礎が薄弱であると認められる場合」（10条10号）や「酒類の需給の均衡を維持する必要があるため……酒類の販売業免許を与えることが適当でないと認められる場合」（10条11号）などの事由がある場合には酒類販売業の「免許」を与えないと定めている。

最高裁は、10号要件の合憲性が争われた事件において、本規制が税の賦課徴収に関わることから、サラリーマン税金訴訟判決（最大判1985〔昭和60〕・3・27民集39巻2号247頁　百選32）を引用しつつ、憲法84条・30条を根拠に、総合的な政策的判断、専門技術的な判断が必要なことを説き、「国家の財政目的のための職業の許可制による規制については、その必要性と合理性についての立法府の判断が、右の政策的、技術的な裁量の範囲を逸脱するもので、著しく不合理なものでない限り、これを憲法22条1項の規定に違反するものということはできない」との緩やかな審査基準を設定した。

そのうえで、最高裁は、酒類販売業の免許制の存置について「議論の余地があることは否定できない」ものの、酒税の賦課徴収に関する仕組みが未だ合理性を失うに至っているとはいえないこと、酒税が消費者に転嫁されるべき税目であること、致酔性を有する酒類の販売には何らかの規制が行われてもやむをえないことを指摘して、合憲と判断した（酒類販売免許制事件判決最3小判1992〔平成4〕・12・15民集46巻9号2829頁　百選99）。

* 本判決の坂上裁判官の反対意見は、酒税の国税に占める割合の低下などの立法事実の変化を理由として、酒類販売免許制は違憲であると述べている。他の要件については、最1小判1998（平成10）・7・16訟月45巻4号807頁（法10条11号）、最3小判1998（平成10）・3・24刑集52巻2号150頁（無免許販売の処罰）参照。

(4) 職業遂行の自由に対する制約——西陣ネクタイ事件

国内産生糸を廉価な輸入生糸から保護するため、繭糸価格安定法が改正され、生糸の一元輸入措置と生糸価格安定制度が導入された。この結果、絹ネクタイを生産する織物業者は、高い価格の生糸を購入することを強いられ、外国産ネクタイに対する国際競争力を失い、莫大な損害を被った。

京都の西陣織工業組合に加入する絹ネクタイ生産業者が、上記の立法行為による損害に対する国家賠償を求めた事件について、最高裁は、立法行為に対する国家賠償請求が「立法の内容が憲法の一義的な文言に違反しているにもかかわらずあえて当該立法を行うというように、容易に想定し難いような

例外的場合」に限定されるという在宅投票事件判決（最 1 小判1985〔昭和60〕・11・21民集39巻 7 号1512頁）の基準（第14講コラム「立法行為（不作為）に対する国家賠償請求」参照）に従って請求を斥けた（最 3 小判1990〔平成 2 〕・ 2 ・ 6 訟月36巻12号2242頁　百選98）。

　なお、判決は、小売市場事件判決を引用して、「積極的な社会経済政策の実施の一手段」として採られた立法措置については、「当該規制措置が著しく不合理であることの明白な場合に限って、これを違憲としてその効力を否定することができる」との緩やかな基準によって判断すべきとも述べている。しかし、この事件のように、弱者を救済する政策が別の弱者に犠牲を強いる場合にまで、積極目的規制として緩やかな審査基準を適用することには異論がありえよう。

III　演習問題

　Xは、2005年 5 月、自らの父がO県O市浪速橋 2 丁目に所有していた土地を相続した。古い言い伝えでかつて温泉が湧いていたと知ったXが、同地を試掘したところ、良質の温泉が得られることを発見し、当初は専ら家族と近所の人々で楽しんでいた。しかし、ある雑誌で「都心の秘湯」として、同土地の温泉が紹介されたのがきっかけで多くの人々が押しかけるようになった。そのため、Xは、人々の要望に応えようと浴室と更衣室等を整備し、法令上必要な衛生上の施設も整え、「ニュー浪速スパ」という名称で2007年 9 月より営業を始める準備を進めた。

　「ニュー浪速スパ」の施設は、構造上も衛生上も、法令の要件を満たしていたが、Xが公衆浴場営業にあたってのO県知事の許可を得ようとしたところ、同地より170m 離れた同市浪速橋 4 丁目には、1955年 3 月より「稲荷湯」がO県知事の許可を得て営業してきており、公衆浴場法 2 条 3 項（【資料 1 】）に基づいて制定されたO県公衆浴場法施行条例 3 条 1 項（【資料 2 】）の要件を満たさないとして、O県知事の許可が得られなかった。

　O県は、全国平均と比べても浴室保有率が低く、とりわけ「ニュー浪速スパ」周辺地域は古いアパートが多く、公衆浴場の需要の高い地域である。「ニュー浪速スパ」の泉質の良さが評判となり、近所の住民はもとより全国からも温泉ファンが訪れるようになり、Xは、客の要望に押し切られて、無許可のまま営業を続けることとなった。Xは、浴場の維持費・施設整備費として、O県の一般公衆浴場入浴料金に準じた大人410円、中人130円、小人60円の料金で、一般の人々を入浴させた。

Xは、無許可で公衆浴場業を営んだとして、公衆浴場法8条1号に基づいて起訴された。
〔設問〕　Xの弁護人が、公衆浴場法2条に基づくO県公衆浴場法施行条例3条1項の要件が憲法22条1項に違反し、無効であるとの主張をしようとする場合、最も有効と思われる主張を具体的に論じなさい。

【資料1】
○公衆浴場法
第2条　業として公衆浴場を経営しようとする者は、都道府県知事の許可を受けなければならない。
2　都道府県知事は、公衆浴場の設置の場所若しくはその構造設備が、公衆衛生上不適当であると認めるとき又はその設置の場所が配置の適正を欠くと認めるときは、前項の許可を与えないことができる。但し、この場合においては、都道府県知事は、理由を附した書面をもって、その旨を通知しなければならない。
3　前項の設置の場所の配置の基準については、都道府県（保健所を設置する市又は特別区にあっては、市又は特別区。以下同じ。）が条例で、これを定める。
4　都道府県知事は、第2項の規定の趣旨にかんがみて必要があると認めるときは、第1項の許可に必要な条件を附することができる。
第3条　営業者は、公衆浴場について、換気、採光、照明、保温及び清潔その他入浴者の衛生及び風紀に必要な措置を講じなければならない。
2　前項の措置の基準については、都道府県が条例で、これを定める。
第7条　都道府県知事は、営業者が、第2条第4項の規定により附した条件又は第3条第1項の規定に違反したときは、第2条第1項の許可を取り消し、又は期間を定めて営業の停止を命ずることができる。
2　（略）
第8条　次の各号の一に該当する者は、これを6月以下の懲役又は1万円以下の罰金に処する。
　一　第2条第1項の規定に違反した者
　二　第7条第1項の規定による命令に違反した者

【資料2】
○O県公衆浴場法施行条例
（配置の基準）
第3条　新たに設置する普通公衆浴場の設置の場所は、既設の普通公衆浴場の浴場本屋の外壁と当該設置しようとする普通公衆浴場の浴場本屋の外壁との最短直線距離が350メートル以上有するものでなければならない。
2　（略）

1　本問の趣旨

　本問は、職業の自由に関する違憲審査の判断枠組みを公衆浴場開設距離制

限（Ⅱ4(2)ウ）に適用することを求めるものである。

2　違憲主張の組立て

(1)　違憲主張の対象

Xが無許可での営業に踏み切った理由は、条例3条1項（距離制限規定）の要件を満たさなかった点にあり、X側は、主として、本条例3条1項は違憲であるとの法令違憲の主張をすることになる。

(2)　憲法上の権利に対する制約

距離制限規定により直接的に制限されているのは、公衆浴場設置の場所であるから、憲法22条1項が保障する「職業選択の自由」に、職業活動の内容、態様についての職業遂行の自由が含まれることを明示しておく必要がある（Ⅱ2）。そして、開設場所の選択が公衆浴場経営にあたって重大な意味をもつことから、薬局開設距離制限事件と同様、開設場所の制限が、実質的には職業選択そのものの制約となりうることを指摘しておきたい（Ⅱ3(1)ア）。

(3)　判断枠組み

公衆浴場法2条2項は、設置の場所・構造設備が公衆衛生不適当な場合と、設置の場所が配置の適正を欠く場合とを公衆浴場経営を不許可とする要件として定めている。公衆浴場開設の距離制限は、自由な設立による偏在と公衆衛生上の弊害発生の防止を規制目的とする点で、薬局開設の距離制限と共通するところがあり、違憲主張としては、規制目的二分論に則り、①規制目的が重要な公共の利益を実現するための必要かつ合理的な制限であり、②より制限的な規制手段によっては規制目的が十分に達成できないことが示される必要があるとの判断枠組み（Ⅱ3(3)）を用いることが考えられる。

もっとも、公衆浴場は、自家風呂を持たない国民の公衆衛生のために必要であるという役務の公共性により入浴料金が公定されているなど、薬局とは異なる性格をもっているのも事実である。しかし、(2)で述べたように、公衆浴場開設が職業の自由に対する「強力な制限」の下に置かれていることには変わりなく、また、距離制限は本人の意思や能力にかかわりなく職業選択の自由を制約するものであることから、少なくとも「**重要な公共の利益を実現するための必要かつ合理的なものである**」との判断枠組みが適用されるべきと考えられる。

(4) 個別的・具体的検討
ア 目的審査

公衆浴場開設にあたっての距離制限規定の目的は、法2条2項から読み取れるように、公衆浴場の利用確保と構造設備の衛生管理であるところ、それらはいずれも公衆衛生にとって重要な公共の利益であることは争いがたいであろう。

イ 手段審査

しかし、いくら過当競争により経営状態が悪化したとしても、公衆浴場業者があえて公衆衛生に関する措置（法3条）を怠るなどの法規違反をするとは考えがたい。そもそも競争の激化→経営の不安定→法規違反といった因果関係が単なる観念上の想定にすぎないことは判例上も明らかにされている（Ⅱ4(2)イ）。

また、国民の公衆浴場利用を確保するとの目的との関係でも、距離制限は既に合理性を失っている。一定区域内における寡占状態を確保したとしても、自家用風呂が普及しているうえ、入浴料金も公定されていることから、それだけでは公衆浴場の経営基盤としては不十分であろう。

●コラム● **答案を読んで**

判例が規制目的二分論をとっているかどうかについて学説上議論があることを口実にして、答案で二分論の適用を避けてしまったり、二分論の理解自体を放棄してしまう傾向がある。規制目的だけで審査の厳格度を決定する単純な二分論が誤っているからといって、薬局開設距離制限事件判決の判断枠組み自体が否定されたわけではないので、その正確な理解を踏まえたうえでその適用の可否を検討すべきである（Ⅱ3(6)参照）。

薬局開設距離制限事件判決の判断枠組みにおいては、当該規制の目的を消極目的と評価するか積極目的と評価するかが決定的な意味をもつ。しばしば消極目的を、「生命・健康に関わる規制」などと不正確に記憶しているものがみられる（こうした理解のままだと、司法書士法事件判決などの理解に困ることになる（Ⅱ4(1)ウ））。また、公衆浴場開設距離制限の目的についても、浴場の衛生管理に違いないという固定観念に頼るのではなく、実際の法律上の許可要件をよく見て考察すべきである。

さて、薬局開設距離制限事件判決が用いた「より制限的でない手段では規制目的が十分達成できない場合のみ合憲となる」という判断基準は違憲判断にとって有用な基準ではあるが、万能ではない。問題文に示された事案のなかに「より制限的でない手段」が示されていないのに、勝手に、浴場に対する補助金で支援すればよいといった、「他の規制手段によって十分目的が達成できる」という主張を作り上げてしまうのは避けるべきである。

第10講　経済活動の自由(2)
——財産権

◆学習のポイント◆

1　財産権の保障には、個人の具体的な財産上の権利の保障とともに、個人が財産権を享有しうる制度としての私有財産制の保障が含まれる（【設問1】）。
2　財産権制約の合憲性については、判例上、①立法の規制目的が公共の福祉に合致しないことが明らかな場合、もしくは②規制手段が規制目的を達成するために必要性もしくは合理性に欠けていることが明らかである場合に違憲となるという判断枠組みが適用される。もっとも、財産権の規制目的、財産権の性質、財産権の制約の程度に応じて、立法裁量の広狭を考えるべきである（【設問2】）。
3　損失補償は、仮に法律上の規定を欠いていても憲法29条3項を根拠に請求できる。その要否は、負担の公平という観点から、私有財産の制限の強度や偶然性、信頼保護の必要性等の要素によって決定され（【設問3】）、当該財産の客観的な市場価格の全額を補償すべきである（【設問4】）。

I　財産権の保障

1　財産権保障の意義

　財産権の保障は、市民革命期から現代に至る過程で、その位置づけを大きく変化させた。資本主義的生産関係の興隆期でもあった18世紀において、財産権保障は、個人の自立と自由な経済活動のための経済的基盤の確立と深く結びつくものと考えられており、フランス人権宣言（1789年）において、「所有権」は「人の、時効によって消滅することのない自然権」の一つであり（2条）、「神聖かつ不可侵の権利」（17条）とされていた。

しかし、資本主義の発達とともに、財産権は生産手段を所有する資本家による労働者の搾取の道具としての一面を顕在化させるようになる。貧富の差の拡大、劣悪な労働条件など、深刻化しつつあった社会問題を解決するうえで、財産権の保障は「人間らしい生活」の実現に対する桎梏へと転化し、その制限が求められるようになった（第９講Ⅰ１参照）。こうした状況を背景に、現代憲法の嚆矢とされるワイマール憲法（1919年）において、財産権の保障は、「所有権は義務を伴う。その行使は同時に公共の福祉に役立つべきである」（153条３項）という表現になった。

日本国憲法の財産権保障は、29条１項において財産権の不可侵という近代憲法型の財産権保障の姿勢を示しながらも、財産権保障をめぐる歴史的変化を反映して、２項は、「財産権の内容」を「公共の福祉に適合する」ように「法律で定める」とするワイマール憲法型の規定となっている。

第29条１項　財産権は、これを侵してはならない。
２項　財産権の内容は、公共の福祉に適合するやうに、法律でこれを定める。

2　財産権の内容

【設問１】　憲法29条１項にいう「財産権」とは何か。

(1)　「財産権」とは

財産権とは、所有権をはじめとする物権、債権、知的財産権を含む無体財産権、そして公法上の権利である水利権・河川利用権など、あらゆる財産的価値を有する権利を指す。

財産権の特殊性は、公権力に対する不作為請求を本質とする自由権と違い、権利の実効的保障のために裁判所などの公権力の発動を必要とし、憲法29条２項が示すように権利の保障内容が私法をはじめとする法律によって「形成」されるという点にある。しかし、財産権の法律による「内容形成」を強調すると、財産権には法律による「制限」がありえないことになってしまう。ここにいう「内容形成」とは、法律によって財産権の内容が創設されるのではなく、法律により具体的な権利（法的保障）の形で表されることと解すべきである。

最高裁は、**共有林分割制限事件判決**において、森林法186条による共有林

分割請求の制限について、「分割請求権を共有者に否定することは、憲法上、財産権の制限に該当」すると判示した（傍点は筆者）。これは、共有者の分割請求権を定めた民法256条1項を憲法上の財産権を「形成」したものとみる一方で、森林法186条の規定を財産権を「制限」するものとみたことを意味する。

最高裁が憲法上の財産権の「制限」を認定するにあたって、「共有物分割請求権は、各共有者に近代市民社会における原則的所有形態である単独所有への移行を可能ならしめ、右のような公益的目的をも果たすものとして発展した権利」であることを強調しているところからみて、最高裁は、各人が自らの財を単独で自由に使用・収益・処分することに、「財産権の憲法的な原型」（毛利透ほか『リーガルクエスト憲法Ⅱ人権』〔有斐閣、2013年〕275頁〔松本哲治〕）をみているということができよう。

* なぜ民法上の共有物分割請求権が「財産権の原型」に当たるといえるのかについては、単独所有を原則とする法律家集団の共通理解が「財産権保障のベースライン」となっているとの説明（長谷部恭男『憲法の理性』〔東京大学出版会、2006年〕133頁以下）や、民法典制定者による「一物一権主義」の選択が財産権の「制度的保障」における「本質的内容」を形成したとの説明がなされている（LS憲法研究会編『プロセス演習憲法〔第4版〕』〔信山社、2011年〕285頁以下〔石川健治〕）。

(2) 財産権の内容を「法律で定める」とは

憲法29条2項は、「財産権の内容」を「法律で定める」と規定しており、財産権の保障範囲を法律の規定によっていかようにも変えられるように読める。しかし、29条1項と2項との関係については、財産権保障のなかに、法律による内容形成に委ねられた部分と法律によっても制限できない部分があることを示したものとして、調和的に解釈すべきである。憲法29条1項は、2項による立法権による財産権の内容決定に対する歯止めとして、**基本的人権としての具体的な財産上の権利の保障**とともに、個人が財産権を享有しうる制度としての**私有財産制の保障**を定めたとみる見解が支配的である。

最高裁も、29条1項・2項の趣旨について、「私有財産制度を保障しているのみでなく、社会的経済的活動の基礎をなす国民の個々の財産権につきこれを基本的人権として保障する」ものと解している（共有林分割制限事件判決）。

法律によっても制限できない財産権の保障の内容について、かつては「制度的保障論」に拠りつつ、財産権保障の「本質的内容」である「私有財産制

度の核心」については法律によっても侵すことができないと説かれてきた。しかし、「私有財産制度の核心」といっても、その内容は明らかにならない。

そこで、「私有財産制度の核心」を探るためにも、憲法上の「財産権の核心」を確定する必要がある。この点に関して、これまで、自己の労働により自己とその家族の生存を支えるための「生存財産」と、他者の労働を搾取する機能を果たす「独占財産」との区別、あるいは、国民がその生活を営むための日常必需財産である「小さな財産」と、他人の支配を伴うような社会性の強い「大きな財産」との区別を行い、それぞれ前者については法律によっても侵すことはできず、後者については大幅な制約も容認するとの見解が示された。財産の性格の違いは相対的であることを免れず、截然と区別することは難しいが、財産の性質、規模、その目的が、憲法上の財産権の「核心」を探るうえでの指標となることは確かであろう。

(3) 既得権の保護

また、憲法29条の保障する財産権の内容として、しばしば「個人が現に有する」財産権という限定が付される。しかし、共有林分割制限事件判決が示したように、現行法上保障されている財産権の内容が29条違反とされることもあるので、既得権として現在保障されている財産上の利益が必ずしも憲法の保障する財産権の核心とはいえない。ただし、財産権はもともと「既得権の体系」（石川健治「財産権」小山剛＝駒村圭吾編『論点探究　憲法〔第2版〕』〔弘文堂、2013年〕225頁）として成立してきたという性格をもち、「現に有する財産」の尊重にもそれなりの理由があるから、既得権として、いったん定着した財産的利益の不利益変更には強い正当化理由が必要とされる（4(2)、国有農地売払特措法事件判決参照）。要するに、「侵すことのできない」財産権の核心は、**「個人が現に有する財産権」のうち、その性質が自らの財を単独で使用・収益・処分すること**にあり、その制約の合憲性判断の厳密度は、その財産の性質、規模、目的を勘案して決定されることになる。

> ＊　憲法29条2項が「財産権の内容」について述べていることから、29条2項に基づいて認められるのは、財産権の内容の決定であり、財産権の制限は憲法12条・13条を根拠に行われると解する見解もある。しかし、権利の「内容」の決定と「制限」とは表裏一体の関係にあり、両者を区別する実益は乏しい。

> ＊＊　29条2項は、「法律でこれを定める」とするが、条例によって財産権の制限をすることもできる（奈良県ため池条例事件判決参照）。

3 財産権の判断枠組み

(1) 判例の判断枠組み

共有林分割制限事件判決は、①立法の規制目的が公共の福祉に合致しないことが明らかである場合、もしくは②規制手段が規制目的を達成するための手段として必要性もしくは合理性に欠けていることが明らかである場合に、立法府の判断が合理的裁量の範囲を越え、当該規制立法は憲法29条2項に違反するとした。この基準は、後の旧証券取引法による**短期売買利益返還請求事件判決**においても基本的に引き継がれているものとみることができる。

最高裁の判断枠組みは、規制目的についての判断、手段についての判断それぞれに「明らか」という要件を付け加えており、通常の審査基準に比べかなり緩やかなものである。これは、法律による財産権の内容形成・規制のありようについて、広い立法裁量が認められるためである。しかし、財産権規制についても、権利の性質や規制の目的、制約の程度によって、立法裁量の広狭は異なる。最高裁も、財産権制限の合憲性判断にあたって、「**規制の目的、必要性、内容、その規制によって制限される財産権の種類、性質及び制限の程度等を比較考量**」するとの原則を宣明している。

財産権の核心部分に対する重大な制限については、広い立法裁量が認められず、上記の判例の基準から「明らか」という要件を除いた判断枠組みが適用されるべきである。

＊短期売買利益返還請求事件判決が共有林分割制限事件判決を参照せず、後の財産権に関する最高裁判決も短期売買利益返還請求事件判決のみを引用していることから、判例上の判断枠組みを共有林分割制限事件判決とは異なるものとみる見解もある（渡辺ほか・憲法Ⅰ348頁）。しかし、短期売買利益返還請求事件判決も「目的が……公共の福祉に適合するものであることは明らか」、「規制手段が必要性又は合理性に欠けることが明らかであるとはいえない」という言い廻しを使っていることから、基本的に同じ判断枠組みを用いているものと思われる。

(2) 財産権の規制目的

【設問2】 財産権の規制に関しても、規制目的二分論は妥当するか。

財産権も、職業の自由と同様、「社会公共の便宜の促進、経済的弱者の保護等の社会政策及び経済政策上の積極的なものから、社会生活における安全

の保障や秩序の維持等の消極的なものに至るまで」、多様な目的の規制に服する（**共有林分割制限事件判決**）。そのため、財産権制約の判断枠組みについても、職業の自由と同様に、消極目的と積極目的とで違憲審査の厳格度が異なるという、規制目的二分論（第9講Ⅱ3(3)）が妥当するのかが問題となる。

> ＊　財産権の消極目的規制の例としては、災害防止や相隣関係の調整等が挙げられる。また、積極目的規制の例としては、私的独占の排除のための独占禁止法、借地・借家人保護のための借地借家法等が挙げられる。しかし、現実の財産権規制は、都市計画法（「都市の健全な発展と秩序ある整備を図り、もって国土の均衡ある発展と公共の福祉の増進に寄与することを目的とする」〔1条〕）や建築基準法（「国民の生命、健康及び財産の保護を図り、もって公共の福祉の増進に資することを目的とする」〔1条〕）などをみてもわかるように、消極目的と積極目的が混在しているものが多い。

最高裁は、**共有林分割制限事件判決**において、財産権の制限に消極目的規制と積極目的規制があることは認めながらも、規制目的二分論に拠ることなく、森林法186条の合憲性を審査した。さらに、最高裁は、**短期売買利益返還請求事件判決**において、規制目的について「社会公共の便宜の促進、経済的弱者の保護等の社会政策及び経済政策に基づくものから、社会生活における安全の保障や秩序の維持等を図るものまで」と述べ、「積極」「消極」という言葉を外してしまった。学説の多くも、財産権規制については、職業の自由の制限と同じような形では、規制目的二分論が適用されないと解している。

しかし、財産権について規制目的に応じた立法裁量の広狭が問題とならない理由は明らかでない。また、先にも触れたように、最高裁自身、規制目的の考慮を排除しているわけではない。社会的・経済的弱者の保護のための規制について、その他の規制よりも広い立法裁量が認められる点は財産権についても同様であると思われる。

(3) 財産権の種類・性質

最高裁は、財産権制限の合憲性判断にあたって、財産権の種類・性質を考慮すべきことを明らかにしており、2(1)(2)で述べたように、森林法186条の違憲判断を導いた一因も、最高裁が共有物分割請求権を「財産権の核心」に当たるものとみなした点にある。一般法（民法）の規定している財産権の内容よりもより制限的な特別法がある場合、一般法の定める権利内容が憲法上の「財産権の核心」といえるのであれば、その合憲性は厳格に審査される。

また、2(3)で触れたように、すべての財産上の既得権が「財産権の核心」に当たるとはいえないが、法律によりいったん確定した財産権の内容を事後法により不利益に変更する場合には、通常の財産権制限よりも強い正当化が必要である。

4 財産権をめぐる具体的問題

(1) 奈良県ため池条例事件

奈良県は、条例で「ため池の余水はきの溢流水の流去に障害となる行為」、「ため池の堤とうに竹木若しくは農作物を植え、又は建物その他の工作物（ため池の保全上必要な工作物を除く。）を設置する行為」、その他「ため池の破損又は決かいの原因となる行為」を禁止し（4条）、違反者を3万円以下の罰金刑の対象とした。

最高裁の多数意見は、条例の規制により、「その財産権の行使を殆んど全面的に禁止される」ことは認めた。しかし、多数意見は、規制の目的が「災害を未然に防止するという社会生活上の已むを得ない必要」に基づくものであり、「ため池の提とうを使用する財産上の権利を有する者は何人も、公共の福祉のため、当然これを受忍しなければならない責務を負」うことから、ため池の破壊・決壊につながる行為が「財産権の行使の埒外」であると判断し、憲法29条違反の主張を斥けた（**奈良県ため池条例事件判決** 最大判1963〔昭和38〕・6・26刑集17巻5号521頁 百選103）（損失補償については、II 3(1)参照）。

(2) 国有農地売払特措法事件

旧農地法は、農林大臣が、買収された農地について自作農創設等の目的に供しないことを相当と認めた場合、「買収の対価」相当額で旧農地所有者に売り払うべきと定めていた（80条1・2項）。その後、地価が高騰するなか、旧農地所有者が低廉な価格で農地を買い戻すことに対する世論の反発が強まり、「国有農地の売払いに関する特別措置法」が制定され、売払いの対価は「時価の7割」とされた。

旧農地所有者が、特別措置法は憲法29条に違反するとして、「買収の対価」での農地の売払いを求めた事件において、最高裁は、特別措置法による売払い対価の変更を合憲と判断した（最大判1978〔昭和53〕・7・12民集32巻5号946頁 百選104）。

最高裁は、財産権の内容の事後法による変更も、「公共の福祉に適合するようになされたものである限り」許されるとしたうえで、その判断枠組みと

して、「いったん定められた法律に基づく財産権の性質、その内容を変更する程度、及びこれを変更することによって保護される公益の性質などを総合的に勘案し、その変更が当該財産権に対する合理的な制約として容認されるべきものであるかどうか」によって判断されるべきとする。そして、旧土地所有者の有する「買収農地を回復する権利」が「立法政策上」設けられたとすれば、売払い価格の決定も「立法政策上の問題」であること、「農地法施行後の社会・経済的事情の変化」の大きさ、「現に地価が著しく騰貴したのちにおいて売払いの対価を買収の対価相当額のままとすることは極めて不合理であり適正を欠く」ことを指摘して、特措法による売払い価格の変更を「公共の福祉に適合する」と判断した。

(3) 共有林分割制限事件

森林法186条は、森林共有者のうち持分価格2分の1以下の共有者による分割請求を否定していた。

最高裁は、先に述べた憲法上の財産権の内容（2(1)(2)）についての判示、判断枠組みの提示（3(1)）に続けて、同条の合憲性を検討し、憲法29条2項に反すると判示した（**共有林分割制限事件判決** 最大判1987〔昭和62〕・4・22民集41巻3号408頁 百選101）。

判決は、同条の立法目的について、「森林の細分化を防止することによって森林経営の安定を図り、ひいては森林の保続培養と森林の生産力の増進を図り、もって国民経済の発展に資すること」にあると認定し、それが「公共の福祉に合致しないことが明らかである」とはいえないとした。

しかし、判決は、分割請求権の制限という手段と立法目的との関係について、以下のような種々の不整合な点があることを指摘して、「合理性と必要性のいずれをも肯定することのできないことが明らか」であるとした。

・共有関係は、森林の共同経営のための協力関係とは関係がなく、共有関係の維持が森林経営の安定と合理的関連性を有するとはいえない。
・共有者が森林の管理等をめぐって意見の対立等を生じた場合、共有関係の維持がかえって森林の荒廃をもたらすこともある。
・森林法は、森林の単独所有者による売却や過半数持ち分権者による分割請求、遺産分割を許容しているが、持分価額2分の1以下の共有者による分割請求の場合のみ、他の場合よりも森林が細分化されるとはいえない。
・森林の安定的経営のために必要な森林面積を下回るかどうかや、また森林の伐採期や計画植林の完了時期を全く考慮せず、一律に持ち分2分の1以下の共有者の分割請求を禁止するのは、森林経営の安定のために必要とさ

れる限度を超える規制となる。
・現物分割においても共有物の性格、共有状態に応じた調整をすることは可能であるから、分割請求を認めることが常に森林の細分化をもたらすとはいえない。

(4) 短期売買利益返還請求事件

旧証券取引法（現金融商品取引法）164条1項は、その職務または地位により取得した秘密を不当に利用するインサイダー取引を防止するため、上場会社等の役員または主要株主が自社株を6カ月以内に売買して得た利益について、実際に秘密の不当利用があったかどうかを問うことなく、会社が利益の提供を請求しうると定めていた。X社は、同社の主要株主Y社に対し、X社株の短期売買により得た利益の提供を請求したが、Y社は、秘密の不当利用や一般投資家の損害の発生という事実はないから、本件規定を適用することは憲法29条に違反すると主張した。

最高裁は、次のように、その合憲性を認めた（**短期売買利益返還請求事件判決** 最大判2002〔平成14〕・2・13民集56巻2号331頁 百選102）。

判決は、本件規定の目的が、「国民経済上重要な役割を果たしている証券取引市場の公平性、公正性を維持するとともに、これに対する一般投資家の信頼を確保する」ことにあり、「公共の福祉に適合するものであることは明らか」であると判断した。

次に、判決は規制手段に関して、次の3点を指摘して、「必要性又は合理性に欠けるものであるとはいえない」と判示した。
・秘密の不当利用や一般投資家の損害発生の有無を要件とすると、その立証が困難なため、本件規定の請求権の迅速かつ確実な行使を妨げ、立法目的を損なう。
・内閣府令で定める場合または類型的にみて取引の態様自体から秘密を不当に利用することが認められない場合には本件規定は適用されず、規制対象が限定されている。
・本件規定は、上場会社等の役員または主要株主に対して、売買自体を禁止せず、取引によって得られた利益の返還を求めるものにすぎず、それ以上の財産上の不利益を課すものでない。

II　損失補償

1　損失補償の意義・内容

　損失補償とは、**公権力が公共の目的を達成するために私有財産を強制的に利用する場合に**、その財産所有者が被った損失について**補償をすること**であり、公共目的のための財産権の利用の必要性と個人の財産権保障との均衡を図るものである。公共目的で私有財産が利用される時、その受益者は国民一般であり、負担の公平を図るために国庫から補償が行われる。

　なお、損失補償は、正当な公共的目的のための**適法**な私有財産の収用・制限に対して国がその損失を埋め合わせるものであるのに対し、国家賠償は、**違法**な公権力の行使によって被った損害について国が償う制度である点で異なる（国賠法1条1項参照）。

> **第29条3項**　私有財産は、<u>正当な補償</u>の下に、これを<u>公共のために用ひる</u>ことができる。

2　損失補償の判断枠組み

> **【設問3】**　憲法29条3項に基づく損失補償は、どのような場合に認められるか。「公共のために用ひる」の意味や、憲法29条3項に基づく直接請求の可否を明らかにしつつ論じなさい。

(1)　「公共のために用ひる」の意味

　憲法29条3項は、私有財産を正当な補償の下で利用できるのは、「公共のために用ひる」場合であると規定している。この意味については、学校、病院、道路建設といった**公共事業のために私有財産を利用する場合に限られる**という立場と、広く社会公共のために行われる事業であれば、**直接的な受益者が私人であってもよい**との立場がある。

　この対立は、戦後の農地改革において、自作農創設という目的のために、被収用財産が他の私人に分配されたことをめぐって争われたが、最高裁は、後者の立場をとることを明らかにしている（最2小判1954〔昭和29〕・1・22民集8巻1号225頁　百選105）。

　また、私有財産を「用ひる」の意味については、土地収用など所有権を剥

奪する場合（公用収用）が典型であるが、それに限られず、私有財産の利用が制限される場合（公用制限）も損失補償の対象に含まれる。

(2) **損失補償の要否**

「公共のために」私有財産の使用が制約されたとしても、すべての制約に損失補償が必要となるわけではない。損失補償の要否について、しばしば「**特別の犠牲**」という言葉が用いられるように、**負担の公平**という**観点から**みて、私有財産を収用・制限された者に対する補償を妥当とするかどうかによって決せられる。

損失補償の要否の具体的な基準としては、財産権制限の目的が消極目的か積極目的かという制限目的に基づく基準、権利制限の対象が一般人か特定の個人・集団かという形式的基準、その財産権の制限が、内在的制約として受忍すべき限度を超え、財産権の本質的内容を侵すほどに強度なものかという実質的基準が挙げられてきた。

しかし、制限の対象が一般的か特定的かの区別は相対的なものであり、決定的な要素にはならない。損失補償の本質が、公共の利益のための国民間の負担の公平にあることを念頭に置くならば、**財産権制限の強度**に加えて、**財産権制限について権利者側に受忍すべき理由があるか**が重要な要素となる。国民一般が等しく受忍すべき財産権制限であれば、損失補償によって「負担の公平」を図る必要がないので、一般に、財産権の内在的制約（権利の行使がもたらす弊害を除去するための制約）とされる制限には損失補償は必要ないと解されている。

ただし、**河川附近地制限令事件判決**において、最高裁は、内在的制約といえる規制であっても、従来、適法に行ってきた事業が継続できなくなるという効果をもたらす場合に、受忍限度を超えるとみる余地があることを認めた。これは、内在的制約であっても一律に損失補償が不要となるのではなく、**信頼保護的補償**というべきものがありうることを示唆している。

> *　かつては、損失補償は特定の個人・集団の財産権制限に対するものであることを理由に、憲法29条2項に基づく規制は一般的な性格をもつものであり損失補償の対象とならないとの見解もあった。しかし、現在では特定の個人・集団への権利制限かどうかを問う形式的基準は重視されなくなっており、29条2項に基づく規制であっても、損失補償の対象となる可能性はある。

(3) **憲法に基づく損失補償の直接請求**

土地収用法（46条の2以下）、土地区画整理法（109条）、自然公園法（64

条）等、法令の中に損失補償に関する規定を置いているものも多い。しかし、仮に法令中に損失補償に関する規定を欠いている場合でも、憲法29条3項を根拠に損失補償を求めることができる（河川附近地制限令事件判決）。

(4) 「正当な補償」とは

【設問4】 憲法29条3項の定める「正当な補償」の意味について説明しなさい。

「正当な補償」の意味については、当該財産の客観的な市場価格を全額補償すべきとする**完全補償説**と合理的に算出された相当な価格であれば市場価格を下回ってもよいとする**相当補償説**との対立がある。

最高裁は、農地改革における農地買収価格が問題となった事件において、「憲法29条3項にいうところの財産権を公共の用に供する場合の正当な補償とは、その当時の経済状態において成立することを考えられる価格に基き、合理的に算出された相当な額をいうのであって、必しも常にかかる価格と完全に一致することを要するものでない」と述べ、相当補償説をとることを明らかにした（最大判1953〔昭和28〕・12・23民集7巻13号1523頁　百選106）。

しかし、最高裁が、相当補償説の根拠として、「財産権の使用収益又は処分の権利にある制限を受けることがあり、また財産権の価格についても特定の制限を受けることがあ」ることを挙げるのは、財産権制限に関する29条2項の議論を、損失補償額の議論に持ち込むものであり、不当である。農地改革は前近代的生産関係の解消に係る、かなり特殊な施策であったこと、負担の公平という観点からみるならば市場価格を下回る価格による「補償」を正当化するのは困難であることから、相当補償説を一般化するべきではなく、完全補償説を原則とすべきである。

* 最高裁は、土地収用法72条の解釈としては、「（収用）裁決時において有するであろうと認められる価格をいう」と解し、完全補償説的に理解している（最1小判1973〔昭和48〕・10・18民集27巻9号1210頁　百選107）。

3　損失補償をめぐる具体的問題

(1) 奈良県ため池条例事件

奈良県ため池条例事件（Ⅰ4(1)）においては、ため池の堤とう利用制限に対する損失補償の要否も争点となった。最高裁は、堤とう利用の禁止が、「災害を防止し公共の福祉を保持する上に社会生活上已むを得ないものであり、そのような制約は、ため池の堤とうを使用し得る財産権を有する者が当

然受忍しなければならない責務というべきもの」であると述べ、財産権の内在的制約には損失補償の必要はないとした。

(2) ガソリンタンク移設事件

国が交差点に地下道を設置した結果、消防法の規定により地下に埋設していたガソリンタンクを移設する費用が生じた事件について、最高裁は、「道路工事の施行によって警察規制に基づく損失がたまたま現実化するに至ったもの」にすぎないとして、道路法70条1項の定める補償の対象にはならないとした（最2小判1983〔昭和58〕・2・18民集37巻1号59頁）。ここでもガソリンタンクの危険性に基づく内在的制約であることが損失補償を否定する決定的な理由となっているが、地下道設置がタンク移設のきっかけになっているとみて、損失補償を肯定する見方もありうる。

(3) 河川附近地制限令事件

河川附近地制限令によって、河川の管理に支障のある事態の発生を防止するため、砂利採取等の行為をしようとする場合に知事の許可が必要となることについて、最高裁は、「公共の福祉のためにする一般的な制限であり、原則的には、何人もこれを受忍すべきもの」であり、「特定の人に対し、特別に財産上の犠牲を強いるものとはいえない」として、損失補償は必要ないとした（河川附近地制限令事件判決　最大判1968〔昭和43〕・11・27刑集22巻12号1402頁　百選108）。

ただし、同判決は、「従来、賃借料を支払い、労務者を雇い入れ、相当の資本を投入して営んできた事業が営み得なくなるために相当の損失を被」ったという被告人の財産上の犠牲について、「単に一般的に当然に受忍すべきものとされる制限の範囲をこえ、特別の犠牲を課したものとみる余地が全くないわけではな」いと指摘して損失補償の対象となりうることを示唆した（2(2)参照）。

* 自然公園法に基づく指定地域内における土砂採取の規制について、「当該土地所有権自体に内在する社会的制約の具体化」であるとして、規制から生じた損害について損失補償は不要とした裁判例がある（東京地判1986〔昭和61〕・3・17行集37巻3号294頁　百選110）。

(4) 戦争損害

サンフランシスコ平和条約において、連合国内にある日本国民の財産を差し押え、清算し、処分等する権限を各連合国に認めたことについて、最高裁は、「このような戦争損害は、……国民のひとしく堪え忍ばなければならないやむを得ない犠牲なのであって、その補償のごときは……憲法29条3項の

全く予想しないところで、同条項の適用の余地のない問題」とした（最大判1968〔昭和43〕・11・27民集22巻12号2808頁、同旨、最2小判1969〔昭和44〕・7・4民集23巻8号1321頁）。

●コラム● いわゆる「国家補償の谷間」

　予防接種は、一定の伝染病について、予防接種法に基づいて、定期または臨時に行われ（5条・6条）、市町村長・都道府県知事は対象者に接種を勧奨する（8条）。予防接種は、伝染病の発生・まん延の防止に効果があるが、問診等のスクリーニングを徹底しても10万人に接種すると2〜3人の割合で副反応による死亡や重篤な後遺障害が発生するおそれのあることが統計的に知られている。

　予防接種による事故については、接種担当者が注意義務を尽くしても発生を完全になくすことができず、国家賠償による救済が困難とされ、「国家補償の谷間」として、救済の必要性が唱えられていた。

　予防接種により重篤な障害を負った児童について、東京地裁は、「全く予測できない、しかしながら予防接種には不可避的に発生する副反応により、死亡その他重篤な身体障害を招来し、その結果、全く通常では考えられない特別の犠牲を強いられた」とみなして、損失補償を認めた（東京地判1984〔昭和59〕・5・18判時1118号28頁　百選109）。

　しかし、財産権の制限に対する救済である損失補償の枠組みを個人の生命・健康に対する損害に持ち込むことは、「生命身体はいかに補償を伴ってもこれを公共のために用いることはできないものである」という憲法の基本原理に反するとの批判も強い（東京高判1992〔平成4〕・12・18高民集45巻3号212頁など）。現在は、損失補償ではなく、過失を広く認めて国家賠償による救済を図る方向が主流となった（最2小判1991〔平成3〕・4・19民集45巻4号367頁）。

III　演習問題

　次の事案を読み、下の問に答えなさい。

　K県は、瀬戸内海に面しており、降水量が少ないため、古くから、灌漑用にため池が数多く作られてきた。現在でも県内に1万4,000余りのため池があり、その総貯水量は約1億4,000万 m³にのぼる。

　県内のほとんどのため池は築造後200〜300年を経過して老朽化が進んでおり、国からも各県において巨大地震への備えを万全なものとするように指導されていることから、K県は、「国土強靱化計画」の一環として、決壊による洪水等の危険を避けるため、ため池の保全管理を徹底する必要があるとして、2015年、「ため池の保全に関する条例」（以下「本件条例」という）を制定した。本件条例は、規制の対象となる一定の「ため池」について、管理者に必要事項の届出を義務づける（4条）とともに、ため池堤とうにおける竹木の植栽、建物・工作物の建設

を禁止するほか、「余水吐の効用を妨げるおそれのある行為」その他「ため池の破損又は決かいの原因となるおそれがある行為」を禁止し（5条1項各号）、違反者に罰金を科している（9条）。

　K県内にあるM池は、空海が改修したことでも知られる、日本最古のため池の一つであり、周囲約20km、貯水量は1,540万 m³である。M池は平坦な土地に掘さくされた池で、その堤とうとこれに続く畑との間にはほとんど土地の高低の差はみられず、堤とうの部分も、水際まで耕されている立派な茶畑等の耕地である。古文書等の記録上、M池の堤とうは、未だかつて決壊したような事跡がない。

　M池と周囲の堤とうは、かつては、池の周辺農家の共有ないし総有であったが、1965年に周辺で耕地整理が行われた際に、大字居住者27名の分割所有となった。同地区ではその後、離農する者もかなり現れ、M池周辺の大字b地区に住むAが堤とうの大部分の土地所有権を取得することとなった。なお、M池の貯水は、同大字地区の耕作地の灌漑に用いられ、その管理には、同地区の総代があたっている。

　Aは、M池の堤とうにおいて、先祖代々、茶道に使われる稀少な茶葉の栽培を行ってきた。Aの栽培する茶葉の独特な風味には、M池堤とうの土壌が大きく影響しているとの調査結果もあり、Aは堤とう部分の所有地を拡大し、茶葉の栽培事業を拡大してきた。本件条例制定にあたっては、同地での茶の栽培が禁止されると、室町時代に遡る特産の茶葉の生産ができなくなること、M池の堤とうは耕作を行っても決壊の危険が生じないことを主張して反対の声を上げてきたが、聞き入れられなかった。

　Aは、本件条例施行後も茶の栽培をやめなかったため、5条1項1号に該当するとして起訴された。

〔設問1〕　あなたがAの弁護人であったとして、Aを無罪とするため裁判においてどのような憲法上の主張を行うか、述べなさい（事実認定については争わないものとする）。

〔設問2〕　Aは最終的に、ため池の堤とうにおける茶の栽培を断念した。それによって被った経済的損失について、国に補償を求めることはできるか。

【資料】
○K県ため池の保全に関する条例
（目的）
第1条　この条例は、ため池の管理に関し必要な事項を定め、ため池の破損、決かい等による災害を未然に防止することを目的とする。
（定義）
第2条　この条例において「ため池」とは、主としてかんがいの用に供し、又は供していた貯水池（県が管理するものを除く。）であって、貯水量が5,000立法メートル以上のものをいう。

2　この条例において「管理者」とは、ため池の管理について権原を有する者をいう。ただし、ため池の管理について権原を有する者が2人以上あるときは、その代表者

をいう。
（届出の義務）
第4条　管理者は、ため池について次の各号に掲げる事項を規則に定めるところにより、知事に届け出なければならない。その事項に変更があったときも同様とする。
　一～八　（略）
2　（略）
（行為の禁止）
第5条　何人も、次の各号に掲げる行為をしてはならない。
　一　ため池の堤とうに竹木又は農作物を栽植する行為
　二　ため池の堤とうに建物その他の工作物（ため池の管理上必要なもの及び堤とうの掘さく又は切土を要しないものを除く。）を設置する行為
　三　ため池の余水吐の効用を妨げるおそれがある行為
　四　前各号に掲げるもののほか、ため池の破損又は決かいの原因となるおそれがある行為
2　（略）
（罰則）
第9条　第5条の規定に違反した者は、20万円以下の罰金に処する。

1　本問の趣旨

　本問は、奈良県ため池条例事件（Ⅰ4(1)）の事実関係について、共有林分割制限事件判決で示された、財産権規制の違憲審査の判断枠組み（Ⅰ3(1)）を用いて考察することを求めている。

2　設問1──違憲主張の組立て

(1)　違憲主張の対象

　Aが起訴された法的構造を検討すると、M池の堤とうにおいて茶の栽培を行ったAの行為が、本条例5条1項1号の「ため池の堤とうに……農作物を栽植する行為」に該当するとして、同9条違反と判断されている。

　Aの弁護人としては、一定のため池について、堤とうの高さ等の個別的・具体的状況を問わずに、堤とうにおける農作物の栽植する行為を禁止している条例5条1項1号は違憲であると主張することになる。また、Aの耕作がため池の決壊等をもたらす可能性が極めて低いことから、Aに対する条例適用の違憲性も論ずることができる。

(2)　憲法上の権利に対する制約

　財産権とは、あらゆる財産的価値を有する権利を指すため（Ⅰ2(1)参照）、自己の所有するため池の堤とうにおいて茶を栽培する行為も、自己の財産の

使用・収益という所有権（民法206条）の行使として、憲法29条1項で保障される。

これに対して、奈良県ため池条例事件判決は、同条例が禁止するため池の堤とうの使用行為を憲法の保障する財産権の行為の埒外であると判断したとする反論が想定される。しかし、本条例5条1項1号が規制対象としている「農作物を栽植する行為」は、同項3号や4号のような、それ自体、堤とうを破壊するものではないから、一律に財産権の保障対象外とはいえない。

(3) 判断枠組み

財産権制限の判断枠組みとしては、共有林分割制限事件判決が、㋐立法の規制目的が公共の福祉に合致しないことが明らかである場合、㋑規制手段が規制目的を達成するための手段として必要性もしくは合理性に欠けていることが明らかである場合に、当該規制立法は憲法29条2項に違背するという、比較的緩やかな審査基準を設定している（Ⅰ3(1)）。

しかし、本件のように個人の生業を支える財産権、とりわけ所有権という財産権の核心部分に対して、その有用な利用行為を一切不能とするような重大な制限については、その規制について広い立法裁量を認める必然性はない。したがって、本問においては、違憲主張のためには、㋐'規制目的が公共の福祉に合致しないこと、あるいは㋑'規制手段が規制目的を達成するための手段として必要性もしくは合理性に欠けていることを主張することになる（Ⅰ3(1)）。

(4) 個別的・具体的検討

ア 条例5条1項1号の違憲性

そこで、本条例について検討すると、㋐'その規制目的は、ため池の破損または決壊から、周辺住民の生命、身体、財産を保護するためのものであるから、「公共の福祉に合致しない」とはいえないであろう。

そこで、㋑'規制手段の合憲性審査にあたっての具体的な判断基準として、ため池の破壊または決壊の防止という目的にとって必要性・合理性に欠けるかどうかを問うことになる。ただし、解答においては、事案をあてはめやすいようにさらに必要性と合理性についての判断基準を具体化する必要がある。本問に関しては、規制対象のなかに、ため池の破壊・決壊の防止という規制目的と結びつかない行為が含まれていれば（過剰包摂）、規制の必要性・合理性に欠けると主張しうる。

ここから、条例の違憲性の主張にあたっては、その規制対象がため池の破壊・決壊をもたらす危険性が高い行為に限定されていないことを指摘するこ

とになる。まず、ため池の形状について、平坦な土地を掘削して作られたため池ならば決壊するおそれも乏しいから、ため池の堤とうの高さを問わずに規制対象とすること（2条1項）は過剰包摂に当たるといえる。また、堤とうにおける農作物の耕作は、(2)で述べたように、それ自体は堤とうを破壊するものではないから、堤とうの形状や過去の決壊の事跡を問わず一律に耕作行為を禁ずることもまた過剰包摂となる。

イ Aに対する適用の違憲性

本問のAの行為は、決壊の危険性の低い、ため池堤とうにおける耕作という、規制の必要性・合理性に欠ける典型的なケースに当たる。このような場合には、法令違憲で使った手段審査の判断枠組みをそのまま使って、適用違憲の主張を組み立てることができる。条例の具体的適用が憲法29条違反となる場合とは、規制目的を達成する手段としての必要性・合理性に欠ける場合であるから、ため池の破壊または決壊をもたらすおそれもないのにAを処罰することは、手段としての必要性・合理性に欠けるから憲法29条2項に反するといえる。

そして、具体的な適用違憲の主張においては、Aの行為がため池の破損または決壊をもたらす危険性のある行為とはいえないことを事案の事実を用いて主張すればよい。決壊の危険性は、①ため池堤とうの形状、②行為の態様によって判断され、③過去に決壊が発生したかどうかも判断材料となる。問題文から、①、②、③にあてはまる要素を拾い上げることは容易であろう。

3 設問2——損失補償の可否

(1) 憲法29条3項に基づく直接請求の可否

本条例には、ため池の堤とうの利用制限から生ずる財産上の損失に対して、損失補償をする規定は存在しない。そこで、河川附近地制限令事件判決（Ⅱ2(3)）に依拠して、憲法29条3項に基づいて損失補償を直接請求しうることを指摘しておく必要がある。

(2) 判断枠組み

Aの所有地が「私有財産」であること、ため池堤とうの破壊・決壊の防止という目的が私有財産を「公共のために」用いる場合に該当することに争いはない。また、所有地での耕作制限は、農地としての価値をほとんど失わせるものであり、私有財産を「用ひる」場合に当たることも肯定されよう。

損失補償は、公共目的のための財産権の利用の必要性と個人の財産権保障との均衡を図るという観点に立って負担の公平さを確保する制度であるか

ら、損失補償を要する「特別の犠牲」に当たるか否かは、財産権制限の強度に加えて、権利者側の受忍すべき事情の有無（規制の目的が財産権の内在的制約に当たらないかなど）を総合的に判断することになる（Ⅱ2(2)参照）。

(3) 個別的・具体的検討

内在的制約とは、権利の行使がもたらす弊害を除去するための制約をいう。本問の規制は、堤とうの破壊・決壊の防止という害悪を発生させる財産権行使の制限であり、一般的には、内在的制約とみることができる。

しかし、M池の堤とうで茶葉を栽培することが長年適法とされてきたことに照らすと、内在的制約についての損失補償の可能性を肯定した河川附近地制限令事件判決と同様、規制が及ばないと信じてきた者に対する信頼保護的補償として、Aに対する損失補償を肯定しうる余地もあるといえる。

●コラム● 答案を読んで

設問1に関して不十分な答案となってしまいがちな原因の一つは、財産権の内容についての説明が不十分になってしまうことである。憲法上の財産権保障の内容については、憲法29条2項の「内容は……法律でこれを定める」との関係で活発に議論されている（Ⅰ2）。少なくとも、所有権が財産権の核心部分といえることや民法206条において所有権の内容が明らかにされていることに言及しておく必要がある。

また、財産権の（不合理な）制約が何によってもたらされているのかについても慎重に確認しておく必要がある。本問において、堤とうでの耕作を直接制約しているのは条例5条1項1号であるが、規制対象を定める「ため池」の定義規定（2条1項）が堤とうの高さを問わない点にも注目しておきたい。

共有林分割制限事件判決の判断枠組みに全く触れず、パターン化された「厳格な審査基準」に頼ってしまうパターンも避けたい。主張を書き分ける問題形式の場合には、違憲主張を判例とは異なる立場で構成する必要はあるが、本文で示したように（Ⅰ3(1)）、あくまでも判例をベースにしつつ、それを踏まえた厳格な判断枠組みを設定する方がより地に足のついた主張となる。より問題なのは、審査基準を厳格にするとか緩やかにするとかの実際上の意味を明らかにしないまま、審査基準の設定だけで結論を導く傾向である。共有林分割制限事件判決が、あまり厳格とはいえない基準を用いながら違憲判決を導いた手法に倣いながら（Ⅰ4(3)）、より制限的な規制手段の探索ばかりに頼るのではなく、規制手段と規制目的の不整合といった規制の不合理性を多角的に指摘できるようにしておきたい。

設問2の損失補償の可否については、そもそも損失補償とは何かが理解できていないため、手も足も出なくなってしまうことが多い。まずは、憲法29条3項の文言の意味の正確な理解を踏まえておきたい（Ⅱ1・2）。それを抜きに「特別な犠牲」という言葉だけに安易に頼ると、損失を受けているのが多数か少数かだけで損失補償の可否を判断するといった形式的な判断に陥りやすい。

第11講　人身の自由

◆学習のポイント◆
1　憲法18条前段は「奴隷的拘束」を絶対的に禁止し、同条後段は、犯罪処罰の場合を除いて、自らの意思に反する労役の強制を絶対的に禁止する。
2　居住移転の自由（憲法22条1項）や海外移住・国籍離脱の自由（同2項）は、今日では、人身の自由としての側面を重視すべきである。
3　憲法31条は、刑事手続の法定のみならず、刑事手続の適正さと刑罰法規の法定（罪刑法定主義）を保障している。他方、刑罰の適正さは、比例原則を保障する憲法13条により保障される（【設問1】）。
4　適正手続の核心は、告知・聴聞の機会の提供であり、刑事手続を公正かつ慎重に遂行するため、令状主義（【設問2】）や自白法則、弁護人依頼権などが憲法上保障されている。
5　行政手続にも原則として適正手続の保障は及ぶが、その保障は手続の性質等に応じて多様でありうる（【設問3】）。

I　人身の自由総論

　人身の自由とは、身体の自由、すなわち人が拘束されたり、移動を制限されたりしないことの保障をいう。国家による恣意的な逮捕・監禁・処刑が行われないことが人権保障の出発点である。人身の自由は、自然権的な人権の中核をなし、日本国憲法の基幹的価値である個人の尊重の前提となる。
　戦前の日本においては、政府・体制批判を理由とした不当な拘束、拷問が横行し、さらには軍国主義の台頭とともに、思想を理由とした逮捕・拘禁・拷問が頻繁に行われた。日本国憲法における人身の自由保障が他国の憲法と比べても詳細にわたっているのは、大日本帝国憲法が不当な逮捕、拘禁、拷問に対する歯止めとならなかったことの反省に基づく。

人身の自由保障は、刑法、刑事訴訟法などの法律の定めにより具体化される。憲法上の人身の自由の保障は、法律による実体上、手続上の権利保障の最低限度の内容を示したものとみるべきであり、黙秘権の保障や自白法則のように、法律の定めによって憲法が求める以上の保障が与えられることもある。

Ⅱ　奴隷的拘束・意に反する苦役からの自由

1　奴隷的拘束・意に反する苦役からの自由の意義

　憲法18条の奴隷的拘束や意に反する苦役からの自由が、具体的な自由権保障の前に置かれているのは、奴隷的拘束・意に反する苦役が、「個人の尊重」原理を蹂躙するものであり、そうした不当な拘束を受けないことがすべての権利・自由行使の前提となるとの理解に基づくものである。

　アメリカ合衆国における黒人奴隷制がそうであったように、「奴隷的拘束」や「意に反する苦役」は私人によっても行われうる。したがって、憲法18条は、私人間においても奴隷的拘束を禁ずる趣旨と解されている。

> **第18条**　何人も、いかなる奴隷的拘束も受けない。又、犯罪に因る処罰の場合を除いては、その意に反する苦役に服させられない。

2　奴隷的拘束・意に反する苦役からの自由の内容

(1)　奴隷的拘束の禁止

　憲法18条前段で禁じられた「奴隷的拘束」とは、自由な人格主体であることを否定し、自由意思による行動を制限し、そこからの脱出を不可能にしている状態である。「奴隷的拘束」は、個人の尊重原理を蹂躙するものとして、絶対的に禁止される。

(2)　意に反する苦役の禁止

　憲法18条後段は、刑罰以外の場合に「意に反する苦役」を課すことを絶対的に禁止しているが、その意味をめぐっては、次のとおり見解が分かれる。

　一つは、「苦役」の「苦」を重視せず、自らの意思に反して課される労役（強制労働）を広く指すという理解である。もう一つは、「苦」役とされてい

る点を重視して、**客観的に苦痛を伴う労役の強制**と解する見解である。

18条後段は、「犯罪に因る処罰の場合」には「意に反する苦役」が例外的に科せられることを予定していることから、懲役刑に当たるものが「苦役」と解される。苦痛を与えるような刑罰は、「残虐な刑罰」として禁じられることからみても、「苦役」の意味については前者のように解すべきである。

> * 現行法制度上、いくつかの職業については「正当な理由なく」職務を拒むことを禁止しているが（公証人法3条、弁護士法24条ほか）、正当な理由があれば拒否できることに加え、その職業を選択したことに伴う拘束であるから、「意に反する苦役」とまではいえない。
>
> また、非常災害時に、一定の職種の者あるいは附近に居住する者等に救援活動等が義務づけられることがある（災害対策基本法65条1項、災害救助法7条、消防法29条5項、道路法68条2項、河川法22条2項、水防法24条）が、一般人に対する従事義務に罰則が付されていないかぎりで、「意に反する苦役」を課すとはいえない。災害救助法7条に基づく医療、土木建築工事または輸送関係者に対する救助に関する業務従事命令については、違反者に対する罰則を科しているが（31条1号）、その職業を選択したことに伴う義務であり、これも「意に反する苦役」とはいえない。

3　奴隷的拘束・意に反する苦役からの自由をめぐる具体的問題

(1)　裁判員制度

裁判員法は、国民の中からくじによる抽選、選任手続を経て裁判員に選ばれた者について、裁判員として刑事裁判に関与し、裁判官と共に公判廷で審理に臨み、評議において事実認定、法令の適用および刑の量定について意見を述べ、評決を行うことを求める。裁判員候補者が正当な理由なく裁判所に出頭しないとき、裁判員や補充裁判員が正当な理由なく公判期日および公判準備に出頭しないときには過料が科される（112条）。

最高裁は、「司法権の行使に対する国民の参加という点で参政権と同様の権限を国民に付与するものであり、これを『苦役』ということは必ずしも適切ではない」こと、辞退に柔軟な制度を設け、旅費・日当の支給など負担軽減のための措置がとられていることを指摘して、本条に違反しないと判示した（最大判2011〔平成23〕・11・16刑集65巻8号1285頁）。

(2)　徴兵制

日本国憲法9条2項が「一切の戦力」を保持しないと定めていることからすれば、日本国憲法の下では軍務は存在せず、軍務の強制である徴兵制もありえないことになる。しかし、政府解釈は、自衛のための必要最小限度での

実力行使を認め、そのための組織としての自衛隊を設置することを認めている。自衛隊が憲法9条に違反しないとすれば、国民に自衛隊員として活動する義務を負わせる制度も憲法9条には違反しないこととなる（1981年3月13日内閣衆質94第14号参照）。

もっとも、国民に自衛隊員として活動する義務を負わせる制度は、刑罰の場合に当たらないのに、強制的に役務を提供させるものであるから、憲法18条後段に反する。政府解釈も、徴兵制について、「社会の構成員が社会生活を営むについて、公共の福祉に照らし当然に負担すべきものとして社会的に認められるようなものでないのに、兵役といわれる役務の提供を義務として課されるという点にその本質があり、平時であると有事であるとを問わず、憲法第13条、第18条などの規定の趣旨からみて、許容されるものではない」としている（1980年8月15日鈴木内閣内閣衆質92第4号参照）。

III　居住・移転の自由、海外移住・国籍離脱の自由

1　居住・移転の自由保障の意義

居住・移転の自由は、歴史的に自由な経済活動の基盤を形成したため、経済的自由権ととらえる見解もある。この見解によれば、居住・移転の自由についても、他の経済的自由と同様、「資本主義社会の弊害」を是正するための政策的制約が認められる。

しかし、今日、居住・移転の自由を保障する意義は自分の好むところに居住して暮らしを営むところにあり、どのような生活を送るかに関わるという点で人格的価値とも結びつくものである。このことは、居住・移転の自由を文字どおり剥奪するものであった、ハンセン病患者に対する「強制隔離」について、熊本地裁が、次のように述べたことからも明らかになろう（後掲4(3)）。

「自己の選択するところに従い社会の様々な事物に触れ、人と接しコミュニケートすることは、人が人として生存する上で決定的重要性を有することであって、居住・移転の自由は、これに不可欠の前提というべきものである」。（らい予防法による）居住・移転の自由の制限によって、「ある者は、学業の中断を余儀なくされ、ある者は、職を失い、あるいは思い描いていた職業に就く機会を奪われ、ある者は、結婚し、家庭を築き、子供を産み育て

る機会を失い、あるいは家族との触れ合いの中で人生を送ることを著しく制限される」こととなる。これは、「人として当然に持っているはずの人生のありとあらゆる発展可能性が大きく損なわれるのであり、その人権の制限は、人としての社会生活全般にわたるものである」。

> 第22条1項　何人も、公共の福祉に反しない限り、居住、移転及び職業選択の自由を有する。
> 2項　何人も、外国に移住し、又は国籍を離脱する自由を侵されない。

2　居住・移転の自由の内容

(1)　「居住、移転」の自由

居住の自由は、住所または居所を決定する自由であり、移転の自由は、その住所または居所を変更する自由である。両者は表裏一体の関係にある。

(2)　旅行の自由

居住・移転の自由は、上記の意味から、ある程度継続して住居を定め、あるいはそこから移転することを内容としている。もっとも一時的な移動（旅行）は、移転の前提であり、旅行の自由を居住・移転の自由の内容に含めることに異論はみられない。

(3)　海外旅行の自由

憲法22条1項が国内における移動の自由を保障し、2項が海外における移動の自由を保障したものと解する立場から、海外旅行の自由については、22条2項の「外国移住の自由」に含まれるとの理解が通説であり、最高裁もそのように解している（帆足計事件判決〔4(1)参照〕）。これに対して、一時的な旅行の自由が居住・移転の自由に含まれる以上、海外旅行の自由も22条1項により保障されるとの見解もある。

両者の対立の実益はそれほどないようにも思えるが、憲法22条1項の居住・移転の自由には、「公共の福祉」による制限が付されているのに対し、2項の外国移住・国籍離脱にはそうした制限が課されていないことから、2項の自由はより自然権的な権利に近いものとも理解できる。海外旅行は、旅券に記されているように、日本国の保護の下に外国を訪問するものであり、純粋な自由とはいえず、「公共の福祉」による制限が組み込まれた22条1項上の自由と理解すべきとの指摘もなされている。

3　居住・移転の自由の判断枠組み

　居住・移転の自由は、今日では、経済的自由としての側面よりも人身の自由としての側面を重視すべきであるから、政策的な制限は許されず、その制約は、人の生命や健康の保護といった他者の基本的人権保護の目的のための**必要最小限度の手段にかぎり許容される**と解するべきである。

4　居住・移転の自由をめぐる具体的問題

(1)　旅券の発給拒否――帆足計事件

　東西冷戦が緊迫化していた1952年、モスクワで開催される国際会議へ出席しようとした元国会議員に対する旅券発給が「日本国の利益又は公安を害する行為を行う虞れがあると認めるに足りる相当の理由がある者」（当時の旅券法13条1項5号）に該当するとして、外務大臣により拒否された。

　会議参加が不可能になったことに対する国家賠償請求について、最高裁は、「外国へ一時旅行する自由」（2(3)参照）も「公共の福祉のために合理的な制限に服する」として、旅券法13条1項5号は違憲ではないとし、同号該当性を「明白かつ現在の危険がある」場合に限ると解すべき理由はないから、処分にも違憲性は認められないとした（**帆足計事件判決　最大判1958〔昭和33〕・9・10民集12巻13号1969頁**）。

(2)　転居届の不受理

　オウム真理教の後継団体の一つ、宗教団体アレフの信者に対する転居届不受理事件について、名古屋地裁は処分の違法性を認め、国家賠償請求を認めた（名古屋地判2001〔平成13〕・12・12判時1776号10頁）。

　判決は、理由のなかで、「そもそも、市町村長が、住民基本台帳に関し、住民から事実関係に合致した届出がなされた場合であっても、なお、公共の福祉等、居住の実体に関する要素以外の事情を考慮して届出の受理、不受理を決することができるといった内容の規定は法には全く存在せず」、「法が住民基本台帳の内容を住民の居住実体に合致させることを目指していることからすれば、市町村の区域内に居住の実体を有する者が事実関係に合致した転居届を提出した場合、市町村長は直ちにこれを受理した上、遅滞なく住民基本台帳に当該届出に係る記載をなすべきであ」ると述べる。

(3)　ハンセン病患者に対する強制隔離

　差別と偏見の対象となってきたハンセン病患者に対して、明治以来、強制隔離策がとられた。第2次世界大戦後、その感染力が弱いことが明らかとな

り、特効薬による治療が可能となったにもかかわらず、1953年制定の「らい予防法」は、患者をすべて療養所に入所させ、外出を厳しく禁止し、退所も原則として認めない隔離政策を引き継いでいた。

熊本地裁は、隔離政策と立法不作為に対する損害賠償請求を認めた（熊本地判2001〔平成13〕・5・11判時1748号30頁　百選198。国は控訴せず、判決は確定）。判決は、患者の隔離政策の違憲性が遅くとも1960年以降においては明白となっていたと判断したうえで、厚生大臣（当時）が差別と偏見を解消するための適切な措置をとらなかったことについて国家賠償法上の違法性と過失を認めた。また、判決は、1965年以降も隔離規定を改廃しなかった国会議員の立法不作為についても、「他にはおよそ想定し難いような極めて特殊で例外的な場合」に当たるとして、国家賠償法上の違法性を認めた。

Ⅳ　適正手続の保障

1　適正手続保障の意義

適正な手続の保障は、イギリスのマグナカルタ以来、刑罰権行使にあたって遵守すべき原則として確立してきたものである。適正な手続の保障は、刑罰という深刻な処分の対象となる者について人として尊重するという発想に基づく。

憲法31条は、欧米で確立された「適正な手続（due process of law）」の保障を引き継ぎ、日本国憲法の基本原理である「個人の尊重」を具体化する原則の一つとして適正手続の保障を定める。

> 第31条　何人も、法律の定める手続によらなければ、その生命若しくは自由を奪はれ、又はその他の刑罰を科せられない。

2　適正手続保障の内容

> 【設問1】　憲法31条は、刑事手続の適正さや、犯罪・刑罰の法定（罪刑法定主義）とその適正さも要求しているか。

(1) **刑事手続の法定と適正さの保障**

憲法31条の文言は、「法律の定める手続」、すなわち**手続の法定**を要求するにとどまるが、「適正」な手続の法定でなければ国民の権利保障には役立たず、当然、**手続の適正**さも要求される。適正手続の内容として最低限要求されるのは、**告知**と**聴聞**である。すなわち、どのような処分が科せられようとしているのかをあらかじめ知らされ（告知）、自らの言い分を主張し、弁護・防御する機会が与えられること（聴聞）なしには適正な手続とはいえない。

最高裁も、「没収に関して当該所有者に対し、何ら告知、弁解、防禦の機会を与えることなく、その所有権を奪うことは、著しく不合理であって、憲法の容認しないところであるといわなければならない」と述べている（**第三者所有物没収事件判決**）。

* 最高裁は、「憲法31条が法の適正な手続を保障していること」を一つの根拠として、証拠物の押収等の手続について、「憲法35条及びこれを受けた刑訴法218条1項等の所期する令状主義の精神を没却するような重大な違法があり、これを証拠として許容することが、将来における違法な捜査の抑制の見地からして相当でないと認められる場合」に証拠能力を否定するという**違法収集証拠排除法則**を示した（最1小判1978〔昭和53〕・9・7刑集32巻6号1672頁）。

(2) **刑罰法規の法定・明確性と適正さ**

他方、犯罪と刑罰を定める刑罰法規の法定（罪刑法定主義）やそれらの適正さの根拠条文について、学説は分かれる。

罪刑法定主義については、「法律の定める手続」という憲法31条の文言からかなり乖離すること、憲法41条により実質的意味の立法は国会制定法でなければならないとの原則が導かれることから、憲法31条の保障内容に含まれないとの見解がある。しかし、刑罰法規の法定には、何が犯罪行為であるかを国民に告知する機能があることから、広い意味での適正手続の保障に含めることができる。

最高裁は、**刑罰法規の明確性**について、憲法31条の保障内容に含まれることを認め、「禁止される行為とそうでない行為とを識別するための基準を示すところがなく、そのため、その適用を受ける国民に対して刑罰の対象となる行為をあらかじめ告知する機能を果たさ」ない場合には、憲法31条に違反すると指摘する（**徳島市公安条例事件判決**　最大判1975〔昭和50〕・9・10刑集29巻8号489頁　百選88。表現規制法規の明確性との関係について、第

8講Ⅰ5参照)。

次に、犯罪・刑罰法規の適正さについては、刑事法学において、「実体的デュープロセス」の要請として、憲法31条の保障内容として語られることが多い。しかし、ここにいう刑罰法規の適正さとは、犯罪と刑罰との均衡、すなわち比例原則を指す。第3講コラム「比例原則とは」で論じたように、比例原則は個人の尊重原理から導かれる幸福追求権の一内容であるから、刑罰法規における実体的な適正さは、憲法13条の内容としてとらえるべきである。

	法律で定めること	内容が適正であること
刑事手続	憲法31条	憲法31条 ∵内容の適正さを欠く手続の保障は無意味
犯罪・刑罰	憲法31条 ∵告知機能	憲法13条 ∵比例原則

3　適正手続保障をめぐる具体的問題

(1) 告知・聴聞の保障——第三者所有物没収事件

密輸出に対する関税法違反の有罪判決に伴う貨物の没収について、貨物所有者に財産権擁護の機会を全く与えていないことが憲法29条・31条等に違反すると主張された。

最高裁は、被告人が、訴訟当事者以外の第三者である貨物所有者の権利を主張する適格を有することを認めたうえで、貨物所有者に対して「告知、弁解、防禦の機会を与えること」なく貨物を没収することは憲法29条・31条に違反するとした(**第三者所有物没収事件判決**　最大判1962〔昭和37〕・11・28刑集16巻11号1593頁　百選112)。

(2) 刑罰法規の明確性——福岡県青少年保護育成条例事件

「何人も青少年に対し、淫行又はわいせつの行為をしてはならない」と定め、違反者を処罰する福岡県青少年保護育成条例の規定について、「処罰の範囲が不当に広汎に過ぎる」などと主張された。

最高裁は、「淫行」として処罰の対象となるのは、「青少年を誘惑し、威迫し、欺罔し又は困惑させる等その心身の未成熟に乗じた不当な手段により行う性交又は性交類似行為」のほか、「青少年を単に自己の性的欲望を満足させるための対象として扱っているとしか認められないような性交又は性交類似行為」をいうと限定的に解釈し、「処罰の範囲が不当に広過ぎるとも不明

確であるともいえない」から、憲法31条の規定に違反するものとはいえないと判断した（福岡県青少年保護育成条例事件判決　最大判1985〔昭和60〕・10・23刑集39巻6号413頁　百選113　第2講コラム「パターナリズムに基づく規制」参照）。

* 伊藤裁判官・谷口裁判官の各反対意見は、一般人の理解として「淫行」という文言から多数意見のような解釈を読み取ることはできないと主張した。

V　刑事手続における権利保障の具体的内容

1　逮捕・勾留に関わる権利

憲法33条・34条は、人身の自由の直接的な制約である逮捕、抑留、拘禁といった身体の拘束についての手続保障を定めている。

> **第33条**　何人も、現行犯として逮捕される場合を除いては、権限を有する司法官憲が発し、且つ理由となってゐる犯罪を明示する令状によらなければ、逮捕されない。

> **第34条**　何人も、理由を直ちに告げられ、且つ、直ちに弁護人に依頼する権利を与へられなければ、抑留又は拘禁されない。又、何人も、正当な理由がなければ、拘禁されず、要求があれば、その理由は、直ちに本人及びその弁護人の出席する公開の法廷で示されなければならない。

これらの条文において要求されている手続保障とは、身体拘束の理由開示、裁判官が身体拘束の理由の有無を判断するための令状主義、そして防御のための弁護人依頼権の保障の3つである。

（1）　理由開示

憲法33条は、逮捕令状への「犯罪の明示」を求め、34条は抑留・拘禁にあたっての理由開示を定める。抑留・拘禁にあたっての理由を示すことは、適正手続の要素である「告知」の具体化である（逮捕令状に犯罪を明示することも同様の意義を有する）。同時に、理由を示されることにより身体拘束の正当性の判断が可能となり、被疑者の防御も可能となる。

* 憲法33条・34条が用いる逮捕、抑留、拘禁という用語については、「逮

捕」が身体拘束の開始（刑訴法上の「逮捕」および「勾引」）、「抑留」が逮捕後の一時的な身体拘束（刑訴法上の「留置」）、「拘禁」は長期間の拘束（刑訴法上の「勾留」）と解されている。

(2) 令状主義
ア 令状主義の意義

憲法33条が逮捕にあたって「権限を有する司法官憲」による令状に基づくことを求めているのは、逮捕の必要性について、捜査機関から独立した立場から検証させることを求めているからである。したがって、逮捕令状を発給しうる「司法官憲」とは、裁判官と解すべきである（刑訴法199条）。

また、令状に「理由となっている犯罪を明示」することは、令状を発給する裁判官が、逮捕の必要性について判断することを可能にする。そのため、令状には、犯罪の罪名のみではなく、被疑事実の要旨を記載することが求められる（刑訴法200条）。

イ 令状主義の例外
a 現行犯逮捕

憲法33条は、令状主義の例外として、「現行犯として逮捕される場合」を規定している。現行犯逮捕の場合、①身体の拘束の必要性が高く、②犯罪行為と被疑者との関係が明らかで、裁判官による審査が不要なためである。憲法33条を受けて、刑事訴訟法212条1項は、「現に罪を行い、又は現に罪を行い終わった者」を現行犯人と定める。

> 【設問2】 刑事訴訟法が、令状によらずに逮捕を行うことができると定める準現行犯逮捕および緊急逮捕は、憲法33条に違反しないか。

b 準現行犯逮捕

刑事訴訟法は、「犯人として追呼されている」者、「贓物又は明らかに犯罪の用に供したと思われる兇器その他の物を所持している」者、「身体又は被服に犯罪の顕著な証跡がある」者、「誰何されて逃走しようとする」者について、「罪を行い終わってから間がないと明らかに認められる」場合についても、「現行犯人」とみなしている（刑訴法212条2項）。この場合も、令状主義の例外を許容する①②の要素を満たすから、憲法33条の趣旨に合致するといえる。

c 緊急逮捕

刑事訴訟法は、緊急逮捕につき、「死刑又は無期若しくは長期3年以上の

懲役若しくは禁錮にあたる罪を犯したことを疑うに足りる充分な理由がある場合で、急速を要し、裁判官の逮捕状を求めることができないときは、その理由を告げて被疑者を逮捕することができる」と定め、令状主義の例外を認めている（210条１項）。同項は、事後的にではあるが、逮捕状の発行を求めていることから、各要件を厳密に適用するならば、令状主義の例外を許容する①②の要素を満たすから、憲法33条の趣旨に違反するとまではいえない。

最高裁も、「かような厳格な制約の下に、罪状の重い一定の犯罪のみについて、緊急已むを得ない場合に限り、逮捕後直ちに裁判官の審査を受けて逮捕状の発行を求めることを条件とし、被疑者の逮捕を認めることは、憲法33条規定の趣旨に反するものではない」としている（最大判1955〔昭和30〕・12・14刑集9巻13号2760頁　百選116）。

(3) 弁護人依頼権

ア　弁護人依頼権の意義

身体を拘束された被疑者が弁護人の助力なしに自らを防御することは不可能である。憲法34条は、逮捕時から被疑者に弁護人依頼権が与えられるべきことを保障する。弁護人の依頼は、弁護士からの実質的な援助を得られなければ意味がないから、被疑者・被告人には**弁護人との自由な接見交通**が保障される（刑訴法39条１項）。

最高裁も、憲法34条前段の規定は、「単に被疑者が弁護人を選任することを官憲が妨害してはならないというにとどまるものではなく、被疑者に対し、弁護人を選任した上で、弁護人に相談し、その助言を受けるなど弁護人から援助を受ける機会を持つことを実質的に保障している」と判断している（最大判1999〔平成11〕・3・24民集53巻3号514頁　百選125）。

イ　弁護人依頼権の限界

刑事訴訟法39条3項は、「捜査のため必要があるとき」、捜査機関が接見・接受の日時・場所・時間を指定できると定めている。最高裁は、同項による接見等の指定ができる場合について、「捜査に顕著な支障が生ずる場合」に限られていると指摘して、「憲法34条前段の弁護人依頼権の保障の趣旨を実質的に損なうものではない」と判断した（前掲・最大判1999〔平成11〕・3・24）。

2　捜査における令状主義

(1) 捜査における令状主義の意義

捜索・押収は、証拠物等を発見するために人の身体・物・住居その他の場

所において、対象物の占有を一定期間奪うものである。住居は、本来、各人の私的な空間であり、公権力がみだりに侵入することは私生活の平穏を害する。また、書類や所持品などの私物も個人の私的生活との結びつきが強いものであるため、それが公権力により押収されたり、閲覧されたりすることも、私生活の平穏や財産権に対する重大な制約となりうる。

憲法35条は、犯罪事実の立証のための証拠の収集にあたっても、裁判官の令状発付を要件としている。これは、住居の捜索や所持品の押収に「正当な理由」があることを審査させ、私生活に対する公権力の恣意的な介入が行われないようにするものである。

> 第35条　何人も、その住居、書類及び所持品について、侵入、捜索及び押収を受けることのない権利は、第33条の場合を除いては、正当な理由に基いて発せられ、且つ捜索する場所及び押収する物を明示する令状がなければ、侵されない。
> 2項　捜索又は押収は、権限を有する司法官憲が発する各別の令状により、これを行ふ。

(2) 捜査における令状主義の例外

憲法35条は、「33条の場合」を令状主義の例外としている。この「33条の場合」の解釈をめぐって、①**現行犯逮捕の場合**に限定する立場と、②**通常逮捕を含むすべての逮捕の場合**と解する立場がある。

刑事訴訟法220条3項は、通常逮捕の場合と現行犯逮捕の場合について、住居等の捜索、逮捕の現場で差押え・捜索および検証を行う際に、「令状は、これを必要としない」と定めており、①の立場からは憲法35条違反となる。しかし、現行犯逮捕は、「33条の場合」というより憲法33条の例外であるから、「33条の場合」との文言は逮捕がなされるすべての場合と解すべきである。逮捕、すなわち身体の拘束の必要性が認められる場合であれば、それに伴う捜索・押収についても、別個に令状をとるまでもなく許されると考えられる。

最高裁は、「33条の場合」の意味について、「不逮捕の保障の存しない場合においては捜索押収等を受けることのない権利も亦保障されないことを明らかにしたもの」と解している（最大判1955〔昭和30〕・4・27刑集9巻5号924頁　百選118）。これは、②の立場に立つと同時に、現行犯について実際に逮捕しない場合でも、捜索・押収をなしうると解したものである。

3　拷問の禁止

　大日本帝国憲法下の刑事司法においては、自白を有罪の決め手とする傾向が根強く、法制上は禁止されていたものの拷問の横行は周知の事実であった。そのため、憲法36条は、「拷問」、すなわち、被疑者・被告人から自白を得るために肉体的・精神的苦痛を与えることを「絶対にこれを禁ずる」として、拷問の根絶を誓っている。また、4で述べるように、憲法38条2項において拷問による自白の証拠能力を否定している。

> 第36条　公務員による拷問及び残虐な刑罰は、絶対にこれを禁ずる。

4　不利益供述を強要されない権利

(1)　不利益供述を強要されない権利の意義

　自白を偏重した犯罪の捜査は、被疑者の拷問や、客観的事実に基づかない誤った裁判をもたらすおそれが強い。そのため、憲法38条は、不利益供述の強要を禁じるとともに、その証拠能力を限定する自白排除法則と自白補強法則を定めている。

> 第38条　何人も、自己に不利益な供述を強要されない。
> 2項　強制、拷問若しくは脅迫による自白又は不当に長く抑留若しくは拘禁された後の自白は、これを証拠とすることができない。
> 3項　何人も、自己に不利益な唯一の証拠が本人の自白である場合には、有罪とされ、又は刑罰を科せられない。

(2)　不利益供述を強要されない権利の内容
ア　不利益供述を強要されない権利

　憲法38条1項にいう「自己に不利益な供述」とは、「自白」よりも広く、自己の刑事上の責任を問われるおそれのある事項についての供述をいう。最高裁は、ここから、氏名については、憲法38条1項の保障は及ばないと判断した（最大判1957〔昭和32〕・2・20刑集11巻2号802頁）。

　もっとも被疑者・被告人が刑事上の責任を問われるおそれがある事項か否かを判断することは困難である。刑事訴訟法は、不利益供述の強要禁止をより十全に保障するため、被疑者・被告人に対し、「自己の意思に反して供述する必要がない」とする黙秘権を保障し、これについての告知を求めている

(198条2項・291条3項)。

> ＊ 憲法38条1項の「自己に不利益な供述」を、「自己の人権保障に不利益な供述」と広く解する見解もある。この立場によれば、黙秘権の保障も憲法上の要請とされる（憲法Ⅲ人権(2) 210頁〔杉原泰雄〕)。

イ 自白排除法則

「自白」とは、犯罪事実の全部または本質的部分を認める被疑者・被告人の供述をいい、有罪判断を導く決定的な証拠となりうる。自白の強要をなくすため、憲法38条2項は、「強制、拷問若しくは脅迫による自白又は不当に長く抑留若しくは拘禁された後の自白」の証拠能力を否定するという、自白排除法則を定めている。

なお、刑事訴訟法319条1項は、本項の内容に加えて、「その他任意にされたものでない疑のある自白」についても証拠能力を否定している。

ウ 自白補強法則

憲法38条3項は、同条2項に該当せず、証拠能力が認められる自白であっても、これを補強する証拠がなければ、有罪の認定をすることができないという、自白補強法則を定めている。

もっとも、最高裁は、公判廷における被告人の自白は、公判廷外の自白と比べて任意性および信用性の点で格段の差があるから、憲法38条3項の「自白」には含まれず、補強証拠を要しないと判断している（最大判1948〔昭和23〕・7・29刑集2巻9号1012頁　百選A5）。ただし、刑事訴訟法319条2項は、憲法38条3項の趣旨を一歩進めて、「公判廷における自白であると否とを問わず」自白補強法則を適用することを定めている。

(3) 不利益供述を強要されない権利をめぐる具体的問題——行政上の報告義務

行政上の目的を達成するため、一定の事項についての報告、記録等を義務づけることがあり、これが犯罪捜査の端緒となりうる場合、「自己に不利益な供述を強要」することになるかが争われてきた。

ア 交通事故の報告義務

道路交通法は、交通事故を起こした運転手に事故の日時・場所等に関する報告義務を課し、違反者を処罰している（72条1項・119条1項10号）。最高裁は、「刑事責任を問われる虞のある事故の原因その他の事項までも右報告義務ある事項中に含まれるものとは、解せられない」として憲法38条1項違反の主張を斥けている（最大判1962〔昭和37〕・5・2刑集16巻5号495頁　百選122)。

イ　麻薬取扱者の記帳義務

　旧麻薬取締法は、麻薬取扱者に麻薬の品名・数量等の記帳を義務づけていた（14条1項）。最高裁は、「麻薬取扱者たることを自ら申請して免許された者は、そのことによって当然麻薬取締法規による厳重な監査を受け、その命ずる一切の制限または義務に服することを受諾している」として、記帳義務が憲法38条1項に違反しないとする（最2小判1954〔昭和29〕・7・16刑集8巻7号1151頁　百選123）。

ウ　税務調査における質問回答義務

　税務調査において税務職員の質問に答えることを義務付けていた旧所得税法70条10号・63条について、最高裁は、税務調査は「もっぱら所得税の公平確実な賦課徴収を目的とする手続であって、刑事責任の追及を目的とする手続ではなく、また、そのための資料の取得収集に直接結びつく作用を一般的に有するものでもない」から憲法38条1項に違反しないと判断した（川崎民商事件判決）。

　　＊　最高裁は、脱税を行った嫌疑のある者に対し刑罰を科すための国税犯則取締法に基づく調査手続について、手続自体が捜査手続と類似すること、犯則事件の中には告発により被疑事件となって刑事手続に移行するものが含まれること、調査手続で得られた資料が捜査および訴追の証拠資料として利用されることを指摘して、「実質上刑事責任追及のための資料の取得収集に直接結びつく作用を一般的に有するもの」であると認め、憲法38条1項の供述拒否権の保障が及ぶとしている（最3小判1984〔昭和59〕・3・27刑集38巻5号2037頁　百選124）。

　アは、報告義務の範囲を限定することにより、「不利益供述の強要」には当たらないとするものであり、**イ**は、特権に伴う不利益供述拒否権の放棄という理由づけ、そして、**ウ**は手続の目的・性質により憲法38条1項に違反しないとの結論を導いている。

　しかし、不利益供述を強要されない権利は、人権に由来する憲法上の権利であって放棄できるものではないから、**イ**の理由づけは不当である。また、**ウ**の理由づけについては、手続の目的・性質がどうあろうと、結果として刑事責任追及と結びつけば憲法38条1項違反の問題は回避できないという問題がある。

　したがって、一定事項についての応答、報告、記帳義務等が認められるのは、①手続の性質が、実質上、刑事責任追及のための資料の取得収集に直接結びつく作用を一般的に有さず、②報告等の義務づけの行政目的が国民の生

命・安全にとって不可欠な公共的利益に関わるものであり、③報告等の内容が行政目的の達成に必要な範囲に限定されている場合に限られると解すべきである。

5 刑事被告人の権利

(1) 刑事被告人の権利の意義

刑事裁判は、被告人を刑罰に処するか否かという重大な問題を判断する手続であるから、その手続は慎重かつ公正であることが強く要請される。憲法37条は、多数者により侵害されがちな刑事被告人の権利についての基本原則を定める。

> 第37条　すべて刑事事件においては、被告人は、公平な裁判所の迅速な公開裁判を受ける権利を有する。
> 2項　刑事被告人は、すべての証人に対して審問する機会を充分に与へられ、又、公費で自己のために強制的手続により証人を求める権利を有する。
> 3項　刑事被告人は、いかなる場合にも、資格を有する弁護人を依頼することができる。被告人が自らこれを依頼することができないときは、国でこれを附する。

(2) 刑事被告人の権利の内容

ア 公平な裁判所の迅速な公開裁判を受ける権利

a 公平な裁判所

「公平な裁判所」とは、まず、「構成其他において偏頗の惧なき裁判所」をいうと解されている（最大判1948〔昭和23〕・5・5刑集2巻5号447頁）（「偏頗」とは、かたよっていて不公平なこと）。これは、裁判所の構成と訴訟手続において、当事者の一方（刑事裁判においては、とりわけ訴追者側）に不当に有利な裁判をするおそれのないことを保障するものである。

> ＊　刑事訴訟法は、「公平な裁判所」を担保するために、裁判官の除斥・忌避の制度によって人的公平を担保（20条以下）するとともに、起訴状一本主義（256条6項）など、予断の排除による機能上の公平を図ろうとしている。

b 迅速な裁判

裁判の遅延は身柄拘束の長期化や肉体的・精神的負担の増加をもたらし、証拠の散逸などにより訴訟遂行も困難を来すことから、迅速な裁判を求めることも被告人の権利と考えられている。

裁判が異常に長期化した場合の救済として免訴の言渡しをした**高田事件判決**において、最高裁は、以下のようにその救済の必要性を述べた（最大判1972〔昭和47〕・12・20刑集26巻10号631頁　百選121）。

「審理の著しい遅延の結果、迅速な裁判の保障条項によって憲法がまもろうとしている被告人の諸利益が著しく害せられると認められる異常な事態が生ずるに至った場合には、さらに審理をすすめても真実の発見ははなはだしく困難で、もはや公正な裁判を期待することはできず、いたずらに被告人らの個人的および社会的不利益を増大させる結果となるばかりであって、これ以上実体的審理を進めることは適当でないから、その手続をこの段階において打ち切るという非常の救済手段を用いることが憲法上要請される」。

　　c　公開裁判

秘密裁判は、不公正な裁判の温床となることから、憲法は裁判の公開を定めている。憲法82条も裁判の公開を定めているが、憲法37条1項は、それを刑事裁判における被告人の権利として位置づけたものである。

「公開裁判」とは、国民が自由に傍聴できる裁判を意味する。犯罪被害者や証人を保護するために、証人の遮蔽（刑訴法157条の3）やビデオリンク方式による尋問（同157条の4）が行われているが、最高裁は「審理が公開されていることに変わりはない」から、公開裁判の要請に反しないと判断した（最1小判2005〔平成17〕・4・14刑集59巻3号259頁　百選192）。

　イ　被告人の弁護人依頼権

憲法37条3項前段は、被告人の弁護人依頼権を定める。憲法34条の抑留・拘禁に際しての弁護人依頼権と異なり、被告人に対しては、身柄の拘束の有無にかかわらず、弁護人依頼権が保障される。さらに、3項後段は、国選弁護人依頼権を保障する。

　　　＊　国選弁護人依頼権の保障が被疑者にも及ぶかどうか争いがあるが、刑事訴訟法37条の2により、一定の重大な罪の被疑者について国選弁護人を付すこととなった。

　ウ　証人審問権・証人喚問権

憲法37条2項は、刑事被告人が検察側に対抗する手段として、証人を尋問する権利および証人を喚問する権利を保障している。

　　a　証人審問権

証人審問権は、自己に不利益な証言をする証人に対して反対尋問をすることを通じて、その証言の信用性を争う権利を保障するものであり、適正手続の要請から導き出される防御権の具体化である。これを受けて、刑事訴訟法

は、伝聞証拠（公判期日における供述に代わる書面および公判期日外における他の者の供述を内容とする供述）のように、反対尋問を経ない証言には、原則として証拠能力を認めない（320条1項）。

　もっとも、刑事訴訟法320条1項は、同法321条から328条に該当する場合について、伝聞証拠であっても、例外的に証拠能力を認めている。これらのうち、検察官面前調書について、刑事訴訟法321条1項2号前段が、供述者が死亡等により供述不能であるならば、「供述を信用すべき特別の情況」なしに証拠能力を認めている点について、違憲論も有力に主張されている。

　しかし、最高裁は、憲法37条2項について、「裁判所の職権により、又は訴訟当事者の請求により喚問した証人につき、反対訊問の機会を充分に与えなければならない」という趣旨に限定し、「被告人に反対訊問の機会を与えない証人其他の者（……）の供述を録取した書類は、絶対に証拠とすることは許されないという意味を含むものではない」と解しており（最大判1949〔昭和24〕・5・18刑集3巻6号789頁）、刑事訴訟法321条1項2号も憲法に違反しないとしている（最大判1952〔昭和27〕・4・9刑集6巻4号584頁）。

b　証人喚問権

　証人喚問権は、被告人にとって有利な証人の証言を求めるために、公費で喚問する権利である。不利な証人に対する反対尋問だけでは、被告人は適切な防御を行うことはできないため、検察側との実質的な対等を実現するために保障された権利である。

6　刑罰に関わる原則

(1)　刑罰に関わる原則の意義

　有罪判決を経て科される刑罰といえども、適正手続の原則に則ったものでなければならず、かつ、不必要に過酷なものであってはならない。憲法は、36条で「残虐な刑罰」を禁止するとともに、39条において、事後法による処罰と「二重の危険」の禁止を定めている。

> 第36条　公務員による拷問及び残虐な刑罰は、絶対にこれを禁ずる。
> 第39条　何人も、実行の時に適法であった行為又は既に無罪とされた行為については、刑事上の責任を問はれない。又、同一の犯罪について、重ねて刑事上の責任を問はれない。

(2) 刑罰に関わる原則の内容
　ア　残虐な刑罰の禁止
　憲法36条は、拷問と並んで、「残虐な刑罰」も「絶対に禁ずる」と定める。「残虐な刑罰」とは、「不必要な精神的、肉体的苦痛を内容とする人道上残酷と認められる刑罰」をいう（最大判1948〔昭和23〕・6・30刑集2巻7号777頁）。最高裁は、憲法13条や31条からみて、憲法上、国家が生命を奪うことも予定されていると解し、死刑そのものは「残虐な刑罰」に当たらないとしたが（最大判1948〔昭和23〕・3・12刑集2巻3号191頁　百選120）、死刑の執行方法が、「火あぶり、はりつけ、さらし首、釜ゆでの刑のごとき残虐な執行方法」であれば、憲法36条に違反すると述べている。
　イ　刑罰法規の不遡及
　憲法39条前段は、実行行為後に制定した法によって刑事処罰を科す「事後法」を禁じている。事後法による処罰は、禁止されている行為について告知せずに処罰することとなり、適正手続の基本に反するからである。
　ウ　「二重の危険」の禁止
　憲法39条前段の後半は、「既に無罪とされた行為」について、「刑事上の責任を問はれない」と定め、確定した無罪判決について、これを覆すことを禁止している。
　また、同条後段は、「同一の犯罪について、重ねて刑事上の責任を問はれない」と定め、同一の行為に対して2度以上、刑事責任を問うことを禁止している。「刑事上の責任を問う」の意味について、①刑事処罰と解し、39条後段は一度有罪が確定した行為について、二重に処罰することを禁止する（一事不再理）との見解、②起訴されて刑事裁判に付されることを指すと解し、39条後段は、二重に起訴することの禁止を定めたものとの見解が対立している。刑事裁判に伴う負担を考慮すれば、②の意味に解すべきである。

(3) 刑罰に関わる原則をめぐる具体的問題
　ア　検察官による上訴
　検察官は、無罪の裁判があった場合や有罪の裁判であっても量刑不当の場合などに上訴をすることができる。憲法39条前段後半および同条後段について、アメリカにおける「二重の危険」の禁止のように、無罪判決の言渡しが上訴により覆される「危険」を禁止するとの意味に解すると、1審の無罪判決に対して上訴することが禁止されることになる。
　しかし、最高裁は、「危険」の意味について、「同一の事件においては、訴訟手続の開始から終末に至るまでの一つの継続的状態」（最大判1950〔昭和

25〕・9・27刑集4巻9号1805頁　百選126）と解しており、検察官上訴は憲法39条後段に反しないと判断している。

イ　刑罰と重加算税の併科

法人税の過少申告をした場合、重加算税が課されるほか、逋脱犯として刑罰を科されることもある。法人税法違反で起訴された被告人が、重加算税は実質的には刑罰としての罰金であるから、二重処罰を禁止する憲法39条後段に違反すると主張した事件において、最高裁は、重加算税は「過少申告・不申告による納税義務違反の発生を防止し、以って納税の実を挙げんとする趣旨に出でた行政上の措置である」として、刑罰を科する趣旨でないことを強調し、憲法39条違反の主張を斥けた（最大判1958〔昭和33〕・4・30民集12巻6号938頁　百選127）。

ウ　量刑における余罪の考慮

複数の犯罪を行った被疑者について、検察官がその一部のみを起訴し、被疑者が自白した残りの犯罪事実（余罪）を量刑にあたっての資料として裁判所に提出することがある。

最高裁は、「起訴されていない犯罪事実をいわゆる余罪として認定し、実質上これを処罰する趣旨で量刑の資料に考慮し、これがため被告人を重く処罰すること」について、「不告不理の原則に反し、憲法31条に違反するのみならず、自白に補強証拠を必要とする憲法38条3項の制約を免れることとなるおそれがあって、許されない」との原則を明らかにしている（最大判1967〔昭和42〕・7・5刑集21巻6号748頁　百選114）。

しかし、最高裁は、他方で、「量刑のための一情状として、いわゆる余罪をも考慮することは、必ずしも禁ぜられるところでない」と述べている。

VI　行政手続における適正手続の保障

1　行政手続における適正手続の保障の有無

【設問3】　行政手続の法定やその適正は、憲法31条により保障されるか。

憲法31条は、明示的に「刑罰を科せられない」と述べており、その対象が刑事手続であることは明らかである。他方で、個人の権利に重大な影響を与

える行政処分に適正手続の要請が及ばないと解することも憲法の趣旨に合致しない。

そこで、**憲法31条の適正手続の保障が行政手続にも適用・準用されるとの見解**と、**行政手続の適正さの保障の根拠を憲法13条に求める見解**が対立している。いずれの見解も、**行政手続に適正手続の要請が及ぶことは肯定する**と同時に、すべての行政手続に、刑事手続と同様の手続保障が機械的に及ぶべきとは考えていない。

最高裁は、**成田新法事件判決**において、「憲法31条の定める法定手続の保障は、直接には刑事手続に関するものであるが、行政手続については、それが刑事手続ではないとの理由のみで、そのすべてが当然に同条による保障の枠外にあると判断することは相当ではない」として、適正手続の保障が行政手続に及ぶことを肯定した。しかし、判決は、同時に、行政手続が多様であることから、「行政処分の相手方に事前の告知、弁解、防御の機会を与えるかどうかは、行政処分により制限を受ける権利利益の内容、性質、制限の程度、行政処分により達成しようとする公益の内容、程度、緊急性等を総合較量して決定されるべきものであって、常に必ずそのような機会を与えることを必要とするものではない」と述べ、行政手続における適正手続の要請が多様性をもつことを認めている。

2　行政手続における適正手続をめぐる具体的問題

(1) 行政上の不利益処分と適正手続──成田新法事件

成田新法（第8講Ⅲ4⑵参照）は、成田空港の規制区域内における暴力主義的破壊活動者による工作物の利用禁止命令を定めるが、命令の相手方に対して、事前に告知、弁解、防御の機会を与える旨の規定を欠いていた。

最高裁は、前記1のとおり、行政手続においても適正手続の保障が及ぶとしながらも、行政処分により制限を受ける権利利益の内容・性質、制限の程度、行政処分により達成しようとする公益の内容、程度、緊急性等を総合較量して決定するとの判断枠組みを示した。

判決は、その枠組みに則って法の具体的検討を行い、新空港の設置、管理等の安全という高度かつ緊急の必要性を有する公益を達成しようとするものであることを強調しつつ、工作物の利用制限が限定されたものにとどまることを指摘して、事前の告知、弁解、防御の機会を与えなくても、憲法31条の法意に反しないと判断した（**成田新法事件判決**　最大判1992〔平成4〕・7・1民集46巻5号437頁　百選115）。

(2) 行政調査と令状主義——川崎民商事件

旧所得税法63条は、「収税官吏は、所得税に関する調査について必要があるときは」、納税義務者に「質問し又は……帳簿書類その他の物件を検査」することができると定めていた。最高裁は、以下の3点を指摘して、この調査が裁判官の発する令状によることを一般的要件としないとしても憲法35条の法意には反しないと判示した（**川崎民商事件判決　最大判1972〔昭和47〕・11・22刑集26巻9号554頁**）。

- 検査の目的が、「所得税の公平確実な賦課徴収のために必要な資料を収集することを目的とする手続であって、その性質上、刑事責任の追及を目的とする手続ではない」こと。
- 検査の性質が、「実質上、刑事責任追及のための資料の取得収集に直接結びつく作用を一般的に有するものと認めるべきことにはならない」こと。
- 強制の度合いが、「検査の相手方の自由な意思をいちじるしく拘束して、実質上、直接的物理的な強制と同視すべき程度にまで達しているものとは、いまだ認めがた」く、その目的、必要性に鑑み、「実効性確保の手段として、あながち不均衡、不合理なものとはいえない」こと。

Ⅶ　演習問題

> 　Xは、A党に属する衆議院議員であるが、201X年の総選挙において、国際的にテロ対策を進めることが課題となってきていることを踏まえて、わが国においても国際テロ対策を強力に推進することを選挙公約にうたって再び当選した。その後、Xは、他のA党の議員とともに、国際テロリズム対策法案を衆議院に提出する準備を進め、同法案の要綱を策定したうえで、衆議院法制局に対して、それを示し、憲法に違反するものでないか相談をした。
> 　この事例について以下の問いに答えなさい。
> 〔設問1〕　国際テロリズム対策法案について、要綱の第1から第7のどの項目にどのような憲法上の問題点が考えられるかを箇条書にして（ただし、条文のみの指摘は不可）挙げなさい。
> 〔設問2〕　要綱の第8の憲法上の問題点について詳述し、法案化するうえでその違憲の疑いを軽減させる方策について検討しなさい。

【資料】
○国際テロリズム対策法案（要綱）
第1　目的
この法律は、我が国において国際テロリズム活動を行う団体の活動を禁止するとともに、国際テロリズム活動に対する必要な規制措置を定め、もって我が国を含む国際社会の平和及び安全の確保に資することを目的とする。
第2　定義
この法律における用語の意義は、以下に定めるところによる。
① 「テロリスト犯罪」とは、我が国若しくは外国（条約等の国際的約束により設立された国際機関を含む。）に作為若しくは不作為を強制し、又は、我が国若しくは外国の政策に影響を及ぼすことを目的として、人の生命にとって危険な行為を行うことをいう。
② 「国際テロリズム活動」とは、2か国以上の国においてテロリスト犯罪を行う運動をいう。
③ 「特定国際テロリズム組織」とは、国際テロリズム活動を行う組織のうち、特に我が国における公共の安全にとって脅威となるものであって、国家公安委員会によって指定されたものをいう。
第3　特定国際テロリズム組織の指定
1　警察庁長官は、国際テロリズム活動を行う組織が特に我が国における公共の安全にとって脅威となると判断する場合には、国家公安委員会に対して、請求の内容・理由等を記載した指定請求書を提出して、当該組織を「特定国際テロリズム組織」に指定するよう求めることができる。
2　警察庁長官による指定請求がなされた場合には、国家公安委員会は指定請求があった旨を官報において公示しなければならない。当該指定請求に異議のある者は、国家公安委員会に対して、指定に反対する理由を記載した書面を提出することができる。
3　国家公安委員会は、審査にあたり必要である場合には、警察庁長官に対し、さらに説明を補充するとともに資料を提出するよう求めることができる。
4　国家公安委員会は、当該組織が特に我が国における公共の安全にとって脅威となると判断する場合には、「特定国際テロリズム組織」の指定を行うものとする。この指定は、官報で公示されなければならず、公示した時から効力を有する。
第4　「特定国際テロリズム組織」への参加の禁止
何人も「特定国際テロリズム組織」の構成員となるなど、「特定国際テロリズム組織」の活動に加わってはならない。違反者は、5年以下の懲役又は100万円以下の罰金に処する。
第5　「特定国際テロリズム組織」のためにする行為の禁止
何人も「特定国際テロリズム組織」のためにするいかなる行為（「特定国際テロリズム組織」への情報若しくは物的手段の提供、又は「特定国際テロリズム組織」の犯罪行為に寄与すると知りながら資金を提供することを含む。）も行ってはならない。違反者は、1年以下の懲役又は50万円以下の罰金に処する。

第6　捜索・押収
1　検察官、検察事務官又は司法警察職員は、「特定国際テロリズム組織」による犯罪行為が行われようとしていると疑うに足りる充分な理由がある場合において、証拠を保全する緊急性があり、かつ、裁判官の令状を求めることができないときは、その理由を告げて当該場所に立ち入り捜索し、証拠物を押収することができる。
2　検察官、検察事務官又は司法警察職員は、裁判官の令状なしに捜索し証拠物を押収した場合には、直ちに、裁判官に対して、捜索をした場所、理由を記載した書面と押収した物の目録を提出し、その許可を求めなければならない。裁判官が許可を与えなかった場合には、速やかに押収物を還付しなければならず、押収物の複写物又は写真は破棄されねばならない。

第7　金融機関に対する質問等
検察官、検察事務官又は司法警察職員は、銀行等の金融機関に対して、「特定国際テロリズム組織」による犯罪行為に関わりのあると信じることに相当の理由がある預金、振込等につき質問し、記録の閲覧を求めることができる。金融機関の職員が質問に答えず若しくは偽りの答弁をし、又は記録の閲覧を認めなかった場合には、当該職員は50万円以下の罰金に処する。

第8　「国際テロリズム活動」の唱道禁止
何人も、「国際テロリズム活動」を実行させる目的をもって、「国際テロリズム活動」の正当性又は必要性を主張した文書又は図画を印刷し、頒布し、又は公然掲示してはならない。違反者は、5年以下の懲役又は禁錮に処する。

1　本問の趣旨

　本問は、2005年新司法試験プレテストの問題を素材に、人身の自由に関わる様々な憲法原則の応用力を試すものである。

2　設問1──要綱第1～第7に関する憲法上の問題点

　憲法上の問題点の指摘という形式ではあっても、通常の事例問題と同様に「法的三段論法」により論じればよい。以下、①法案の内容、②憲法上の原則、③本法案の問題点という構成で論ずる。

(1)　特定国際テロリズム組織の指定手続と適正手続

　①　本法案は、「テロリスト犯罪」を定義し（第2①）、国家公安委員会により「特定国際テロリズム組織」として指定、告示されると（第3）禁止行為（第4以下）の対象となる。

　②　憲法31条は刑事手続における適正手続を保障しているが、行政手続における適正手続も（根拠条文に争いがあるものの）憲法上保障されていると考えられている（Ⅵ1）。そして、適正手続の具体的内容は、**事前の告知、弁解、防御の機会の保障**であると解されている（第三者所有物没収事件判決

Ⅳ 3(1))。

③　要綱第3における指定手続は、警察庁長官による指定請求により、国家公安委員会が指定を行うと定められているが、指定請求があった旨は官報で公示されるのみで（第2項）、当該団体に対して直接「告知」されることはない。また、指定に対して異議のある者は、「指定に反対する理由を記載した書面を提出することができる」のみで（第2項）、当事者に十分な「弁明、防御の機会」は付与されていない。

 ＊　破壊活動防止法が、「破壊的団体」に対する規制をするにあたって、公安調査庁長官が当該団体に対して事前の通知をし（同法12条）、意見陳述や証拠提出の機会を与えていることと比較すると（同法14条）、本法案の違憲性はより際立つ。

(2)　特定国際テロリズム組織への加入禁止と結社の自由

①　要綱第4は、何人も「特定国際テロリズム組織」の活動に加わってはならないものとし、違反者には刑罰が科せられている。

②　憲法21条1項は、「結社の自由」を保障しているところ、同項の「自由」とは、**団体の結成、加入、運営、団体としての活動**について、**公権力から干渉を受けないこと**を保障するものである（第8講Ⅳ2参照）。

③　法案の規制は、「特定国際テロリズム組織」を規制対象としているが、「テロリスト犯罪」の定義（第2①）に「我が国若しくは外国……の政策に影響を及ぼすことを目的として」という広範な文言が用いられていることから、表現活動のための結社が規制される場合もある。

本法案によれば、「特定テロリズム組織」であることを知りながら加入した者に限らず、条文上は、知らずに加入した者であっても刑罰が科されることになる。「テロリズム組織」であることを知らずに加入する者を処罰することは、テロリズムを行う意図をもたない、単なる加入行為を処罰することになり、立法目的との関係では過剰包摂であるといえ、憲法21条1項に違反するおそれがある。

(3)　「特定国際テロリズム組織のためにする行為」の禁止

①　要綱第5は、「『特定国際テロリズム組織』のためにするいかなる行為」も禁止し、違反者には刑罰を科している。

②　憲法31条の保障内容には、刑罰法規の明確性が含まれると解されている（Ⅳ2(2)）。刑罰法規が不明確性故に憲法31条に違反するかどうかについては、判例上、「**通常の判断能力を有する一般人の理解において、具体的場合に当該行為がその適用を受けるものかどうかの判断を可能ならしめるよう**

な基準が読みとれるかどうかによってこれを決定すべき」とされている（徳島市公安条例事件判決　第8講Ⅰ5(3)）。

③　要綱第5のかっこ書には、「情報若しくは物的手段の提供」「資金を提供すること」が示されているものの、それ以外の「『特定国際テロリズム組織』のためにするいかなる行為」が何を指すかについては全く手がかりがなく、広範な行為が規制対象となるおそれがある。また、要綱第5では、資金提供については「『特定国際テロリズム組織』の犯罪行為に寄与すると知りながら」なされたことを条件としているが、「情報若しくは物的手段の提供」についてはこうした限定もなく、通常の取引行為も処罰対象とされるおそれがある。

> ＊　これ以外にも、禁止の対象となる「テロリスト犯罪」の定義（第2①）が、具体的な犯罪類型を定めず「人の生命にとって危険な行為」と抽象的に定めている点も問題となりうる。

(4)　「特定国際テロリズム組織」による犯罪行為に対する令状なき捜索・押収

①　要綱第6は、「特定国際テロリズム組織」による「犯罪行為」が行われようとしていると疑うに足りる「充分な理由」がある場合において、証拠を保全する「緊急性」があり、かつ「裁判官の令状を求めることができないとき」は、直ちに事後的な令状請求を条件として（第2）、捜索や押収を認めている。

②　憲法35条は、「逮捕の場合」を除いて、事前の令状がなければ、住居、書類および所持品について、侵入、捜索および押収を受けることのない権利を保障している（Ⅴ2）。

③　ところが、本法案は、事前の令状や被疑者の逮捕なくして、捜索・押収を可能としている。最高裁は、緊急逮捕（刑訴法210条）のように、令状主義の例外を認めているが、その理由として、㋐罪状の重い一定の犯罪のみに限定していること、㋑緊急やむをえない場合に限っていること、㋒逮捕後直ちに令状発行を求めていることを指摘している（Ⅴ1(2)イc）。しかし、本法案は、緊急逮捕の要件に一見類似する（㋑と㋒は満たす）ものの、「犯罪行為」を限定しない点で㋐を満たさないことから、憲法35条に違反するおそれがある。

(5)　金融機関に対する質問・記録の閲覧における令状主義違反

①　要綱第7は、金融機関に対し、預金・振込等についての質問、記録の閲覧に応じるよう義務づけているが、そこでは裁判官の令状は要求されてい

ない。

② 行政手続に関しても、令状主義の要請は及ぶと考えられているが、川崎民商事件判決は、㋐その目的が刑事責任の追及を目的とするものではなく、㋑その性格も刑事責任追及のための資料の取得収集に直接結びつく作用を一般的に有するものでなく、㋒強制の度合いが実効性確保の手段として不均衡・不合理なものでない場合には、検査にあたって裁判官の令状を要件としないことも許されるとした（Ⅵ 2(2)）。

③ 本法案における金融機関に対する質問等は、直接、被疑者に対してなされるものではないが、徴税目的という別個の目的がある税務調査とは異なり、㋐「犯罪行為に関わりのあると信じることに相当の理由がある」預金、振込等についての質問は専ら刑事責任追及の目的で行われるものといえ、㋑刑事責任追及のための資料収集と直接結びつくものである。また、㋒法案は質問への回答・記録の閲覧の拒否や虚偽の回答に対して罰則を科すと定めているが、顧客の秘密を守ろうとする金融機関に対する制裁として不均衡・不合理なものといいうる。

(6) 金融機関に対する質問・記録の閲覧要求と不利益な供述の強要

① 要綱第7が罰則をもって、金融機関に対し預金・振込等についての質問、記録の閲覧に応じるよう定めている点に関しては、憲法38条1項の「不利益な供述」を強要されない権利侵害の問題も指摘できる。

② 憲法38条1項は、「自己に不利益な供述」を強要されないことを保障する。ここにいう「自己に不利益な供述」とは、「自己の刑事上の責任を問われるおそれのある事項」と解されている（Ⅴ 4(2)）。

③ 預金・振込等に関する質問、記録の閲覧を通じて金融機関の職員の刑事責任が問われるケースは想定しにくいが、仮にそうした事態が生じた場合、「自己に不利益な供述」の強要が許されるのは、㋐手続の性質が、実質上、刑事責任追及のための資料の取得収集に直接結びつく作用を一般的に有さず、㋑供述を強要する目的が国民の生命・安全にとって不可欠な公共的利益に関わるものであり、㋒強要される供述の範囲が目的達成に必要な範囲に限定されている場合に限られる（Ⅴ 4(3)）。しかし、本法案には「犯罪行為に関わりのあると信じることに相当の理由がある」との不明確な限定しか付されておらず、㋒の要件を満たしているかどうか疑問がある。

3 設問2——要綱第8の憲法上の問題点とその違憲の疑いの軽減方策

(1) 憲法上の権利に対する制約

要綱第8は、何人も「国際テロリズム活動」を実行させる目的で、特定の文書・図画の印刷、頒布、公然掲示を禁止し、違反者に対して刑罰を科している。この規定は、「せん動」表現の規制の一種である（第8講Ⅰ6(3)ア参照）。

(2) 判断枠組み

「せん動」表現は、表現の受け手が重大な違法行為を働くおそれがあることを理由に規制の対象となるが、「おそれ」を拡大解釈することで無限に規制対象が拡大していきかねない。したがって、「明白かつ現在の危険」基準や「ブランデンバーグ基準」により、処罰対象となる行為を限定しなければならない（第8講Ⅰ6(3)ア参照）。

(3) 個別的・具体的検討

要綱第8は、「『国際テロリズム活動』の正当性又は必要性を主張」した文書等の頒布等を禁止しているが、上記各基準の要件を満たすよう限定した規定とするべきである。すなわち、衆議院法制局としては、表現の自由に対する萎縮効果を排除するべく、処罰対象となる表現行為について、㋐せん動の内容が直接的に犯罪行為を唱道する言辞を含んでおり、㋑せん動の結果、犯罪行為が行われる具体的危険があった場合に限定することが望ましい。

●コラム● 答案を読んで

　本問のような目新しい規制対象が出題されると、「テロリズム」の定義等について「規制対象が不明確である」という主張に頼る傾向がみられるが、「不明確」＝意味がわからないという主張をしても、「規制対象が読み取れる／読み取れない」といった水掛け論に陥り、出題された法制度の問題点に迫ることができない。いったん「不明確性」の主張は封印して、法制度の具体的な不合理さはどこにあるのかを見極めるべきだろう。

　また、設問1のような出題形式においては、数多くの問題点を羅列するばかりで議論が空回りしてしまうことも多い。これを避けるためには、何よりも、結社の自由の保障や令状主義など、問題とする憲法上の権利や原則について、きちんとした定義を行うことが重要である。

　設問2に関しては、せん動処罰と表現の自由という論点を知らないと手も足も出なくなりがちだが、文書等の「印刷、頒布、公然掲示」を処罰しうるというのはどのような条件を満たした場合かを具体的に考察することにより、知識を欠いていても、判断基準の設定は可能であろう。

第12講　社会権

> ◆学習のポイント◆
> 1　社会権は、資本主義の発達に伴う貧富の差の拡大を背景に憲法上の権利として承認されるに至ったものであり、経済的弱者が「人間らしい生活」を営むための、国家に対する請求権を主要な内容とする（【設問1】）。
> 2　社会保障立法の合憲性は、憲法25条1項の「健康で文化的な最低限度の生活」を実現するための施策か、同条2項に基づく「よりよい生活」を実現しようとするものかにより審査の厳格度を変えるべきであるが、広い立法裁量が認められる場合でも、裁量権行使に逸脱・濫用がないかを制度後退禁止原則や平等原則等を用いつつ検討するべきである（【設問2】）。
> 3　憲法26条1項の「教育を受ける権利」の保障によって、国は「能力に応じて、等しく教育を受ける機会」を国民に提供する義務を負うが、国による教育内容の決定が「必要かつ相当と認められる範囲」にとどまるかについて、慎重に検討しなければならない（【設問3】）。
> 4　労働基本権には、労働組合の加入や争議行為を妨げられないという自由権としての側面と、労働者の権利を保護するために国家に労使関係に介入するよう求める請求権としての側面がある（【設問4】）。

I　社会権総論

【設問1】　社会権の特徴について、自由権と比較しつつ論ぜよ。

1 社会権保障の意義

　資本主義の発達とともに、貧富の差が拡大し、国家からの自由の保障だけでは憲法による権利保障が目指した「人間らしい生活」を確保することが困難な人々が大量に生み出されるようになった。こうした状況を打開する手段として生み出されたのが、国家が積極的に経済的給付を行って貧困状態からの脱出を助けたり、国家が経済関係に介入することにより、労働者など経済的に弱い立場の者の権利を守るという、新しい権利保障のあり方である。ドイツのワイマール憲法（1919年）が、「すべての者に人間たるに値する生活を保障する」という理念に基づいて、社会保障や労働者の権利保護を図ろうとしたことが社会権保障の先駆けとなった。

2 社会権の特性

　社会権は、自由権とは異なる以下のような特性をもつ。

(1) 作為請求権

　社会権は、社会保障給付など国家の積極的な作為を求める請求権である点で、国家に対する不作為請求を本質とする自由権と対照的な内容をもつ。

　ただし、社会権のすべてが請求権としての性格だけをもつわけではなく、複合的性格をもつものもある点に留意が必要である。たとえば、労働基本権は、争議行為の自由確保のため、刑事免責と民事免責の双方を要請している。前者の要請は、争議行為について刑罰を科してはならないという国家に対する不作為請求（自由権としての側面）であるのに対し、後者は、国家が労使関係に介入し使用者側からの損害賠償請求を遮断する法制度の創設を要請するもの（請求権としての側面）である（Ⅴ１）。

(2) 法律による内容形成

　社会権に基づく国家の作為請求権の具体的内容は、憲法上明らかでないことが多く、どのような制度の下で社会権の内容を具体化するかは立法府に委ねられている。そのため、社会権は、法律による権利内容の具体化を必要とする抽象的権利であると解されている。ただし、法律による具体化が憲法上の要請を満たさない場合は違憲とされうる。

　なお、社会権の内容のうち自由権としての性格を有する部分は、法律による権利内容の具体化を必要としない。

(3) 私人間関係の規律

　社会権のなかには、労使関係を規律する労働基本権の保障のように、私人

間の関係を規律対象とするものがある。
　(4)　特定の階層の権利
　社会権のなかには、労働基本権のように、勤労者の権利として保障されているものがある。人一般の権利でなく特定の主体の権利であるという点でも、社会権は近代憲法の権利体系とは異なる性格をもつ。

II　生存権

1　生存権保障の意義

　社会権条項の先駆とされるワイマール憲法151条1項は、「経済生活の秩序は、人間たるに値する生活を保障する目的をもつ正義の原則に適合しなければならない」という、国家が遵守すべき原則規定にとどまった。これに対し、日本国憲法は、「健康で文化的な最低限度の生活を営む」ことを「国民の権利」として保障する。
　憲法25条1項の保障する権利は、一般に、「生存権」と呼ばれるが、その内容は、生存そのものではなく、「健康で文化的な生活」、すなわち「人間らしい生活」の保障である。そして、同条2項は、「健康で文化的な生活」を保障するための諸々の社会保障施策の推進を国家に義務づけている。

> 第25条　すべて国民は、健康で文化的な最低限度の生活を営む権利を有する。
> 2項　国は、すべての生活部面について、社会福祉、社会保障及び公衆衛生の向上及び増進に努めなければならない。

2　生存権の内容

(1)　生存権の法的性格
　憲法25条1項の生存権の保障については、これまでその「法的性格」をめぐって議論がなされてきた。
　ア　プログラム規定説
　プログラム規定説とは、憲法25条1項の生存権の保障は、具体的な法的権利を保障したものではなく、国家が政治的・道義的に実現すべき目標・指針を示したものと解する見解である。この見解によると、法令が25条1項に適

合するかしないかについて法的に争うことはできない。
イ　法的権利説
しかし、憲法25条1項が「権利を有する」と規定しているにもかかわらず、法的権利でないと解するのは解釈として不自然である。そこで、生存権には法的意味があるとするのが法的権利説であり、その「法的意味」の内容をめぐって抽象的権利説と具体的権利説が対立する。
a　抽象的権利説
抽象的権利説とは、生存権の保障を法的権利の保障ととらえたうえで、憲法上の規定だけでは、具体的な請求権を導き出すことはできないが、その具体的内容を法律によって定める際の基準として機能し、法律を通じて具体的な請求権となると解する見解である。
b　具体的権利説
具体的権利説とは、法律による具体化をまたず、憲法上の規定から生存権の具体的な内容を導き出し、それに法的権利性を認める考え方である。しかし、具体的な法的権利性の承認といっても、生存権を保障する具体的な要件や効果までは確定しえないため、憲法25条1項を根拠とした直接の給付請求権を認めることはできず、生存権を保障する立法措置が不十分な場合に、立法不作為の違憲確認請求が認められるにとどまる。

> ＊　なお、近年、「ことばどおりの意味における具体的権利」として生存権保障をとらえ、「『健康で文化的な最低限度』以下と明らかにいえる部分」については、憲法25条1項を根拠に、具体的な給付請求までなしうるとする見解も有力に唱えられている（棟居快行「生存権の具体的権利性」棟居『憲法学再論』〔信山社、2001年〕348頁～362頁）。

プログラム規定説・抽象的権利説・具体的権利説の対立は、生存権保障を具体化するための立法措置がとられない状況を想定し、その救済の可否を論じたものであった。たしかに、生活保護制度がない状況で生活保護費の支給を請求することは不可能であろう。しかし、社会保障立法が一応整備された今日では、生存権の法的性格を改めて論ずる実益はほとんどなく、生存権を具体化するにあたって、立法権・行政権の裁量をいかに統制するかが課題となっている。

(2)　生存権の内容
生存権の法的権利性を承認する立場は、生活保護法のような生存権を具体化する法令やそれに基づく処分等が「健康で文化的な最低限度の生活」の保障を満たさない場合には、裁判所はそれらを憲法25条1項違反と判断しうる

と解する（**裁判規範性**）。

　最高裁は、憲法25条1項について、「すべての国民が健康で文化的な最低限度の生活を営み得るように国政を運営すべきことを国の責務として宣言したにとどまり、直接個々の国民に対して具体的権利を賦与したものではない」（**朝日訴訟判決**）と述べて**具体的権利説を否定**してはいるが、生活保護基準が「憲法の定める健康で文化的な最低限度の生活を維持するにたりるものでなければならない」ことを承認し、**裁判規範性は肯定**している。

3　生存権の判断枠組み

(1)　「健康で文化的な最低限度の生活」の保障

　生存権の具体化立法が憲法25条1項により違憲とされるのは、法令に基づく支給が極めて不十分であって、「健康で文化的な最低限度の生活」という水準を満たさない場合である。

　しかし、「健康で文化的な最低限度の生活」という水準の確定は、「抽象的な相対的概念であり、その具体的内容は、文化の発達、国民経済の進展に伴って向上するのはもとより、多数の不確定的要素を綜合考量してはじめて決定できる」（**朝日訴訟判決**）とされる。たしかに、生存権保障を具体化するにあたっては、どのような制度設計をするか、支給水準をどのように設定するかについて、国会や内閣の広い裁量に委ねざるをえない。

　ただし、「健康で文化的な最低限度の生活」の水準確定が困難であることは、確定が不可能であることを意味しない。朝日訴訟第1審判決や「ことばどおりの意味における具体的権利説」（2⑴**イ b ***）が主張するように、裁判所が、社会状況を検討したうえで、**特定の時期・場所**において、「**健康で文化的な最低限度の生活**」を明らかに下回る状況か否かを認定することは可能である。

　　＊　朝日訴訟第1審判決は、生活保護法3条にいう「健康で文化的な生活」という基準につき、「それが人間としての生活の最低限度という一線を有する以上理論的には特定の国における特定の時点においては一応客観的に決定すべきものであり、またしうる」と論じたうえで、当時の生活保護基準について、「健康で文化的な生活水準」を維持できる程度のものとは言い難いと判断した（東京地判1960〔昭和35〕・10・19行集11巻10号2921頁）。

(2)　1項・2項分離論

【**設問2**】　憲法25条1項と同2項について、それぞれを具体化する法令の判断枠組みを区別するべきか。

堀木訴訟控訴審判決は、憲法25条1項と2項との関係について、「第2項は国の事前の積極的防貧施策をなすべき努力義務のあること」を規定し、「第1項は第2項の防貧施策の実施にも拘らず、なお落ちこぼれた者に対し、国は事後的、補足的且つ個別的な救貧施策をなすべき責務のあることを各宣言したもの」と解した（大阪高判1975〔昭和50〕・11・10行集26巻10=11号1268頁）。

同判決が採用した、憲法25条1項と2項が、それぞれ別個の規範内容をもつ条文ととらえる判断枠組みは、**1項・2項分離（峻別）論**と呼ばれる。この分離論に対しては、そもそも両者を切り離して解釈することはできないとの批判がある。また、同判決は、憲法25条1項の生存権の保障内容を生活保護法による生活扶助に限定し、児童扶養手当をはじめとする、それ以外の社会保障制度すべてを同条2項に基づく「防貧施策」と特徴づけ、極めて広い立法裁量を認めたため、事実上、社会保障立法に関して違憲審査を放棄するに等しいとも批判される。

しかし、「最低限度の生活」を権利として保障した憲法25条1項と、国は社会福祉等の「向上及び増進に努めなければならない」と定める2項とでは、その目的は共通するとしても、規範内容が異なると考える方が自然である。また、生存権保障の具体化措置を審査するにあたって、**「最低限度の生活」の保障と「よりよい生活」の保障を区別する**ことも必要なことである。したがって、憲法25条1項と2項のいずれを具体化する法令かに応じて、違憲審査の厳密度に差を設けること自体は否定されるべきでない。

問題は、「最低限度の生活」と「よりよい生活」の仕分けの方法にあり、「最低限度の生活」保障を安易に生活保護法による生活扶助に限定せず、各社会保障制度の目的と機能とを個別的・具体的に審査する必要がある。すなわち、生存権保障を具体化する立法に関する違憲審査にあたって、裁判所は、まず、当該制度の目的・機能から「最低限度の生活」を企図した制度か「よりよい生活」の保障のための制度かの仕分けを行い、前者であれば、**給付水準が憲法25条1項の要求する「健康で文化的な最低限度の生活」に違反するか**を審査し、後者であれば、当該制度が憲法25条2項の「よりよい生活」を保障するための**社会保障制度の構築として、国会または内閣の合理的な裁量の範囲内か否か**を審査することになる。

＊　最高裁は、堀木訴訟判決において、1項・2項分離論を採用しなかった（4(2)参照）。

(3) 立法・行政裁量を統制する法理

　生存権保障においては、権利の具体的内容形成における立法裁量とその執行における行政裁量が認められることを前提に、裁量の範囲を限定する方策が模索されてきた。生存権の「自由権的効果」と「制度後退禁止原則」は、その方策の代表的なものである。

　ア　自由権的効果

　生存権の自由権的効果とは、生活困窮者に対して重税を課すなど、国家が**国民の「健康で文化的な最低限度の生活」の維持を著しく困難にする施策をとらないように求める不作為請求**のことである。

　　＊　自由権的効果の主張がなされた例として、最低限度の生活の維持に要する費用への課税は憲法25条に反するとの主張がなされた総評サラリーマン税金訴訟がある。最高裁は、課税最低限の設定が、「著しく合理性を欠き明らかに裁量の逸脱、濫用と見ざるをえない」場合に当たることを具体的に主張していないとして、憲法25条違反の主張を斥けている（最3小判1989〔平成元〕・2・7判時1312号69頁　百選138）。

　イ　制度後退禁止原則

　制度後退禁止原則とは、いったん確立した社会保障制度やその支給基準には一応の合理性が認められることから、**支給水準の後退には強い正当化理由の立証と慎重な手続が求められる**とするものである。憲法25条2項は、社会福祉等の「向上及び増進に努め」る義務を国に負わせており、制度後退は、この義務に反することがその主張の根拠となる（4(4)参照）。

(4) 生存権保障における平等

　生存権保障の具体化措置が支給対象を限定するにあたって、法の下の平等違反の問題を生じさせることがある。憲法25条2項に基づく「よりよい生活」の保障の局面においても、支給対象を限定する目的が合理的根拠を欠くか、その目的と支給対象の限定との合理的関連性に欠ける場合には、憲法25条とは別に、憲法14条1項違反とする余地がある。

　最高裁は、生存権保障に関わる法の下の平等違反の審査にあたって、立法府の広い裁量を前提として、「**著しく合理性を欠き明らかに裁量の逸脱・濫用と見ざるをえないような場合を除き、裁判所が審査判断するのに適しない事柄である**」との立場をとっている（堀木訴訟判決）。

　たしかに、生存権保障を具体化する立法に関して立法裁量が認められることは否定できないが、一律に極めて緩やかな違憲審査しか行われないというのは妥当でない。争われている利益の性格・重要性、および支給範囲の設定

基準が性別等の自らの意思や努力によって変更できない事由に関わるものか等によって、違憲審査の厳格度に違いを設けるべきである（第4講Ⅲ3参照）。

4　生存権をめぐる具体的問題

(1)　生活保護基準の設定——朝日訴訟

重度の結核患者であった朝日茂は、入院3カ月以上の者の日用品費を月600円と定める1956年当時の生活保護基準が生活保護法3条にいう「健康で文化的な生活水準」を満たさず、憲法25条1項にも違反すると主張して、生活保護変更決定を認容する裁決の取消しを求める裁判を提起した。第1審判決は、朝日の請求を認容して、保護基準が憲法25条、生活保護法3条・8条2項に反すると判示した（3(1)＊）。

朝日は上告中に死亡したため、最高裁は、生活保護費の請求権が一身専属的なものであり相続されえないとして、訴訟終了を宣言した。ただし、最高裁は、「なお、念のため」としたかっこ書の中で、実質的に請求を斥ける内容の見解を示した。

最高裁は、生活保護の水準が「憲法の定める健康で文化的な最低限度の生活を維持するにたりるものでなければならない」ことを認めながらも、「何が健康で文化的な最低限度の生活であるかの認定判断」が「厚生大臣の合目的的な裁量に委されて」いるとする。そして、入院患者に対する補助には生活扶助のほか医療扶助や生業扶助が含まれるから、治療効果の促進や医療看護体制の不備を補う措置が生活扶助に計上されていないと論難できないことに加え、入院患者の日用品費をどのように生活扶助に組み入れるかにあたって厚生大臣の裁量が認められることを強調して、裁量権の逸脱・濫用は認められないとした（**朝日訴訟判決**　最大判1967〔昭和42〕・5・24民集21巻5号1043頁　百選136）。

(2)　社会保障の併給調整——堀木訴訟

児童扶養手当法4条3項3号（当時）は、母（養育者）が老齢福祉年金以外の公的年金給付を受けることができるときを手当の支給対象外としていた。

全盲のため障害福祉年金を受給する母親が、児童扶養手当の支給を認められなかったことから、障害福祉年金と児童扶養手当の併給禁止規定は憲法25条・14条1項に違反すると主張して、児童扶養手当受給資格の認定却下の取消しを求めた。

最高裁は、憲法25条を具体化する立法措置の選択決定について広い立法裁量が認められることを根拠に、「著しく合理性を欠き明らかに裁量の逸脱・濫用と見ざるをえないような場合」を除き憲法に違反しないと判示した（**堀木訴訟判決**　最大判1982〔昭和57〕・7・7民集36巻7号1235頁　百選137。3⑷参照）。

> ＊　第1審判決は、母親が障害福祉年金を受給している母子家庭には児童扶養手当が支給されないのに、父親が障害福祉年金を受給し母親が健常者の家庭には、児童扶養手当が支給されることについて、障害者が父か母かの違いによる差別でもあるとして、憲法14条1項に違反するとした（神戸地判1972〔昭和47〕・9・20行集23巻8＝9号711頁）。
> 　しかし、控訴審判決は、母子家庭と比較すべきは父子家庭であり、父子家庭において、父が障害福祉年金を受給している場合には、母子家庭と同じく、児童扶養手当は支給されないから、性別による差別はないと指摘した（前掲・大阪高判1975〔昭和50〕・11・10）。

⑶　学生無年金障害者訴訟

　1989年改正前の国民年金法は、20歳以上の学生について任意加入とする一方、障害基礎年金について、傷病の初診日において国民年金の被保険者であることを支給要件としていたため、大学在学中に障害を負った大学生は、国民年金に加入していないかぎり障害基礎年金を受給できなかった。

（1989年改正前の国民年金法の概要）

		傷病の初診日が20歳未満の者	傷病の初診日が20歳以上の者	
原　則		国民年金の加入対象外 ⇒ 無拠出制の障害年金制度に基づき、障害基礎年金等が支給される	国民年金に強制加入 ⇒ 障害基礎年金等が支給される	①の主張
学　生			国民年金は任意加入 ⇒ 国民年金等に加入していないかぎり、障害基礎年金が**支給されない**	

②の主張

　最高裁は、堀木訴訟判決にならって、「著しく合理性を欠き明らかに裁量の逸脱、濫用とみざるを得ないような場合」のみ憲法に違反するとの基準を適用した。そのうえで、①学生は一般に収入がなく、保険料負担能力を有していない一方で、学生である期間は短く、障害を負う確率は低く、保険料負担に見合う程度の実益があるとは言い難いから、20歳以上の学生について任

意加入とすることが著しく合理性を欠くとはいえないこと、②20歳以上の学生を対象とした無拠出制の障害年金制度を設けなかったことについては、無拠出制年金制度における受給者の範囲、支給要件等に関する立法裁量が広いことに加え、20歳以上の学生は国民年金への任意加入が可能であったことを指摘して、いずれについても「著しく合理性を欠く」とはいえないと判断した（**学生無年金障害者訴訟判決**　最2小判2007〔平成19〕・9・28民集61巻6号2345頁　百選139）。

(4)　生活保護における老齢加算の廃止

厚生労働大臣は、70歳以上の者に対して生活扶助に一定額を加算する老齢加算制度を、2004年度以降、段階的に廃止した。老齢加算廃止に基づく保護変更決定の取消訴訟について、福岡高裁（福岡高判2010〔平成22〕・6・14判時2085号43頁）は、生活保護の不利益変更について「正当な理由」を求める生活保護法56条に依拠して、保護基準の不利益変更の裁量権行使を厳密に審査する姿勢を示し、「高齢者世帯の最低生活水準」の維持について検討することなくなされた老齢加算廃止措置について、「考慮すべき事項を十分考慮しておらず、又は考慮した事項に対する評価が明らかに合理性を欠き、その結果、社会通念に照らし著しく妥当性を欠いたもの」として違法とした。この判決は、制度後退禁止原則（3(3)**イ**）を適用したものとして注目された。

しかし、最高裁は、制度後退禁止原則を適用せず、厚生労働大臣の判断に裁量権の逸脱・濫用があるとはいえないとした。判決は、堀木訴訟判決を参照して、厚生労働大臣の「専門技術的かつ政策的な見地からの裁量権」を強調し、保護基準改定の判断にあたって参照された専門委員会の意見は、統計等の客観的な数値等との合理的関連性や専門的知見との整合性に欠けるところはないとした（**老齢加算廃止訴訟判決**　最2小判2012〔平成24〕・4・2民集66巻6号2367頁）。

III　教育を受ける権利

1　教育を受ける権利保障の意義

教育を受けることは、子どもがその能力を開花させ、独立した人格をもって人生を送るための前提となる。日本国憲法は、国家が「上から」提供し、

国民を教化する手段であった戦前の教育についての考え方を転換し、国民の教育を受ける権利を教育の基礎に置き、かつ、子どもの教育を受ける権利を実質的に保障するために、国家に無償で教育を提供するよう命じ、親にも子どもに教育を受けさせる義務を負わせている。

> **第26条** すべて国民は、法律の定めるところにより、その能力に応じて、ひとしく教育を受ける権利を有する。
> **2項** すべて国民は、法律の定めるところにより、その保護する子女に普通教育を受けさせる義務を負ふ。義務教育は、これを無償とする。

2 教育を受ける権利の内容

(1) 教育を受ける権利の法的性格

　教育を受ける権利は、国家に教育制度を整備し、国民がそれを利用できるよう求める請求権としての性格をもっていることから、その「法的性格」が問題とされてきた。学校教育をはじめとする公教育制度は、法律によってその内容が形成されるため、教育を受ける権利についても、国家の指針を定めたプログラム規定と解する見解もあった。

　しかし、憲法26条1項が保障する教育を受ける権利は、単に学校教育の利用請求権にとどまらず、個人の内発的な学習要求に応える「学習権」を基礎にしていると考えられている。学習権を基礎とした教育を受ける権利は、単なる国家の政策指針にとどまらず、教育の質を学習権保障にふさわしいものとするための法的権利と解するべきである。

　最高裁も、旭川学力テスト事件判決において、教育を受ける権利の背景に、「国民各自が、一個の人間として、また、一市民として、成長、発達し、自己の人格を完成、実現するために必要な学習をする固有の権利を有すること、特に、みずから学習することのできない子どもは、その学習要求を充足するための教育を自己に施すことを大人一般に対して要求する権利を有するとの観念」があると述べている。

　他方で、教育が国家によるイデオロギー統制の手段として利用されやすいことも、日本の歴史の教えるところである。教育を国民の学習権に基礎づけることは、教育のありようが国家のためでなく、学習権の主体である国民の教育要求に応えるようなものとなることを意味する。憲法26条の教育を受ける権利は、国家による教育内容統制に一定の歯止めをかける自由権的側面を

もつ複合的権利と考えられる。

> ●コラム● 教育権の所在
>
> 　公教育の内容の決定権をめぐって、国家の教育権説という主張と国民の教育権説という主張との対立があった。
> 　前者は、国家が提供する公教育の内容は、議会制民主主義のルートを通じて制定される法律と国民の多数によって教育行政を付託された内閣によって決定されると主張する。これに対して、後者の立場は、子どもの学習要求に応えて教育の責務を担うのは親を中心とする国民であり、公教育は親の教育義務の共同化という性格をもつととらえる。この立場によると、教育内容は、親から付託を受けた専門家である教師が、国民全体に責任を負う形で決定、遂行していくものであって、教育に対する国家の介入は、教育の諸条件整備と教育内容の大綱的基準の設定にとどめられるべきであるとされる。
> 　2つの立場は、教科書検定や全国一斉学力テストの実施をめぐって厳しく対立した。家永三郎氏の歴史教科書に対する検定不合格処分の適法性が争われた第2次家永教科書訴訟の東京地裁判決（東京地判1970〔昭和45〕・7・17判時604号29頁　百選92）は、「子どもの教育を受ける権利に対応して子どもを教育する責務をになうものは親を中心として国民全体である」と述べて、国民の教育権論に立つことを鮮明に打ち出し、教育における国家の役割について、「教育を育成するための諸条件を整備することであると考えられ、国家が教育内容に介入することは基本的には許されない」と述べた。
> 　最高裁は、旭川学力テスト事件判決において、両者の立場をいずれも「極端かつ一方的である」として斥け、子どもの学習権を充足させるための責務を、親と国家がそれぞれ担っているとした。そのうえで、親の教育の自由が、主として学校外の教育や学校選択の自由に表れること、私学教育における自由や教師の教授の自由が一定の範囲で肯定されることを認める一方、国家が「必要かつ相当と認められる範囲において」教育内容についても決定しうることも認めた。
> 　ただし、最高裁も、党派的な政治的観念や利害に基づく教育内容への国家的介入は、「できるだけ抑制的であることが要請される」とし、「子どもが自由かつ独立の人格として成長することを妨げるような国家的介入」、たとえば、「誤った知識や一方的な観念を子どもに植えつけるような内容の教育を施すことを強制するようなこと」は憲法26条からも許されないと述べている。

(2)　教育の機会均等

　憲法26条1項は、「その能力に応じて、ひとしく教育を受ける権利」を保障している。「能力に応じて」とは、それぞれの適性と教育を受けるのに必要な学力を有する者について教育を提供することを意味する。「ひとしく」とは、「人種、信条、性別、社会的身分、経済的地位又は門地によって」教育を受ける機会が奪われることがあってはならないこと（教育基本法4条1項）を意味する。

(3)　義務教育の無償

　憲法26条2項は、「義務教育」について「無償」であることを求める。「義

務教育」とは、保護者が子どもに受けさせる義務を負う普通教育を指す。

義務教育の「無償」の範囲については、教育の対価である**授業料の無償を指すという見解**と、授業料のほか教科書や文具、給食代も含む、**一切の教育に関する費用と解する見解**が対立している。最高裁は、前者の見解をとる（最大判1964〔昭和39〕・2・26民集18巻2号343頁　百選A6）。

> ＊　義務教育は、9年間と定められ（学校教育法16条）、無償となるのは国または地方公共団体の設置する学校における義務教育の授業料であると定められている（教育基本法5条4項）。もっとも、教科書については、法律（「義務教育諸学校の教科用図書の無償措置に関する法律」）に基づいて無償で配布されている。

3　教育を受ける権利の判断枠組み

(1)　教育を受ける権利に対する制約

教育の機会の提供のうち、教育制度のあり方については、広い立法裁量が認められる。しかし、憲法26条1項は、「能力」を理由とする場合を除いて、原則として、教育の機会の平等を保障している。したがって、国公立学校への入学拒否は、「能力」に基づく合理的なものでないかぎり許されない（4(3)参照）。

(2)　国家の教育内容決定権の限界

【設問3】　国家が学校教育の教育内容を決定する際の限界は、どのように判定されるべきか。

2(1)で述べたように、教育を受ける権利の保障は、国家による教育内容決定権限についての限界も設定する。**国家による教育内容の決定は、「必要かつ相当と認められる範囲」にとどまっている必要があり**、「子どもが自由かつ独立の人格として成長することを妨げるような国家的介入」は許されない（コラム「教育権の所在」参照）。

4　教育を受ける権利をめぐる具体的問題

(1)　全国一斉学力テストの実施——旭川学力テスト事件

1961年、文部大臣（当時）は、「学習指導要領」((2)参照）の到達度を学校ごとに測定するために「全国一斉学力テスト」を実施した。日本教職員組合は、教員の「教育の自由」に対する統制であるとして強く反対し、各地で、教員が、公務執行妨害、建造物侵入、暴行罪等で起訴される事件が多発し

た。

　そのうちの一つ、**旭川学力テスト事件判決**において、最高裁は、3(2)で述べたように、「普通教育に属する中学校における教育の内容及び方法」について、国が一定の決定権を有することを肯定し、学習指導要領についても、「必要かつ合理的と認められる大綱的な」基準にとどまるかぎり、是認できるとした。そのうえで、判決は、「教育課程に関する諸施策の樹立及び学習指導の改善」等のための資料として学力テスト実施の必要性を認め、その実施方法においても、教育に対する強い影響力、支配力による「不当な支配」があったとはいえないとして、その適法性を認めた（**旭川学力テスト事件判決**　最大判1976〔昭和51〕・5・21刑集30巻5号615頁　百選140）。

　なお、同判決のうち、教師の教育の自由についての判示について、第7講Ⅰ2(2)イ参照。

(2)　学習指導要領による教育内容の統制——伝習館高校事件

　文部科学大臣は、学校教育法施行規則52条等に基づいて、「教育課程の基準」として学習指導要領を公示する。学習指導要領は、各科目の学習の目標や授業時間数などを詳細に規定しており、国公立・私立学校における教育に適用され、教科書検定基準においても、指導要領の目標との一致や指導要領の示す事項を不足なく取り上げていることが求められる。

　伝習館高校の一部の教員が授業にあたって教科書を使用せず、学習指導要領の定める科目の目標、内容に反する教育を行ったとして懲戒免職処分を受けた事件について、最高裁は、学習指導要領が「法規としての性質を有するとした原審の判断は、正当として是認することができ、右学習指導要領の性質をそのように解することが憲法23条、26条に違反するものでない」と述べて、学習指導要領の法規性を肯定した（最1小判1990〔平成2〕・1・18判時1337号3頁）。

　そのうえで、最高裁は、学習指導要領に反する教育を行った教員に対する懲戒免職処分が裁量権濫用に当たらないとした（**伝習館高校事件判決**　最1小判1990〔平成2〕・1・18民集44巻1号1頁　百選141）。判決は、国が教育内容および方法について一定の決定権を有する以上、教員の教育の自由に限界があることを確認したうえで、処分の対象となった教員の教育のあり方について「教育の具体的内容及び方法につき高等学校の教師に認められるべき裁量を前提としてもなお、明らかにその範囲を逸脱して、日常の教育のあり方を律する学校教育法の規定や学習指導要領の定め等に明白に違反するものである」と述べ、「法規違反の程度は決して軽いものではない」と評価し

た。

(3) 障害者の教育を受ける権利——市立尼崎高校事件

　筋ジストロフィー症の原告が、市立尼崎高校の学力検査において、学力面では合格点に達していたにもかかわらず、身体の記録等から「全課程を無事に履修する見通しがない」とされ、入学不許可処分を受けたことについて、憲法26条1項および14条などに反すると主張した。

　神戸地裁は、「普通高等学校に入学できる学力を有し、かつ、普通高等学校において教育を受けることを望んでいる原告について、普通高等学校への入学の途が閉ざされることは許されるものではない。健常者で能力を有するものがその能力の発達も求めて高等普通教育を受けることが教育を受ける権利から導き出されるのと同様に、障害者がその能力の全面的発達を追求することもまた教育の機会均等を定めている憲法その他の法令によって認められる当然の権利である」と述べた。判決は、そのうえで、高校の全課程の履修が可能と認められるにもかかわらず、養護学校の方が望ましいという理由で入学を拒否することは、身体障害者を不当に扱うものであり、裁量権の逸脱・濫用があったと認めた（神戸地判1992〔平成4〕・3・13行集43巻3号309頁　百選142）。なお、校長は控訴せず、判決は確定した。

IV　勤労権

1　勤労権保障の意義

　勤労は、人間らしい生活を送るための糧を得る手段であり、かつ人間としての発達を獲得する場でもある。憲法27条1項は、経済状態や偶然によって左右される勤労の機会を、国民の権利として保障したものである。同項が勤労の「義務」をも規定しているのは、勤労によって生活の糧を得ることは本人にとってばかりでなく、社会経済の発展と分業を成立させる条件でもあることから、国民全員が何らかの形で勤労の場に就くことを期待する趣旨である。憲法18条が「意に反する苦役」を禁止していることからみても、「勤労の義務」は強制労働を認めるものではなく、法的義務ではなく、訓示的な規定と解される。

> 第27条　すべて国民は、勤労の権利を有し、義務を負ふ。

> 2項　賃金、就業時間、休息その他の勤労条件に関する基準は、法律でこれを定める。
> 3項　児童は、これを酷使してはならない。

2　勤労権の内容

(1)　勤労権の具体的内容

　勤労権とは、勤労の機会を奪われないという自由権としての性格のほか、勤労の機会の提供を求める請求権としての性格をもつ。

　勤労権の自由権的側面は、客観的に合理的な理由があり社会通念上相当なものとして是認できる場合にかぎり、解雇は許されるとの**解雇権制限法理**に具体化されている（最2小判1975〔昭和50〕・4・25民集29巻4号456頁）。

　勤労権の請求権（社会権）的側面については、国家が国民の勤労の機会を確保するために行う、職業安定法、雇用対策法などの法整備と雇用保険による失業対策等の形で具体化されている。

(2)　勤労条件の法定

　勤労権の保障には、単なる労働の機会の確保にとどまらず、人間らしい労働の保障も含まれている。憲法27条2項が、労働条件に関する基準を法律で定めることを要求した趣旨は、労働条件の設定を使用者と労働者の当事者間の取決めによる私的自治に委ねると、労使関係において劣位に立つ労働者が不利な労働条件を押しつけられる危険性があるからである。

(3)　児童酷使の禁止

　憲法27条3項は、私人間の自由に委ねれば発生しかねない子どもの酷使の禁止を憲法上明らかにしたものである。子どもの酷使は、子どもの発達に深刻な影響を及ぼすうえ、子どもの未熟さゆえにそこからの脱却が困難なことが多い。児童の酷使は、「奴隷的拘束」や「意に反する苦役」（18条）に類するものとして、私人間においても絶対的に禁止される。

V　労働基本権

1　労働基本権保障の意義

　労働者は、解雇されれば生活の糧を失うため、使用者に対して弱い立場に

置かれている。労働者が労働条件の決定にあたって、対等な地位に立つためには、労働組合を結成し、団体として使用者と交渉し、場合によっては争議行為に訴えることが必要になる。

労働組合の活動は、各国で長く違法とされてきたが、労働運動の進展とともに合法化されるようになった。日本国憲法を含む、20世紀に制定された憲法の多くは、労働基本権の保障を盛り込んでいる。

> 【設問4】 労働基本権はどのような特質をもつか。

労働基本権を保障するということには2つの側面がある。一つは、自由権的側面である。これは、**労働組合の結成や争議行為などの団体行動について、国家が刑事罰の適用などにより妨害してはならないこと**（刑事免責）を意味する。

いま一つは請求権（社会権）的側面である。これは、労働者の権利を守る**ために対等な私人間の関係であれば認められる使用者側の権利行使を制限する**よう国家に対し求めるものである。たとえば、労働組合がストライキをすることは、集団的な労働債務の不履行に当たるが、労働組合法8条により、使用者は、債務不履行責任や損害賠償責任を追及できない（民事免責）。また、使用者は、労働組合への加入を制約したり労働組合への加入等を理由に差別的取扱いをすることも禁止されている（労組法7条1号）。

> 第28条 勤労者の団結する権利及び団体交渉その他の団体行動をする権利は、これを保障する。

2　労働基本権の内容

(1)　団結権

団結権とは、労働者が労働組合（「労働者が主体となって自主的に労働条件の維持改善その他経済的地位の向上を図ることを主たる目的として組織する団体又はその連合団体」〔労組法2条〕）を結成し、それに加入する権利である。

> ●コラム● 労働組合の統制権の特質と限界
> 労働者が使用者と対等な交渉力をもつために一定の組織強制をする必要があることから、憲法28条の団結権は、憲法21条1項の保障する結社の自由と異なる性格をもち、労働

組合に加入しない自由（消極的結社の自由）の制限も許されると解されてきた。ここから、雇用開始後一定期間内に労働組合に加入することを求め、組合に加入しない者、組合から除名された者や脱退した者を、使用者が解雇するよう定める**ユニオン・ショップ協定**を労使間で定めることも認められる。

しかし、労使協調路線の労働組合が会社や組合の方針に批判的な組合員を除名するなど、ユニオン・ショップ協定が必ずしも労働者の権利向上に結びつかない実態が明らかになり、その有効性が問い直されることとなった。最高裁も、ユニオン・ショップ協定の有効性は支持しながらも、協定締結組合以外の組合に加入している労働者および協定締結組合から除名されたが、他の組合に加入しまたは新たに組合を結成した労働者について使用者の解雇義務を定めた部分は、民法90条に違反し無効であると判示している（最１小判1989〔平成元〕・12・14民集43巻12号2051頁）。

また、労働組合は、一定の組織的強制をする必要があることから、組合の目的を達成するために必要であり、かつ、合理的な範囲内において、組合員に対して組合活動への参加を強制する**統制権**を行使し、組合員は組合費の納入や組合活動について協力義務を負う。しかし、労働組合の政治活動など、労働条件の向上という組合本来の目的から離れた活動に関しては、統制権が否定され、組合員の協力義務の範囲も組合員の自由との関係で限定される（第１講Ⅲ３参照）。

(2)　団体交渉権

団体交渉権とは、労働組合が使用者側に対して労働条件について交渉することを要求する権利である。使用者が、理由なく労働組合による交渉に応じないことは不当労働行為として、労働委員会の救済申立ての対象となる（労組法７条２号）。

(3)　団体行動権

団体行動権（争議権）とは、労働者が労働条件の向上を求めて、労働組合として、同盟罷業（ストライキ）、怠業（サボタージュ）、職場占拠（ピケッティング）などの手段（争議行為）に訴える権利である。

もっとも、専ら政治的目的のために行われる「政治スト」は、労働組合としての正当な争議行為とはみなされず、争議行為において暴力を用いることも、正当な行為とならない（労組法１条２項ただし書）。そして、労働組合が工場施設を自己の管理下に置き、使用者の指揮・命令を排除する「生産管理」についても、「企業者側の私有財産の基幹を揺がすような争議手段」として、許されないと解されている（山田鋼業事件判決　最大判1950〔昭和25〕・11・15刑集４巻11号2257頁　百選143）。

3　労働基本権をめぐる具体的問題──労働組合による政治活動

労働組合は、労働者の労働条件の改善のためにその結成、活動が憲法上も保護されているが、労働者の生活の改善のためには狭い意味での労働条件改

善のための活動にとどまらず、政治活動を通じた影響力を発揮する必要もある。ただし、労働組合の活動範囲の拡大は、組合員の思想・信条の自由との衝突をもたらし、両者の調整のあり方が模索されてきた。

組合が地方議会選挙の推薦候補者を決定し、対立候補として立候補しようとした組合員を組合員資格停止処分とした事件について、最高裁は、労働組合が選挙活動をすること、統一候補を決定して組合を挙げて選挙運動を推進すること、統一候補以外の候補者に対して立候補をやめるように勧告・説得することは統制権の範囲内であるとしたが、憲法15条１項が立候補の自由を保障していることから、「勧告または説得の域を超え、立候補を取りやめることを要求し、これに従わないことを理由に……統制違反者として処分するがごときは、組合の統制権の限界を超える」と判断している（**三井美唄炭鉱労働事件判決**　最大判1968〔昭和43〕・12・４刑集22巻13号1425頁　百選149）。

　　＊　最高裁は、組合推薦以外の候補者のためにする選挙運動についても、上記の判決の基準が妥当し、組合推薦以外の候補者のための選挙運動を行った者を統制違反として処分することは、統制権の限界を超えるとしている（中里鉱業所事件判決　最２小判1969〔昭和44〕・５・２集民95号257頁）。
　　＊＊　労働組合による政治活動のための寄附の強制については、第１講Ⅲ3(2)**イ**参照。

Ⅵ　演習問題

　　1995年12月20日、弁護士Ａのところに、知人の紹介で、Ｘが法律相談に訪れた。
Ｘ：私には１歳になる息子がいて、私１人で育てていますが、その子の児童扶養手当が突然出なくなったんです。
　　実は、息子は、学生時代から１年ほどつき合っていた人との間にできた子なんですが、その人とは結婚していないんです。同棲というわけでもありません。つき合っているうちに妊娠していることがわかり、そのことを彼に告げると、彼は急によそよそしくなって私と会うのを避けるようになったんです。それでよく調べたら、彼には奥さんもお子さんもいることがわかったんです。
Ａ：それで１人でお子さんを産むことを決心された……。
Ｘ：親に子どもを産むって言ったら、大騒ぎになって大反対されたんですが、周りに反対されればされるほど、自分のおなかの中にいる子どものことが愛おし

くなって、自分で産んで育てようと……。
A：それで、彼、息子さんの父親は責任をとってくれたのですか。
X：「子どもの父親が誰かわからないのはかわいそうすぎるから、認知だけはして」と頼んだんですけど、妊娠中はどうしても認知してもらえなかったんです。
A：それは大変でしたね。
X：ええ。去年（1994年）の6月に、息子が生まれてからは、子どもを保育所に預けて、パートで働いています。児童扶養手当ももらえるようになり、ずいぶん助かりました。
A：認知の件は、どうなりました？
X：はい。自分でも色々調べて、家庭裁判所での調停を申し立てました。調停委員の方々の説得もあって、息子が1歳になった今年の9月7日になって、ようやく彼も認知してくれることになりました。それで喜んで、認知されたことを役所に届けに行ったら、しばらくして、児童扶養手当の支給を取り消します、っていう通知がきたんです。
A：その通知には、何て書いてあるんですか。
X：難しい言葉で書いてあるんですけど、「児童扶養手当法施行令1条の2第3号に該当しなくなったので、今年の12月15日付けで、児童扶養手当の受給資格を喪失したと認定する」と書いてあります。

A弁護士は、Xの話を聞いて、心から同情し、すぐさま調査を開始した。A弁護士の調査に基づく、関連法令の内容は【資料1・2】のとおりであった。

〔設問〕 あなたがA弁護士であったとして、Xに対する児童扶養手当受給資格喪失処分が憲法に違反するとの主張を、反論を想定しつつ、論じなさい。

【資料1】
○児童扶養手当法（1995年当時）
（この法律の目的）
第1条　この法律は、父と生計を同じくしていない児童が育成される家庭の生活の安定と自立の促進に寄与するため、当該児童について児童扶養手当を支給し、もって児童の福祉の増進を図ることを目的とする。
（児童扶養手当の趣旨）
第2条　児童扶養手当は、児童の心身の健やかな成長に寄与することを趣旨として支給されるものであって、その支給を受けた者は、これをその趣旨に従って用いなければならない。
2　（略）
（支給要件）
第4条　都道府県知事は、次の各号のいずれかに該当する児童の母がその児童を監護するとき、又は母がないか若しくは母が監護をしない場合において、当該児童の母以外の者がその児童を養育する（その児童と同居して、これを監護し、かつ、その生計を維持することをいう。以下同じ。）ときは、その母又はその養育者に対し、児

童扶養手当（以下「手当」という。）を支給する。
一　父母が婚姻を解消した児童
二　父が死亡した児童
三　父が政令で定める程度の障害の状態にある児童
四　父の生死が明らかでない児童
五　その他前各号に準ずる状態にある児童で政令の定めるもの
2～5　（略）

【資料２】
○児童扶養手当施行令（1995年当時）
（法第４条第１項第５号の政令で定める児童）
第１条の２　法第４条第１項第５号に規定する政令で定める児童は、次の各号のいずれかに該当する児童とする。
一　父（母が児童を懐胎した当時婚姻の届出をしていないが、その母と事実上婚姻関係と同様の事情にあった者を含む。以下次号において同じ。）が引き続き１年以上遺棄している児童
二　父が法令により引き続き１年以上拘禁されている児童
三　母が婚姻（婚姻の届出をしていないが事実上婚姻関係と同様の事情にある場合を含む。）によらないで懐胎した児童（父から認知された児童を除く。）
四　前号に該当するかどうかが明らかでない児童

1　本問の趣旨

本問は、児童扶養手当事件判決（最１小判2002〔平成14〕・１・31民集56巻１号246頁　百選213）の事実関係を素材として、社会保障給付をめぐってどのように違憲主張を組み立てるのかを考察するよう求めている。

2　違憲主張の組立て

(1)　違憲主張の対象

Ｘの子は、施行令１条の２第３号（施行令３号）の「母が婚姻……によらないで懐胎した児童」（婚外子）という要件に該当するものの、父から認知されたことから、同号かっこ書（本件かっこ書）の「父から認知された児童を除く」という要件に該当すると判断され、児童扶養手当の受給資格喪失処分（本件処分）を受けた。

本件かっこ書の要件該当性について裁量の働く余地はなく、本件処分に対する処分（適用）違憲の主張をすることは難しい。そこで、Ｘの子を受給資格から除外している施行令３号かっこ書に対する法令違憲の主張をすることになる。

(2) 憲法上の主張の選択と構成
ア 生存権侵害の主張

まず、児童扶養手当は「健康で文化的な最低限度の生活」を保障するためのものであるとして、手当が支給されないことは、憲法25条1項に違反するとの主張が考えられる（Ⅱ2(2)）。しかし、本問ではXが「最低限度の生活」ができないという主張をしていないことや、児童扶養手当が、生活保護法上の生活扶助等のような救貧措置ではなく、稼得能力の低下に対する防貧措置であることから、25条1項違反の主張は難しいであろう。

また、婚外子が父の認知を受けることにより生活状況が改善されるとは限らず、一律に受給資格を喪失させることに合理性はないから、憲法25条2項に違反するとの主張（Ⅱ3(2)参照）もありうる。しかし、25条2項に基づく立法措置には広範な立法裁量が認められることから、違憲であるとの結論を導くことは難しい（なお、制度後退禁止原則は、その名のとおり、「制度」の「後退」を問題とするものであるから、手当の支給が停止される処分を受けたことについては適用されない）。

イ 法の下の平等違反の主張

そこで、次に考えられる憲法上の主張は、法の下の平等（憲法14条1項）違反の主張であろう。

a X側の主張

平等違反の主張においては、区別の対象の確定が重要なステップである（第4講Ⅲ1参照）。X側としては、まず、同じような状況にある者で手当の支給対象となっている児童を比較対象として選定することになる。婚外子は、「父から認知された」（施行令3号かっこ書）だけでは、法律上の父は存在することにはなるものの父と生計を共にすることにはならないので、状況は「父母が婚姻を解消した児童」（法4条1項1号）と同様であるといえる。それにもかかわらず認知を受けた婚外子を支給対象から除外することには合理性がないと主張することができる（奈良地判1994〔平成6〕・9・28訟月41巻10号2620頁参照）。

平等違反に関しては、①その区別の目的に合理的根拠はあるか、②目的と区別との間に合理的関連性はあるかが問われるところ（第4講Ⅲ）、「父母が婚姻を解消した児童」と婚外子との間で支給に区別を設ける合理的な目的がないと主張することができる。

b 県知事側の反論

これに対し、県知事側から次のような反論がなされることを想定することができる。

① 法1条は、児童扶養手当の目的を「父と生計を同じくしていない児童」の「生活の安定」に置いているが、法4条1項は「父と生計を同じくしていない児童」をすべて支給対象としているわけではない。法4条1項各号は、父母の離婚、父の死亡、父の障害、父の生死不明などにより、いずれも事後的に父による扶養を期待できなくなるという「状況の悪化した児童」を支給対象としていると考えられる。事後的な状況の悪化がない婚外子が支給対象となっているのは政令制定権者による政策的措置であるから、相対的に恵まれた状況といえる父からの認知を受けた児童を支給対象から外しても政令制定権者の裁量の範囲内といえる。

② また、4条1項各号の支給対象は、(死亡・生死不明により)父が存在しない児童と、(離婚、障害により)父が存在しているが扶養を期待できない児童に分けることができる。婚外子は、父が存在しないことを理由に支給対象とされたとみることができるが、父の認知により父の不在という要件を喪失したことから支給対象から外れるのも合理的といえる。

c 反論の検討

もっとも、状況が悪化した児童を支給対象としたとの①の解釈には、父の障害を理由とする支給(3号)を合理的に説明できない(子の出生前から障害をもつ父の場合でも支給対象となる)という難点がある。また、支給対象を二種に分類する②の主張については、法4条1項各号はいずれも「父による現実の扶養を期待できない児童」を支給対象としたものとの総合的解釈が妥当であると論じうる。

* なお、法4条1項各号が「状況の悪化した児童」を支給対象としたとの解釈をとると、施行令1条の2第3号は政令制定権者の裁量により政策的に支給対象とされたものであり、かっこ書も含めて支給の積極要件を定めたものとなる。そのため、かっこ書のみを無効とすることは、立法府や政令制定権者の権限を侵害するとの指摘も想定される(大阪高判1995〔平成7〕・11・21判時1559号26頁参照)。

他方、法4条1項各号の支給対象を「父による現実の扶養を期待できない児童」を支給対象としたものと解釈すると、婚外子は本来、支給対象とされるべき児童ということになり、「父から認知された児童を除く」との本件かっこ書は、本来の支給対象から除外するための消極要件ということになる。こうした理解に立つと、本件かっこ書を無効とすることは、法律が

本来予定していた児童に対する給付を実現することとなるから、裁判所が新たに支給対象を拡大することにはならない。

ウ　委任立法の限界の主張

a　判断枠組み——「委任の趣旨」の判断

本問では、法律の規定ではなく、政令の規定が問題となっている。憲法41条が国会を「唯一の立法機関」であると定めていることから、一般的・抽象的法規範の定立である「実質的意味の立法」は、原則として国会が行わなければならない（国会中心立法の原則）。国会ではない内閣その他の行政組織が命令を定めるにあたっては、**国会の制定した法律による具体的委任が必要**であり、かつ、**命令による定めは法律の委任の範囲内でなければならない**。そこで、本件かっこ書は児童福祉法4条1項5号の委任の範囲内ではない、という憲法41条違反の主張が考えられる。

b　個別的・具体的検討

まず、児童手当法4条1項5号が、受給資格につき政令に委任した趣旨・目的を検討すると、同項は、父母が婚姻を解消した児童（1号）、父が死亡した児童（2号）、父が障害をもつ児童（3号）、父が生死不明の児童（4号）を支給対象としており、これらは「父による現実の扶養を期待できない児童」を列挙したものと解することができる。そのため、同項5号が「その他前各号に準ずる状態にある児童」と定めた趣旨は、「父による現実の扶養を期待できない児童」に児童扶養手当を支給することであるといえる（**イc**参照）。

ところが、施行令1条の2第3号かっこ書が支給対象から外した、父から認知された婚外子は、認知により法律上の父が定まったとしても、父による現実の扶養を（「父母が婚姻を解消した児童」より低い確率で）期待することができないことから、同かっこ書は委任の趣旨を逸脱しているといえる。したがって、本件かっこ書は憲法41条に違反し無効であり、これに基づく本件処分は違法である。

上記の主張に対しては、法4条1項各号の支給対象を「状況の悪化した児童」とする立場（**イb①**）からの批判がありうる（2002年最判における町田裁判官反対意見参照）。しかし、この解釈には、「父が……障害の状態にある児童」（4条1項3号）を支給対象とすることが合理的に説明できないとの問題があることも既に**イc**で指摘したとおりである。

●コラム● 答案を読んで

　本問の素材となった最高裁判決を知らないと、主張の取捨選択が難しい問題である。ただ、ここでも生存権の権利内容や判断枠組み、法の下の平等の判断枠組みについて冷静に検討を加えることができれば、それらに基づく主張の見通しの可否がわかるであろう。法の下の平等違反の主張でよく見受けられるのは、区別を生じさせている目的を、安易に児童扶養手当法1条から導き出してしまう誤りである。1条の「目的」は児童扶養手当を設ける目的であって、認知を受けた婚外子に支給しない目的ではない。

　解説2(2)イで示したように法の下の平等に基づく主張も可能ではあるが、比較対象の選定や救済のあり方をめぐって議論が複雑になるという難点があり、もともと認知を受けた婚外子も支給対象となるべきであったと論ずるウの委任立法の限界に基づく主張が優れている。委任立法の限界の主張においては、「委任の趣旨・目的」を探る作業が決定的に重要である。ここでも、法1条の目的規定に頼るのではなく（実際に法4条1項各号は1条の目的どおりの支給対象とはなっていない）、法4条1項に列挙された支給対象から、委任の具体的な趣旨を読み解く必要がある。

第13講　参政権

◆学習のポイント◆
1　選挙権の制限は、原則として許されず、その制限なしには選挙の公正を確保することが事実上不能ないし著しく困難であることが認められなければ違憲となる（【設問1】）。
2　選挙権の平等には、投票価値の平等も含まれ、①投票価値の不平等が一般的に合理性を有するとは認められない程度（違憲状態）に拡大し、②合理的期間内に是正がなされなかった場合、憲法違反と判定される。ただし、違憲の瑕疵の程度と選挙を無効とすることで生じる混乱とを比較衡量し、事情判決の法理により、選挙を無効としないこともありうる（【設問2】）。
3　被選挙権は、選挙権と表裏をなすものとして、憲法15条1項により保障され、その制約は、選挙の公正を確保するために必要かつ合理的なものでなければならない（【設問3】）。また、選挙運動の自由を、一般の表現の自由から区別する理由づけはいずれも説得力をもたず、その規制は表現の自由と同様の厳格な基準により判断されるべきである。

I　参政権総論

　参政権とは、国民が国家としての決定に参与する権利をいう。
　参政権は、国民が、特定の争点につき自らの見解に基づいて賛否を表明する**直接的参政権**と、代表者等を選任、罷免するための**間接的参政権**とに分類できる。前者には、地方特別法に関する住民投票権（95条）や憲法改正における国民投票（96条）があり、後者には、公務員の選定罷免権（15条1項）、地方公共団体の吏員の選挙権（93条）、最高裁判所裁判官の国民審査における投票権（79条）がある。

また、地方自治法は、議会の解散請求、長・議員の解職請求、条例制定請求の直接請求権とそれに基づく住民投票などを定めている（地自法76条～88条）。

第15条　公務員を選定し、及びこれを罷免することは、国民固有の権利である。
　3項　公務員の選挙については、成年者による普通選挙を保障する。
　4項　すべて選挙における投票の秘密は、これを侵してはならない。選挙人は、その選択に関し公的にも私的にも責任を問はれない。

II　選挙権

1　選挙権の意義

　憲法15条1項は、国民に「公務員」を「選定」・「罷免」する権利を保障する。

(1)　「公務員」とは

　ここにいう「公務員」とは、広く、国や地方公共団体の公務に参与することを職務とする者を指すと解するのが通説である。しかし、憲法15条は、国民の参政権に関する規定であり、ここにいう「公務員」とは、一般職の公務員を含まない「公選職」と解するのがふさわしいように思われる（英訳では"public officials"となっている）。

　いずれにしても憲法15条1項は、国民がすべての「公務員」を直接、選定し罷免することを求めているわけではなく（最大判1949〔昭和24〕・4・20民集3巻5号135頁）、国民主権原理の下で、国・地方公共団体の運営に携わる者の終局的な任免権が国民に属していることを示していると解されている。

　　＊　憲法は、国会議員については、国民による普通選挙（15条3項）、地方公共団体の「長、その議会の議員及び法律の定めるその他の吏員」について住民の直接選挙（93条）による選定を定める一方、内閣総理大臣（6条1項・67条1項）、国務大臣（68条1項）、最高裁判所長官（6条2項）と最高裁判所裁判官（79条1項）、下級裁判所裁判官（80条1項）については、それぞれの選定・罷免権者を定めている。

(2) 「選定」・「罷免」とは

「選定」は、公務員を選定してその地位に就かせることである。「選定」には本来、選挙に限らず、単独の意思による任命も含むが、国民という多数人による選定は、選挙の方式になる。

「罷免」とは、公務員の地位を奪うことである。公務員の罷免権の具体化としては、最高裁判所裁判官の国民審査がある（79条2項）。また、地方自治法によって、地方公共団体の長と議員について解職請求およびそれらについての住民投票が定められている（地自法80条・81条）。

> ●コラム● 国会議員の解職制（リコール）
>
> 　国会議員について解職制（リコール）を定めうるかは、日本国憲法の国民主権（前文・1条）についての理解と、憲法43条の「全国民の代表」の理解による。日本国憲法の国民主権を、実在する国民が自ら統治権の主体としての権力を行使することを承認する人民主権説的に理解すれば、公務員の選定罷免権を文字どおり解して、国会議員のリコール制を定めることも可能となる。
>
> 　これに対して、国家権力が国民の権威の下で行使されることを重視する国民主権的理解に立ち、かつ、憲法43条について、国会議員は選挙区の有権者に拘束されないとする「命令的委任の禁止」を読み込めば、国会議員のリコール制導入は、憲法に違反することとなる。

2　選挙権の内容

(1)　選挙権の法的性格

選挙権をめぐっては、それが権利としての性格と公務としての性格を合わせもつのか（二元説）、専ら権利としての性格のみをもつのか（権利説）をめぐる対立がある。

公務員の選定罷免権を規定する日本国憲法の下では、選挙権の権利性を否定することはできないが、選挙権の権利性を重視する見解も、選挙が公的な性格をもつことを否定しない。権利説は、二元説が選挙権の「公務性」を強調することによって、選挙権の制限についての立法裁量尊重に結びつきやすい点を批判してきたが、選挙権行使が公的性格を有すると認めることが必ずしも選挙権制限を広範に認める根拠ともならない。他方で、選挙制度の構築にあたって立法裁量が認められることについては、選挙権の法的性格に関するいずれの立場においても否定されず、二元説と権利説との本質的な対立点にはならない。

投票の棄権に何らかの制裁を科す義務投票制については、公務性を強調す

れば認められやすく、権利性を強調すれば、選挙権を行使するもしないも自由であるとの立場と結びつきやすい。しかし、選挙の公務性を承認したとしても、そこからいかなる投票義務制であっても認められるわけではなく、結局は、投票の義務づけの程度・態様によるのであるから、ここでも選挙権の法的性格論は実質的意味をもたない。

(2) 選挙権行使に関する原則

憲法は、選挙権の行使が、主権者たる国民の政治的な意思を実質的に発現したものとなるように、選挙権の保障に連なる次のような原則を定めている。

　ア　自由選挙

選挙が国民主権原理の具体化として機能するためには、国民がどのように投票するかについて、いかなる拘束や強制も受けないことの保障がなければならない。

憲法15条4項後段は、投票への干渉を禁止し、自由な選挙が行われるべきことを明らかにしている。投票への干渉は、公権力に限らず、私人によっても行われうることから、「私的にも責任を問はれない」ことを明記して、選挙における自由な選択が十全に保障されることを求めている。

　イ　秘密投票

憲法15条4項は、選挙における投票の秘密の保障を定める。これは、選挙における投票が国民の自由な政治的判断として行われることを確実なものとするため、どのような投票をしたのかについて他人に知られないことを保障したものである。

最高裁は、当選の効力を定める手続において、選挙権のない者が誰に対して投票したかを証拠調べによって明らかにすることは許されないと判断した。これは、不正な投票者の投票内容を明らかにすることが正当な投票者の投票の秘密を害し、自由な投票を害するおそれを重視した判断である（最3小判1948〔昭和23〕・6・1民集2巻7号125頁、最1小判1950〔昭和25〕・11・9民集4巻11号523頁　百選164参照）。なお、最高裁は、投票の秘密について、投票内容が外部に知られないことと解しているため、詐偽投票等の罪に関する捜査のための投票用紙の差押えが行われても投票の秘密の侵害に当たらないとしている（最2小判1997〔平成9〕・3・28判時1602号71頁）。しかし、差し押さえられた投票用紙から投票の秘密が害されるおそれもあり、こうした投票の秘密を侵害するおそれのある捜査方法をとることは、事件の重大性、捜査の高度の必要性、捜査方法の妥当性からみて「極めて例外

的な場合」に限定されるべきである（同判決における福田裁判官補足意見参照）。

ウ　直接選挙

選挙には、国民の投票によって直接、代表者を選ぶ**直接選挙**と、国民の投票でいったん選挙人を選んで、その選挙人が代表者を選出する**間接選挙**がある。

憲法93条2項は、「地方公共団体の長、その議会の議員及び法律の定めるその他の吏員は、その地方公共団体の住民が、直接これを選挙する」と定め、地方公共団体の長と地方議会の議員らを直接選挙することを明示している。他方、国会議員については、憲法43条が「選挙された議員」でなければならないと定めるだけで、直接選挙するとの明文規定がない。しかし、国会議員の選挙は、国民主権原理の具体的現れであり、国会議員が「全国民を代表する」と定められている以上、国民が、議員を直接選挙することが前提とされていると考えるべきである。

エ　普通選挙

憲法15条3項は、「成年者による普通選挙」を保障する。**普通選挙**とは、財産保有者や納税者にのみ選挙権を認める**制限選挙**とは異なり、選挙人資格の有無を財産や納税額によって制限しないことをいう。

加えて、憲法44条ただし書は、選挙人の資格について、「人種、信条、性別、社会的身分、門地、教育、財産又は収入によって差別してはならない」と規定している。これは、大日本帝国憲法下において、1925年に普通選挙制が実現されて以降も女性には選挙権が認められなかったことに鑑み、日本国憲法が、成人であればあらゆる国民に平等に選挙人としての資格を認めることを改めて確認したものである。

オ　平等選挙

平等選挙とは、普通選挙を含む場合もあるが、狭義には、投票価値の平等を意味する。かつては、選挙人の納税額や階層ごとに選出できる代表の数に差を設ける等級選挙や一定の選挙人に複数の投票権を与える複数選挙が行われた。今日では、選挙区間における議員1人当たりの選挙人の数の不均衡による投票価値の不平等が問題となる。詳細は、Ⅲ参照。

(3)　投票の機会の保障

選挙権とは、選挙において自らの意思で投票し、公務員を選定する権利である。選挙権は、投票する機会を与えられなければ行使することができず、投票の機会の保障も選挙権の保障に当然に含まれる。

最高裁も、「憲法は、国民主権の原理に基づき、両議院の議員の選挙において投票をすることによって国の政治に参加することができる権利を国民に対して固有の権利として保障しており、その趣旨を確たるものとするため、国民に対して投票をする機会を平等に保障しているものと解するのが相当である」として、投票する機会の保障が選挙権の保障の内容に含まれるとしている（**在外国民選挙権事件判決**）。

　国民のなかには、実際に投票所に赴き投票することのできない人々がいる。選挙権は、実際に行使できなければ意味のないものであり、選挙権が認められていてもその行使を実際上不可能とする制度は、憲法15条1項に違反する。

　かつて、障害によって投票所に行くことのできない人々のために在宅投票制度が設けられていたが、投票の買収など不正があったことを理由に1952年に廃止された（最高裁は、在宅投票制廃止について、国家賠償請求を斥けた〔最1小判1985（昭和60）・11・21民集39巻7号1512頁〕）。現在では、在宅投票制に代わって、身体障害者や戦傷病者、要介護者にかぎり、郵便投票制度が設けられている（公選法49条2項）。また、自ら投票用紙に記入できない者に対する代理投票制度（公選法48条）が設けられている。

3　選挙権の判断枠組み

> 【設問1】　選挙権の制限に関する違憲審査には、どのような判断枠組みを適用するべきか。

　選挙権行使の制限についての判断枠組みについて、最高裁は、在外国民選挙権事件判決において、以下のように述べた。

　「自ら選挙の公正を害する行為をした者等の選挙権について一定の制限をすることは別として、国民の選挙権又はその行使を制限することは原則として許されず、国民の選挙権又はその行使を制限するためには、そのような制限をすることがやむを得ないと認められる事由がなければならないというべきである。そして、そのような制限をすることなしには選挙の公正を確保しつつ選挙権の行使を認めることが事実上不能ないし著しく困難であると認められる場合でない限り、上記のやむを得ない事由があるとはいえず、このような事由なしに国民の選挙権の行使を制限することは、憲法15条1項及び3項、43条1項並びに44条ただし書に違反するといわざるを得ない」。

これは、選挙権およびその行使の制限は原則として違憲であり、①その制限の目的は、選挙の公正の確保に限られ、②選挙権制限という手段以外の方法では、選挙の公正の確保という目的を達成することが事実上不可能あるいは著しく困難であることが立証できなければ、その制限が違憲とされることを示したものである。

そして、この厳格な判断枠組みは、選挙権行使が（衆議院小選挙区・参議院選挙区選出議員について）不可能であった在外国民のような事例にとどまらず、病気や障害等により投票が事実上困難な場合についても適用されている（4(2)＊参照）。

4　選挙権をめぐる具体的問題

(1)　選挙犯罪と選挙権の制限

公職選挙法252条1項は、選挙犯罪により刑に処せられた者について、原則として5年間または刑の執行終了・免除までの間、選挙権・被選挙権を有しないと定める。

これについて、最高裁は、一貫して、「現に選挙の公正を害したものとして、選挙に関与せしめるに不適当なものとみとめるべきであるから、これを一定の期間、公職の選挙に関与することから排除するのは相当」であるとして、憲法違反の主張を斥けている（最大判1955〔昭和30〕・2・9刑集9巻2号217頁　百選151）。

(2)　在外国民の選挙権行使の制限

選挙人名簿は、市町村の選挙管理委員会が住民基本台帳に基づいて調製する。かつて、国外に長期間滞在する者は、住民基本台帳に引き続き3カ月以上登録されている者との要件（公選法21条1項）を満たさず、選挙人名簿に登録されなかったため、選挙権を行使することができなかった。1998年より在外選挙人名簿が調製されるようになり、在外国民にも選挙権行使の途が開かれたが、「当分の間」、対象となる選挙が衆議院・参議院の比例代表区選出議員の選挙に限られ、衆議院小選挙区、参議院選挙区での投票はできなかった。

最高裁は、こうした選挙権行使の制限について3で述べた厳格な審査基準に基づいて判断し、既に1984年の段階で内閣が在外国民に選挙権を認める法律案を提出していることから、その時点で選挙権を制限することなく公正な選挙を実施することが可能となっていたにもかかわらず、10年以上国会が在外選挙制度を何ら創設しないまま放置したことを指摘して、選挙権の行使の

制限のための「やむを得ない事由があったとは到底いうことができない」と判示した。また、1998年以降、在外投票が衆参の比例代表区に限定されてきたことについても、数次にわたって在外投票が実施され、通信手段が発達し候補者に関する情報入手が容易になり、かつ参院比例代表区についても候補者名による投票が原則となったという状況を踏まえれば、在外国民に投票を認めないことについて、「やむを得ない事由があるということはでき」ず、憲法に違反すると判断した。以上の判断を踏まえて、最高裁は、公法上の当事者訴訟（行訴法4条）を用いて、在外選挙人名簿登録者に次回の選挙において投票できる地位を確認した。また、最高裁は、10年以上にわたる立法不作為によって、在外国民に投票の機会を与えてこなかったことについて、国家賠償請求を認めた（**在外国民選挙権事件判決** 最大判2005〔平成17〕・9・14民集59巻7号2087頁 百選152、第14講コラム「立法作為（不作為）に対する国家賠償請求」参照）。

> ＊ 筋萎縮性側索硬化症（ALS）患者は、重症になると、候補者名を自書できないため郵便投票を実際上利用できず、投票所まで自ら赴くこともできないため代理投票も利用できなかった。東京地裁は、重篤なALS患者が選挙権を行使できるような選挙制度が設けられていなかったことについて憲法に違反する状態であったと判断したが、国家賠償請求は斥けている（東京地判2002〔平成14〕・11・28判タ1114号93頁）。2004年より、郵便投票においても代理記載が認められることとなった（公選法49条3項）。
>
> ＊＊ 重度の不安神経症のため外出できない者は、投票所に赴くことができないが、身体障害者と異なり、郵便投票制度の利用が認められていない。最高裁は、在外国民選挙権事件判決の選挙権制約に関する基準が、「精神的原因によって投票所において選挙権を行使することができない場合についても当てはまる」と述べた。しかし、判決は、精神的障害者について、投票の困難性を認定することが難しいことに加え、精神的原因による投票困難について国会で議論がなされてこなかったことを指摘し、「権利行使の機会を確保するために所要の立法措置を執ることが必要不可欠であり、それが明白であるにもかかわらず、国会が正当な理由なく長期にわたってこれを怠る場合などに当たるということはできない」として、立法不作為に対する国家賠償請求を認めなかった（最1小判2006〔平成18〕・7・13判時1946号41頁）。

(3) 選挙権の欠格事由

公職選挙法11条は、選挙権の欠格事由を定める。最高裁が**在外国民選挙権事件判決**において、選挙権の制限を厳格に審査する方向性を打ち出したこと

もあって、欠格事由の合理性も厳しく検証されるようになっている。

ア　成年被後見人

　2013年改正前の公職選挙法11条1号は、成年被後見人を選挙権の欠格事由と定めていた。東京地裁は、成年後見制度が財産管理上の能力に着目して判断されるものであり、「主権者であり自己統治をすべき国民として選挙権を行使するに足る能力があるか否かという判断とは、性質上異なるものである」点を指摘した。そのうえで、判決は、在外国民選挙権事件判決の基準を適用し、「成年被後見人に選挙権を付与することによって、選挙の公正を確保することが事実上不能ないし著しく困難である事態が生じると認めるべき証拠はない」と判断した（東京地判2013〔平成25〕・3・14判時2178号3頁）。判決後、同号は削除された。

イ　受刑者

　公職選挙法11条1項2号は「禁錮以上の刑に処せられその執行を終わるまでの者」の選挙権を制限しているが、その合憲性については、裁判所の判断が分かれている。

　大阪地裁は、選挙権の欠格事由については、在外国民選挙権事件判決の厳格な審査基準は適用されず、一定の刑罰を受けた者について、法秩序に対する違反が著しいことを理由に政治的意思を表明する資格がないと判断することにも一定の正当性が認められるとして、憲法に違反しないとの見解を示した（大阪地判2013〔平成25〕・2・6判時2234号35頁）。他方、大阪高裁は、在外国民選挙権事件判決の審査基準を適用し、受刑者が一般に著しく順法精神に欠け、公正な選挙権行使を期待できないとはいえないし、受刑者に投票の機会を与えるための事務的支障も選挙権を制限する「やむを得ない事由」に該当しないなどとして、憲法に違反すると判断した（大阪高判2013〔平成25〕・9・27判時2234号29頁）。

Ⅲ　投票価値の平等

1　投票価値の平等の意義と内容

　Ⅱ2(2)オで述べたように、日本国憲法は徹底した平等選挙を要請している。ここから、国民1人ひとりが一票をもつという選挙人資格の平等だけでなく、投ぜられた投票が選挙結果に与える影響力の大きさの平等（**投票価値**

の平等）も憲法が要請していると解され、各選挙区において選挙される議員数と有権者数（または人口）の比率の等しいことが追求されるようになっている。

最高裁も、「およそ選挙における投票という国民の国政参加の最も基本的な場面においては、国民は原則として完全に同等視されるべく、各自の身体的、精神的又は社会的条件に基づく属性の相違はすべて捨象されるべきであるとする理念」に基づいて、選挙権の平等について、「単に選挙人資格に対する制限の撤廃による選挙権の拡大を要求するにとどまらず、更に進んで、選挙権の内容の平等、換言すれば、各選挙人の投票の価値、すなわち各投票が選挙の結果に及ぼす影響力においても平等であることを要求」するものと解している（1976年判決）。

2　投票価値の平等についての判例の変遷

(1)　1976年判決

衆議院選挙における投票価値の不平等を初めて憲法違反と判断したのは、衆議院中選挙区制における**1976年判決**（最大判1976〔昭和51〕・4・14民集30巻3号223頁　百選153）である。

ア　投票価値の不平等の判断枠組み

最高裁は、投票価値の平等が憲法上の要請であることを述べたうえで、「選挙人の投票価値の不平等が、国会において通常考慮しうる諸般の要素をしんしゃくしてもなお、一般的に合理性を有するものとはとうてい考えられない程度に達しているとき」は、国会の合理的裁量の限界を超えていると推定され、「このような不平等を正当化すべき特段の理由が示されない限り」、憲法に違反すると述べた。判決は、1対4.99倍に達していた較差について、「一般的に合理性を有するものとはとうてい考えられない程度に達しているばかりでなく、これを更に超えるに至っているもの」と評価した。

しかし、漸次的な人口変動によって投票価値の不平等が生じたような場合には、どの時点で憲法違反と判断すべきかという問題が生ずる。最高裁は、「人口の変動の状態をも考慮して合理的期間内における是正が憲法上要求されていると考えられるのにそれが行われない場合に始めて憲法違反と断ぜられるべきもの」との判断要素を付け加えた。そして、1964年の公選法改正から1972年の選挙まで8年間改正がなされなかったことをもって「憲法上要求される合理的期間内における是正がされなかったものと認めざるをえない」と判断した。

要するに、選挙区の人口変動の結果、投票価値の較差が生じた場合には、①較差の大きさが一般的に合理性を有するとは認められない程度（違憲状態）に拡大したこと、②合理的期間内に較差の是正がなされなかったことの2つの要件が満たされたとき、違憲判断がなされることになる。

イ　違憲となる範囲

ある選挙区について憲法違反と判定された場合、議員定数の配分または選挙区割りは、較差が大きくない選挙区も含め、**全体として違憲の瑕疵を帯びる**。とりわけ、総議員定数を各選挙区に3から5の範囲で割り当てる「中選挙区制」の下においては、選挙区割および議員定数の配分は、「相互に有機的に関連し、一の部分における変動は他の部分にも波動的に影響を及ぼすべき性質を有するものと認められ、その意味において不可分の一体をなす」からである。

ウ　事情判決の法理

投票価値の不平等をめぐる裁判は、公職選挙法の選挙無効訴訟（204条）を通じて行われる。具体的選挙における選挙区ごとの議席配分または選挙区割り（公職選挙法別表）が先の①②を満たす場合、選挙無効と判断されると、選挙のやり直しが行われることとなる（205条）。しかし、議席配分または選挙区割りを修正しないまま選挙のやり直しを何度繰り返したところで、投票価値の平等が実現された選挙が行われることはなく、むしろ時の経過とともに、較差が大きくなっていることの方が多い。

そこで、最高裁は、「本件選挙は憲法に違反する議員定数配分規定に基づいて行われた点において違法である旨を判示するにとどめ、選挙自体はこれを無効としない」とする「**事情判決の法理**」という判決手法をあみ出した。公職選挙法219条は、行政事件訴訟法31条1項前段の「事情判決」の適用を明文で排除しているが、最高裁は、事情判決制度の背景には、明らかに不当な結果を避けるためには違法な処分の効力を維持することもありうるという、一般的な法の基本原則が含まれており、その基本原則の適用により、選挙を無効とすることによる不当な結果を回避する裁判をする余地もありうると論じた。

(2)　1976年判決の判断枠組みの問題点

1976年判決は、選挙無効訴訟を使って投票価値の不平等を争う途を拓き、4.99倍という大きな較差を生じさせていた定数配分規定を初めて憲法違反と判示した点で画期的なものであった。

しかし、その判断枠組みは、国会の立法裁量を広く認め、投票価値の不平

等を正当化しうる要素として、都道府県という単位をはじめ、従来の選挙の実績、選挙区としてのまとまり具合、市町村その他の行政区画、面積の大小、人口密度、住民構成、交通事情、地理的状況といった諸般の要素に加え、「政治における安定の要請」といった政治的判断すら「政策的な考慮要素の一つ」であることを認めていた。このため、相当大きな較差が長期間改善されないまま放置されてようやく、「事情判決の法理」に基づく違憲宣言が出されるにすぎないという限界をもっていた。

* 衆議院に関する1983年判決（最大判1983〔昭和58〕・11・7民集37巻9号1243頁）は、訴訟の対象となった1980年6月の総選挙時の最大較差1対3.94について「国会において通常考慮しうる諸般の要素をしんしゃくしてもなお、一般的に合理性を有するものとは考えられない程度に達していた」（違憲状態にあった）と判断した。しかし、1975年の法改正によりいったん最大較差が2.92倍となったことをもって、投票価値の不平等状態が、「一応解消されたもの」と評価し、法改正の公布から5年（施行から3年半）しか経過していないことを指摘して、「憲法上要求される合理的期間内における是正がされなかったものと断定することは困難」であるとの判断を示した。ここから、最高裁は、衆議院について3倍までの較差を許容しているとの観測もあった。

(3) 参議院選挙区

参議院選挙区選挙（旧地方区）については、憲法が定める半数改選制により偶数の議席数が各選挙区に配分されており、公職選挙法により都道府県単位に選挙区が定められ、かつ、議員数が衆議院の約半数に定められているという事情があるため、投票価値の較差は大きくなりやすい。

最高裁は、基本的に**1976年判決**の判断枠組みに拠りながらも、参議院選挙区選出議員が都道府県単位で選出されていることをもって、「事実上都道府県代表的な意義ないし機能を有する」ものと評価し、5.26倍という大きな投票価値の較差も許容する姿勢をとった（最大判1983〔昭和58〕・4・27民集37巻3号345頁）。ただし、最高裁は、6.59倍の較差については、「違憲の問題が生ずる程度の投票価値の著しい不平等状態が生じていた」と認めており（最大判1996〔平成8〕・9・11民集50巻8号2283頁）、参議院選挙区については6倍までの較差を許容しているとの観測もあった。

(4) 投票価値の不平等審査厳格化への動き

ア 2004年判決（参議院選挙区）

投票価値の較差を放置する国会の怠慢に対する批判が高まるにつれ、最高裁は、投票価値の不平等の合憲性について、より厳格に審査する姿勢に転換

しつつある。

　そのきっかけとなったのは、参議院選挙区における議員1人当たりの選挙人数比が5.06倍に達していたことが争われた2004年判決（最大判2004〔平成16〕・1・14民集58巻1号56頁）であった。この判決において、従来の広い立法裁量を認める立場の裁判官は5名にとどまり、「結論に至るまでの裁量権行使の態様が、果たして適正なものであったかどうか」を問う藤田裁判官ほか4名の裁判官を加えて、ようやく憲法違反ではないという多数意見を形成した。

　2004年判決以降の最高裁は、投票価値の不平等を審査するにあたって、「憲法上、議員1人当たりの選挙人数ないし人口ができる限り平等に保たれることを最も重要かつ基本的な基準とすることが求められている」との立場を明確にしたうえで、国会による立法裁量の判断過程を精査するアプローチを採り入れ、かつてよりも厳格な審査を行う姿勢を示している。

　イ　**2011年判決（衆議院小選挙区）**

　衆議院小選挙区に関しては、**2011年判決**（最大判2011〔平成23〕・3・23民集65巻2号755頁）が、2.304倍の投票価値の不平等について違憲状態との判断を示した。

　最高裁は、小選挙区制導入にあたって各都道府県に1議席を配分したうえで、残りの議席を人口に比例して配分する方式（「一人別枠方式」）を採用したことについて、「人口の少ない県における定数が急激かつ大幅に削減されること」に配慮したもの、すなわち暫定的な激変緩和措置ととらえ、小選挙区制導入から10年以上経過した段階で、その合理性は失われており、現在では違憲状態にあると判断した。ただし、判決は、合理的期間内に是正がなされなかったとはいえないとして、違憲判断には至らなかった。

　ウ　**2012年判決（参議院選挙区）**

　参議院選挙区に関しても、**2012年判決**（最大判2012〔平成24〕・10・17民集66巻10号3357頁　百選155）が、5.00倍の投票価値の不平等を違憲状態とする判断を示した。

　最高裁は、「憲法の趣旨、参議院の役割等に照らすと、参議院は衆議院とともに国権の最高機関として適切に民意を国政に反映する責務を負っていることは明らかであ」ると述べ、参議院議員選挙であること自体から「直ちに投票価値の平等の要請が後退してよいと解すべき理由は見いだし難い」ことを明確にした。判決は、参議院選挙区を都道府県単位とすることは憲法上の要請ではなく、都道府県単位の選挙区制が長期にわたる投票価値の不平等を

もたらしているならば、選挙の仕組み自体を見直すべきとの踏み込んだ指摘を行っている。

> ＊　近時の最高裁は投票価値の不平等が違憲状態にあるとの判断については厳格な姿勢を維持しつつも、「合理的期間内の是正」に関する判断を緩やかなものとし、違憲判断を避けているようにもみえる。
> 　2011年判決が違憲状態と判示した選挙区割りのまま実施された2012年総選挙の合憲性について、最高裁は、投票価値の不平等が違憲状態にあるとの判断を維持したが、「合理的期間内における是正がなされなかったとはいえ」ないとして違憲とは判断しなかった（最大判2013〔平成25〕・11・20民集67巻8号1503頁）。
> 　最高裁は、国会が投票価値の不平等の是正のあり方について裁量をもつことを強調して、「合理的期間内の是正」判断について、「単に期間の長短のみならず、是正のためにとるべき措置の内容、そのために検討を要する事項、実際に必要となる手続や作業等の諸般の事情を総合考慮して、国会における是正の実現に向けた取組が司法の判断の趣旨を踏まえた立法裁量権の行使として相当なものであったといえるか否かという観点から評価すべきもの」とした。これは、「合理的期間内の是正」判断について、単なる時間の経過のみによるのではなく、国会による是正のための取組みの実際を考慮することを求めるものであり、国会の取組みの姿勢や是正の困難性によっては、相当長期間にわたって是正がなされないことも容認する姿勢を示したものである。

3　投票価値の平等の判断枠組み

【設問2】　投票価値の平等に関する違憲審査は、どのようになされるべきか。適用される判断枠組み、違憲判断をするための要件、違憲判断となった場合の選挙の効力について明らかにしつつ論ぜよ。

　以上の最高裁判決の流れを踏まえると、選挙区ごとの投票価値の不平等が憲法に違反したかどうかは、以下のような基準により判断される。

　①投票価値の較差が合理性を有しないこと：　議員1人当たりの人口（有権者数）の平等を基本的な基準としつつ、憲法上、国会が正当に考慮しうる事情を考慮したうえでなお、国会に与えられた裁量権の行使として合理性を有するか否かにより判断される。

　どの程度の較差をもって、上記の「合理性を有する」と認められないかについて、最高裁は明らかにしないが、衆議院小選挙区については、国会自身

が較差を2倍未満とするよう定めている（衆議院議員選挙区画定審議会設置法3条1項）ことを重視している。学説上も、2倍を超える較差は、複数投票を認めるに等しいとして、違憲性を推定させると主張されている。

②**投票価値の不平等の是正が合理的期間内に行われなかったこと**： これまでの最高裁判決においては、1976年判決が8年以上法改正がなされないことをもって「合理的期間内における是正がされなかった」と評価したほか、1985年判決（最大判1985〔昭和60〕・7・17民集39巻5号1100頁　百選154）が「較差が漸次拡大の一途をたどっていたこと」が周知のことであったにもかかわらず、1975年以来、1983年の選挙時まで是正がなされなかったことをもって、「合理的期間内の是正が行われなかった」と判断した。

近時の最高裁判決は、先に触れたように（2(4)*）単に期間だけでなく、国会による是正の内容、取組みの状況も考慮する傾向にある。しかし、これは「合理的期間」という言葉の意味にそぐわないばかりでなく、国会による「是正への努力」を過大に評価して、投票価値の不平等を放置する結果と結びつきやすい。「合理的期間」の基準は、経過した時間の長さを問題とする本来の姿に戻すべきである。

③**事情判決の法理の適用の可否**：　1976年判決があみ出した「事情判決の法理」という判決の手法が、「具体的事情のいかんによっては……当該選挙を無効とする判決がされる可能性が存する」のか（前掲・最大判1983〔昭和58〕・11・7における中村裁判官の反対意見参照）、「議員定数配分規定の違憲を宣言する訴訟」として常に援用されるべきか（最大判1993〔平成5〕・1・20民集47巻1号67頁における園部裁判官の意見参照）、争いがある。

投票価値の不平等について、事情判決の法理が常に援用されて選挙が無効とされないことが明らかになれば、国会に対する警告の効果は大きく損なわれるであろう。したがって、**違憲の瑕疵の程度と選挙を無効とすることで生じる混乱とを比較衡量**したうえで、事情判決の法理が援用されない可能性も開いておくべきである。

＊　最高裁が「違憲状態にある」とした選挙区割りについて、国会が何ら是正することなく行われた2012年総選挙の選挙無効訴訟において、下級審判決の中には、期限付き無効判決（広島高判2013〔平成25〕・3・25判時2185号25頁）や部分無効判決（広島高裁岡山支判2013〔平成25〕・3・26判例集未登載）といった新たな救済方法の試みも現れた。

Ⅳ　被選挙権

1　被選挙権の意義

　被選挙権とは、選挙において選出される資格である。被選挙権を直接保障する明文の規定は憲法上存在せず、かつては、選挙権の行使自体を「公務」ととらえる見解が支配的であったこともあって、被選挙権については、権利とはいえず、権利能力にすぎないとの見解も有力であった（最大判1955〔昭和30〕・2・9刑集9巻2号217頁における斎藤・入江裁判官の意見）。

　しかし、選挙は、選出される対象があって初めて成立するものであり、被選挙権が不当に制限されれば、自由で公正な選挙となりえないことは明らかである。したがって、被選挙権も憲法15条1項の公務員の選定・罷免権の延長線上にある権利として、憲法上保障された権利とみるべきである。

　　＊　被選挙権の憲法上の根拠を13条に求める見解もある（佐藤・憲法論109頁）。他方、被選挙権は、「誰に投票するのも自由」という選挙権と一体のものとして保障すれば足り、独立の権利として保障する必要はないとの見解もある（高橋・立憲主義290頁）。

　最高裁は、**三井美唄炭鉱労働事件判決**（最大判1968〔昭和43〕・12・4刑集22巻13号1425頁　百選149）において、「立候補の自由は、選挙権の自由な行使と表裏の関係にあり、自由かつ公正な選挙を維持するうえで、きわめて重要である」としたうえで、「憲法15条1項には、被選挙者、特にその立候補の自由について、直接には規定していないが、これもまた、同条同項の保障する重要な基本的人権の一つと解すべきである」と述べた。

2　被選挙権の内容

　被選挙権の保障には、選挙における当選資格の保障のほか、国家により選挙に立候補することを妨げられないという立候補の自由の保障も含まれる。

3　被選挙権の判断枠組み

【設問3】　被選挙権の制約に関する違憲審査において、どのような判断枠組みを適用するべきか。

　被選挙権は、選挙権と表裏一体の関係にあり、自由な選挙ひいては国民主権の実現に不可欠な権利であるとの側面を強調すれば、被選挙権の制約も、

選挙権と同様の極めて厳格な基準で審査すべきことになろう。しかし、憲法44条は議員の資格を法律の定めに委ねており、被選挙権に関する定めが一定の立法裁量に服することは否定できない。

そこで、被選挙権については、**選挙の公正の実現のために必要かつ合理的な規制は認められる**としつつ、憲法44条ただし書が明文で定めるように、「人種、信条、性別、社会的身分、門地、教育、財産又は収入」によって被選挙権に差別を設けることは絶対的に禁止されると解すべきである。

4 被選挙権をめぐる具体的問題

(1) 被選挙資格年齢

公職選挙法は、衆議院議員の被選挙権を25歳以上、都道府県知事、参議院議員の被選挙権を30歳以上と定める（10条）。しかし、被選挙権を憲法上の権利としてとらえた場合、はたして必要かつ合理的な制約といえるのかについて疑問の声も出されている。

(2) 供託金制度

公職選挙法は、立候補にあたって納める供託金を極めて高額に設定している。衆議院小選挙区、参議院選挙区に立候補しようとする者は300万円を供託しなければならず、政党に属さない者が参議院比例代表区に立候補しようとする場合、10名以上の候補者を有する政治団体を結成したうえで（86条の3第1項3号）、1人当たり600万円の供託金を納めなければならない（92条3項）。こうした供託金制度の現状は、立候補の自由を財産や収入によって実質的に制約するものであるとして、厳しく批判されている。

(3) 連座制

選挙犯罪を行った者は、選挙権とともに被選挙権も制限される（この制限が憲法に違反しないことについては、Ⅱ4(1)参照）。

「政治と金」の関係が厳しく問われるなか、公職選挙法改正によって、候補者本人による選挙犯罪ばかりでなく、選挙運動の総括主宰者、候補者の父母・配偶者、秘書による選挙犯罪等によっても、候補者の当選が無効とされ、立候補も5年間制限されることとなった（251条の2。組織的選挙運動管理者等による買収等の選挙犯罪で禁錮刑に処せられた場合も同様〔251条の3〕）。

この**連座制**について、最高裁は、「公職選挙の公明、適正を厳粛に保持」するという「極めて重要な法益」を実現するための「必要かつ合理的」な手段として、その合憲性を支持している（最1小判1997〔平成9〕・3・13民

集51巻3号1453頁　百選165）。しかし、候補者本人の与り知らないところで行われた違法行為により、ここまで厳しく立候補の自由を制限しうる制度に対しては疑問も出されており、少なくともその適用には慎重であるべきである。

V　選挙運動の自由

1　選挙運動の自由の意義

　選挙における候補者の当選もしくは落選を求めて行われる選挙運動は、民主主義制度の根幹に関わる活動であり、本来、最も自由が尊重されるべき表現活動である。しかし、公職選挙法は選挙運動に広範かつ煩瑣な規制を張りめぐらし、市民の自由な選挙運動をほとんど不可能にする「べからず選挙」ともよばれる状況を作り出している。

　　＊　たとえば、公職選挙法は、「選挙に関し、投票を得若しくは得しめ又は得しめない目的をもって」行われる戸別訪問（138条1項）、「選挙運動のために使用する文書図画」の配布（142条）・掲示（143条）等について、詳細な制限規定を置いている。ビラの配布・掲示は典型的な表現活動ではあるが、公職選挙法上、「選挙運動」に分類されると、「選挙期間」外に行うことは「事前運動」とみなされて禁止される（129条）。また、「選挙期間」中は、配布するビラの種類、枚数（142条1項各号）、ポスターの数（144条）、街頭演説の方法（164条の5）、街頭宣伝の時間（164条の6）、使用する車両の台数・拡声器の数までが厳しく制限される（141条）。

2　選挙運動規制の正当化の試み

　選挙運動は、特定の候補者の当選もしくは落選のため自らの政治的見解や情報を他者に伝える作用であり、表現活動としての性質を有する。選挙運動のみを他の表現から区別して制約することは、表現内容規制のうち「主題規制」に当たる。表現活動の「主題規制」については、そのカテゴリーの表現を他の表現から区別して規制する十分な理由があるかどうかが厳密に審査されなければならない（第8講Ⅰ6(2)ウ参照）。

　最高裁は、選挙運動を自由に任せると「選挙運動に不当の競争を招き、これが為却って選挙の自由公正を害し、その公明を保持し難い結果を来たすおそれがある」との認識に基づき、公職選挙法が選挙運動を厳しく制限する目

的を、その「弊害」の除去にあると説明している（公選法の文書規制〔146条〕に関する最大判1955〔昭和30〕・3・30刑集9巻3号635頁　百選161）。しかし、選挙運動の自由が「選挙の自由公正」を害するとの想定は現実性を欠くばかりか、選挙運動が活発に行われること自体を「害悪」とみなす不当な規制目的とみることもできる。

 ＊ 戸別訪問禁止、事前運動の禁止（公選法129条）に関しても、最高裁（最大判1969〔昭和44〕・4・23刑集23巻4号235頁）は、上記と同様の理由で合憲としている。戸別訪問に関しては、「種々の弊害を伴う」ことを理由とするもの（最大判1950〔昭和25〕・9・27刑集4巻9号1799頁）、「意見表明そのものの制約を目的とするものではなく、意見表明の手段方法のもたらす弊害」を防止するための規制であるとして猿払事件判決（最大判1974〔昭和49〕・11・6刑集28巻9号393頁）の判断枠組みを用いて合憲とするもの（最2小判1981〔昭和56〕・6・15刑集35巻4号205頁）などがある。

 また、選挙運動について、通常の表現の自由と区別して、「あらゆる言論が必要最小限度の制約のもとに自由に競いあう場ではなく、各候補者は選挙の公正を確保するために定められたルールに従って運動するものと考えるべき」として合理化しようとする考え方がある（最3小判1981〔昭和56〕・7・21刑集35巻5号568頁　百選163）における伊藤裁判官の補足意見）。これは、選挙運動の制限を一種のゲームのルールに準えてとらえ、候補者間での平等が確保されるかぎり、いかなる制約も許容されるというものである。しかし、この考え方は、政治的多数者が自らに有利なルールを作りがちであるという現実的認識を欠いていることに加え、選挙運動に対する制約によって主権者たる国民が公職候補者に関する情報を得る機会を奪われるという観点を欠いている点で、選挙運動という表現の特性のとらえ方を誤っており、主題規制を正当化するに至っていない。

 したがって、選挙運動の規制に関しては、一般の表現の自由に対する規制と同様、萎縮効果が生じないような枠組みの下、必要最小限度の規制であることを厳格に審査する判断枠組みが用いられるべきである（第8講Ⅰ3参照）。

Ⅵ　演習問題

(1)　憲法79条2項は、最高裁判所の裁判官の任命は、その任命後初めて行われる

衆議院議員総選挙の際、さらに、その後10年を経過した後初めて行われる衆議院議員総選挙の際に国民の審査（以下、「国民審査」という）に付すと定め、同条3項は、投票者の多数が裁判官の罷免を可とするときは、その裁判官は罷免される旨を定める。そして、同条4項を受けて、最高裁判所裁判官国民審査法（以下「国民審査法」という）が制定され、国民審査の具体的方法を定めている。

(2) 国民審査法5条は、中央選挙管理会は、審査の期日前12日までに、審査の期日および審査に付される裁判官の氏名を官報で告示しなければならない旨を定めている。また、国民審査法14条1項は、投票用紙には、審査に付される裁判官の氏名を、中央選挙管理会がくじで定めた順序により、印刷しなければならない旨を定めており、②同条2項は、投票用紙には、審査に付される各裁判官に対する×の記号を記載する欄を設けなければならない旨を定めており、③同条3項は、投票用紙は、別記様式に準じて都道府県の選挙管理委員会がこれを調製しなければならない旨を定めている。ただし、国民審査法16条1項は、点字による審査の投票を行う場合につき、審査人は、投票所において、投票用紙に、罷免を可とする裁判官があるときはその裁判官の氏名を自ら記載し、罷免を可とする裁判官がないときは何らの記載をしないで、これを投票箱に入れなければならない旨を定めて、いわゆる記名式投票の方法を用いることとしている。

(3) 国民審査法3条は、国民審査は、全都道府県の区域を通じて、これを行う旨を定め、同法4条は、衆議院議員の選挙権を有する者は審査権を有すると定めるが、同法8条により、審査には、公職選挙法に規定する選挙人名簿で衆議院議員選挙について用いられるものを用いる旨を定めている。選挙人名簿への登録は、当該市町村の区域内に住所を有する年齢満20歳以上の日本国民であって、当該市町村の住民票が作成された日から引き続き3カ月以上、当該市町村の住民基本台帳に記録されている者について行うとされている（公選法21条1項、住民基本台帳法15条1項）ことから、在外国民は、いずれの市町村においても住民基本台帳に記録されず、選挙人名簿に登録されないため、国民審査の投票ができない。

(4) Xらは、国外に居住していて国内の市町村の区域内に住所を有していない日本国民であり、遅くとも2009年1月9日までに在外選挙人名簿に登録されていたが、2009年8月30日に行われた国民審査において投票ができなかった。

(5) Xらは、国会議員の選挙や国民審査において在外国民が投票できない点について、10年以上にわたって、国会や関係官庁、諸団体への要請を行ってきた。こうした動きを受けて、日本弁護士連合会も、1996年に、衆議院議長、参議院議長、内閣総理大臣、法務大臣、外務大臣および自治大臣に宛てて、在外国民に国政選挙での選挙権の行使を保障するため、公職選挙法に所要の改正を行うことなどを求める旨と併せて、「最高裁判所裁判官の国民審査も、海外在住の日本国民が行使できるようにすべく、最高裁判所裁判官国民審査法も所要の改正をするよう求める」との記載をした要望書を提出していた。

(6) 公職選挙法の1998年改正に際しての国会における審議の過程において、同改正において在外国民による国民審査制度を創設することとしなかった理由につき若干の質疑がされた。その際、政府側は、投票用紙の調製、送付等に関する技術上の困難により十分な投票期間を確保することができないなどの理由があることなどから、在外国民による国民審査制度の創設には、以下のように、衆議院議員および参議院議員の選挙とは全く異なる技術上の問題があると指摘した。

　すなわち、中央選挙管理会は、国民審査の期日前12日までに、審査の期日および審査に付される裁判官の氏名を官報で告示しなければならないが（国民審査法5条）、国民審査は衆議院議員総選挙と同日に行われることから、選挙の公示日を待って裁判官の氏名等の告示を行っている。憲法79条2項の趣旨に鑑みると、少なくとも審査に付される裁判官の氏名の告示までに任命された裁判官については、できるかぎり当該審査に付すことが適切であることから、投票用紙は審査に付される裁判官の告示を待って印刷している。そうすると、在外国民が国民審査に投票するためには、各裁判官の氏名等の印刷、裁断および発送準備、各地の在外公館への配布準備、東京国際郵便局への送付、在外公館への送付、到着後の各在外公館における整理、審査、（審査後の）在外公館から外務省への投票用紙の送付、外務省から各投票所への送付の各過程を経るところ、在外公館と日本国内の市町村との投票用紙の送付だけでも原則として5～6日、地域によってはそれ以上の郵送期間を要する状況であり、国民審査の期日までに作業を完了して開票に間に合わせることは実際上不可能である。

〔設問〕　あなたがＸらから依頼を受けた弁護士である場合、どのような憲法上の主張を行うか、被告側の反論を想定しつつ論じなさい。

1　本問の趣旨

　本問は、在外日本人国民審査権確認請求事件判決（東京地判2011〔平成23〕・4・26判時2136号13頁）の事実関係を素材として、在外国民選挙権事件判決（Ⅱ4(2)）の判断枠組みとその射程を考察することを求めている。

2　違憲主張の組立て

(1)　違憲主張の対象

　Ｘらが2009年8月30日に行われた国民審査（本件国民審査）において投票をすることができなかったのは、Ｘらに対する具体的な処分によるものではなく、国民審査法が在外国民に対して国民審査を行わせるための規定が存在しないという立法不作為が原因である。したがって、Ｘらは、本件立法不作為は違憲であるとの主張をすることになる。

＊　本問の素材となった事件においては、国民審査において投票しうる地位の確認を求める公法上の当事者訴訟（行訴法4条後段）の可否も争点となった。

最高裁は、在外国民選挙権事件判決において、「選挙権は、これを行使することができなければ意味がないものといわざるを得ず、侵害を受けた後に争うことによっては権利行使の実質を回復することができない性質のものである」と述べ、事後的な救済では権利行使の実質的回復が困難であることから、具体的な選挙につき選挙権を行使する地位の確認を求めることについて、確認の利益を肯定している。本問においても、この判決と同様に、在外国民であるＸらが、在外選挙人名簿に登録されていることに基づいて次回の国民審査において投票しうる地位の確認を請求する訴訟を提起できるとの主張が考えられる。

もっとも、在外国民選挙権事件は、比例代表区には限られていたものの、在外選挙人名簿に登録されていることに基づいて投票することができる地位そのものは法律上認められていた事案であったが、本問で問題となる国民審査法には、そもそも在外選挙人名簿に登録されていることに基づいて投票することができる地位が法律上存在しない。素材となった東京地裁判決は、この点を重視して、国民審査において投票しうる地位の確認の訴えを法律上の争訟には当たらないと判断した。

(2) 憲法上の権利に対する制約

憲法15条1項の「公務員を選定・罷免する権利」の保障は、すべての公務員の選定罷免を国民が行うことを意味しない。しかし、国会議員、地方公共団体の長・議員の選挙と並んで、最高裁判所の国民審査（憲法79条2項および3項）は憲法が国民による裁判官の罷免を制度として定めたものであり、そこでの罷免権は憲法15条1項にいう国民固有の権利として保障されていると解することができる。

(3) 判断枠組み

在外国民選挙権事件判決は、選挙権の制限についての判断枠組みとして、**選挙権の制限をすることなしには選挙の公正を確保することが事実上不能ないし著しく困難であると認められる場合でないかぎり、憲法に違反する**と述べた（Ⅱ3）。

Ｘらとしては、国民審査に投票する権利も、国会議員の選挙権と同じく公務員の選定・罷免権であるとして、その制約には、選挙権制限と同様の判断枠組みの適用を求めることになる。

これに対しては、国民審査に投票する権利は、選挙権とは性格が異なり、在外国民選挙権事件判決の射程は及ばないとの反論が想定される。すなわ

ち、国会議員の選挙権の保障は、国民主権（前文・1条）や民主主義体制の不可欠な要素といえる。何よりも国民代表機関（憲法43条）である国会には、すべての国民の政治的意思が反映される必要がある。これに対し、最高裁裁判官を国民投票によって罷免する制度は、民主主義体制にとって不可欠な要素とはいえず、また、国民審査制はあくまでも「裁判官としてふさわしくない者」を罷免する制度であって、必ずしもすべての国民の意見を反映させる必要もない。

しかし、憲法が国民審査制を定め、憲法15条1項が公務員を「罷免」する権利をも「国民固有の権利」として保障している以上、国民の一部に投票させないことには十分な理由づけが必要であり、選挙権と国民審査権とで異なる判断基準を用いる必要はない。したがって、在外国民選挙権事件判決と同様の判断枠組みを適用すべきである。

(4) **個別的・具体的検討**

国民審査権を在外国民に保障していない理由は、1998年改正における国会審議での主張のとおり、選挙の告示日を待って裁判官の氏名などを告示し、その後に印刷、送付の手続を行っているため、海外への送付を行うことは時間的に不可能であるというものである。

X側としては、通信手段が発達した現代においては、在外公館への情報伝達も容易となっており、在外国民の選挙権行使が全面的に実施されていることからも、技術上の困難があるとは言い難いこと、記号式投票は憲法上の要請ではないから、目の不自由な投票者に記名式投票（点字）を認めるのと同様、記名式投票によることも可能であると指摘できる。したがって、在外国民の国民審査権の制限をすることなしには国民審査の公正を確保することが事実上不能ないし著しく困難であるとはいえず、本件立法不作為は憲法15条1項に違反すると主張しうる。

(5) **国家賠償法上の違法性の主張**

判例によれば、立法の違憲性と国家賠償法の違法性とは区別され、立法不作為が国家賠償法上の違法となるのは、㋐**法律の規定が憲法の規定に違反するものであることが明白であるにもかかわらず**、㋑**国会が正当な理由なく長期にわたってその改廃等の立法措置を怠る場合**である（第14講コラム「立法行為（不作為）に対する国家賠償請求」参照）。

Xらは、10年以上にわたって国会等に対する要請を行い、1996年には日弁連も両議院の議長や関係閣僚に対して要望書を提出していたのであるから、㋐違憲性は10年以上前から明白であったといえる。また、㋑在外国民選挙権

事件判決が「10年以上の長きにわたって何らの立法措置も執られなかった」ことを国家賠償法上の違法性を認める根拠としたことからみて、本件でも「長期にわたって立法措置を怠った」といえ、そこに正当な理由があるとも言い難いことから、本件立法不作為は国家賠償法上も「違法」であると主張することができる。

　これに対して、1996年の段階においては国会審議すらなされておらず、国会が法改正に向けて作業を進めていたわけでもないため、当時は憲法違反であることが明白であったとはいえず、違憲性が認識されたのは早くとも在外国民選挙権事件判決の下された2005年であったとの反論が想定される。

　しかし、国会における審議がなされたこと、あるいは国会が違憲性を認めることは、国家賠償法上、立法不作為を「違法」とするための不可欠の要件ではない。公職選挙法の1998年改正に際しての国会審議において、既にこの問題が取り上げられていたことから、遅くとも、その時点において、在外国民選挙権と同様に憲法上の問題があることを国会は容易に認識できたはずである。その時点から本件国民審査まで11年が経過しているのであるから、国家賠償法上の違法性を肯定することができると主張しうる。

> ●コラム●　答案を読んで
>
> 　在外国民選挙権判決の判断枠組みさえ知っていれば解答は容易であるが、その知識を欠くため、一般的な「厳格審査」の基準に逃げ込んでしまう答案がしばしば見られる。他方で、国民審査制度についての立法裁量を強調するばかりで、国民審査制度の特性を踏まえた具体的な主張とならない反論も説得力を欠く。解説のように判例の射程範囲を操作して、主張の違いに結びつける技法にも習熟すべきである。
> 　第14講でも解説しているように、立法行為の国家賠償法上の違法性判断については、在外国民選挙権判決、そして再婚禁止期間違憲判決（最大判2015［平成27］・12・16民集69巻8号2427頁）と、判例上の進展が見られるところである。「覚えやすい」からという理由からか、在宅投票制廃止事件判決の「憲法の一義的な文言に反してあえて立法を行う」といった一節を依然として持ち出す答案もあるが、この判断基準によって国家賠償法上の違法判断と結びつけるのは困難であり、新しい判例上の判断枠組みをきちんと身につけるようにしたい。

第14講　国務請求権

◆学習のポイント◆
1 請願権（憲法16条）は、市民が政府に自らの要望を伝える権利を保障し、請願を行ったことによって差別をされない保障も含む。
2 国家賠償請求権（憲法17条）は、国家無答責の原則を否定し、権力的行為も含む、公務員による不法行為について国家が賠償責任を負うことを定める。国家の賠償責任の具体的な範囲・態様については法律の定めに委ねられるが、賠償責任の制限が目的の正当性や手段の必要性・合理性に照らして違憲とされることもある（【設問1】）。
3 立法行為（不作為）の国家賠償法上の違法性は、判例上、法律の規定が憲法に違反することが明白であるにもかかわらず、国会が正当な理由なく長期にわたってその改廃等の立法措置を怠った場合に認められる。
4 刑事補償（憲法40条）を請求できるのは、憲法上は「抑留又は拘禁」された後、「無罪の裁判」を受けたときに限られるが、法律により補償対象が拡大されている。
5 裁判を受ける権利（憲法32条）は、訴訟事件・非訟事件を問わず、権利・利益を侵害された者が権限ある裁判所において、適正な手続によって、法律関係・権利義務の存否を争うことを保障している。

I　国務請求権総論

　国務請求権とは、その名のとおり、国家に対して何らかの制度の創設とその利用を請求する権利である。社会権も、同じように国家に対する請求権であるという特徴をもつが、貧困状態にある者、勤労者、子どもといった一定の階層について、社会国家原理に基づいて、その地位の向上を図るための権利保障や給付を行うという現代憲法に特徴的な権利（第12講Ⅰ2）である。

これに対して、国務請求権は、近代立憲主義の出発当時から承認されてきた、すべての市民を対象とする権利である。

　国務請求権は、「人権保障のための人権」などと特徴づけられるものの、請願権のように参政権的性格をもつものや国家賠償請求権のように給付請求権としての性格をもつものなど、その性格は様々であり、一定の特徴を導き出すことは難しい。

　日本国憲法の保障する国務請求権としては、請願権（16条）、国家賠償請求権（17条）、裁判を受ける権利（32条）、刑事補償請求権（40条）がある。

II　請願権

1　請願権保障の意義

　請願権は、イギリスの「権利の請願（The Petition of Right）」（1628年）に代表されるように、王制下において臣民の要求を支配者（君主）に伝える唯一の手段として大きな役割を担った。選挙権者が拡大し、直接的な政治参加の途が拓かれるとともに、出版、表現の自由の保障が充実すると、請願権の役割は相対的に低下したが、今日においても市民の要求を国家機関に伝えるための署名活動は活発に行われており、その重要性は失われていない。

> 第16条　何人も、損害の救済、公務員の罷免、法律、命令又は規則の制定、廃止又は改正その他の事項に関し、平穏に請願する権利を有し、何人も、かかる請願をしたためにいかなる差別待遇も受けない。

2　請願権の内容

　「請願」とは、政府の諸機関に要望を伝えることである。請願を受けた諸機関は、それを受理しなければならないが、その請願どおりの施策を行うことまでは義務づけられない。憲法16条は、「平穏に請願する権利」を保障すると同時に、請願を行ったことを理由とする差別待遇を禁じて、**請願の自由**を確保するよう定めている。同条は、「損害の救済、公務員の罷免、法律、命令又は規則の制定、廃止又は改正」を請願の対象として挙げるが、「その他の事項」の請願を認めているとおり、請願の対象となる代表的な事項を例

示したものであり、これらに限定する趣旨ではない。

請願権は、先に述べたように、市民の要求を国家機関に伝達する権利であり、主権者として政治に参与する権利ではない。この点で請願権は参政権と性格を異にし、その行使にあたって国民であることや、成人であることは求められない。請願法も、請願をなしうる者を特に限定していない。

3　請願権の判断枠組み

2で述べたように、憲法16条は、請願権の自由な行使の保障を特に重視している。また、請願権の行使が「平穏」であるかぎり、何らかの公益を害する事態も想定しえない。したがって、請願権そのものの制約は許されない。

さらに、請願法は、請願について「受理し誠実に処理しなければならない」と定めるが（5条）、請願には成立要件などもない。したがって、請願を行った者を国家機関の側が個々に面談してその意思を確認するなど、請願権の行使の自由に対する抑止的効果が強い「確認作業」は、そもそも許されない。

 ＊ 小学校統廃合に反対する署名に名を連ねた住民に対して、市が署名者の意思確認のため戸別訪問を行った事件について、名古屋高裁は、調査の目的自体が反対意見の抑圧という不当なものであったと認定し、請願権の侵害として国家賠償を命じた（名古屋高判2012〔平成24〕・4・27判時2178号23頁）。

Ⅲ　国家賠償請求権

1　国家賠償請求権保障の意義

不法行為によって損害を受けた者が損害賠償を請求できるのは当然のことであるが、多くの国では、主権免責の名の下に、国家による不法行為に対する損害賠償請求は認められないとされてきた。

大日本帝国憲法下の日本においても、国家の権力的行為については、**国家無答責の法理**により、裁判所において損害賠償を請求することができないと解されていた（なお、国家の非権力的行為については、民法上の不法行為として損害賠償の対象とされていた）。

憲法17条は、国家無答責を排し、国家の権力的行為に対しても損害賠償請

求を可能とするために制定された。

> 第17条　何人も、公務員の不法行為により、損害を受けたときは、法律の定めるところにより、国又は公共団体に、その賠償を求めることができる。

2　国家賠償請求権の内容

(1)　国家賠償請求権の法的性質

【設問1】　国家賠償請求権を具体化する法律は、損害賠償の範囲をどのように定めることもできるか。

　国家賠償請求権が国家に給付を求める請求権であること、憲法17条が「法律の定めるところにより」と規定していることから、憲法17条についても、憲法25条1項などと同様、プログラム規定と解する立場もあった。しかし、不法行為に対して損害賠償責任が発生することは、民法上確立された原則であり、国家賠償請求権の内容すべてが法律の規定のあり方に委ねられていると解する必要はない。

　最高裁は、**郵便法事件判決**において、「国又は公共団体が公務員の行為による不法行為責任を負うことを原則とした上、公務員のどのような行為によりいかなる要件で損害賠償責任を負うかを立法府の政策判断にゆだねたものであって、立法府に無制限の裁量権を付与するといった法律に対する白紙委任を認めているものではない」と明言して、国家賠償請求権を具体化する立法裁量に憲法上の限界があることを明らかにした。

(2)　国家賠償請求権の具体的内容

　国家賠償請求の対象となるのは「公務員」の「不法行為」である。ここにいう「公務員」には、一般職、特別職を問わず、すべての公務員を含む。

　「不法行為」の意味については、「故意・過失の有無を問わず違法な行為をすべて含む」と解することも可能であるが、通説は、民法上の「不法行為」と同義にとらえて、「故意又は過失により違法に損害を発生させた行為」を指すと解する。

　なお、憲法17条にいう「公務員の不法行為」には、権力的作用ばかりでなく、非権力的作用によるものも含みうる。

　　＊　本条を受けて制定された国家賠償法は、「公権力の行使に当る公務員」による「その職務を行う」ことに伴う損害の賠償（1条1項）と、「公の営造

物」の設置・管理の瑕疵による損害の賠償（2条1項）を定める。また、これらに該当しない国等の賠償責任には、民法が適用される（4条）。

3　国家賠償請求権の判断枠組み

　憲法17条は、公務員の不法行為により生じた損害に対して賠償をなすべきことを原則としており、法律により公務員の免責規定を定めることは、賠償請求権を「制限」するものとして、その合憲性が問われる。

　最高裁は、**郵便法事件判決**において、「公務員の不法行為による国又は公共団体の損害賠償責任を免除し、又は制限する法律の規定が同条に適合するものとして是認されるものであるかどうかは、当該行為の態様、これによって侵害される法的利益の種類及び侵害の程度、免責又は責任制限の範囲及び程度等に応じ、当該規定の目的の正当性並びにその目的達成の手段として免責又は責任制限を認めることの合理性及び必要性を総合的に考慮して判断すべきである」と述べた。

　最高裁によれば、公務員の不法行為に対する損害賠償責任の制限の合憲性は、①**責任制限の目的の正当性**、②**目的達成手段としての責任制限の合理性、必要性**を、㋐**不法行為の態様**、㋑**不法行為によって侵害された法的利益の種類・侵害の程度**、㋒**責任制限の範囲・程度**に照らして、判断される。

●コラム●　立法行為（不作為）に対する国家賠償請求

　国家賠償法1条1項にいう国の「公権力の行使」に立法行為（立法不作為）が含まれることに争いはない。

　しかし、立法行為や立法不作為が国家賠償法上の違法性を有するかどうかについて、最高裁は、「国会議員の立法過程における行動が個別の国民に対して負う職務上の法的義務に違背したかどうかの問題であって、当該立法の内容の違憲性の問題とは区別されるべきであり、仮に当該立法の内容が憲法の規定に違反する廉があるとしても、その故に国会議員の立法行為が直ちに違法の評価を受けるものではない」と判示し（**在宅投票制廃止事件判決**　最1小判1985〔昭和60〕・11・21民集39巻7号1512頁　百選197）、法律の内容の違憲性とその立法行為の違法性を区別した。

　この区別は、国家賠償法1条1項の賠償責任について、最高裁が公務員の不法行為を国が代位して責任を負うものと解し（代位責任説）、違法性の基準を職務行為上の義務違反の有無によって判断すること（職務行為基準説）から生じている。最高裁によれば、国会議員は、国民の多様な政治的意思を反映させるべく、自らの政治的判断に基づいて行動するのが原則であって、立法を行うにあたって、国民に対して政治的責任を負うにすぎず、法的責任を負うのは例外的な場合にとどまる。憲法51条が国会議員に免責特権を認めていることも、この趣旨に合致する、という。

　最高裁は、先の前提に基づいて、立法行為が国家賠償法上違法となる場合について、「立法の内容が憲法の一義的な文言に違反しているにもかかわらず国会があえて当該立法

を行うというごとき、容易に想定し難いような例外的な場合でない限り、国家賠償法1条1項の規定の適用上、違法の評価を受けないものといわなければならない」と極めて限定的に解する立場を示した。

しかし、この文言を賠償責任についての判断基準ととらえるかぎり、国会の立法行為について国家賠償が認められることは、ほとんどありえないことになる。学説上は、国家賠償責任について、国家の自己責任であるとの認識に立ち（自己責任説）、違法性の基準を結果の違法性に置いて、法内容が違憲であれば立法行為も違法であるとの立場も主張されている。

最高裁は、**在外国民選挙権事件判決**（最大判2005〔平成17〕・9・14民集59巻7号2087頁　百選152　第13講Ⅱ4(2)参照）において、「立法の内容又は立法不作為が国民に憲法上保障されている権利を違法に侵害するものであることが明白な場合や、国民に憲法上保障されている権利行使の機会を確保するために所要の立法措置を執ることが必要不可欠であり、それが明白であるにもかかわらず、国会が正当な理由なく長期にわたってこれを怠る場合などには、例外的に、国会議員の立法行為又は立法不作為は、国家賠償法1条1項の規定の適用上、違法の評価を受ける」と述べ、より積極的な表現で立法行為が国家賠償法上違法となる基準を示した（ただし、最高裁は、在宅投票制廃止事件判決と異なる趣旨をいうものではないとする）。

そして、最高裁は、100日間を超える女子の再婚禁止期間を憲法14条1項に違反するとした再婚禁止期間違憲判決（最大判2015〔平成27〕・12・16民集69巻8号2427頁。第4講Ⅳ2(2)参照）において、「法律の規定が憲法上保障され又は保護されている権利利益を合理的な理由なく制約するものとして憲法の規定に違反するものであることが明白であるにもかかわらず、国会が正当な理由なく長期にわたってその改廃等の立法措置を怠る場合」などにおいては、その立法不作為は国家賠償法1条1項上、違法の評価を受けうると判示した。

結局、判例上、立法行為が国家賠償法上違法と評価されるのは、①**法規定の違憲性**が明白であり、②**国会が正当な理由なく長期にわたってその改廃等の立法措置を怠った場合**ということになる。

4　国家賠償請求権をめぐる具体的問題

(1)　郵便法による損害賠償の免責

旧郵便法68条は、書留郵便等（特別送達も含む）に関する損害について、郵便物の全部または一部の「亡失またはき損」によるものにつき一定限度内で賠償するものとし、同法73条は、賠償請求権者を差出人とその承諾を得た受取人に限定していた。そのため、裁判所から郵送された特別送達の配達ミスにより差押えが実行できずに多額の損害を受けた債権者は、差出人でも受取人でもなく、また、損害の原因が郵便物の亡失またはき損による損害でもないため、損害賠償を一切請求できないこととなっていた。

最高裁は、国家賠償請求権の制約に関する判断枠組み（Ⅲ3）を示したうえで賠償責任を限定する目的について、大量の郵便物を公平・迅速に配達す

るサービスを安価に提供するという点にあり、これを正当であると認めた。しかし、責任制限の合理性・必要性について、判決は、書留郵便物が「適正な手順に従い確実に配達されるようにした特殊取扱い」でありそのための特別料金も負担していること、故意・重過失による郵便事故はごく例外的な場合であること、商法等の運送事業者への免責も軽過失にとどまることを指摘し、郵便法の免責が故意・重過失による郵便事故まで及んでいることには合理性を見出しがたいと判断した。

また、判決は、特別送達について、民事訴訟法上の送達の実施方法であるから、書留以上に「適正な手順に従い確実に受送達者に送達されることが特に強く要請される」ことに加え、特別の料金が必要であること、その数が書留の一部にとどまること、書記官による送達の場合には軽過失でも国家賠償請求が可能であることからみて、軽過失の場合も免責することに必要性・合理性を見出せないと判示した（**郵便法事件判決**　最大判2002〔平成14〕・9・11民集56巻7号1439頁　百選133）。

		故意	過失		無過失
			重過失	軽過失	
不法行為（民法709条）		○	○	○	×
旧郵便法（最高裁の判断）	書留	△（違憲⇒○）	△（違憲⇒○）	△（合憲）	△
	特別送達	△（違憲⇒○）	△（違憲⇒○）	△（違憲⇒○）	△

○：全額の賠償請求が可能
△：差出人・指定受取人に限り郵便物の亡失またはき損による損害について所定の金額の範囲内で賠償
×：賠償請求が不可能

(2) 劉連仁事件

中国山東省出身の劉は1944年に日本に強制連行されたが、炭鉱労働の過酷さに耐えられなくなり逃亡し、以後13年間、北海道の山中をさまよい逃亡生活を送った。劉の逃亡生活は、①大日本帝国憲法下における国家無答責の法理の時代に始まり、②日本の敗戦から日本国憲法施行、③日本国憲法施行から国家賠償法施行（1947年10月27日）、そして④国家賠償法施行後という国家賠償制度の変遷すべてに関わることとなる。

①の時期については、国家無答責の法理が国家の権力的行為に対する賠償請求権自体を発生させないものか、賠償請求権に対する裁判管轄権がなかっ

ただけなのか議論がある。後者の立場からは、国家無答責の法理が妥当しなくなった時点で、この時期における損害の賠償請求が可能となる。

　　＊　国家無答責の法理を明文で定めた規定等はなかったが、司法裁判所には国家に対する訴訟の事物管轄がなく、行政裁判法16条は「行政裁判所ハ損害要償ノ訴訟ヲ受理セス」と規定していたため、公務員の公権力の行使に起因する不法行為等の賠償請求の訴えは、司法裁判所においても行政裁判所においても管轄権を欠くものとされた。

　②の時期は、ポツダム宣言受諾後、大日本帝国憲法の法体系がどのように変容したのかの理解（いわゆる「八月革命説」によれば、ポツダム宣言受諾により、天皇主権から国民主権への移行が起こり、国民主権と矛盾する憲法の規定は無効となったと解される）に関わる。

　③の時期は、憲法17条によって国家無答責の法理が廃されたかが問題となる。憲法17条は、法律によって具体化されないかぎり、賠償請求権の根拠となりえないとすると、国家賠償法附則6条が、「この法律施行前の行為に基づく損害については、なお従前の例による」と定めたことにより、未だこの時期においては国家無答責の法理が存続し国の権力作用による損害について賠償請求権がないこととなる。しかし、1947年5月3日以降は、憲法17条の下で国家賠償請求権が発生していたとすると、附則6条は、賠償請求権の制限規定として、郵便法事件判決の基準に照らしてその合憲性が審査される必要がある（ただし、現時点においては、除斥期間の経過とともに、この問題は過去のものとなった）。

　④の時期の損害については、強制連行が公権力の行使によるものであるかぎり、国家賠償責任の発生は否定できないが、国家賠償法6条が「この法律は、外国人が被害者である場合には、相互の保証があるときに限り、これを適用する」との相互保証主義の規定を置いているため、被害者の国籍国が外国人に国家賠償請求を認めていない場合には、損害賠償請求はできないことになる。劉の事件について、東京高裁（東京高判2005〔平成17〕・6・23判時1904号83頁）は、当時、外国人に対する国家賠償制度が中国になかったことから法6条に基づいて賠償請求権が認められないとした。

　しかし、国の不法行為により現実に損害を受けながら、国籍国の法の不備を理由に損害賠償請求が不可能となることの合理性には疑問もある。先の郵便法事件判決の判断基準に即して考えると、法6条は、「当該行為の態様、これによって侵害される法的利益の種類及び侵害の程度」を問わずに、全面的に賠償請求権を否定するものとして、憲法17条違反の疑いが強い。

Ⅳ 刑事補償請求権

1 刑事補償請求権保障の意義

　刑事裁判は、国民の生命と財産を守るための国家の刑罰権を適正に行使させるためのプロセスである。刑事裁判の結果、無罪と判断されることは、このプロセスが正常に機能している証拠でもあり、逮捕、起訴が違法であったことを意味しない。他方で、無実の罪で、長期にわたって抑留された者にとっては、その苦痛に満ちた期間に対する償いとして補償がなされなければならない。

　刑事補償の規定は、日本国憲法の草案段階では含まれておらず、衆議院における審議過程において挿入された。本条を受けて、旧刑事補償法（1931年）に代わる新しい刑事補償法（1950年）が制定されている。

　　＊　無罪と判断された者に対する刑事補償の必要性は、現在では国際人権規約に規定されるまでに至った。市民的及び政治的権利に関する国際規約（B規約）14条6項前段は、「確定判決によって有罪と決定された場合において、その後に、新たな事実又は新しく発見された事実により誤審のあったことが決定的に立証されたことを理由としてその有罪の判決が破棄され又は赦免が行われたときは、その有罪の判決の結果刑罰に服した者は、法律に基づいて補償を受ける」と定めている。

> **第40条**　何人も、抑留又は拘禁された後、無罪の裁判を受けたときは、法律の定めるところにより、国にその補償を求めることができる。

2 刑事補償請求権の内容

(1) 刑事補償の法的性質

　憲法40条が刑事補償について「法律の定めるところにより」としていることから、刑事補償を受けるために法律が必要とされる。しかし、憲法40条の定める刑事補償の対象を不当に狭めるような法規定は憲法40条に違反することになる。

(2) 「抑留又は拘禁」

　「抑留又は拘禁」とは、「無罪の裁判」を受けるまでに行われた刑事手続上の身体の拘束すべてを指し、被疑者・被告人段階の留置（刑訴法203条・204条等）・勾留（刑訴法60条・207条等）と、上訴や再審で無罪となるまでの刑

の執行、労役場留置および死刑執行のための拘置等を含む（刑事補償法1条1項～3項参照）。

なお、刑事補償の対象となる「抑留又は拘禁」は、違法になされる必要はない。違法に行われた場合は、国家賠償の対象となる。

(3) 「無罪の裁判」

「無罪の裁判を受けたとき」については、「無罪の裁判」を文字どおりとらえ、刑事訴訟法の手続によって無罪が確定したときととらえる見解と、より広く、公権力による国民の自由の拘束が根拠のないものであったことが明らかとなり、実質上無罪の確定裁判を受けたときと同様の場合も含むとする見解が対立する。

刑事補償法は、「免訴又は公訴棄却の裁判を受けた者」も補償の対象としている（ただし、「もし免訴又は公訴棄却の裁判をすべき事由がなかったならば無罪の裁判を受けるべきものと認められる充分な事由があるとき」との限定がついている〔25条〕）。前者の立場に立つと、刑事補償法の規定は憲法の定める範囲を超えて補償の範囲を拡げていることとなり、後者の立場からは、憲法40条の当然の補償対象を定めたものということになる。

最高裁は、「無罪の裁判」について、「刑訴法上の手続における無罪の確定裁判をいう」と解しており、前者の立場に立っている（最3小決1991〔平成3〕・3・29刑集45巻3号158頁　百選135）。

(4) 刑事補償の手続

刑事補償請求の手続は、刑事補償法が定める。刑事補償の請求は、無罪の裁判をした裁判所に対して（6条）、無罪の裁判の確定から3年以内に請求することにより行う（7条）。裁判所は、抑留および拘禁については、1日1,000円以上1万2,500円以下の金額、死刑に対しては3,000万円以内の金額で補償を決定する（4条）。

3 刑事補償請求権をめぐる具体的問題

(1) 勾留の基礎となっていない被疑事実の無罪判決

被疑事実Aについての逮捕・勾留中に、別の被疑事実Bについて取り調べ、被疑事実Aについては不起訴となり、被疑事実Bについて公訴が提起され無罪となった場合、刑事補償が認められるかが争われた。

```
                                                              刑事補償
被疑事実Ａ   逮捕 ─────→ 勾留 ──────────→ 不起訴      ×
被疑事実Ｂ   （Ａについての逮捕・勾留中に取調べ）→ 起訴 → 無罪    ○
```

最高裁は、不起訴の場合は、そもそも「裁判」に至っていないので、「無罪の裁判」に該当しないとして、被疑事実Ａについては本条の対象外と解している。他方、被疑事実Ｂについては、そのための逮捕・勾留がないため「抑留又は拘禁」に該当しないが、最高裁は、形式的には被疑事実Ａについての逮捕・勾留であっても、実質的に無罪となった被疑事実Ｂについてのものであると認められるならば、刑事補償の対象となると判断した（最大決1956〔昭和31〕・12・24刑集10巻12号1692頁　百選134）。

(2)　少年審判手続における不処分決定

少年法により少年鑑別所に収容された後、「非行事実が認められない」ことを理由に少年審判で保護処分に付さない旨の決定がなされた場合について、最高裁は、不処分決定は「無罪の裁判」には当たらず、刑事補償の対象とはならないとした（２(3)、前掲・最３小決1991〔平成３〕・３・29参照）。

ただし、現在では、「少年の保護事件に係る補償に関する法律」が制定され、「審判事由の存在が認められないこと」により少年審判を開始せずまたは保護処分に付さない旨の判断が確定した場合には、身体の自由の拘束に対する補償を認めている（同法２条）。

Ｖ　裁判を受ける権利

1　裁判を受ける権利保障の意義

「裁判」という作用は、民事裁判においては、法律関係や権利義務関係、刑事裁判においては、有罪・無罪を最終的に決定する作用である。それだけに、手続の公正さと当事者の権利保障が十分になされる必要がある。絶対王政下にみられた専断的な裁判の横行をなくすため、ヨーロッパ諸国では、公正で独立した常設の裁判所による裁判の保障が基本的人権の一つとして確立してきた。

日本国憲法は、司法権の独立と裁判官の独立、裁判官の身分保障に関する

規定(76条3項・78条・79条6項・80条2項)を充実させるとともに、「裁判を受ける権利」(32条)を保障している。刑事裁判における被告人については、「公平な裁判所の迅速な公開裁判を受ける権利」(37条1項)の保障が定められているので、憲法32条の守備範囲は、主に民事裁判(行政訴訟を含む)ということになる。

> 第32条　何人も、裁判所において裁判を受ける権利を奪はれない。

2　裁判を受ける権利の内容

(1)　「裁判所」における裁判

「裁判所における裁判を受ける権利」の保障は、まず、特別裁判所や行政機関による「裁判」でなく、憲法76条1項にいう「裁判所」による「裁判」でなければならないとの原則を含む。

裁判を受ける権利にいう「裁判所」が、訴訟法上管轄権を有する具体的な裁判所を指すかどうかについて、最高裁は、「法律に定められた裁判所においてのみ裁判を受ける権利を有し、裁判所以外の機関によって裁判をされることはないことを保障したものであって、訴訟法で定める管轄権を有する具体的裁判所において裁判を受ける権利を保障したものではない」と述べた(最大判1949〔昭和24〕・3・23刑集3巻3号352頁)。

しかし、管轄権のない裁判所は、そもそも裁判をする権限がなく、権利保障の機能を十分に果たすことはできない。「裁判を受ける権利」を実質的に保障するために、憲法32条のいう「裁判所」とは、管轄権を有する裁判所であると解すべきである。

(2)　「裁判を受ける権利」の具体的内容

裁判を受ける権利が、権利保障という機能を果たすためには、そこにいう「裁判」が**適正な手続を備えた**ものでなければならない。

裁判における「適正な手続」として重要なものは、**公開・対審の訴訟手続**である。「公開」とは、市民に傍聴を許し、傍聴人の前で訴訟手続が行われることであり、憲法82条は明示的に裁判の対審と判決の公開原則を定めている。また、「対審」とは、訴訟当事者が、裁判官の前で、自己の主張と反論を闘わせることを通じて、訴訟手続を進行させることをいう。

最高裁も、「性質上純然たる訴訟事件につき、当事者の意思いかんに拘わらず終局的に、事実を確定し当事者の主張する権利義務の存否を確定するよ

うな裁判が、憲法所定の例外の場合を除き、公開の法廷における対審及び判決によってなされないとするならば、それは憲法82条に違反すると共に、同32条が基本的人権として裁判請求権を認めた趣旨をも没却するもの」としている（最大決1960〔昭和35〕・7・6民集14巻9号1657頁　百選129）。

また、判断者の公平・中立性の確保、結論にいたる十分な理由の説明、そして、不服ある場合に上訴ができることも、裁判における「適正な手続」の内容に含めることができる。

> ●コラム●　憲法32条の「裁判」と82条の「裁判」
>
> 　裁判所では、訴訟事件以外にも、「民事非訟事件」、「公示催告事件」、「過料事件」および家事審判事件などが扱われている。しかし、これらの手続は、いずれも手続は非公開で行われ（非訟法30条、家事法33条）、裁判所は職権で事実の調査を行う（非訟法49条、家事法56条）など、対審的手続がとられない。
>
> 　最高裁は、「裁判を受ける権利」における「裁判」を、「裁判の公開」を定める憲法82条にいう「裁判」と同義にとらえ、「当事者の意思いかんに拘わらず終局的に、事実を確定し当事者の主張する権利義務の存否を確定する」ような「性質上純然たる訴訟事件」に限定し（前掲・最大決1960〔昭和35〕・7・6）、非訟事件を公開しなくても憲法に違反しないとする（最大決1965〔昭和40〕・6・30民集19巻4号1089頁　百選130、最大決1966〔昭和41〕・12・27民集20巻10号2279頁　百選131）。
>
> 　しかし、憲法32条の「裁判を受ける権利」の保障内容の核心は、適正な手続保障にあり、その保障は権利・義務関係および法律関係の確定にとどまらず、それらの形成に係る手続についても及ぶべきである。すなわち、適正な手続の要請は、「公開」が求められる「裁判」に限らず、非訟事件等を含む裁判所の作用に広く及ぶと解すべきであるから、必ずしも憲法32条と82条1項の「裁判」とを同義に解する必要はなく、「純然たる訴訟事件」に限らず、家事審判などの非訟事件も、32条にいう「裁判」に含まれると解すべきである（芦部・憲法258頁、高橋・立憲主義296頁）。

3　裁判を受ける権利の判断枠組み

2で述べたように、「裁判を受ける権利」とは、何人も、自らの権利・利益が侵害された場合に、権限を有する裁判所において、適正な手続の保障された裁判を受け、法律関係、権利義務の存否を争うことができるとの原則を保障したものである。

ただし、「適正な手続」のありようは、事件の性質に応じて様々であり、当事者の権利保護のために非公開の手続を法律で定めることも許される。

4　裁判を受ける権利をめぐる具体的問題——上告制限

最高裁判所の加重負担の解消を目的として、1996年の民事訴訟法改正によ

って、最高裁へ権利上告しうる理由が「判決に憲法の解釈の誤りがあること その他憲法の違反があること」および重大な手続違反（民訴法312条1項・2項）に限定され、原判決が最高裁判例に違反する場合や「法令の解釈に関する重要な事項を含む」場合について、申立てによって上告を受理する上告受理申立制度が導入された（民訴法318条）。

最高裁は、「いかなる事由を理由に上告をすることを許容するかは審級制度の問題であって、憲法が81条の規定するところを除いてはこれをすべて立法の適宜に定めるところにゆだねている」として、最高裁の終審としての違憲審査権が確保されるかぎりで審級制度のあり方を立法裁量に委ねる態度を明らかにした（最3小判2001〔平成13〕・2・13判時1745号94頁　百選132）。

2(2)で述べたように、憲法32条の「裁判を受ける権利」の保障内容には、裁判にふさわしい「適正な手続」の保障が含まれ、不服ある判断に対する上訴の可能性もその一要素である。しかし、上訴の具体的なありようをどのように設計するかは立法裁量に委ねられていると考えられる。

VI　演習問題

A市は、Q団地内の土地の一部を道路とすることを承認し、これにより道路工事が始まった。

これを知ったQ団地住民の一部、特に、道路予定地に最も隣接しているQ団地自治会12組に属する人々は、Q団地内の住宅購入時、A市住宅供給公社からQ団地内の緑地は今後開発されることはない旨の説明を受けていたのに、A市がQ団地の住民に無断で団地内の緑地を道路に変更したのは不当であるとして、A市に対し、緑地の復旧を求めて抗議運動を始めるようになった。

Q団地自治会12組所属の住民らは、「Q団地内の土地を私達が購入時のもとの緑地に戻して頂きたく要望します」と題する書面（以下「本件署名簿」という）を作成し、これに住所氏名を記入のうえ、上記運動の趣旨に賛同し、本件署名簿に署名してくれる署名者の募集活動を行った。その結果、総勢295名の署名が集められた。

そして、Q団地自治会12組に所属するX_1、X_2ほか4名は、「Q団地内の土地をもとの緑地に戻すことの要望書」（以下「本件要望書」という）を作成し、署名のうえ、これに本件署名簿を添えて、A市市長宛に提出した。

ところが、A市課長Z_1は、Q団地自治会長に事態を報告するため、本件署名簿および本件要望書をコピーして、個人名の伏せ字などをしないまま、他の数通の文書とともに、これらを市長名でQ団地自治会長Z_2に交付した。

〔設問〕 X₁らは、A市職員による本件署名簿の写しの交付は、違法にX₁らの権利を侵害するものとして、国家賠償請求訴訟を提起した。X₁らの代理人として、最も有効な憲法上の主張を立論しなさい。

1 本問の趣旨

本問は、名古屋高判2008（平成20）・5・13判例自治314号14頁（原審は津地伊勢支部判2007〔平成19〕・8・17判例自治314号19頁）の事実関係を素材として、請願権の具体的内容について考察を求めている。

2 違憲主張の組立て

(1) 違憲主張の対象

本問では、A市による本件署名簿および本件要望書の各コピーをQ団地自治会長に交付した行為が問題となるが、これは事実行為であって、Xらの権利を制約する法律や法律に基づく処分は存在しない。そうすると、国家賠償請求における違法性や損害の検討において、本件事実行為が違憲であるとの処分（適用）違憲の主張をすることとなる。

(2) 憲法上の権利に対する制約

ア プライバシーの権利？

憲法上の権利侵害の主張の候補として、真っ先に思い浮かぶのは、プライバシーの権利かもしれない（第3講Ⅲ）。しかし、請願をした者は自己が請願したことを隠しているわけではないため、個人情報の秘匿性を保護するプライバシーの権利の保護対象とはなりえない。

イ 請願権

請願権の保障には請願の自由の保障が含まれる（Ⅱ2）。本問で問題となるのは、請願の事実を事後的に公表されることにより、請願をしたことによる差別的取扱いのおそれから請願権行使が事実上妨げられるという点にある。

(3) 判断枠組み

憲法16条の保障する請願権は、「平穏」であるかぎり、何らかの公益を害する事態も想定しえない。そのため、請願権の行使を制約する公権力の行使には、そもそも正当な理由がなく違憲である。

これに対して、本問においては本件署名のコピーが自治会長に交付されただけであり、請願行為そのものが禁止されているわけではないから、請願権

に対する「制約」とはいえない、との反論が想定される。

しかし、請願行為が禁止されなければ、請願権の「制約」ではないとは限らない。たとえば、請願を行うことはできるとしても、事後的な調査などにより事実上請願権の行使を萎縮させるような場合も、請願の自由を制約するものといえる。したがって、本問では、署名のコピーの自治会長への交付が**将来の請願を萎縮させる目的でなされたり、実際に萎縮させる効果をもつ場合には憲法に違反する**との判断枠組みにより判断されることになる。

(4) 個別的・具体的検討

本問で、A市職員が、Q団地自治会長に本件署名などを交付したのは、自治会長に本件の現状を報告するためのものであると考えられるが、署名は市の対応を求めるものであり、自治会長が署名活動について知る必要性は認められない。そうすると、A市職員は、自治会長の有する影響力を用いて、同自治会に所属するX_1らの主張を撤回させようとして、本件署名を交付したと推測できる。また、多くの者は、署名のコピーが常に自治会長に伝えられると知れば、自治会長へ配慮して、今後請願をすることを断念してしまうであろう。

したがって、本件署名を交付することは、請願権の行使を事実上萎縮させる効果をもつ措置であったといえるため、憲法16条で絶対的に保障された請願の自由を制約するものとして違憲であるといえる。

●コラム● 答案を読んで

本問については様々な権利主張を思いつくであろうが、少し冷静になってそれぞれの権利の内容の定義を行ってみれば、「プライバシー」侵害の主張などが成り立たないことはわかるはずである。

請願権の制限であるとの見当がついた段階で考えるべきなのは、それがどのような形で制限されているのかである。本問では、署名活動＝請願行為そのものは制限されていない。請願権を行使したことが他者に知られることによって請願行為が脅かされるという事態が請願の自由に関わることに気づくことが解答の出発点となる。請願権制限の判断枠組みが思いつかないと、権利の重要性と制約の大きさを強調して「厳格審査基準」へというパターンに逃げ込む解答がみられるが、それでは事例問題の解答から遠ざかるだけである。請願者の氏名を伝えることが許される場合についての限界設定をして、その限界設定を判断基準として違憲主張を構成するという本来の解答への道筋を早く身につけてほしい。

第15講　憲法事例問題の解法

◆学習のポイント◆
1　憲法の事例問題では、違憲主張の対象の決定⇒国家による憲法上の権利制約（または客観法への抵触）の認定⇒判断枠組みの設定⇒個別的・具体的検討⇒結論の順で検討する。
2　判断枠組みの設定では、①自己に有利な判例や学説の判断枠組みとその理由を摘示し、②当該事案においても同様の理由づけが妥当するため、③その判断枠組みが適用できるという順序で論じる。他方、自己に不利な判例は、「重要な事実」が異なる、あるいは、時の経過論などにより、その射程を「区別」するか、判例を批判するとよい。
3　個別的・具体的検討では、法的に意味のある事実を摘示し、法的評価をすることで、判断枠組みにあてはめることになる。
4　主張・反論型の問題では、主張・反論を通じて争点を明確にし、あなた自身の見解では、争点に対してどのような判断をするべきかにつき、その理由とともに論じるとよい。
5　答案作成にあたっては、接続詞やナンバリング、項目分けなどを活用することで、読みやすい文章を書くように心がけよう。

I　憲法論を組み立てる

　憲法は、他の法律科目と異なり、事例問題の論じ方がわかりにくい。その原因の一つは、憲法の条文が抽象的であるため、民法や刑法などのように、条文を解釈して「要件」を導き、具体的事実を評価して「要件」にあてはめることで結論を出すという、法的三段論法が活用しにくいことにある。
　もとより、すべての事例問題に対応できる論じ方が存在しないことはいうまでもないが、本講では、憲法事例問題が感想文や水掛け論にならないようにするために、最低限守るべき論じ方の基本型を紹介する。

憲法上の主張を組み立てるためには、まず、**違憲主張の対象**（ターゲット）を確定しなければならない（1参照）。
　次に、問題となる国家行為等が、**憲法のどの条項に抵触する**のかについて、**法的三段論法**を用いて具体的に特定しなければならない（2参照）。
　憲法に抵触する場合、「公共の福祉」に適合するかなどの**正当性の判断**をすることになる。ここでも、先ほどとは別の**法的三段論法**により、大前提として**判断枠組みの設定**をし（3参照）、小前提として具体的事実に基づく**個別的・具体的検討**をしたうえで（4参照）、結論として憲法に違反するか否かを判断することになる（序章1参照）。

1　違憲主張の対象

(1)　法令違憲と処分（適用）違憲

> **第81条**　最高裁判所は、一切の法律、命令、規則又は処分が憲法に適合するかしないかを決定する権限を有する終審裁判所である。

　憲法81条は違憲主張の対象を「一切の法律、命令、規則又は処分」としているが、憲法上の主張は、**一般的・抽象的**な法規範である「法律、命令、規則」を違憲とする**法令違憲の主張**と、**統治機関の行為**を意味する「処分」を違憲とする**処分（適用）違憲の主張**に大別される。
　処分（適用）違憲という場合の「処分」には、行政機関による処分性のある「処分」（行訴法3条2項）のみならず、広く、法令に基づかない国家行為や憲法に反して法令を解釈・適用する国家行為、処分性のない行政作用、裁判所による裁判なども含まれる。

　　＊　一般的に処分（適用）違憲には、法令の合憲限定解釈が不可能である場合、当該事件に適用されるかぎりで法令を違憲とするもの（第1類型・狭義の適用違憲）、法令の合憲限定解釈が可能であるにもかかわらず、法執行者が違憲的に適用した、その適用行為を違憲とするもの（第2類型・処分違法）、法令そのものには憲法上の瑕疵はないが、執行者が憲法上の権利を侵害するような形で適用した場合、その適用行為を違憲とするもの（第3類型・狭義の処分違憲）の3つがあると解されている。

(2)　処分の法的構造を把握する

　憲法上の主張を組み立てるためには、法令違憲の主張、処分（適用）違憲の主張、その双方の主張をするべきかを選択しなければならない。
　違憲主張の対象は、違憲となる原因が法令と処分（法令解釈・適用行為そ

のもの）のいずれにあるかにより決定されるため、**処分の法的構造を分析して、法令そのもの、法令解釈、適用行為のどこに違憲となる原因があるのか**を探究する必要がある。

2 憲法上の権利に対する制約・客観法との抵触

憲法上の主張とするためには、問題となっている国家行為が**憲法のどの条文に違反するのかを具体的に特定**しなければならない。ここでは、法的三段論法により、大前提として各憲法上の権利や客観法の保障内容を明らかにし、小前提として当事者の具体的な法的利益が保障範囲に含まれることや具体的な国家行為が客観法に抵触することを指摘することになる。

ある規制について、複数の憲法上の権利に対する制約がある場合、より直接的に問題となっている権利を選択すべきである。

ただし、憲法が直接適用されるのは公権力の主体たる国家であるから、私人による制約の場合は、個別法の解釈に憲法の趣旨を読み込むことになる（第1講Ⅳ2参照）。

3 判断枠組みの設定——判例や学説を活用する

> **第98条1項** この憲法は、国の最高法規であって、その条規に反する法律、命令、詔勅及び国務に関するその他の行為の全部又は一部は、その効力を有しない。

憲法98条1項は、憲法に反する法律などは「その効力を有しない」と定めているが、いかなる「要件」を満たせば憲法に反するのかを定めていない。最高裁は、違憲（ないし合憲）とする「要件」（判断枠組み）として、制限により得られる利益よりも失われる利益が大きいことを求める利益衡量基準を確立させているが（第2講Ⅳ4参照）、本書の各講で指摘したとおり、事案類型に応じて、違憲審査基準論の趣旨も取り入れ、より具体的な判断枠組みを設定している。

事例問題においても、目的・手段審査型の判断枠組み（大規範）だけでなく、**事例に即した具体的な判断枠組み（小規範）**を定立することが望ましい。

具体的な事例問題で判断枠組みを論じるにあたっては、自己に有利な判例については、「重要な事実（material fact）」が共通するため射程が及ぶとして、同様の判断枠組みが適用されると論じることになる。適切な判例がない

場合には、学説による判断枠組みの適用を主張するべきである。たとえば、①最高裁判例や学説が示した判断枠組みとその理由を摘示し、②当該事案においても同様の理由づけが妥当し、「重要な事実」が共通するから、③最高裁判例や学説が適用できると論じることが考えられよう。

反対に、自己に不利な判例については、「重要な事実」が異なる、あるいは、時の経過により基礎となる事実が変遷している（第4講Ⅳ2(1)イ）等の主張により、その射程を「区別（distinguish）」しなければならない。それが不可能な場合には、学説などを参考にして、判例そのものを批判すべきである。

> * 本書を通読すればわかるように、判断枠組みは、いわゆる違憲審査基準や目的・手段審査に限定されるものではない。政教分離原則（第6講Ⅱ）、検閲の禁止（第8講Ⅰ4(1)）、明確性の原則（第8講Ⅰ5）、見解規制（差別）の禁止（第8講Ⅲ3(4)）、敵対的聴衆の法理（第8講Ⅲ3(5)）、唯一の立法機関性（憲法41条）、条例と法律の範囲（憲法94条）などに関する判断枠組みがあることにも注意すべきである。
>
> また、表現の自由ならば厳格審査基準というように判断枠組みを過度に「パターン化」するべきではなく、問題となる憲法上の権利のほかにも、その規制態様に着目すべきである。原告側で厳格審査基準、反論として合理性の基準、私見では中間審査基準というパターン化した対立も、論理的な根拠づけがなければ無意味である。
>
> 事例問題では、事例に即した検討が求められているため、あくまでも「主役」は事例であり、違憲審査基準ではない。「パターン化」した答案は、違憲審査基準の定立に終始してしまい、事例の中にある具体的事実をそぎ落としてしまう点で問題がある。
>
> そのような答案に陥らないようにするためには、事例の中にある具体的事実をそぎ落とすことなく、類似の判例の判断枠組みを起点としつつ、判例の射程が及ぶかという観点から論じるべきである。

4　個別的・具体的検討――合憲性審査

(1)　具体的事実の摘示・評価

小前提は、いわゆる「あてはめ」と呼ばれるパートであるが、大前提において設定した判断枠組みに、事実を機械的にあてはめれば自動的に結論が導かれるわけではない。ここでは、与えられた事実から法的に意味のある**具体的な事実を摘示**し、これを**法的に「評価」**することで、判断枠組みで定立した違憲（または合憲）となる要件を満たすか否かを個別的・具体的に論じなければならない。

ただし、いたずらに問題文で与えられていない事実を用いることは、事例問題の範囲を超えていることから、そのような事実は証明されていないものとして取り扱うべきであろう。

(2) 立法事実と司法事実

法令違憲の主張と処分（適用）違憲の主張とでは、小前提において摘示する事実の種類が異なる。

法令違憲の主張は、法令そのものを違憲とする主張であるから、法令の基礎となるべき**立法事実**に基づく検討をしなければならない。他方、処分（適用）違憲の主張は、個別的・具体的な事実関係に当該法令を適用することが違憲であるとの主張であるから、当事者の個別的・具体的な事実である**司法事実**によって検討される（序章7(1)）。

(3) 目的・手段審査

主に自由権を規制する法令の合憲性審査では、定立した判断枠組みにより、得られる利益と失われる利益の均衡につき、①害悪の大きさ（H）×②害悪発生の可能性（P）と、③自由の内容・価値（v）×制限の程度（d）により求められる自由の制限の程度（L）を測定することで検討することになる（序章5(2)）。

法令の合憲性審査では、目的・手段審査（第2講Ⅳ3）によるのが一般的である。処分（適用）違憲の検討では、法令に基づく処分の場合、**設定した大規範に適合するように法令の要件を限定的に解釈した小規範を定立**し、その要件を充足するか否かが検討されるが、基本的な思考は目的・手段審査と共通する。

他方、法令の要件を限定的に解釈することが不可能な場合や、そもそも法令に基づかない処分の場合は、一般的には目的・手段審査により検討すれば足りるが、各権利に応じた法理や客観法があることを忘れてはならない。

* 「よど号事件」記事抹消事件判決は、文言上はかなり緩やかな要件で新聞閲読の禁止を認めている監獄法31条2項、監獄法施行規則86条1項について、設定した判断枠組みに従い条文の要件を限定的に解釈する小規範により、司法事実を用いて処分（適用）違憲か否かを検討している（序章6(2)）。

  泉佐野市民会館事件判決も、処分（適用）違憲の検討において、条文を限定解釈する小規範に加えて、条文の要件の解釈とは別に見解規制（差別）の禁止や敵対的聴衆の法理を定立し、各法理に違反するかを検討している（第8講Ⅲ3(3)(4)）。

ア 目的審査

目的審査では、合憲と主張する側のいう規制目的を論じることで、規制によりどのような利益が得られるのかを特定し、そもそも憲法の理念に適合しているのか、その害悪の大きさ（H）はどの程度なのかなどを測定することになる（序章5(2)）。どのような目的が正当化されるかは、憲法上の権利の性質や制約態様から導き出された判断枠組みに応じて、個別的・具体的に検討しなければならない（第2講Ⅰ2(3)・(4)）。

* 福祉国家の理念という規制目的は、経済的自由権の規制目的にはなるが、それ以外の権利の規制目的にはならない（第9講Ⅱ3(2)）。また、厳格な判断枠組みによれば、住宅街で交通事故が起きることへの不安というような抽象的な立法目的は、他人の生命・身体・重要な財産等の保護といった、各人の人権相互の衝突（自由国家的公共の福祉）に限定して解釈する場合もあるだろう（第2講Ⅰ2(1)～(4)）。

イ 手段審査

他方、手段審査では、主として次の3つの観点から論じることになる。

a 手段適合性審査

まず、当該規制手段によって、規制目的を実現できるのかを検討することで、合憲と主張する側の言うような利益が、はたして本当に得られるのか、規制対象に不必要なものが含まれていないかなど（P）を論じることになる（**手段適合性審査**）。

特に、目的を達成できない手段が含まれるような広い規制（**過大包摂**）に当たるかが問われるが、目的を達成するための手段がすべて含まれていないような狭い規制（**過小包摂**）であってもよいか、規制手段により目的が達成できるといえるためには、観念上の想定で足りるのか、それとも確実といえるような実質的な根拠を要するかは、適用される判断枠組みにより異なる。

* 共有林分割制限事件判決（第10講Ⅰ4(3)）のように、そもそも規制目的を達成するために役に立たない規制手段である場合は、たとえ緩やかな判断枠組みであっても、得られる利益があるとはいえず、違憲となる。また、薬局開設距離制限事件判決（第9講Ⅱ4(2)イ）のように、判断枠組みが比較的厳格な場合には、規制目的を達成するということが、単なる観念上の想定ではなく、確実な根拠に基づく合理的な判断であると認められなければならない。

b 手段必要性審査

また、適用される判断枠組みが極めて厳格な場合、規制目的を同程度に達

成することのできる他の手段があるならば、問題となっている規制手段では自由の制限の程度（L）が大きいとして違憲となる（**手段必要性審査**）。ここでは、単により制限的でない手段であるだけでは足りず、そのより制限的でない手段により、問題となっている規制手段と同程度に目的を達成できなければならない点に注意すべきである。

> ＊ 共有林分割制限事件判決（第10講Ⅰ4(3)）は、すべての共有林を一律に分割制限するのではなく、分割により森林の安定的経営のために必要な森林面積を下回る共有林のみの分割制限をするなどのより制限的でない手段によって、森林経営の安定という目的は十分達成できるとして、共有林分割制限を違憲としている。
>
> 薬局開設距離制限事件判決（第9講Ⅱ4(2)イ）も、距離制限よりも制限的でない供給業務に対する規制や監督の励行等によって、不良医薬品供給の目的は十分に達成できるとして、狭義の職業選択の自由そのものを制約する薬局開設にあたっての距離制限を違憲としている。

####　c　手段相当性審査（狭義の比例性）

最後に、目的審査と手段適合性審査により測定した規制により得られる利益（$H \times P$ ＝規制の必要性）と、問題になっている規制により失われる利益（$v \times d$ ＝ L：自由の制限の程度）とを比較衡量することになる（**手段相当性審査・狭義の比例性**）。

> ＊ たとえば、薬局開設距離制限事件判決（第9講Ⅱ4(2)イ）は、手段適合性がないことに加えて、距離制限により失われる利益は、職業遂行の自由にとどまらず、実質的には職業選択の自由そのものであるため、均衡を失しない程度に国民の保健に対する危険を生じさせるおそれのあることが認められることを要すると指摘し、そのような危険は認められないと判断した。

Ⅱ　答案作成の注意点

1　問いに答える

そもそも、事例問題を解くということは、「問いに答える」ことであり、「自分が書きたいことを書く」ことではない。違憲審査基準論や三段階審査論、本書で紹介した規制類型論の知識を披瀝するだけでは、「問いに答える」ことにはならない。

2　当事者の不満を把握する

　憲法事例問題において最も重要となるのは、対立する当事者双方の立場から、どのような利益を追求しようとしているのかを検討することである。

　訴訟代理人が主張すべき「憲法上の主張」は、あくまでも、当事者の不満を法的に構成したものであるから、まずは**当事者の素朴な不満から分析**するとよい。

　主張・反論型の問題では、事案を単純な勧善懲悪の図式で理解するのではなく、合憲と主張する立場の背後には**公権力側と同じ主張をもつ国民がいることを意識**してほしい。

　そのうえで、あなた自身の見解が求められるときは、主張・反論・私見を並列的に論じるのではなく、これまでの検討で形成された対立点（**争点**）について、いずれを採用するべきか、それとも、主張・反論と異なる「第3の道」を選択するべきか等について、**理由を含めて論じるべき**である。

　なお、反論のポイントは、憲法上の権利に対する制約や客観法との抵触（Ⅰ2）においては保護範囲の解釈論、判断枠組みの設定（Ⅰ3）においては判例の妥当性や判例の射程が及ぶか否か、個別的・具体的検討（Ⅰ4）においては事実評価の違いなどが想定される。

>　＊　「原告側の主張」で論じすぎると、「あなた自身の見解」で論ずべきことがなくなるという姿勢では、原告側の主張のパートで、原告にとって不利な事実から目を背けた不十分な論述となりがちである。違憲側も合憲側も、それぞれが同一の事実関係に基づき、自己に不利な事実を前提としても、問題となっている国家行為は違憲／合憲であると信じている。
>　　初学者のうちは、判断枠組みの解釈や事実評価を複眼的に観察することは難しいかもしれないが、本書各講の「演習問題」を参考にしてほしい。
>
>　＊＊　事実評価の違いを論じるときは、水掛け論になりやすいため、ベンチマークとなる判例の事案や比較対象となる事例などを具体的に挙げるとよい。

3　法的三段論法を守る

　当事者の不満を法的主張として論じるためには、**法的三段論法**を守って論じなければならない。具体的には、大前提となる判断枠組みを設定し（Ⅰ3）、小前提として個別的・具体的検討をし（Ⅰ4）、結論を導かなければならない。また、権利に対する制約や客観法との抵触の認定（Ⅰ2）や判断枠組みの設定（Ⅰ3）でも、やはり法的三段論法によるべきである。

4　読みやすい文章を書く

　起案においては、主語と述語を意識して論じてほしい。慣れないうちは、1センテンス1テーマで区切るとよい。必要に応じて接続詞を入れたり、冒頭で結論を示した後に理由を論じるようにしたりすると、読み手に予測可能性を与えるため、読みやすい文章となる。

5　適度に項目分けをする

　さらに読みやすくするためには、適宜項目分けをするとよい。ただし、過度に細かく項目を分ける必要はなく、法的三段論法の階層を一つの指標とする程度で足りる。

Ⅲ　本書を読み終えた方へ

1　体系書を読む

　本書を一読しただけで、「憲法がわかった」という読者は、おそらく多くはないであろう。

　法学では、まずは全体像をつかむことが重要であり、細かい知識やその活用方法は、繰り返し学習することで身につけることができる。各憲法上の権利の歴史的意義は何か、どのような時代背景から事件が発生し、それに対して最高裁はどのように判断したのか等を意識しながら、もう一度本書を読んでみてほしい。そのうえで、一貫した立場で書かれている単著の体系書を読むと、解釈論の面白さを体感できるだろう。

2　最高裁判例を知る

　判例の射程をより深く学ぶためには、最高裁判例を読むことが必要となる。本書では、著名な最高裁判例における各憲法上の権利に関する説示や具体的な判断枠組み、結論に至る主たる理由について、紙幅の許すかぎりで触れているが、より深く理解するためには、判例集を読むことが有益である。

　本書に掲載した判例には長谷部恭男ほか編著『憲法判例百選Ⅰ・Ⅱ（第6版）』（有斐閣、2013年）の判例番号を示しているが、憲法判例研究会編『判例プラクティス　憲法（増補版）』（信山社、2014年）などを用いてもよいで

あろう。「演習問題」で扱った判例などの重要なものについては、最高裁判所のウェブサイトや判例データベースなどから原文をダウンロードして読むとよい。

3　演習問題を解く

　判例や学説の知識があったとしても、実際にこれらを活用できなければ意味がない。しかし、判例や学説を機械的に適用する解説や、観念的・抽象的な記載しかないような解説は、答案の型をイメージするためには有効であるとしても、個別的・具体的検討を阻害する危険もある。

　そのため、知識の活用方法を学ぶためには、研究者による演習書が適切である。たとえば、木下智史ほか編著『事例研究 憲法（第 2 版)』（日本評論社、2013年）や小山剛ほか編著『判例から考える憲法』（法学書院、2014年）、宍戸常寿編著『憲法演習ノート』（弘文堂、2015年）などの解説つきの問題集を解いてみるとよいであろう。

　また、各種国家試験を目指している読者には、過去問を検討することを強く推奨する。司法試験ならば、法務省のウェブサイトに掲載されている「出題趣旨」や「採点実感等に関する意見」、「ヒアリング」といった資料を読むことで、求められている能力を知ることができる。

　なお、司法試験の過去問は、上位答案を参考に論じ方を学ぶことも重要であるが、法学セミナー編集部編『論文式試験の問題と解説　公法編』（日本評論社）や大島義則著『憲法ガール』（法律文化社、2013年）などの解説や解答例を活用するとよい。

4　副読本や法律雑誌を読む

　ここまでの学習で疑問が生じた場合、まずは本書を参照して、自分なりに考えてみてほしい。それでも解決しない場合は、法律雑誌や副読本を読むと、より理解が深まるであろう。たとえば、「法学セミナー」（日本評論社）や「法学教室」（有斐閣）といった法律雑誌のほか、法科大学院での講義で「よくある質問」をコンパクトに解説している曽我部真裕ほか編『憲法論点教室』（日本評論社、2012年）や、より深い思考力を鍛錬できる宍戸常寿著『憲法　解釈論の応用と展開（第 2 版)』（日本評論社、2014年）、駒村圭吾『憲法訴訟の現代的転回』（日本評論社、2013年）などがある。

　これらの書籍でも疑問が解決しない場合には、憲法の条文を逐条で解説しているコンメンタールを参照するとよい。たとえば、木下智史＝只野雅人編

『新・コンメンタール 憲法』（日本評論社、2015年）、芹沢斉ほか編『新基本法コンメンタール 憲法』（日本評論社、2011年）などがある。

5 判例の時代背景を学ぶ

　最高裁判例は、いずれも架空の事案ではなく、実際に存在した事件であるから、その背後にある社会的背景を知ることは有益である。たとえば、山田隆司著『記者ときどき学者の憲法論』（日本評論社、2012年）、同『戦後史で読む憲法判例』（日本評論社、2016年）などは、学生にも読みやすく、効率的に時代背景を学習することができるであろう。

　事例問題は、実際の事案を素材として出題されることがある。たとえば、平成20年新司法試験は平成20年に成立した「青少年が安全に安心してインターネットを利用できる環境の整備等に関する法律」が、平成22年新司法試験は平成18年頃から始まった大阪市西成区におけるホームレスの住民票が相次いで抹消されるという事件が、それぞれ題材になっている。

　今日報道されている事件は、将来の憲法事例問題の素材となるかもしれない。憲法の事例問題を解く能力を磨くためには、机上の空論を学ぶだけではなく、常に社会に目を向けて、憲法上の問題があると思われる事件について、雑談でもかまわないので、大学の教員や友人と議論してみるとよいであろう。

●事項索引●

【あ　行】

愛知大学事件…………………………144
アクセス権……………………………152
「悪徳の栄え」事件判決……………167
旭川学力テスト事件（判決）……139,277,278
朝日訴訟（判決）……………………272
あん摩師等法事件……………………171
家永教科書事件（判決）…………158,159
医業類似行為禁止……………………207
違憲状態………………………………300
違憲審査基準…………………………53
萎縮効果………………………………153
泉佐野市民会館事件（判決）
　　　　　　　……97,184,185,188,189
「板まんだら」訴訟判決……………143
一元的外在制約説……………………38
一元的内在的制約説…………………38
1項・2項分離論………………………269
一般的自由説…………………………61
意に反する苦役の禁止………………237
委任立法の限界………………………288
岩手県教組学テ事件判決……………50
「宴のあと」事件……………………65
営業の自由……………………………200
営利的表現（言論）…………………170
閲読制限………………………………43
愛媛玉串料事件（判決）…………129,130
「エホバの証人」剣道履修拒否事件（判決）
　　　　　　　……………114,116,117
「エホバの証人」輸血拒否事件（判決）……70
LRA の基準……………………………204
エンドースメント・テスト…………130
オウム真理教解散命令事件………114,116
大分県屋外広告物条例違反事件判決………174
大阪空港訴訟控訴審判決……………71
屋外広告物条例………………………174

【か　行】

海外旅行の自由………………………240
外国人…………………………………19
外務省公電漏洩事件（決定）……178,179
学習権…………………………………275
学習指導要領…………………………278
学生無年金障害者訴訟（判決）……273,274
学問の自由……………………………137
鹿児島県知事大嘗祭参列事件（判決）
　　　　　　　………………………124,131
加持祈祷事件…………………………115
過小包摂………………………………335
河川附近地制限令事件（判決）………227,229
ガソリンタンク移設事件……………229
過大包摂………………………………335
過度の広汎性故に無効の法理……160,161
加入強制団体…………………………107
川崎民商事件（判決）………………258
環境権…………………………………70
間接効力説……………………………29
間接的制約（思想及び良心の自由）……103
間接的・付随的制約（表現の自由）……164
観点規制………………………………165
機会の平等……………………………77
規制目的………………………………40
規制目的二分論………………………204
吉祥寺駅事件判決……………………173
喫煙の制限……………………………43
既得権…………………………………220
基本権保護義務………………………30
基本的人権……………………………14
義務教育の無償………………………276
客観法…………………………………17
教育
　──権の所在………………………276
　──の機会均等……………………276
　──の自由…………………………138
　──を受けさせる義務……………51

──を受ける権利……274	公安条例……186
教員の任期制……145	公開裁判……253
教科書検定……158	公共のために用ひる……226
教授の自由……139	公共の福祉……36
行政手続における適正手続の保障……256	皇居前広場事件（判決）……183, 188
供託金制度……306	合憲限定解釈……161
京都府学連事件……65	麹町中学内申書事件（判決）……101, 104
共有林分割制限事件（判決）	公衆浴場開設距離制限……209
……18, 218, 221, 222, 224	硬性憲法……15
許可……202	皇族……27
居住・移転（の自由）……239, 240	交通事故の報告義務……250
緊急逮捕……246	幸福追求権……59
禁止……201	公平な裁判所……252
近代的意味の憲法……15	公務員……28, 291
勤務条件の法定……50	──の「政治的行為」の禁止……45
勤労権……279	──の選定・罷免……292
勤労条件の法定……280	──の労働基本権制限……48
勤労の義務……52	公務就任権……23
具体的権利……17	拷問の禁止……249
具体的権利説（生存権）……268	小売市場
区別（distinguish）……333	──事件判決……39, 204, 206, 209
経済活動の自由……197	──市場開設距離制限……208
形式的平等……77	合理的期間……300
刑事施設被収容者……28	国籍……18, 89
刑事手続の法定と適正さ……243	──留保制度……92
刑事被告人の権利……252	国籍法3条1項違憲判決……19, 81, 84, 89
刑事補償請求権……322	国鉄労働組合広島地方本部事件（判決）……26
刑罰と重加算税の併科……256	国民……18
刑罰法規	──の義務……16
──の適正さ……243, 244	国務請求権……16, 314
──の不遡及……255	国有農地売払特措法事件……223
──の法定……243	後国家的権利……16
──の明確性……159, 243	個人の尊重……60
結果の平等……77	誇大広告……170
「月刊ペン」事件判決……169	国会議員の解職制……292
結社の自由……189	国会中心立法の原則……42
検閲……154	国家神道……112
見解（観点）規制……100, 164	「国歌」斉唱命令事件（判決）
厳格分離……123	……101, 102, 103, 107
健康で文化的な最低限度の生活……269	国家独占……201
現行犯逮捕……246	国家の
検察官による上訴……255	──教育内容決定権……277
「現実の悪意」の基準……158	──宗教的中立性……119

342 事項索引

──非宗教性………………………119
国家賠償請求権……………………316,317
国家補償の谷間………………………230
国家無答責の法理……………………316
古都保存協力税事件…………………115
固有の意味での憲法……………………14

【さ　行】

在外国民
　──選挙権事件判決……………297
　──の選挙権行使の制限………296
罪刑法定主義…………………………243
最高法規…………………………………15
再婚禁止期間……………………………87
　──違憲判決……………………88
財産権…………………………………217
再入国の自由……………………………21
裁判員制度……………………………238
裁判官の政治運動禁止…………………48
裁判
　──における証言強制…………181
　──の公開………………………326
　──を受ける権利………………324,325
在留する権利……………………………21
札幌税関検査事件（判決）
　………………………154,155,156,159,162
サラリーマン税金訴訟…………………89
猿払事件（判決）………………………46,164
参議院選挙区…………………………301
残虐な刑罰の禁止……………………255
参政権……………………………………16,290
三段階審査………………………………54
自衛官合祀訴訟………………………128
塩見訴訟（判決）………………………24
歯科技工士事件………………………207
資格制……………………………………202
自己決定権………………………………69
自己実現………………………………150
事情判決の法理………………………300
私人間効力論……………………………29
事前抑制………………………………153
　──禁止原則……………………155

思想及び良心の自由……………………98
思想告白の強制………………………100
思想調査………………………………100
思想と不可分に結びつく行為………101
思想の自由市場…………………………97,150
地蔵像訴訟……………………………122
実質的平等………………………………77
児童酷使の禁止………………………280
児童扶養手当事件判決…………………82
自白
　──排除法則……………………250
　──補強法則……………………250
司法事実…………………………………12,334
司法書士法事件………………………208
指紋押なつの強制………………………66
社会権…………………………………266
社会的身分………………………………80
謝罪広告………………………………105
　──事件判決……………………98,99
集会の自由……………………………183
集会のための場所の利用……………183
住基ネット………………………………68
宗教教育………………………………121
「宗教上の組織若しくは団体」に対する公金支
　出等の禁止………………………121
宗教団体
　──による「政治上の権力」行使の禁止
　　………………………………120
　──への特権付与禁止…………120
「宗教的活動」禁止……………………121
宗教的結社の自由……………………113
宗教的行為・布教を行う自由………113
自由権……………………………………16
自由権的効果…………………………271
私有財産制……………………………219
自由選挙………………………………293
集団行進の自由………………………183
住民訴訟………………………………120
重要な事実（material fact）………332
受益権……………………………………16
受刑者…………………………………298
授権規範…………………………………15
取材源秘匿……………………………181

事項索引　343

取材の自由	151	信頼保護的補償	227
主題規制	164	推知報道	67
手段相当性審査（狭義の比例性）	336	ステート・アクションの理論	29
手段適合性審査	335	生活保護における老齢加算の廃止	274
手段必要性審査	335	請願権	315
出版事前差止め	157	税関検査	156
守秘義務違反	178	請求権	16
酒類販売免許制	211	政教分離原則	118
——事件判決	212	制限規範	15
準現行犯逮捕	246	政治活動の自由	21
障害者の教育を受ける権利	279	精神的自由	96
小規範	332	精神的自由の優越的地位	96
消極目的規制	198	製造たばこ小売販売業適正配置	211
上告制限	326	生存権	267
象徴的表現	176	正当な補償	228
証人喚問権	254	制度後退禁止原則	271
証人審問権	253	制度保障（制度的保障）	18, 119
少年審判手続	324	成年被後見人	298
情報公開請求権	151	性別	80
条例	92	税務調査における質問回答義務	251
昭和女子大事件	31	生命・健康	69
職業遂行上の規制	203	政令201号事件	49
職業選択の自由	198	世田谷事件判決	48
職業の自由	200	積極的差別是正措置（アファーマティブ・アクション）	78
処分		積極目的規制	198
——違憲	331	絶対的（機械的）平等	76
——違法	331	絶対的わいせつ概念	167
——（適用）違憲の主張	331	前科	66
知る権利	151	——照会事件	66
知る自由	151	1976年判決（衆議院）	299
白タク営業の禁止	211	選挙運動の自由	307
人格権	69	選挙権の	291
人格的利益説	61	——欠格事由	297
信教の自由	111	——法的性格	292
人権	15	選挙犯罪	296
信仰の自由	113	全国一斉学力テスト	277
人種	79	前国家的権利	16
信条	80	戦争損害	229
信条説	98	仙台全司法事件判決	49
信書発信制限	44	全逓東京中郵事件判決	49
人身の自由	236	全逓名古屋中郵事件判決	51
迅速な裁判	252	セントラル・ハドソン・テスト	170
新無効力説	30		

全農林警職法事件判決……………………49
相対的平等………………………………76
相対的分離………………………………123
相対的わいせつ概念……………………167
空知太神社事件（判決）………122,124,132
損失補償…………………………………226
　　——の直接請求………………………227
尊属殺重罰規定違憲判決……………53,83,85

【た　行】

大学の自治………………………………141
第三者所有物没収事件判決……………244
大臣による学長等の任命………………144
逮捕・勾留………………………………245
高田事件判決……………………………253
短期売買利益返還請求事件（判決）
　　………………………………222,225
団結権……………………………………281
団体………………………………………25
団体規制法………………………………190
団体交渉権………………………………282
団体行動権………………………………282
チャタレイ事件判決……………………167
抽象的権利説……………………………268
徴兵制……………………………………238
直接効力説………………………………29
直接選挙…………………………………294
直接的制約………………………………103
通信の秘密………………………………191
通信傍受…………………………………192
津地鎮祭事件（判決）………18,119,122,128
TBS 事件…………………………………181
定義づけ衡量……………………………165
適正手続
　　——保障………………………………242
　　——を受ける権利……………………70
敵対的聴衆の法理………………………185
適用違憲…………………………………331
転居届の不受理…………………………241
伝習館高校事件（判決）………………278
天皇………………………………………27
東京都管理職選考試験事件判決………23

東京都公安条例事件判決………………187
東京都売春防止条例事件………………92
当然の法理………………………………23
東電塩山営業所事件……………………105
投票価値の平等……………………298,303
投票の機会………………………………294
道路使用の許可制………………………174
都教組事件判決…………………………49
徳島市公安条例事件（判決）……159,160,162
特定の思想に基づく差別的取扱い……101
特別永住者………………………………23
特別権力関係論…………………………28
特別の犠牲………………………………227
特別の公法上の関係……………………28
特許………………………………………202
届出制……………………………………203
富山大学専攻科修了不認定事件判決…143
富山大学単位不認定事件判決…………143
奴隷的拘束・意に反する苦役からの自由…237
奴隷的拘束の禁止………………………237

【な　行】

内閣総理大臣の靖國神社参拝…………131
内在・外在二元説………………………38
内心説……………………………………99
長野勤務評定事件判決……………99,101,104
長良川事件報道訴訟……………………67
奈良県ため池条例事件（判決）……223,228
成田新法事件（判決）……………53,187,257
新潟県公安条例事件（判決）…………186
西陣ネクタイ事件………………………212
「二重の危険」の禁止……………………255
二重の基準（論）……………………17,97
「二重のしぼり」論………………………49
日曜参観事件……………………………117
日産自動車事件…………………………32
日本テレビ事件…………………………181
入国の自由………………………………21
納税の義務………………………………52
ノンフィクション「逆転」事件………67

【は　行】

破壊活動防止法……………………………190
博多駅テレビフィルム事件（決定）
　　　　　　　　　　　………151,180,181
漠然性故に無効の法理……………………160
パブリック・フォーラム論………………173
犯罪のせん動………………………………165
ハンセン病患者に対する強制隔離………241
反論権………………………………………152
ピアノ伴奏命令事件判決……………102,107
被選挙権……………………………………305
被選挙資格年齢……………………………306
非嫡出子……………………………………86
　　──相続分差別事件1995年決定……86
　　──相続分差別事件2013年決定……87
「日の丸」焼却事件………………………176
秘密投票……………………………………293
百里基地訴訟………………………………32
表現内容規制………………………………163
表現内容中立規制…………………………163
表現の自由…………………………………149
表現の時・場所・方法の規制……………172
平等選挙……………………………………294
ビラ配布のための家屋等への立入規制…175
比例原則…………………………………4,62
広島市暴走族追放条例事件………………162
夫婦同氏制度………………………………88
　　──合憲判決……………………………88
福岡県青少年保護育成条例事件（判決）
　　　　　　　　　　　…………41,244,245
付随的規制…………………………………172
普通選挙……………………………………294
部分社会の法理…………………………28,143
プライバシーの権利………………………63
ブランデンバーグ基準……………………166
不利益供述を強要されない権利…………249
プログラム規定説…………………………267
文面審査……………………………………160
弁護人依頼権…………………………247,253
帆足計事件（判決）……………………240,241
防御権………………………………………16

法人…………………………………………25
放送の自由…………………………………177
法廷内の写真撮影禁止……………………180
法廷メモ（レペタ）事件判決……………151
法的権利説…………………………………268
法適用の平等………………………………76
報道の自由…………………………………151
法内容の平等（立法者拘束）……………76
法の下の平等………………………………75
法律上の争訟………………………………143
法令違憲の主張……………………………331
ポスト・ノーティス………………………106
　　──事件判決……………………………99
牧会活動事件………………………………115
北方ジャーナル事件（判決）
　　　　　　　　　　　…69,150,157,158
ポポロ事件（判決）………………138,143,144
堀木訴訟（判決）……………………272,273
堀越事件……………………………………47

【ま　行】

マクリーン事件判決……………………20,33
麻薬取扱者の記帳義務……………………251
三井美唄炭鉱労働事件判決………………283
三菱樹脂事件（判決）………………30,31,100
南九州税理士会事件（判決）………26,27,107
箕面遺族会訴訟……………………………122
箕面慰霊祭訴訟（判決）………………124,130
箕面忠魂碑訴訟……………………………131
無罪の裁判…………………………………323
明確性の原則………………………………159
「明白かつ現在の危険」基準……………166
名誉毀損……………………………………168
名誉権………………………………………69
メディアの特権……………………………177
面会交流制限………………………………44
目的効果基準………………………………123
目的審査……………………………………335
森川キャサリーン事件判決………………21
門地…………………………………………81

【や 行】

薬局開設距離制限……………………………209
　　――事件判決……………39, 199, 204, 209
八幡製鉄政治献金事件（判決）…………25, 26
「有害図書」規制………………………………171
「有害表現」の規制……………………………164
「夕刊和歌山時事」事件判決…………169, 170
郵便物の差押え…………………………………192
郵便法
　　――事件判決……………………………320
　　――による損害賠償の免責……………319
「四畳半襖の下張」事件判決…………………168
「よど号事件」記事抹消事件（判決）
　　………………………………………3, 43, 151

【ら 行】

利益衡量…………………………………………52
　　――基準……………………………………4
立法行為（不作為）に対する国家賠償請求
　　………………………………………………318
立法事実…………………………………12, 334
理由開示…………………………………………245
劉連仁事件………………………………………320
量刑における余罪の考慮……………………256
「良心」＝信仰選択説…………………………98
良心の自由………………………………………98
旅券の発給拒否…………………………………241
旅行の自由………………………………………240
令状主義……………………………………246, 247
連座制……………………………………………306
労働基本権………………………………………280
労働組合
　　――による政治活動……………………282
　　――の統制権……………………………281
老齢加算廃止訴訟判決………………………274

【わ 行】

わいせつ…………………………………………166
早稲田大学江沢民講演会事件…………………67

事項索引　347

●判例索引●

【昭　和】

最大判1948（昭和23）・3・12刑集2巻3号191頁‥‥‥‥‥‥‥‥‥‥‥‥‥‥‥‥‥‥255
最大判1948（昭和23）・5・5刑集2巻5号447頁‥‥‥‥‥‥‥‥‥‥‥‥‥‥‥‥‥‥252
最3小判1948（昭和23）・6・1民集2巻7号125頁‥‥‥‥‥‥‥‥‥‥‥‥‥‥‥‥‥293
最大判1948（昭和23）・6・30刑集2巻7号777頁‥‥‥‥‥‥‥‥‥‥‥‥‥‥‥‥‥255
最大判1948（昭和23）・7・29刑集2巻9号1012頁‥‥‥‥‥‥‥‥‥‥‥‥‥‥‥‥250
最大判1949（昭和24）・3・23刑集3巻3号352頁‥‥‥‥‥‥‥‥‥‥‥‥‥‥‥‥‥325
最大判1949（昭和24）・4・20民集3巻5号135頁‥‥‥‥‥‥‥‥‥‥‥‥‥‥‥‥‥291
最大判1949（昭和24）・5・18刑集3巻6号789頁‥‥‥‥‥‥‥‥‥‥‥‥‥‥‥‥‥254
最大判1949（昭和24）・5・18刑集3巻6号839頁‥‥‥‥‥‥‥‥‥‥‥‥‥‥38, 166
最大判1950（昭和25）・9・27刑集4巻9号1799頁‥‥‥‥‥‥‥‥‥‥‥‥‥‥‥‥308
最大判1950（昭和25）・9・27刑集4巻9号1805頁‥‥‥‥‥‥‥‥‥‥‥‥‥‥‥‥255
最大判1950（昭和25）・10・11刑集4巻10号2037頁（尊属傷害致死罪事件判決）‥‥‥‥81, 85
最1小判1950（昭和25）・11・9民集4巻11号523頁‥‥‥‥‥‥‥‥‥‥‥‥‥‥‥‥293
最大判1950（昭和25）・11・15刑集4巻11号2257頁（山田鋼業事件判決）‥‥‥‥‥‥282
最大判1950（昭和25）・11・22刑集4巻11号2380頁‥‥‥‥‥‥‥‥‥‥‥‥‥‥‥‥60
最2小判1950（昭和25）・12・28民集4巻12号683頁‥‥‥‥‥‥‥‥‥‥‥‥‥‥‥‥19
最大判1952（昭和27）・2・20民集6巻2号122頁‥‥‥‥‥‥‥‥‥‥‥‥‥‥‥‥‥106
最大決1952（昭和27）・4・2民集6巻4号387頁‥‥‥‥‥‥‥‥‥‥‥‥‥‥‥‥‥101
最大判1952（昭和27）・4・9刑集6巻4号584頁‥‥‥‥‥‥‥‥‥‥‥‥‥‥‥‥‥254
最大判1952（昭和27）・8・6刑集6巻8号974頁‥‥‥‥‥‥‥‥‥‥‥‥‥‥‥‥‥182
最大判1953（昭和28）・4・8刑集7巻4号775頁（政令201号事件判決）‥‥‥‥‥‥‥49
最大判1953（昭和28）・12・23民集7巻13号1523頁‥‥‥‥‥‥‥‥‥‥‥‥‥‥‥‥228
最大判1953（昭和28）・12・23民集7巻13号1561頁（皇居前広場事件判決）
‥‥‥‥‥‥‥‥‥‥‥‥‥‥‥‥‥‥‥‥‥‥‥‥‥‥‥‥‥‥‥‥‥‥183, 188, 194
最2小判1954（昭和29）・1・22民集8巻1号225頁‥‥‥‥‥‥‥‥‥‥‥‥‥‥‥‥226
東京地判1954（昭和29）・5・11判時26号3頁（ポポロ事件第1審判決）‥‥‥‥‥‥144
最2小判1954（昭和29）・7・16刑集8巻7号1151頁‥‥‥‥‥‥‥‥‥‥‥‥‥‥‥‥251
最大判1954（昭和29）・11・24刑集8巻11号1866頁（新潟県公安条例事件判決）‥‥‥184, 186, 187
最大判1955（昭和30）・1・26刑集9巻1号89頁（公衆浴場開設距離制限1995年判決）‥‥‥‥‥210
最大判1955（昭和30）・2・9刑集9巻2号217頁‥‥‥‥‥‥‥‥‥‥‥‥‥‥296, 305
最大判1955（昭和30）・3・30刑集9巻3号635頁‥‥‥‥‥‥‥‥‥‥‥‥‥‥‥‥‥308
最大判1955（昭和30）・4・27刑集9巻5号924頁‥‥‥‥‥‥‥‥‥‥‥‥‥‥‥‥‥248
最3小判1955（昭和30）・11・22民集9巻12号1793頁‥‥‥‥‥‥‥‥‥‥‥‥‥‥‥101
最大判1955（昭和30）・12・14刑集9巻13号2760頁‥‥‥‥‥‥‥‥‥‥‥‥‥‥‥‥247
最大判1956（昭和31）・7・4民集10巻7号785頁（謝罪広告事件判決）‥‥‥98, 99, 105, 110
最大決1956（昭和31）・12・24刑集10巻12号1692頁‥‥‥‥‥‥‥‥‥‥‥‥‥‥‥‥324
最大判1957（昭和32）・2・20刑集11巻2号802頁‥‥‥‥‥‥‥‥‥‥‥‥‥‥‥‥‥249

348

最大判1957（昭和32）・3・13刑集11巻3号997頁（チャタレイ事件判決）	167
最大判1957（昭和32）・12・25刑集11巻14号3377頁	21
最大決1958（昭和33）・2・17刑集12巻2号253頁（北海タイムズ事件）	180
最大判1958（昭和33）・4・30民集12巻6号938頁	256
最大判1958（昭和33）・9・10民集12巻13号1969頁（帆足計事件判決）	240,241
最大判1958（昭和33）・10・15刑集12巻14号3305号（東京都売春防止条例事件判決）	92
最大判1959（昭和34）・7・8刑集13巻7号1132頁（歯科技工士事件判決）	208
最大判1960（昭和35）・1・27刑集14巻1号33頁	207
最1小判1960（昭和35）・3・3刑集14巻3号253頁	175
最大決1960（昭和35）・7・6民集14巻9号1657頁	326
最大判1960（昭和35）・7・20刑集14巻9号1243頁（東京都公安条例事件判決）	187
東京地判1960（昭和35）・10・19行集11巻10号2921頁（朝日訴訟第1審判決）	269,272
最大判1961（昭和36）・2・15刑集15巻2号347頁（あん摩師等法事件判決）	170,171
最2小判1961（昭和36）・7・14刑集15巻7号1097頁	201
最大判1962（昭和37）・5・2民集16巻5号495頁	250
最大判1962（昭和37）・11・28刑集16巻11号1593頁（第三者所有物没収事件判決)	
	243,244,260
最大判1963（昭和38）・5・15刑集17巻4号302頁（加持祈祷事件判決）	115
最大判1963（昭和38）・5・22刑集17巻4号370頁（ポポロ事件判決）	138,141,142,143,144
最大判1963（昭和38）・6・26刑集17巻5号521頁（奈良県ため池条例事件判決)	
	220,223,228,232,233
最大判1963（昭和38）・12・4刑集17巻12号2434頁（白タク営業禁止事件判決）	211
最大判1964（昭和39）・2・26民集18巻2号343頁	277
最大判1964（昭和39）・5・27民集18巻4号676頁（待命処分判決）	77,78,80,81
最大判1964（昭和39）・7・15刑集18巻6号386頁	202
東京地判1964（昭和39）・9・28下民集15巻9号2317頁（「宴のあと」事件判決）	65,73
最大判1964（昭和39）・11・18刑集18巻9号579頁	79
最大決1965（昭和40）・6・30民集19巻4号1089頁	326
最1小判1966（昭和41）・6・23民集20巻5号1118頁	170
最大判1966（昭和41）・10・26刑集20巻8号901頁（全逓東京中郵事件判決）	49,53
最大決1966（昭和41）・12・27民集20巻10号2279頁	326
津地判1967（昭和42）・3・16行集18巻3号246頁（津地鎮祭事件第1審判決）	128
最大判1967（昭和42）・5・24民集21巻5号1043頁（朝日訴訟判決）	269,272
最大判1967（昭和42）・7・5民集21巻6号748頁	256
旭川地判1968（昭和43）・3・25判時514号20頁（猿払事件第1審判決）	46
最大判1968（昭和43）・11・27刑集22巻12号1402頁（河川附近地制限令事件判決)	
	227,228,229,234,235
最大判1968（昭和43）・11・27民集22巻12号2808頁	230
最大判1968（昭和43）・12・4刑集22巻13号1425頁（三井美唄炭鉱労働事件判決）	283,305
最大判1968（昭和43）・12・18刑集22巻13号1549頁	174
最大判1969（昭和44）・4・2刑集23巻5号305頁（都教組事件判決）	49
最大判1969（昭和44）・4・2刑集23巻5号685頁（仙台全司法事件判決）	49,50
最大判1969（昭和44）・4・23刑集23巻4号235頁	308

判例索引 349

最2小判1969（昭和44）・5・2集民95号257頁（中里鉱業所事件判決）……………………283
最大判1969（昭和44）・6・25刑集23巻7号975頁（「夕刊和歌山時事」事件判決）………169,170
最2小判1969（昭和44）・7・4民集23巻8号1321頁………………………………………………230
最大判1969（昭和44）・10・15刑集23巻10号1239頁（「悪徳の栄え」事件判決）………………167
最大決1969（昭和44）・11・26刑集23巻11号1490頁（博多駅テレビフィルム事件決定）
　………………………………………………………………………………………………………151,181
最大判1969（昭和44）・12・24刑集23巻12号1625頁（京都府学連事件判決）………………66,72
最大判1970（昭和45）・6・17刑集24巻6号280頁………………………………………………174
最大判1970（昭和45）・6・24民集24巻6号625頁（八幡製鉄政治献金事件判決）…………25,26
東京地判1970（昭和45）・7・17判時604号29頁（第2次家永教科書事件第1審判決）……158,276
名古屋高判1970（昭和45）・8・25判時609号7頁（愛知大学事件判決）………………………144
最大判1970（昭和45）・9・16民集24巻10号1410頁………………………………………………42,43
名古屋高判1971（昭和46）・5・14行集22巻5号680頁（津地鎮祭事件控訴審判決）
　………………………………………………………………………………………………112,126,128
神戸地判1972（昭和47）・9・20行集23巻8＝9号711頁（堀木訴訟第1審判決）………………273
最大判1972（昭和47）・11・22刑集26巻9号554頁（川崎民商事件判決）………………251,258,263
最大判1972（昭和47）・11・22刑集26巻9号586頁（小売市場事件判決）
　………………………………………………………………………39,204,205,206,209,210,211,213
最1小判1972（昭和47）・11・30民集26巻9号1746頁（長野勤務評定事件判決）………99,101,104
最大判1972（昭和47）・12・20刑集26巻10号631頁（高田事件判決）…………………………253
最大判1973（昭和48）・4・4刑集27巻3号265頁（尊属殺重罰規定違憲判決）……41,53,83,85
最大判1973（昭和48）・4・25刑集27巻4号547頁（全農林警職法事件判決）……………………49
東京地判1973（昭和48）・5・1訟月19巻8号32頁（九州大学井上事件判決）…………………145
最1小判1973（昭和48）・10・18民集27巻9号1210頁……………………………………………228
最大判1973（昭和48）・12・12民集27巻11号1536頁（三菱樹脂事件判決）……………30,31,32,100
東京地判1974（昭和49）・1・31判時732号12頁（外務省公電漏洩事件第1審判決）…………179
最3小判1974（昭和49）・7・19民集28巻5号790頁（昭和女子大事件判決）……………………32
最1小判1974（昭和49）・9・26刑集28巻6号329頁………………………………………………85
最大判1974（昭和49）・11・6刑集28巻9号393頁（猿払事件判決）………46,47,48,164,172,308
神戸簡判1975（昭和50）・2・20判時768号3頁（牧会活動事件判決）…………………………115
最2小判1975（昭和50）・4・25民集29巻4号456頁………………………………………………280
最大判1975（昭和50）・4・30民集29巻4号572頁（薬局開設距離制限事件判決）
　…………………………………………………39,199,200,201,204,206,208,209,210,211,215,216,335,336
最大判1975（昭和50）・9・10刑集29巻8号489頁（徳島市公安条例事件判決）
　………………………………………………………………………………………………159,162,243,262
大阪高判1975（昭和50）・11・10行集26巻10=11号1268頁（堀木訴訟控訴審判決）………270,273
大阪高判1975（昭和50）・11・27判時797号36頁（大阪空港訴訟控訴審判決）…………………71
最3小判1975（昭和50）・11・28民集29巻10号1698頁（国鉄労働組合広島地方本部事件判決）
　……26
最大判1976（昭和51）・4・14民集30巻3号223頁（衆議院1976年判決）………299,300,301,304
最大判1976（昭和51）・5・21刑集30巻5号615頁（旭川学力テスト事件判決）
　………………………………………………………………………………………………139,275,276,278
最大判1976（昭和51）・5・21刑集30巻5号1178頁（岩手県教組学テ事件判決）………………50

最 3 小判1977（昭和52）・ 3 ・15民集31巻 2 号234頁（富山大学単位不認定事件判決）………143
最 3 小判1977（昭和52）・ 3 ・15民集31巻 2 号280頁（富山大学専攻科修了不認定事件判決）
　………………………………………………………………………………………………143
最大判1977（昭和52）・ 5 ・ 4 刑集31巻 3 号182頁（全逓名古屋中郵事件判決）………51
最大判1977（昭和52）・ 7 ・13民集31巻 4 号533頁（津地鎮祭事件判決）
　……………………………………………………18,119,122,123,125,126,128
最 1 小決1978（昭和53）・ 5 ・31刑集32巻 3 号457頁（外務省公電漏洩事件決定）………179
最大判1978（昭和53）・ 7 ・12民集32巻 5 号946頁（国有農地売払特措法事件判決）……220,223
最 1 小判1978（昭和53）・ 9 ・ 7 刑集32巻 6 号1672頁……………………………………243
最大判1978（昭和53）・10・ 4 民集32巻 7 号1223頁（マクリーン事件判決）
　……………………………………………………………………20,21,22,33,34,35
山口地判1979（昭和54）・ 3 ・22判時921号44頁（自衛官合祀訴訟第 1 審判決）………128
最 2 小判1980（昭和55）・11・28刑集34巻 6 号433頁（「四畳半襖の下張」事件判決）………168
最 3 小判1981（昭和56）・ 3 ・24民集35巻 2 号300頁（日産自動車事件判決）……………32
最 3 小判1981（昭和56）・ 4 ・ 7 民集35巻 3 号443頁（「板まんだら」訴訟判決）………143
最 3 小判1981（昭和56）・ 4 ・14民集35巻 3 号620頁（前科照会事件判決）…………66,67
最 1 小判1981（昭和56）・ 4 ・16刑集35巻 3 号84頁（「月刊ペン」事件判決）……………169
最 2 小判1981（昭和56）・ 6 ・15刑集35巻 4 号205頁………………………………………308
最 3 小判1981（昭和56）・ 7 ・21刑集35巻 5 号568頁………………………………………308
大阪地判1982（昭和57）・ 3 ・24判時1036号20頁（箕面忠魂碑訴訟第 1 審判決）………132
広島高判1982（昭和57）・ 6 ・ 1 判時1046号 3 頁（自衛官合祀訴訟控訴審判決）………129
東京高判1982（昭和57）・ 6 ・23行集33巻 6 号1367頁………………………………………84
最大判1982（昭和57）・ 7 ・ 7 民集36巻 7 号1235頁（堀木訴訟判決）………270,271,273,274
最 3 小判1982（昭和57）・11・16刑集36巻11号908頁（エンタープライズ入港反対デモ事件判決）
　………………………………………………………………………………………………175
最 2 小判1983（昭和58）・ 2 ・18民集37巻 1 号59頁（ガソリンタンク移設事件判決）………229
最 3 小判1983（昭和58）・ 3 ・ 8 刑集37巻 2 号15頁………………………………………168
最大判1983（昭和58）・ 4 ・27民集37巻 3 号345頁…………………………………………301
最大判1983（昭和58）・ 6 ・22民集37巻 5 号793頁（「よど号事件」記事抹消事件判決）
　………………………………………………………………………………3,43,44,151,334
最大判1983（昭和58）・11・ 7 民集37巻 9 号1243頁（衆議院1983年判決）……………301,304
最 3 小判1984（昭和59）・ 3 ・27刑集38巻 5 号2037頁………………………………………251
京都地判1984（昭和59）・ 3 ・30行集35巻 3 号353頁（古都保存協力税事件判決）………115
東京地判1984（昭和59）・ 5 ・18判時1118号28頁……………………………………………230
最大判1984（昭和59）・12・12民集38巻12号1308頁（札幌税関検査事件判決）
　……………………………………………………………154,155,156,157,159,160,162
最 3 小判1984（昭和59）・12・18刑集38巻12号3026頁（吉祥寺駅事件判決）……………173
最大判1985（昭和60）・ 3 ・27刑集39巻 2 号247頁（サラリーマン税金訴訟判決）………89,212
最大判1985（昭和60）・ 7 ・17民集39巻 5 号1100頁（衆議院1985年判決）………………304
最大判1985（昭和60）・10・23刑集39巻 6 号413頁（福岡県青少年保護育成条例事件判決）
　………………………………………………………………………………………41,93,245
最 1 小判1985（昭和60）・11・21民集39巻 7 号1512頁（在宅投票制廃止事件判決）
　………………………………………………………………………213,295,318,319

判例索引　351

東京地判1986（昭和61）・3・17行集37巻3号294頁･････････････････････････････････229
東京地判1986（昭和61）・3・20行集37巻3号347頁（日曜参観事件判決）･････････117
最大判1986（昭和61）・6・11民集40巻4号872頁（北方ジャーナル事件判決）
･･･69,150,154,156,157,158
最3小判1987（昭和62）・3・3刑集41巻2号15頁（大分県屋外広告物条例違反事件判決）
･･･174
東京高判1987（昭和62）・3・16判時1232号43頁････････････････････････････････166
最大判1987（昭和62）・4・22民集41巻3号408頁（共有林分割制限事件判決）
････････････････････････････18,205,218,219,220,221,222,224,232,233,235,335,336
最2小判1987（昭和62）・4・24民集41巻3号490頁（サンケイ新聞事件判決）････152
大阪高判1987（昭和62）・7・16判時1237号3頁（箕面忠魂碑訴訟控訴審判決）･･･132
最2小判1988（昭和63）・2・5労判512号12頁（東電塩山営業所事件）････････････105
最大判1988（昭和63）・6・1民集42巻5号277頁（自衛官合祀訴訟判決）･･････････129
最2小判1988（昭和63）・7・15判時1287号65頁（麹町中学内申書事件判決）･･････101,105

【平　成】

最2小判1989（平成元）・1・20刑集43巻1号1頁（公衆浴場開設距離制限1989年第2小法廷
判決）･･205,210
最2小決1989（平成元）・1・30刑集43巻1号19頁（日本テレビ事件決定）････････181
最3小判1989（平成元）・2・7判時1312号69頁（総評サラリーマン税金訴訟）････271
最1小判1989（平成元）・3・2訟月35巻9号1754頁（塩見訴訟判決）･････････････24
最3小判1989（平成元）・3・7判時1308号111頁（公衆浴場開設距離制限1989年第3小法廷
判決）･･205,210
最大判1988（平成元）・3・8民集43巻2号89頁（法廷メモ〔レペタ〕事件判決）･･･151
松山地判1989（平成元）・3・17行集40巻3号188頁（愛媛玉串料事件第1審判決）･･･129
最3小判1989（平成元）・6・20民集43巻6号385頁（百里基地訴訟判決）････････････32
最3小判1988（平成元）・9・19刑集43巻8号785頁･････････････････････････････171
最2小判1989（平成元）・11・20民集43巻10号1160頁････････････････････････････27
最1小判1989（平成元）・12・14民集43巻12号2051頁･･････････････････････････282
最1小判1990（平成2）・1・18判時1337号3頁（伝習館高校事件判決）････････････278
最3小判1990（平成2）・2・6訟月36巻12号2242頁（西陣ネクタイ事件判決）･･････205,213
最3小判1990（平成2）・3・6判時1357号144頁（ポスト・ノーティス事件判決）･･･99,106
最2小決1990（平成2）・7・9刑集44巻5号421頁（TBS事件決定）････････････････181
最2小判1990（平成2）・9・28刑集44巻6号463頁･････････････････････････････166
最3小決1991（平成3）・3・29刑集45巻3号158頁･･････････････････････････323,324
最2小判1991（平成3）・4・19民集45巻4号367頁･････････････････････････････230
最3小判1991（平成3）・7・9民集45巻6号1049頁･･･････････････････････････････44
神戸地判1992（平成4）・3・13行集43巻3号309頁（市立尼崎高校事件判決）･･････279
最3小判1992（平成4）・4・28判時1422号91頁･･･････････････････････････････････79
高松高判1992（平成4）・5・12行集43巻5号717頁（愛媛玉串料事件控訴審判決）････129
最大判1992（平成4）・7・1民集46巻5号437頁（成田新法事件判決）･････････53,188,257
大阪高判1992（平成4）・7・30判時1434号38頁････････････････････････････････131

最 1 小判1992（平成 4 ）・11・16集民166号575頁（森川キャサリーン事件判決）…………21
最 1 小判1992（平成 4 ）・11・16判時1441号57頁（地蔵像訴訟判決）……………………122
最 3 小判1992（平成 4 ）・12・15民集46巻 9 号2829頁（酒類販売免許制事件判決）………205,212
東京高判1992（平成 4 ）・12・18高民集45巻 3 号212頁……………………………………230
最大判1993（平成 5 ）・ 1 ・20民集47巻 1 号67頁……………………………………………304
最 3 小判1993（平成 5 ）・ 2 ・16民集47巻 3 号1687頁（箕面慰霊祭訴訟判決・箕面忠魂碑訴訟
　判決）……………………………………………………………………………124,125,130,132
最 3 小判1993（平成 5 ）・ 3 ・16民集47巻 5 号3483頁（第 1 次家永教科書事件判決）……141,159
最 2 小判1993（平成 5 ）・ 6 ・25訟月40巻 5 号1089頁（製造たばこ小売販売業適正配置事件判決）
　………………………………………………………………………………………………205,211
最 3 小判1994（平成 6 ）・ 2 ・ 8 民集48巻 2 号149頁（ノンフィクション「逆転」事件判決）…67
大阪地判1994（平成 6 ）・ 4 ・27判時1515号116頁………………………………………71,72
奈良地判1994（平成 6 ）・ 9 ・28訟月41巻10号2620頁………………………………………286
最 3 小判1995（平成 7 ）・ 2 ・28民集49巻 2 号639頁…………………………………………22
最 3 小判1995（平成 7 ）・ 3 ・ 7 民集49巻 3 号687頁（泉佐野市民会館事件判決）
　……………………………………………………………40,97,184,185,186,189,194,195,334
最大決1995（平成 7 ）・ 7 ・ 5 民集49巻 7 号1789頁（非嫡出子相続分差別事件1995年決定）
　……………………………………………………………………………………………………86,87
福岡高判那覇支判1995（平成 7 ）・10・26判時1555号140頁（「日の丸」焼却事件判決）………176
大阪高判1995（平成 7 ）・11・21判時1559号26頁……………………………………………287
最 3 小判1995（平成 7 ）・12・ 5 判時1563号81頁………………………………………………87
最 3 小判1995（平成 7 ）・12・15刑集49巻10号842頁（指紋押なつ事件判決）………………66
最 1 小決1996（平成 8 ）・ 1 ・30民集50巻 1 号199頁（オウム真理教解散命令事件決定）
　……………………………………………………………………………………………………114,116
最 2 小判1996（平成 8 ）・ 3 ・ 8 民集50巻 3 号469頁（「エホバの証人」剣道履修拒否事件判決）
　……………………………………………………………………………………114,116,117,127,133
最 2 小判1996（平成 8 ）・ 3 ・15民集50巻 3 号549頁（上尾市福祉会館事件判決）……………186
最 3 小判1996（平成 8 ）・ 3 ・19民集50巻 3 号615頁（南九州税理士会事件判決）………27,107
最大判1996（平成 8 ）・ 9 ・11民集50巻 8 号2283頁…………………………………………301
最 1 小判1997（平成 9 ）・ 3 ・13民集51巻 3 号1453頁………………………………………306
最 2 小判1997（平成 9 ）・ 3 ・28判時1602号71頁……………………………………………293
最大判1997（平成 9 ）・ 4 ・ 2 民集51巻 4 号1673頁（愛媛玉串料事件判決）………124,126,130
東京高判1997（平成 9 ）・ 9 ・16判夕986号206頁（東京都青年の家事件判決）………………93
東京高判1997（平成 9 ）・11・26判時1639号30頁………………………………………………23
最 3 小判1998（平成10）・ 3 ・24刑集52巻 2 号150頁（酒類販売免許制事件判決）…………212
最 1 小判1998（平成10）・ 7 ・16訟月45巻 4 号807頁（酒類販売免許制事件判決）…………212
最大決1998（平成10）・12・ 1 民集52巻 9 号1761頁……………………………………………48
最 3 小判1999（平成11）・ 2 ・23判時1670号 3 頁……………………………………………157
最大判1999（平成11）・ 3 ・24民集53巻 3 号514頁……………………………………………247
静岡地浜松支判1999（平成11）・10・12判時1718号92頁………………………………………80
最 1 小判1999（平成11）・10・21判時1696号96頁（箕面遺族会訴訟判決）…………………122
最 3 小決1999（平成11）・12・16刑集53巻 9 号1327頁…………………………………………192
最 3 小判2000（平成12）・ 2 ・ 8 刑集54巻 2 号 1 頁（司法書士法事件判決）………205,208,216

最 3 小判2000（平成12）・ 2 ・29民集54巻 2 号582頁（「エホバの証人」輸血拒否事件判決）……70
最 2 小判2000（平成12）・ 3 ・17判時1710号168頁………………………………………………51
最 3 小判2001（平成13）・ 2 ・13判時1745号94頁…………………………………………………327
熊本地判2001（平成13）・ 5 ・11判時1748号30頁（ハンセン病患者強制隔離違憲判決）………242
東京地判2001（平成13）・ 6 ・13判時1755号 3 頁……………………………………………………190
名古屋地判2001（平成13）・12・12判時1776号10頁…………………………………………………241
最 1 小判2002（平成14）・ 1 ・31民集56巻 1 号246頁（児童扶養手当事件判決）………82, 84, 285
最大判2002（平成14）・ 2 ・13民集56巻 2 号331頁（短期売買利益返還請求事件判決）
　　……………………………………………………………………………………………221, 222, 225
最 1 小判2002（平成14）・ 7 ・11民集56巻 6 号1204頁（鹿児島県知事大嘗祭参列事件判決）
　　………………………………………………………………………………………………124, 131
最大判2002（平成14）・ 9 ・11民集56巻 7 号1439頁（郵便法事件判決）………317, 318, 320, 321
最 3 小判2002（平成14）・ 9 ・24判時1802号60頁（「石に泳ぐ魚」事件判決）……………………65
札幌地判2002（平成14）・11・11判時1806号84頁……………………………………………………80
最 2 小判2002（平成14）・11・22判時1808号55頁……………………………………………………89
東京地判2002（平成14）・11・28判タ1114号93頁……………………………………………………297
最 2 小判2003（平成15）・ 3 ・14民集57巻 3 号229頁（長良川事件報道訴訟判決）………………67
最 2 小判2003（平成15）・ 9 ・12民集57巻 8 号973頁（早稲田大学江沢民講演会事件判決）……68
最大判2004（平成16）・ 1 ・14民集58巻 1 号56頁（参議院選挙区2004年判決）…………………302
東京地決2004（平成16）・ 3 ・19判時1865号18頁……………………………………………………158
京都地判2004（平成16）・ 3 ・31労判911号69頁……………………………………………………145
東京高決2004（平成16）・ 3 ・31判時1865号12頁……………………………………………………158
福岡地判2004（平成16）・ 4 ・ 7 判時1859号76頁……………………………………………………131
最 1 小判2004（平成16）・11・25民集58巻 8 号2326頁………………………………………………178
最大判2005（平成17）・ 1 ・26民集59巻 1 号128頁（東京都管理職選考試験事件判決）…………23
最 1 小判2005（平成17）・ 4 ・14刑集59巻 3 号259頁………………………………………………253
最 3 小判2005（平成17）・ 4 ・26判時1898号54頁（農業災害補償法事件判決）……………………205
東京高判2005（平成17）・ 6 ・23判時1904号83頁（劉連仁事件判決）……………………………321
最大判2005（平成17）・ 9 ・14民集59巻 7 号2087頁（在外国民選挙権事件判決）
　　………………………………………………………………………295, 297, 298, 310, 311, 312, 319
大阪高判2005（平成17）・ 9 ・30訟月52巻 9 号2979頁………………………………………………131
大阪高判2005（平成17）・12・28判タ1223号145頁…………………………………………………145
最 3 小判2006（平成18）・ 2 ・ 7 民集60巻 2 号401頁（呉市公立学校施設利用拒否事件判決）
　　………………………………………………………………………………………………………185
札幌地判2006（平成18）・ 3 ・ 3 民集64巻 1 号89頁（空知太神社事件第 1 審判決）……………132
最 1 小判2006（平成18）・ 3 ・23判時1929号37頁……………………………………………………44
最 2 小判2006（平成18）・ 6 ・23判時1940号122頁…………………………………………………120
最 1 小判2006（平成18）・ 7 ・13判時1946号41頁……………………………………………………297
最 3 小決2006（平成18）・10・ 3 民集60巻 8 号2647頁（NHK 記者取材源開示拒否事件決定）
　　………………………………………………………………………………………………………182
最 3 小判2007（平成19）・ 2 ・27民集61巻 1 号291頁（ピアノ伴奏命令事件判決）………102, 107
札幌高判2007（平成19）・ 6 ・26民集64巻 1 号119頁（空知太神社事件控訴審判決）……………132
津地伊勢支部判2007（平成19）・ 8 ・17判例自治314号19頁………………………………………328

最 3 小判2007（平成19）・ 9 ・18刑集61巻 6 号601頁（広島市暴走族追放条例事件判決）……… 163
最 2 小判2007（平成19）・ 9 ・28民集61巻 6 号2345頁（学生無年金障害者訴訟判決）………… 274
最 1 小判2008（平成20）・ 3 ・ 6 民集62巻 3 号665頁（住基ネット訴訟判決）………………… 68
最 2 小判2008（平成20）・ 4 ・11刑集62巻 5 号1217頁（立川テント村事件判決）…………… 175
名古屋高判2008（平成20）・ 5 ・13判例自治314号14頁 ……………………………………… 328
最大判2008（平成20）・ 6 ・ 4 民集62巻 6 号1367頁（国籍法 3 条 1 項違憲判決）
　…………………………………………………………19,81,82,84,89,90,91,92,95
最 2 小判2009（平成21）・11・30刑集63巻 9 号1765頁 ……………………………………… 176
最大判2010（平成22）・ 1 ・20民集64巻 1 号 1 頁（空知太神社事件判決）………… 122,124,132
最大判2010（平成22）・ 1 ・20民集64巻 1 号128頁（富平神社事件判決）…………………… 125
福岡高判2010（平成22）・ 6 ・14判時2085号43頁（老齢加算廃止訴訟控訴審判決）………… 274
最 1 小判2010（平成22）・ 7 ・22判時2087号26頁（白山比咩神社事件判決）……………… 124
最大判2011（平成23）・ 3 ・23民集65巻 2 号755頁（衆議院小選挙区2011年判決）
　……………………………………………………………………………………………… 302,303
東京地判2011（平成23）・ 4 ・26判時2136号13頁（在外日本人国民審査権確認請求事件判決）
　……………………………………………………………………………………………………… 310
最 2 小判2011（平成23）・ 5 ・30民集65巻 4 号1780頁（「国歌」斉唱命令事件判決）
　……………………………………………………………… 101,102,103,104,107,108,110
最 1 小判2011（平成23）・ 6 ・ 6 民集65巻 4 号1855頁 ……………………………………… 107
最 3 小判2011（平成23）・ 6 ・14民集65巻 4 号2148頁 ……………………………………… 107
最大判2011（平成23）・11・16刑集65巻 8 号1285頁 ………………………………………… 238
最 1 小判2012（平成24）・ 1 ・16判時2147号127頁 …………………………………………… 107
最 1 小判2012（平成24）・ 2 ・16民集66巻 2 号673頁（空知太神社事件差戻上告審判決）
　…………………………………………………………………………………………………125,133
最 2 小判2012（平成24）・ 4 ・ 2 民集66巻 6 号2367頁（老齢加算廃止訴訟判決）………… 274
名古屋高判2012（平成24）・ 4 ・27判時2178号23頁 ………………………………………… 316
最大判2012（平成24）・10・17民集66巻10号3357頁（参議院選挙区2012年判決）………… 302
最 2 小判2012（平成24）・12・ 7 刑集66巻12号1337頁（堀越事件判決）………………… 47,56
最 2 小判2012（平成24）・12・ 7 刑集66巻12号1722頁（世田谷事件判決）…………48,55,56
大阪地判2013（平成25）・ 2 ・ 6 判時2234号35頁 …………………………………………… 298
東京地判2013（平成25）・ 3 ・14判時2178号 3 頁 …………………………………………… 298
広島高判2013（平成25）・ 3 ・25判時2185号25頁 …………………………………………… 304
広島高裁岡山支判2013（平成25）・ 3 ・26判例集未登載 …………………………………… 304
最大決2013（平成25）・ 9 ・ 4 民集67巻 6 号1320頁（非嫡出子相続分差別事件2013年決定）
　…… 87
大阪高判2013（平成25）・ 9 ・27判時2234号29頁 …………………………………………… 298
最大判2013（平成25）・11・20民集67巻 8 号1503頁 ………………………………………… 303
最 2 小判2014（平成26）・ 7 ・18判例自治386号78頁 ………………………………………… 24
最 3 小判2015（平成27）・ 3 ・10裁時1623号 8 頁 …………………………………………… 92
最大判2015（平成27）・12・16民集69巻 8 号2427頁（再婚禁止期間違憲判決）………88,313,319
最大判2015（平成27）・12・16民集69巻 8 号2586頁（夫婦同氏制度合憲判決）…………… 88

判例索引　355

◆執筆者

木下智史（きのした・さとし）

　1957年生まれ。関西大学大学院法務研究科教授。1985年京都大学大学院法学研究科博士課程単位取得退学。2004年より現職。主著に、『人権総論の再検討――私人間における人権保障と裁判所』（日本評論社、2007年）、『事例研究憲法（第2版）』（共著、日本評論社、2013年）、『新・どうなっている!? 日本国憲法（第3版）』（共著、法律文化社、2016年）、『新・コンメンタール 憲法（第2版）』（共著、日本評論社、2019年）。

伊藤　建（いとう・たける）

　1986年生まれ。弁護士（富山県弁護士会）、大阪大学大学院高等司法研究科非常勤講師、法務博士（専門職）。2011年慶應義塾大学法科大学院修了、国家公務員Ⅰ種試験（法律）、司法試験合格。内閣府、消費者庁を経て弁護士登録。主著に、『実務解説 行政訴訟』（共著、勁草書房、2020年）、『行政法解釈の技法』（共著、弘文堂、2023年）、『司法試験に受かったら――司法修習って何だろう？（新版）』（監修、現代人文社、2024年）。

基本憲法Ⅰ——基本的人権

2017年2月25日　第1版第1刷発行
2025年1月30日　第1版第5刷発行

著　者——木下智史・伊藤建
発行所——株式会社　日本評論社
　　　　　東京都豊島区南大塚 3-12-4
　　　　　電話 03-3987-8621（販売），-8631（編集）
　　　　　振替 00100-3-16
印刷所——精文堂印刷株式会社
製本所——株式会社難波製本

© S.Kinoshita, T.Ito
装丁／桂川　潤　Printed in Japan
ISBN 978-4-535-52137-7

JCOPY　<（社）出版者著作権管理機構　委託出版物>
本書の無断複写は著作権法上での例外を除き禁じられています。複写される場合は、そのつど事前に、(社)出版者著作権管理機構（電話 03-5244-5088，FAX03-5244-5089，e-mail: info@jcopy.or.jp）の許諾を得てください。また、本書を代行業者等の第三者に依頼してスキャニング等の行為によりデジタル化することは、個人の家庭内の利用であっても、一切認められておりません。

憲法 I 基本権[第2版] II 総論・統治

渡辺康行・宍戸常寿・松本和彦・工藤達朗[著]

◆I：定価3,630円
◆II：定価3,520円

I：「三段階審査」を基軸とする本格的体系書の決定版。『憲法II』への連携を完成させるとともに、裁判例等、全体をアップデートした。II：機能的な権力分立論による本格的な体系書。判例を重視し、憲法の解釈・運用を具体的に示す。「憲法附属法」や附属的機関についても詳解。

新・コンメンタール 憲法[第2版]

木下智史・只野雅人[編]

憲法の条文を、歴史的経緯を踏まえ解説した信頼のコンメンタール。18歳選挙、天皇の生前退位、ヘイトクライムなど近時の問題もフォローした待望の改訂版。 ◆定価5,060円

基本行政法[第4版] 中原茂樹[著]

大人気の教科書。『基本行政法判例演習』とリンクさせ、全体の解説もさらにわかりやすく、最新の判例も入れてバージョンアップ。 ◆定価3,740円

基本行政法判例演習

中原茂樹[著]

『基本行政法』の判例学習を深く広く発展させ、完成させる。立体的で精緻、かつ明快な解説で、事例問題を正確に解く力が身につく。 ◆定価3,960円

基本刑法 I 総論[第3版] II 各論[第4版]

大塚裕史・十河太朗・塩谷 毅・豊田兼彦[著]

絶大な人気を誇る定番の教科書。法改正・新判例を踏まえ、さらに明快にバージョンアップ。Iは「正当防衛」「実行の着手」「共犯」を全面改訂。IIは拘禁刑、性犯罪、逃走罪の法改正に対応。 ◆I：定価4,180円◆II：定価3,740円

基本刑事訴訟法 I 手続理解編 II 論点理解編

吉開多一・緑 大輔・設楽あづさ・國井恒志[著] ◆各定価3,300円

法曹三者と研究者による徹底的にわかりやすいテキスト。4つの「基本事例」と具体的な「設問」、豊富な図表・書式・法廷場面のセリフ再現等で、訴訟実務のイメージが明確につかめる。

憲法論点教室[第2版]

曽我部真裕・赤坂幸一・新井 誠・尾形 健[編]

「普段抱きがちだが教科書等に手掛かりがない疑問」「答案でありがちな誤り」を解消する画期的な学習参考書。改訂第2版。 ◆定価2,420円

日本評論社
https://www.nippyo.co.jp/

※表示は税込価格。